再構築した日本語文法

小島 剛一 著

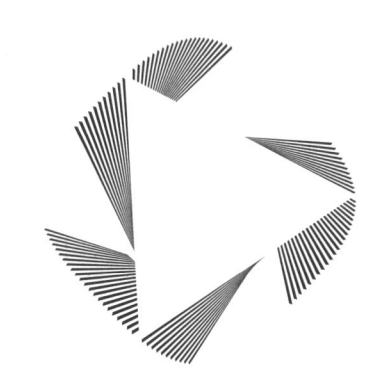

ひつじ書房

前書き

「『さ』…『さかな』」
「『な』…『なまず』」
「『ず』…えーと、んーと…『ずれる』」
「あ、『ずれる』は、動詞だから、尻取りには使えないのよ」
「ん？ドーシってなあに？」
「動詞って…えーと…『歩く』とか『泳ぐ』とか『落ちる』みたいに動いてることを言う言葉よ」
「…『散歩』とか『水泳』とかもドーシなの？」
「ううん。違う。そっちは名詞」
「でも、『散歩』も『水泳』も人が動いてることだよ」
「…そう言えばそうね。説明が足りなかったわ。動詞は、『歩く、歩かない、歩きます』『泳ぐ、泳がない、泳ぎます』『落ちる、落ちない、落ちます』っていうふうに形が変わるの。名詞は、形は変わらないけど『散歩が、散歩を、散歩の』『水泳が、水泳を、水泳の』『落雷が、落雷を、落雷の』っていうふうに『が』や『を』や『の』がつくのよ。この説明でいいのかなあ。自信、無くなっちゃった」
「…『読む、読まない、読みます』って言うから、『読む』は、ドーシなの？」
「そうよ」
「…『読書が好き』『読書をする』『読書の秋』って言うから、『読書』は、メーシなの？」
「そうよ」
　これが、私が「動詞」という言葉を聞いた初めての会話(*)であった。歳の離れた小さな子供に尻取り遊びの相手をしてやりながら「尻取りに使える

言葉は名詞だけ」であることと名詞と動詞の違いとを教えてくれたのは中学生である。後から考えると、質問が「ケーヨードーシって、なあに？」でなくて良かったとつくづく思う。幼児に分かる言葉で説明するには定義が難しすぎて、教えるほうもしどろもどろなら教わるほうもきょとん、という結末になったはずだから。

(*)元の会話は、秋田県南西部の由利郡（＝現在は由利本荘市）方言に「落雷が、落雷を、落雷の」「読まない、読みます」のような当時の「標準語」の語彙・語形を交じえたものです。全文今日の「共通語」の砕けた会話体に翻訳してあります。

　動詞の中には「聳える」や「違う」のように何の動きも表わさないものもあることに気付いた頃には、動物の中に珊瑚のように動かないものがあったり、動物ではないのに粘菌（または「変形菌」）のように動くものもあったり、植物の中に雑草や地衣類のように誰が植えたわけでもないものがあったりすることを知っていたから、周りの人を質問攻めにする必要は無かった。

　長じて日本語の文法を体系的に理解しようとしたときに真っ先に障害になったのは、「形容動詞」という用語である。動詞とは似ても似つかないものを恰も動詞の一種であるかのごとく見せかける命名法がどんな論理に従っているのか、子供の私には分からなかったし、子供でなくなった今でも分からない。「国語の教科書や国語辞典に書いてあることは、『形容動詞』という用語については間違っている」という確信は、子供のうちに揺るぎないものになっていたのである。

　さらに長じて、英語なるものを習わされ始めてしばらく経ったとき「助動詞」という言葉が障害になった。それまで「『助動詞』は『－ない』『－う・－よう』『－ます』『－た』『－せる・－させる』『－れる・－られる』などのことだ」と教わってきたので、そのうちのどれにも当たらない「do」がなぜ「助動詞」なのかも、「－ない」に対応する（ように見える）「not」がなぜ「助動詞」ではないのかも、理解できなかったのだ。

　おまけに、英語教師に習った「否定」という言葉を日本語に関して使うと、国語教師が「『否定』じゃない。『打消し』と言え」と言う。生徒の立場からすると、教科によって不揃いのこの教育法は、踏んだり蹴ったりである。

さらに年月が経ち、無理が通れば道理が引っ込む苦い経験を学校以外のさまざまな場面でも重ねた後のある日、フランスのある町で一週間に一回フランス人の学生や社会人に日本語を教えるという立場になった。

　その頃までには、日本語の文法体系にフランス語や英語の意味での「形容詞」も「助動詞」も「代名詞」も「過去形」も無いことが分かっていたし、日本語の「は」に相当するものがヨーロッパ諸語には無いことも承知していたから、日本語を説明するためのフランス語の文法用語を自分で造語していくという作業が必須になった。フランス人に日本語を教える教育機関はその頃すでにパリなどにはあったのだが、そうした機関で使っている用語が妥当なものだとは到底思えなかったのである。

　「いずれ誰もが大同小異の結論に到達するはず。日本語学専攻でヨーロッパ諸語にも通じている人の中に、ヨーロッパ諸語の枠に囚われない新しい日本語文法を打ち立てる人がいつか出てくるだろう」と、長い間、漠然と期待していたのだが…いくら待ってもその気配は無い。待つうちに自分は還暦をとうに過ぎてしまった。それならば、日本語学専攻ではないとしても、ヨーロッパ諸語のうちのいくつかを日本語と同様に読み書き話す者が、副業とはいえ何十年も続けている日本語教師としての経験を生かして、これまでの学校文法に代わる日本語文法書を書いても、あながち「おこがましい」との評を蒙(こうむ)ることは無いだろう。「おこがましい」と言う人が出てきたら「なぜそちら様がお書きにならなかったのですか」と訊いてみよう。

　こう考えて著したのが本書である。

　落成当初から隙間だらけで雨漏りのする学校文法という擬似洋風の古い館(やかた)を「隅々まで検分する」時期は、とうに過ぎた。いったん取り壊し、無用の飾り物や再使用に耐えない柱や梁(はり)を棄て去った上で「土台から建て直した」新居が本書である。読者諸氏には、玄関から洋風の応接間、囲炉裏(いろり)さえ仕切ってある古風な居間、襖障子(ふすましょうじ)の敷居、欄間の隅、濡れ縁の涯(はて)までとくと見て廻ってから、住み心地や増改築すべき箇所をあれこれ議論していただきたい。

目　次

前書き　　　　　　　　　　　　　　　　　　　　　　　　　　iii
はじめに　　　　　　　　　　　　　　　　　　　　　　　　　　1
　　品詞分類と構文分類　　　　　　　　　　　　　　　　　　　1
　　「主題―述語」構文と「主語―動詞」構文　　　　　　　　　2

1. 名詞　　　　　　　　　　　　　　　　　　　　　　　　　5

　　1.1. 名詞の定義　　　　　　　　　　　　　　　　　　　　5
　　　　1.1.1. 欠如名詞　　　　　　　　　　　　　　　　　　6
　　　　1.1.2. 名詞の「複数形」　　　　　　　　　　　　　　7
　　　　1.1.3. 名詞の「文法上の性別」　　　　　　　　　　　11
　　1.2. 格標識　　　　　　　　　　　　　　　　　　　　　　13
　　1.3. 主題標識　　　　　　　　　　　　　　　　　　　　　14
　　1.4. 形式名詞　　　　　　　　　　　　　　　　　　　　　14
　　　　1.4.1. 形式名詞からなる副詞句と「後置詞句」　　　　15
　　1.5. 時を表わす名詞　　　　　　　　　　　　　　　　　　15
　　1.6. 名詞文　　　　　　　　　　　　　　　　　　　　　　16
　　　　1.6.1. 典型的な名詞文 = 有主題文
　　　　　　　（断定する平叙文・肯定文）　　　　　　　　　17
　　　　1.6.2. 名詞＋「の」　　　　　　　　　　　　　　　　18
　　　　1.6.3. 主題標識　　　　　　　　　　　　　　　　　　18
　　　　1.6.4. 名詞文の文末接辞　　　　　　　　　　　　　　21
　　1.7. 繋辞の活用　　　　　　　　　　　　　　　　　　　　27
　　　　1.7.1.「現状認識または回想」を表わす形態　　　　　　30
　　　　1.7.2. 否定文　　　　　　　　　　　　　　　　　　　32
　　　　1.7.3. 言い切り回避表現　　　　　　　　　　　　　　33
　　　　1.7.4. 繋辞「である」の中止形＋後接辞複合体
　　　　　　　「そうだ」「そうです」「そうである」　　　　40

	1.7.5. 名詞文＋複合繋辞「のだ」「のです」「のである」	41
1.8.	明確な表現と「ぼかした」表現	44
1.9.	名詞文からなる節	45
	1.9.1. 連体節	46
	1.9.2. 名詞節	49
	1.9.3. 副詞節	50
1.10.	謂わゆる「代名詞」	56
	1.10.1. 謂わゆる「指示代名詞」	56
	1.10.2. 謂わゆる「人称代名詞」	57

2. 数量詞 61

2.1.	数量詞の定義	61
	2.1.1. 叙述形容詞として機能する数量詞	61
	2.1.2. 連体修飾語として機能する数量詞	63
	2.1.3. 副詞として機能する数量詞	65
2.2.	数量詞句	65
	2.2.1. 数量を表わす副詞節は「数量詞節」ではない	66

3. 名詞型形容詞 69

3.1.	名詞型形容詞の定義	69
	3.1.2. 名詞でもあり名詞型形容詞でもある語	69
	3.1.3. 名詞ではなく名詞型形容詞である語	70
3.2.	名詞型形容詞の分類	70
	3.2.1. ナ形容詞	70
	3.2.2. ノ形容詞	71
	3.2.3. ナノ形容詞	71
	3.2.4. ø（ゼロ）形容詞	72
3.3.	名詞型形容詞文	72
	3.3.1. 無主題文（＝基本的な構文）	72
	3.3.2. 有主題文	74
	3.3.3. 文末接辞	78
3.4.	名詞型形容詞の活用	78

	3.4.1. 否定文	82
	3.4.2. 言い切り回避表現	84
	3.4.3. ナ形容詞の語幹＋「そうだ」「そうです」「そうである」	88
	3.4.4. 名詞型形容詞＋複合繋辞「のだ」「のです」「のである」	89
	3.4.5. 名詞型形容詞の中止形	90
	3.4.6. 名詞型形容詞の連用形	90
	3.4.7. 名詞型形容詞の連体形	91
3.5.	名詞型形容詞文からなる節	92
	3.5.1. 連体節	92
	3.5.2. 名詞節	93
	3.5.3. 副詞節	94

4. タル形容詞 　　　　101

4.1. タル形容詞の定義 　　　　101
　　4.1.1. タル形容詞の連用形 　　　　102
　　4.1.2. タル形容詞の連体形 　　　　102

5. イ形容詞 　　　　103

5.1. イ形容詞の定義 　　　　103
　　5.1.1. イ形容詞から派生する名詞 　　　　104
　　5.1.2. 擬似比較級 　　　　104
5.2. イ形容詞文 　　　　105
　　5.2.1. 無主題文 　　　　105
　　5.2.2. 有主題文 　　　　109
　　5.2.3. イ形容詞に後接する「ございます」と「です」 　　　　113
　　5.2.4. 文末接辞 　　　　116
5.3. イ形容詞の活用 　　　　120
　　5.3.1. 典型的な活用 　　　　121
　　5.3.2. 例外を含む活用(一) 　　　　122
　　5.3.3. 例外を含む活用(二) 　　　　123
　　5.3.4. 言い切り回避表現 　　　　125

　　　　5.3.5.　イ形容詞の語幹＋後接辞複合体
　　　　　　　「そうだ」「そうです」「そうである」　　　　　　127
　　　　5.3.6.　イ形容詞＋複合繋辞「のだ」「のです」「のである」　129
　　　　5.3.7.　イ形容詞の中止形　　　　　　　　　　　　130
　　　　5.3.8.　イ形容詞の連用形　　　　　　　　　　　　131
　　　　5.3.9.　イ形容詞の連体形　　　　　　　　　　　　132
　　5.4.　イ形容詞文からなる節　　　　　　　　　　　　　132
　　　　5.4.1.　連体節　　　　　　　　　　　　　　　　132
　　　　5.4.2.　名詞節　　　　　　　　　　　　　　　　133
　　　　5.4.3.　副詞節　　　　　　　　　　　　　　　　135

6. 不変化前置形容詞　　　　　　　　　　　　　　　　　143

7. 不変化叙述形容詞　　　　　　　　　　　　　　　　　145

8. 動詞の定義と分類　　　　　　　　　　　　　　　　　147
　　8.1.　動詞の定義　　　　　　　　　　　　　　　　　　147
　　8.2.　活用による分類　　　　　　　　　　　　　　　　148
　　8.3.　意味と構文による分類　　　　　　　　　　　　　149
　　8.4.　必須補語の数(および格標識の種類と機能)による分類　　151

9. 動詞の「時制」「人称」「受動態」「相」　　　　　　　153
　　9.1.　動詞の「時制」「人称」「受動態」　　　　　　　　153
　　　　9.1.1.　動詞の「時制」　　　　　　　　　　　　　153
　　　　9.1.2.　動詞の「人称」　　　　　　　　　　　　　156
　　　　9.1.3.　動詞の「受動態」　　　　　　　　　　　　157
　　9.2.　動詞の「相」　　　　　　　　　　　　　　　　　157

10. 存在動詞　159

- 10.1. 存在動詞の定義　159
- 10.2. 存在動詞文　159
    - 10.2.1. 有主題文と無主題文　161
    - 10.2.2. 文末接辞　163
- 10.3. 存在動詞の活用　164
    - 10.3.1. 言い切り回避表現　167
    - 10.3.2. 存在動詞＋複合繋辞「のだ」「のです」「のである」　171
    - 10.3.3. 存在動詞の中止形　171
    - 10.3.4. 存在動詞の連体形　173
- 10.4. 存在動詞文からなる節　173
    - 10.4.1. 連体節　173
    - 10.4.2. 名詞節　174
    - 10.4.3. 副詞節　174

11. 動態動詞　177

- 11.1 動態動詞の定義　177
    - 11.1.1. 動態動詞の分類　177
    - 格標識「を」と「に」の諸機能　179
- 11.2. 動態動詞文　181
    - 11.2.1. 基本的な動態動詞文　181
    - 11.2.2. 有主題文と無主題文　189
    - 11.2.3. 文末接辞　189
- 11.3. 動態動詞の活用　191
    - 11.3.1. 基本形が「―う」で終わる規則的な五段型動詞の活用　191
    - 11.3.2. 基本形が「―う」で終わる不規則な五段型動詞の活用　193
    - 11.3.3. 基本形が「―く」で終わる規則的な五段型動詞の活用　194
    - 11.3.4. 基本形が「―く」で終わる不規則な五段型動詞の活用　195

11.3.5.	基本形が「—ぐ」で終わる五段型動詞の活用	196
11.3.6.	基本形が「—す」で終わる五段型動詞の活用	196
11.3.7.	基本形が「—つ」で終わる五段型動詞の活用	197
11.3.8.	基本形が「—ぬ」で終わる五段型動詞の活用	198
11.3.9.	基本形が「—ぶ」で終わる五段型動詞の活用	199
11.3.10.	基本形が「—む」で終わる五段型動詞の活用	200
11.3.11.	基本形が「—る」で終わる規則的な五段型動詞の活用	201
11.3.12.	基本形が「—る」で終わる不規則な五段型動詞の活用	201
11.3.13.	基本形が「—る」で終わる五段型活用の欠如動詞	203
11.3.14.	単一語幹・一段型動詞の活用　一（謂わゆる「上一段活用」）	204
11.3.15.	単一語幹・一段型動詞の活用　二（謂わゆる「下一段活用」）	205
11.3.16.	多語幹・一段型動詞の活用　一	206
11.3.17.	多語幹・一段型動詞の活用　二の一	207
11.3.18.	多語幹・一段型動詞の活用　二の二	208
11.3.19.	多語幹・一段型動詞の活用　二の三	209
11.4.	動態動詞の活用形の用法	211
11.4.1.	言い切り回避表現	211
11.4.2.	動態動詞＋複合繋辞「のだ」「のです」「のである」	213
11.4.3.	動態動詞の中止形	213
11.4.4.	動態動詞の完了形	215
11.4.5.	動態動詞の命令形	216
11.4.6.	動態動詞の勧誘形	218
11.5.	動態動詞文からなる節	218
11.5.1.	連体節	218
11.5.2.	名詞節	220
11.5.3.	副詞節	222
12.	**認識動詞**	**229**
12.1.	認識動詞の定義	229

12.2. 認識動詞文 230
12.2.1. 基本的な認識動詞文（＝無主題文） 230
12.2.2. 有主題文 231
12.2.3. 同族補語構文「目が見える」と「耳が聞こえる」 232
12.3. 認識動詞の活用 232
12.3.1. 認識動詞「聞こえる」の活用表 233
12.3.2. 認識動詞「わかる（分かる、判る、解る）」の活用表 234
12.3.3. 言い切り回避表現 235
12.3.4. 認識動詞＋複合繋辞「のだ」「のです」「のである」 238
12.3.5. 認識動詞の中止形 238
12.4. 認識動詞文からなる節 239
12.4.1. 連体節 239
12.4.2. 副詞節 240

13. 判断動詞 243
13.1. 判断動詞の定義 243
13.2. 判断動詞の構文 244
13.2.1. ハガ動詞 244
13.2.2. ガニ・ガト動詞 245
13.2.3. ガニ動詞 247
13.2.4. ガト動詞 249
13.2.5. ニガニ動詞 251
13.2.6. 引用構文動詞 252

14. 病覚動詞 253
14.1. 病覚動詞の定義 253
14.2. 病覚動詞の構文 253

15. 静態動詞 255
15.1. 静態動詞の定義 255
15.2. 静態動詞の構文 255

16. 移態動詞　265

- 16.1. 移態動詞の定義　265
  - 16.1.1　移態動詞［なる（成る）］　265
  - 16.1.2.　「なる」を最終構成要素とする複合移態動詞　266
  - 16.1.3.　その他の移態動詞　268

17. 可能動詞　275

- 17.1　可能動詞の定義　275
  - 17.1.1.　単一可能動詞　277
  - 17.1.2.　派生可能動詞　278
  - 17.1.3.　複合可能動詞　286
  - 17.1.4.　熟語可能動詞　288
- 17.2.　可能動詞の活用　289

18. 認識動詞の継続相「─ている」　293

- 18.1.　認識動詞の継続相の定義　293
- 18.2.　認識動詞の継続相の活用　295

19. 移態動詞の結果相「─ている」　297

- 19.1.　移態動詞の結果相の定義　297
- 19.2.　移態動詞の結果相の活用　300
- 19.3.　結果相でしか用いない移態動詞　301

20. 動態動詞の継続相「─ている」　305

21. 動態動詞の「─ている」で終わる結果相　307

- 21.1.　瞬間動詞の結果相　307
- 21.2.　持続動詞の結果相　312

22. 動態動詞の「—てある」で終わる結果相　315
- 22.1. 動作主不明の場合　315
- 22.2. 動作主が誰であっても重要ではないので言及しない場合　317
- 22.3. 動作主が話者自身なので言及しない場合　318
- 22.4. 動態動詞の「—てある」で終わる結果相の活用　319

23. 使役相「—せる・—させる」「—す」　321
- 23.1. 使役相の定義　321
- 23.2. 使役相の形態　323
  - 23.2.1. 五段型活用動詞の使役相　323
  - 23.2.2. 一段型活用動詞の使役相　324
- 23.3. 使役相の構文　325
  - 23.3.1. ガヲ構文　325
  - 23.3.2. ガニヲ構文　326
- 23.4. 使役相の活用　327

24. 情動相と「擬似受動態」「—れる・—られる」　331
- 24.1. 後接辞「—れる・—られる」に関する前置き　331
  - 24.1.1. 「可能」　332
  - 24.1.2. 「尊敬」　332
  - 24.1.3. 謂わゆる「自発」　334
  - 24.1.4. 謂わゆる「受身」　335
- 24.2. 情動相　335
  - 24.2.1. 話者自身が被害者または受益者であることを表す構文　335
  - 24.2.2. 他者への同情などを表わす構文　339
  - 24.2.3. 情動相の無い動詞　342
- 24.3. 西ヨーロッパ印欧諸語のなぞりの「擬似受動態」　342
  - 24.3.1. 西ヨーロッパ印欧諸語の能動態と受動態　342
  - 24.3.2. 現代日本語の「擬似受動態」　345

25. 願望相と他力本願相　　349

    25.1.　願望相　　349
        25.1.1.　願望相の形態　　349
        25.1.2.　願望相の構文　　350
        25.1.3.　願望相の活用　　352
    25.2.　願望相から派生する動態動詞　　352
    25.3.　他力本願相　　355
        25.3.1.　他力本願相の形態　　355
        25.3.2.　他力本願相の構文　　356

26. 名詞型複合形容詞　　359

    26.1.　複合ナ形容詞　　359
        26.1.1.　{名詞＋名詞＋活用語尾(な)} という構成のもの　　359
        26.1.2.　{さまざまな語＋複合ナ形容詞型派生接辞}
                という構成のもの　　360
    26.2.　複合ノ形容詞　　364
    26.3.　複合ナノ形容詞　　365
    26.4.　複合 ø 形容詞　　366

27. 複合イ形容詞　　369

    27.1.　イ形容詞で終わるもの　　369
    27.2.　活用語尾「―しい」を付加したもの　　370
    27.3.　イ形容詞型派生接辞で終わるもの　　370
        27.3.1.　「―らしい」　　371
        27.3.2.　「―っぽい」　　372
    27.4.　接辞化したイ形容詞で終わるもの　　374

- 28. 複合不変化前置形容詞　　　　　　　　　　　377

- 29. 複合動詞　　　　　　　　　　　379
    - 29.1. 名詞＋動詞　　　　　　　　　　　379
        - 29.1.1. 名詞＋「―する」　　　　　　　　　　　379
        - 29.1.2. 名詞＋「する」以外の動詞　　　　　　　　　　　380
    - 29.2. 名詞＋動詞型派生接辞　　　　　　　　　　　380
    - 29.3. 畳語、副詞、感歎詞＋「―する」　　　　　　　　　　　381
    - 29.4. 形容詞の中止形＋「―する」　　　　　　　　　　　382
        - 29.4.1. 名詞型形容詞　　　　　　　　　　　382
        - 29.4.2. イ形容詞　　　　　　　　　　　383
        - 29.4.3. タル形容詞　　　　　　　　　　　383
    - 29.5. 形容詞の中止形＋「―なる」　　　　　　　　　　　384
    - 29.6. 形容詞および動詞＋「―過ぎる」　　　　　　　　　　　384
        - 29.6.1. 形容詞＋「―過ぎる」　　　　　　　　　　　384
        - 29.6.2. 動詞＋「―過ぎる」　　　　　　　　　　　385
    - 29.7. 動詞の中止形＋動詞　　　　　　　　　　　386
    - 29.8. 動詞の中止形＋動詞型後接辞　　　　　　　　　　　391
    - 29.9. 動詞の複合中止形＋動詞　　　　　　　　　　　392
        - 29.9.1. 移動の方向　　　　　　　　　　　392
        - 29.9.2. 来し方か行く末か　　　　　　　　　　　393
        - 29.9.3. 空間軸も時間軸も　　　　　　　　　　　394
        - 29.9.4. 第一項の動詞が虚辞になっている特殊ケース　　　　　　　　　　　395
        - 29.9.5. 複合移態動詞の複合中止形＋「―来る」「―行く」　　　　　　　　　　　395
    - 29.10. 動詞の複合中止形＋接辞化した動詞　　　　　　　　　　　396
        - 29.10.1. 動詞の複合中止形＋「―みる」　　　　　　　　　　　396
        - 29.10.2. 動詞の複合中止形＋「―みれば」　　　　　　　　　　　396
        - 29.10.3. 動詞の複合中止形＋「―しまう」　　　　　　　　　　　396
        - 29.10.4. 動詞の複合中止形＋「―おく」(＝予備相)　　　　　　　　　　　397
        - 29.10.5. 動詞の複合中止形＋「―やる」「―あげる」「―くれる」「―くださる」「―よこす」　　　　　　　　　　　397
        - 29.10.6. 動詞の複合中止形＋「―もらう」「―いただく」　　　　　　　　　　　400

29.11.	活用形のように見える接続詞「―たり・―だり」を 含む複合動詞	402
29.12.	主題標識を含む複合動詞	403
29.13.	条件節を含む複合動詞	404
29.14.	動詞の勧誘形＋「―と」＋「する」	405
29.15.	前接辞＋動詞	406
29.16.	前接辞「お―・ご―」を含む謙譲語と尊敬語	406
29.16.1.	「お―」＋動態動詞の中止形＋「―する」「―致す」	406
29.16.2.	「ご―」＋動態動詞の語幹＋「―なさる」	408
29.16.3.	「お―」＋動態動詞の中止形＋「―に」＋「―なる」	408

30. 熟語動詞　　　　　　　　　　　　　　　　　　　　　　411

31. 指示詞　　　　　　　　　　　　　　　　　　　　　　　413

32. 不定表現　　　　　　　　　　　　　　　　　　　　　　415

33. 副詞　　　　　　　　　　　　　　　　　　　　　　　　417

33.1.	文修飾の副詞（＝予告副詞）	417
33.1.1.	文修飾の単一副詞	417
33.1.2.	文修飾の複合副詞（＝複合予告副詞）	418
33.1.3.	予告節	419
33.2.	語修飾の副詞	419

34. 接続詞　　　　　　　　　　　　　　　　　　　　　　　421

34.1.	名詞と名詞を結ぶ接続詞	421
34.2.	文と文を結ぶ接続詞	424
34.3.	節と節を結ぶ接続詞	425
34.3.1.	独立語の接続詞	425

	34.3.2. 後接辞型の接続詞	426
	34.3.3. 活用語尾のように見える接続詞	430

35. 引用詞 433

35.1.	文中引用詞	433
35.2.	文末引用詞	435
35.3.	引用詞を含む連体節	435

36. 擬音語、擬態語、擬情語 439

| | 擬音語、擬態語、擬情語の定義と例 | 439 |

37. 感歎詞 443

37.1.	情動を表わす感歎詞	443
37.2.	応答の感歎詞	444
	37.2.1. 質問への返答	444
	37.2.2. 挨拶の言葉	444

はじめに

　本書では日本語の文法を、いくつかの他の言語と比較しながら、記述しています。他言語話者で日本語について一層の知識を得たい方々も読者として想定しているため、日本語には存在しない「複数形」「文法上の性別」「動詞の人称」「動詞の時制」などの概念についても、大小の項を立てて言及しています。

品詞分類と構文分類(*)

(*)本書では「構文」という語を「各種の文(＝名詞文、形容詞文および動詞文)の構成。その中でも特に、各種の文が要請する補語の数と補語の従える 格標識の種類」という意味で用いています。「格標識」は、「が」「の」「に」「を」などの総称で、学校文法で「助詞」と分類されているものの一部です。本書における「補語」の定義については、「はじめに」の末尾の部分と各種形容詞および各種動詞の章をご覧ください。

　本書での品詞分類は、これまでの「国語文法」(*)での品詞分類と異なっています。また名詞文、各種の形容詞文、各種の動詞文で**構文の分類**が非常に重要であることに着目しています。そのため、全体の構成は、品詞分類と構文に主眼を置いて、「名詞」の章の中に「名詞文」「名詞文からなる節」などの項を設け、「イ形容詞」の章の中に「イ形容詞文」「イ形容詞の活用」「イ形容詞文からなる節」など、「存在動詞」の章の中に「存在動詞文」「存在動詞の活用」「存在動詞文からなる節」など…と続くようになっています。

(*)「国語」は、「特定の国家の言語」であり、常識的に考えて「特定の国家の公用語」を指すはずの言葉です。「日本の国語」「台湾の国語」「スイスの国語」と言わなければ、どの言語のことを言っているのかは分かりません。場合によっては二つ以上の言語を指すこともあります。学校教育に「国語の時間」があったり、「国語辞典」が日本語の

辞典であったりするため「国語＝日本語」と解釈する人が多いのですが、本書では「国語」という言い方は、引用の場合に限って、必ず鉤括弧「」で括って、使っています。

「主題−述語」構文と「主語−動詞」構文

ヨーロッパ諸語では、「主語」と「動詞」が文の基本的な要素で、これに、必要に応じて、さまざまな「補語」が加わります。主語が無くては文が成立しないため、論理的に「主語」に当たるものが無い場合にも「形式的な主語」が必須です。

　　［英］**It** rains.　（1）
　　［仏］**Il** pleut.　（2）
　　［独］**Es** regnet.（3）

(1) 第二項の rains という動詞が「雨が降っている」「降雨中である」という意味を100％担っています。第一項の「形式主語」it は、何物をも示さず、何の意味もありません。しかし it が三人称単数中性代名詞なので、動詞もそれに照応して三人称単数形になっています。形ばかりの主語が文法上の機能だけを果たしているのです。
(2) 第二項の pleut という動詞が「雨が降っている」「降雨中である」という意味を100％担っています。第一項の「形式主語」il には、何の意味もありません。しかし il が三人称単数男性代名詞なので（フランス語の文法体系に「中性」はありません）、動詞もそれに照応して三人称単数形になっています。形ばかりの主語が文法上の機能だけを果たしているのです。
(3) 第二項の regnet という動詞が「雨が降っている」「降雨中である」という意味を100％担っています。第一項の「形式主語」es には、何の意味もありません。しかし es が三人称単数中性代名詞なので、動詞もそれに照応して三人称単数形になっています。形ばかりの主語が文法上の機能だけを果たしているのです。

日本語では、文の基本要素は「述語」です。述語は、「名詞 + 繋辞」(*)、各種の「形容詞」、各種の「動詞」のいずれかです。

(*)「繋辞」：「である」「だ」「です」「でございます」などが「繋辞」です。第一章で詳しく記述しています。

ものごとを、その場で見え、聞こえ、感じるとおりに、他の既知のものごとと対比することなく記述する文は、「述語」のみで、または「述語」にさまざまな「補語」(*)の加わった「述部」(**)の形で、成立します。

(*)本書では「補語」という用語を、日本語に関して、ヨーロッパ諸語の文法における定

義よりも広い意味で用いています。ヨーロッパ諸語の「主語」に相当するものも「補語（＝述語に補足的な情報をもたらすもの）」のうちです。

日本語の「補語」には、「存在主を表わす補語」「動作主を表わす補語」「動作の対象となるものを表わす補語」「動作の受益者を表わす補語」「時を表わす補語」「場所を表わす補語」など、さまざまな種類があります。このうちの一部は、ヨーロッパ諸語などに翻訳した場合に「主語に相当」します。しかし日本語の構造分析では、「動作主を表わす補語」などを特に「主語」と呼んで他のさまざまな種類の補語と区別する理由がありません。各種の「形容詞」と各種の「動詞」の章を見てください。

(**)［英］rhema.［仏］rhème.［独］Rhema.

「既知のものごとに関して自分が知っていることを述べる文」および「眼前のものごとを他の既知のものごとと対比して述べる文」は、「主題」(*)と「述語」の組み合わせで成立します。「述語」にさまざまな「補語」が加わって「述部」になることもあります。

(*)［英］theme/ thema.［仏］thème.［独］Thema.

「主題」の種類と機能は、さまざまです。「補語」のうちのいくつかが「部分を対比するための主題」になることもあり、「補語ではないもの」が「全体を対比するための主題」になる場合もあります。各種の「形容詞文」「動詞文」の項で記述しています。

1. 名詞

1.1. 名詞の定義

　本書では、次の五つの条件を満たす語を日本語の「名詞」と定義しています（名詞に似ていて五つの条件すべてを満たさない「欠如名詞」については、次の項を見てください）。

[1] 活用しない。　　　　　　　　　　　　　　　　　　　(1)
[2] 連体修飾語を受ける。　　　　　　　　　　　　　　　(2)
[3] 『が』『の』『に』『を』などの接辞が自由に後接する。　　(3)
[4] 繋辞を伴って述語になる。　　　　　　　　　　　　　(4)
[5] 後接辞無しで叙述形容詞(*)として機能することが無い。　(5)

(1) 形容詞や動詞は「美しい・美しくない・美しかった・美しければ」「歩く・歩かない・歩きます・歩けば」のように活用します。
(2) 「**青い**空」の「**青い**」、「**走る**馬」の「**走る**」、「**この**人」の「**この**」、「**馬鹿な**奴」の「**馬鹿な**」などが「連体修飾語」です。副詞（「とても」「全然」「到底」など）や接続詞（「および」「しかし」「けれども」など）も「活用しない語」ですが、連体修飾語を受けることはありません。
(3) 副詞や接続詞に「が」や「を」などが後接することはありません。
(4) 「いい天気**だ**」の「だ」、「いいお天気**ですね**」の「です」、「よい天気**である**」の「である」などが「繋辞」です。
(5) 後述する「数量詞」は、[1][2][3][4] の特徴は「名詞」と共通ですが、「犬が**三匹**いる」のように、後接辞無しで叙述形容詞(*)になります。

(*)「叙述形容詞」：述部に現れる形容詞。英語文法の「述語形容詞 predicative adjective」やフランス語文法の「属詞である形容詞 adjectif attribut」と同じ機能の語をこう名付けています。日本語の「叙述形容詞」は、狭義の「述語」ではないことがあるため、「述

語形容詞」という用語は使えません。また「属詞」は、「品詞の一種らしく何かに所属または付属するという共通点のある一群の語」のように見える語であり、筆者には造語論理が理解できないため採用しません。「数量詞」と「不変化叙述形容詞」の章をご覧ください。

　上の定義は、英語の noun（名詞）の定義とも、フランス語の substantif または nom（名詞）の定義とも違います。すべての言語・方言にはそれぞれ独自の文法体系がありますから、便宜上「名詞」や「形容詞」といった同じ用語を使っていても、その定義は、言語により方言によって異なります。

　また、すべての語が「名詞」「動詞」など特定の一つの品詞の枠に収まるわけではありません。「ほとんど」のように「名詞でもあり(*)副詞でもある」ものもあります。「初めに分類があって、その分類に従って単語が存在する」のではなく「地域によって異なり、時と共に移ろう言語体系に現れては消える語彙の特徴を捉えて理解しやすいように分類を試みる」のですから、「分類しがたいもの」があって当然です。フランス語文法では hier（昨日）や demain（明日）という語は「副詞でもあり名詞でもある」と分類しますし、英語の but（しかし）という語が文脈によって「接続詞」「関係代名詞」「副詞」「前置詞」「動詞」「名詞」として機能するのは、有名な例です。

(*)「ほとんど」は、「財産のほとんどを失った」のように「○○の」という形態の連体修飾語を伴い、格標識「が」「の」「を」などを伴う点で名詞と認めることができます。しかし「青い」「赤い」「走る」「動く」「静かな」などの連体修飾語を自由に受けるわけではありません。

1.1.1. 欠如名詞(*)

　既存の辞書で「名詞」と分類されている語の中に、本書の定義では名詞とは見做し得ないものがあります。「名詞の特徴があるけれども、定型句にしか現れず、名詞と見做すための全条件を具えていない語」を「欠如名詞」(*)と呼ぶことにします。

(*) 欠如名詞：本書の筆者による新造語です。「動詞の特徴を具えているけれども活用形の一部が欠けているもの」を「欠如動詞」と呼ぶのに倣ったものです。後述の「形式名詞」とは違います。「欠如動詞」については、「動態動詞」の章(11.)以降で記述しています。

[欠如名詞の例]

　「だだをこねる」の「だだ」は、この言い廻し以外には用いません(*)。「だだ*が」「だだ*に」「だだ*の」「だだ*だ」「だだ*です」といった言い方は、自然な日本語にはありません(星印「*」は、成り立たないものにつけました。)。連体修飾語を受けることもありませんし、第一「だだ」だけでは何の意味も成しません。しかし、格標識「を」が後接しているので、名詞の特徴の一部を具えています。

(*)「だだっ子」という名詞は、別語です。

　本書では「だだをこねる」という言い廻し全体をそのままの形で**熟語として**辞書の見出しにすべきものだと考えます。このほか、「小首をかしげる」の「小首」(*)、「小耳に挟む」の「小耳」(*)、「減らず口を叩く」の「減らず口」なども欠如名詞です。

(*)「小首をかしげる」は「首を**少し**かしげる」という意味です。「小さな首」をかしげるのではありません。「小耳に挟む」は「(噂話などを)ちょっと耳に挟む」ことです。「小さな耳」に何かを挟むのではありません。

　硬い書き言葉でのみ用いる「呱々(ここ)の声を上げる(＝生まれる、誕生する)」という定型句があります。「呱々」は、本来は「乳呑み児の泣き声」という意味の名詞だったようですが、この定型句は「生後数ヶ月の乳児が泣き声を上げる」という意味では用いません。また、自然な日本語には、他の格標識を後接させた「呱々*が」「呱々*を」「呱々*から」といった用法も、繋辞を後接させた「呱々*だ」という言い方もありません。

　「呱々の声」という**熟語**が「新生児の泣き声」を意味する、と見做すのが妥当です。

1.1.2. **名詞の「複数形」**

　日本語の名詞に「単数形と複数形の区別」はありません(*)。言い換えると、日本語の名詞には「単複両用形」だけがあります。

(*)日本語の動詞が「単数形」や「複数形」をとることもありません。

　名詞に後接する「たち」「ども」「ら」「一族」「組」などは、「複数標識」

ではなく「集合標識」です。数量詞の章(2.)で詳しく説明しています。
　「木々」「人々」「山々」などは、一本、二本、三本、一人、二人、三人、一座、二座、三座(*)と数えられるような木や人や山ではなく、いちいち数を数える意味の無い、一群の木、人、山などを指す言葉です。別の言い方をすると「複数名詞」ではなく「集合名詞」です。

(*)「一座、二座…」と数えるのは、姿かたちのよい、高い峰だけです。例えば「大和三山」は、近くの山から見下ろせるほどの低い丘陵ですから、こういう数えかたはしません。

　ヨーロッパ諸語では、単数形に複数標識をつけて複数形ができるため、一見「複数を特別扱いする」ような印象を受けますが、実際は逆です。二頭の牝牛も一千頭の牝牛も百万頭の牝牛も同じ形(英語 cows、フランス語 vaches、ドイツ語 Kühe)なのに、「一頭の牝牛」だけが別の形(英語 cow、フランス語 vache、ドイツ語 Kuh)をとるのですから、特別扱いは単数形のほうなのです。
　日本語では、数を明示する必要があるときに限って「牛が一頭いる」「牛が三頭いる」「牛が百頭ぐらいいる」などと言います。数が全く分からない場合、数が問題にならない場合、および数が予(あらかじ)め当事者全員に分かっているため言及する必要が無いと判断した場合には、単に「牛がいる」と言います。
　単数と複数の区別をする言語のうちで「単複両用形」(*)の具わっていない英語、フランス語、ロシア語などでは、数が全く分からないときは「単数の可能性があっても、複数形を用いる」または「複数かもしれないと思っても単数形を用いる」ほかはなく、現実の数と「文法上の数」は一致しません。

　　　［一頭しかいないかもしれない家畜の数を訊くのに］
　　牛が何頭いますか。　　　　　　　［日：単複同形］
　　How many cows are there?　　　　［英：複数形］
　　Combien y a-t-il de vaches?　　　　［仏：複数形］

　　　［戸の向こうで姿が見えない一人または数人の人物に向かって］

どなたですか。	［日：単複同形］
Who is it ?	［英：単数形］
Qui est-ce ?	［仏：単数形］

(*) トルコ語やラズ語のように「単複両用形」の具わっている言語では、数の不明なものを話題にするときにヨーロッパ諸語のような「現実の数と文法上の数の不整合」は起こりません。

　　ただしトルコ語の定型表現 İyi günler !（こんにちは）、İyi geceler !（おやすみなさい）には、単数のはずのものに、なぜか不可算既知複数語尾 (a) -ler がついています。文法上の単数や複数は、本質的に、数学的な数とは別物なのです。

(a) トルコ語には「不可算既知複数」というものがあります。原則として数量を明示せずに既知の複数のものを指すときに用います。

　日本語からヨーロッパ諸語への翻訳に際して「牛がいる」だけでは「単数形と複数形のどちらで訳すべきなのか判らない」ため苦労することがありますが、これはヨーロッパ諸語のほうに「数が問題にならない場合」に用いる**べき単複両用形が具わっていない**という不備があるのです(*)。語彙、接辞、語順などが完全に一対一で対応していて相互に完璧な翻訳のできる組み合わせの言語は地球上に一組も存在しません。単数と複数を区別する言語の一つ一つにそれぞれ異なった使い分けの規則があります。例えば英語とフランス語の間でも、自動的に単数を単数で、複数を複数で翻訳することはできません。

(*) 「日本語には複数形が無いから曖昧だ」と主張する人に時々遭遇しますが、「大きな白い猫が三匹いる」と言えば「猫」は複数に決まっているのですから、わざわざ「複数の大きな白い猫が三匹いる」と言う必要はありません。これを There **are three** big white cats ［英：大きな白い複数の猫が三匹複数匹いる］とか Il y a **trois** grands chats blancs ［仏：複数で大きな、複数で白い、複数の猫が三匹いる］とか 表現する言語のほうが、複数性の多重表示を厭わない、見方によっては「無駄の多い」、文法体系です。

　　なお、逆に「日本語のほうがヨーロッパ諸語よりも区別が細かい」例を挙げると、英語の me やフランス語の moi は、僅かな文脈だけでは日本語の「僕」「俺」「わたし」「わたくし」「あたし」「おいら」「おいどん」「我輩」「こっち」「自分」「当方」「小生」「拙僧」「愚僧」などのどれに相当するのか見当のつかないことがあって、良心的な翻訳者を困らせます。この場合も「英語やフランス語は日本語よりも曖昧だ」ということにはなりません。言語構造も語彙の歴史も違うため表現の仕方が異なるだけなのです。「相互に自動翻訳ができない」という事実をすぐに「どちらかの言語が曖昧であ

る」という否定的な価値判断に結びつけるのは、言語に対する差別主義です。

どの言語の文法体系も（勿論どの方言の文法体系も）、すべてのことが明確に言い表せるように出来ています(*)。「翻訳の際に相互に問題が起こるから」といって言語の文法体系間に優劣があるわけではないのです。新事物や新技術の発明や到来、異文化や異種の思想との接触などによってある種の語彙の欠如が判明することがありますが、これは他の言語の語彙を借用するなり自前の形態素を組み合わせて新語を造るなりして対処すればいいことです。

(*)明確に表現する訓練の出来ていない人がときどきいますが、それは全く別の問題です。

なお任意の言語で「特定の概念を表わすのに数語が必要か一語で済むか」とその言語による表現において「労力が多いか少ないか」とは別のことです。語彙の豊富な言語は、多くの語彙とその使い分けを習得するのに労力がかかりますし、接辞などを使って複雑な概念を一語で表わす言語は、複雑な活用や曲用を習得するのに労力がかかります。

非常に複雑な概念を動詞一語で表わす言語の例を挙げます。

ラズ語(*)	対応する日本語
goşapsam	私は二つのものの間をめがけておしっこしているところです。
elapsi	私は放尿中に標的を誤って自分のズボンの裾をぬらしてしまった。
dolopsam	私は鉛直に持ったビニール袋または空き缶などの中へ排尿中である。
meşapsamt'i	私は水平に置いた尿瓶の中へ排尿している最中だった。
gepsi-doren	僕、目が覚めたらおねしょしちゃってた。
ko**gama**psare	俺は二階の窓から外へ向かって小便するぞ。

(*) ラズ語は、トルコ共和国の北東端部とグルジア共和国の南西端部に主要語域のある言語です。ラズ語には「標準語」も「共通語」もありません。ここに例示したのは、語域の中部（フンドゥクル郡およびアルハーウィ郡）の方言です。ここに挙げた例文は、

いずれも「一人称単数主語に照応する形」で、かつ「受益者不表示形」です。特定の人物に利益または被害が及ぶ形で放尿する場合は受益者標識のついた形態になり、標識は受益者の人称に照応します。

太字にした部分は「動詞前辞」といって「動作の方向など」を示す接辞です。多種類あって「水平方向に深さのある閉鎖空間の奥へ向かって」などのように細かい区別があるので簡潔に明確な表現ができます。尿を受ける容器を水平に置くか鉛直に立てるかまで普段の生活で明示する必要があるかどうかは、また別の問題です。

1.1.3. 名詞の「文法上の性別」

日本語の名詞に「文法上の性別」はありません。フランス語やスペイン語にある「男性名詞と女性名詞の区別」、ドイツ語、ロシア語、ギリシャ語(*)などにある「男性名詞、女性名詞、中性名詞の区別」は、生物学上の雌雄の別と、一部重なってはいますが、本質的に別のものです。

(*)本書では、「ギリシア」ではなく「ギリシャ」と表記しています。理由は次の通りです。

本書の筆者は、日本語以外の言語のカタカナ表記には、次の原則を採用しています。
「大陸名、大河名、国名、首都名などは、歴史上のものも含めて、慣用が固定している場合はそれに従う」そして「それ以外の地名は、できるだけ現地発音に即した表記を試みる」

慣用が固定している国名などの例
イギリス、ドイツ、ハンガリー、トルコ、ロンドン、ベルリン、イスタンブール
歴史上の国名で慣用が固定していない例
「オスマン・トルコ帝国」または「オスマン帝国」
この場合、筆者は、現地発音にしたがって「オスマンル帝国」と表記します。

「ギリシャ」と「ペルシャ」を併せて考察します。「外国地名の語尾 -ia の最後の -a は、ヤでなくアと転写すべきだ」と主張する人たちがいて、いつごろからか「ギリシア」「ペルシア」という表記が主流になっていますが、この表記は日本語の実情に合っていません。

[1] カタカナ書き三拍の地名の音調(＝謂わゆる「高低アクセント」)は、高い音調の拍を太字で表わすことにすると、**カ**ナダ、**パ**ナマ、**ハ**ワイ、**サ**モア、**ラ**オス、**イ**ンド、**イ**ラン、**ト**ルコ、**ロ**シア、**ス**イス、**モ**ナコ、**ジェ**ノヴァ、**ロ**ーマ、**リ**ビア、**ガ**ーナ、**ト**ーゴ、**ギ**ニア、**コ**ンゴ…のように、頭高型です。

カタカナ書き四拍の地名は、原則として、アフリカ、エジプト、チュニジア、アメリカ、メキシコ、ブラジル、ベトナム、ベルギー、イギリス、ワルシャワ、モスクワ

…のように平板型です。ただし、**スーダン**、**オーマン**、**ザンビア**、**モンゴル**、**ロンドン**、**ホンコン**(香港)、**ボンベイ**、**ムンバイ**のように二拍目が長音または撥音のものは頭高型です。三拍目が長音のものはネパール、ベリーズのように中高型になります。三拍目が撥音のものは、フランス、オランダのように平板型のものと、**ブルンディ**のように中高型になるものとがあります。

「ギリ<u>シア</u>」「ペル<u>シア</u>」と表記する習慣の人がこの二つの語を平板に発音する場合や(カタカナ四拍語の自然な平板音調に逆らって)頭高型に「**ギ**リシア」「**ペ**ルシア」と発音する場合が稀にはあるのかもしれませんが、筆者が観察した限りでは、全員が無意識のうちに表記とは裏腹に「**ギ**リシャ」「**ペ**ルシャ」と三拍で発音します。これは、**ギ**リシャ、**ペ**ルシャという三拍で頭高型の発音が日本語に定着してしっかりと根を下しているからです。

「ユーラ<u>シヤ</u>」を拍数の同じ「ユーラ<u>シア</u>」で置き換えるのと三拍の「ギリ<u>シャ</u>」を四拍の「ギリ<u>シア</u>」で置き換えようとするのとは、次元の違うことなのです。「外国地名の語尾 -ia の最後の -a をヤでなくアと転写する主義の人」は、このことに、発案した当時も思い至らなかったし、今でも気付いていないのでしょう。加えて「外国地名の綴り」という時に「元は何語なのか」という根本的な問題を棚上げしてしまっています。

[2] ギリシャは、仮に規範として「古典ギリシャ語に準拠する」のなら、「ヘラス」と表記すべきです。

仮に「現代の現地発音を尊重する」のなら「エラーダ」か「エラーザ」になります。

仮に「ラテン語に準拠する」のなら Graecia は「グラエキア」または「グライキア」です。これを素人英語風読みにした「グリーシア」は、滑稽千万です。

仮に「英語に準拠する」のなら、Greece は「グリース」です。「機械油」と間違えてしまいそうです。

まして慣用の「ギリシャ」の前半分の「ギリ-」にラテン語素人英語風読みの末尾の「-シア」をくっつけた表記は、グロテスクです。

「ギリシャ」は、「ヨーロッパ」「イギリス」「ドイツ」「トルコ」などと同じ立派な(=いまさら変える意味の無い)慣用表記なのです。

[3] 「ペルシャ」は、現代の国号としては用いなくなりましたから、少し事情が違います。日本語での慣用表記「ペルシャ」の代りに何らかの理由で新表記を採用しようかという議論をするときに、ペルシャ語自体での呼称ならともかくも、ある時代のギリシャ語、ラテン語、英語などでの呼称を規範にする理由はありません。日本人でギリシャ語やラテン語のさまざまな時代の発音に通じている人は、数えるほどしかいないのですから。

フランス語の例を挙げると、taureau (牡牛)が男性名詞で vache (牝牛)が女性名詞であるということを見た限りでは「文法上の性別」が雌雄の別と一致しています。ところが「鯨」を意味する語は baleine 一語だけで、雄であっ

ても雌であっても女性名詞です。Serpent(蛇)は、逆に、雄であっても雌であっても男性名詞です。Recrue(新兵)や sentinelle(見張りの兵隊)のように生物学上は男性(*)であるのに文法上は「女性名詞」という場合もあります。無生物を指す語や抽象名詞にも必ず「文法上の性別」があり、guerre(戦争)や inflation(インフレ)は女性名詞、pain(パン)や vin(葡萄酒、ワイン)は男性名詞です。こうした例はフランス語だけに限りませんし、枚挙に暇がありません。「文法上の性別」に論理的な理由付けは不可能なのです。

(*) ほとんどの国で「軍人は男」と決まっています。女性軍人のいる国家も存在しますが、世界的に見て軍人全体に占める女性の割合は微々たるものです。

「文法上の性別」のある言語には複雑な照応の規則があって、フランス語の場合「男性名詞は男性形容詞で修飾し、単数であれば男性単数代名詞 il(主語になる語形)、le(直接目的補語になる語形)、lui(間接目的補語になる語形)、lui(前置詞の前に立つ語形) で受ける」「女性名詞は女性形容詞で修飾し、単数であれば女性単数代名詞 elle(主語になる語形)、la(直接目的補語になる語形)、lui(間接目的補語になる語形)、elle(前置詞の前に立つ語形)で受ける」と決まっていますから、文中に elle という主語とそれに照応する動詞が出てきた場合、文脈をよく見て「**その女が**○○をする」「**あの女の人に**○○ができる」(*)「**この牝牛が**○○をする」「**その牛に**○○ができる」「**この戦争が**多数の犠牲者を出した」「**あの兵卒が**○○をした」「**そいつには**○○はできなかった」などと訳し分けなくてはならないのです。自動翻訳で elle を常に「彼女が」で置き換えたりすると、日本語としてはまったく意味を成さない文字の羅列になってしまいます。

(*) 日本語では、いちいち「この女」「あの女の人」「そのご婦人」と繰り返し性別を述べる必要は無く、多くの場合、「この人」「そちらの方」などと訳したほうが遥かに自然です。

1.2. 格標識

本書では、名詞に後接する「が」「を」「へ」「から」などを「格標識」と呼びます。日本語の格標識は、**述語の種類と形態によって機能が定まる**の

で、「名詞文」「イ形容詞文」「存在動詞文」などそれぞれの項で記述しています。

1.3. 主題標識

本書では、名詞に後接して主題であることを示す「は」「も」「さえ」「すら」「って」「なんて」「ったら」(*)などを「主題標識」と呼びます。主題標識は、英語、ドイツ語、フランス語、ロシア語、北京語、スペイン語などにはありません。主題標識の具わっている日本語では有主題文と無主題文の区別は歴然としていますが、主題標識の無い言語では両者の区別は判然としないのが普通です。

(*) 疑問詞に後接する「何も無い」の「も」、文末につく「○○です**って**」の「って」などは、それぞれ「不定表現」「引用詞」などの章で後述しますが、機能の違う別種の標識です。

主題標識の機能も、単一ではありません。「名詞文」「名詞型形容詞文」「動態動詞文」などの項で記述しています。

1.4. 形式名詞

「○○へ行った**こと**がある」の「こと」や「今日○○さんと逢える**の**が嬉しい」の「の」などは、形式名詞です。活用が無く、連体修飾語(*)が前接し、また格標識も主題標識も繋辞も後接しますから、**文法上の扱いは名詞と同じなのに、それ自体、単独では、意味がありません**。形式名詞は「名詞句・名詞節、副詞句・副詞節を作り(**)、また繋辞複合体と用言複合体(***)を構成する不変化後接辞」です。「繋辞複合体」や「存在動詞文」「認識動詞文」などの項で記述しています。

(*)「連体修飾語」は、「体言を修飾する語」です。「体言」は、本書の定義では、普通の名詞と形式名詞と数量詞の総称です。「体言」は、活用が無く、連体修飾語を受け、格標識を自由に伴って文中でさまざまな補語になり、主題標識を伴って文の主題となり、また繋辞を伴って述語となります。

(**) 形式名詞の一部は、副詞句・副詞節の構成要素になります。次の副詞句の項と各章の

副詞節の項を見てください。
(***)「用言」は、動詞と各種の活用する形容詞の総称です。繋辞、不変化形容詞、副詞、接続詞、引用詞、感歎詞(a)および各種の(形式名詞以外の)接辞は、本書の定義では、どちらのグループにも入りません。

(a)「歎」と「嘆」は、同義同音同訓の漢字です。「当用漢字表(=當用漢字表)」が「嘆」のみを採用し、「常用漢字表」がそれを踏襲しているため現代の印刷物では「嘆」と書くものが圧倒的に多数を占めています。しかし、そのために古典に現れる「歎きつつ…」や「歎けとて…」「歎異鈔」などが読めないなどということがあってはなりません。本書では、漢字制限政策および漢字字体音訓制限政策を日本語のために有害なものと考えており、「歎」を採用しています。「歎く」と「嘆く」、「感歎詞」と「感嘆詞」は、同じものであり、好みによってどちらの表記をしても構わないのです。言語は、それを話し読み書きするすべての人の集合的な営みの中で発達していくものであり、政治や行政の権力を使ってどちらか一方に統一する必要はありません。

　なお本書では形式名詞を「体言でもあり接辞でもある」ものと位置づけています。形式名詞の大部分は「接辞化した名詞」ですが、「の」は、そうではないようです。

1.4.1. 形式名詞からなる副詞句と「後置詞句」

　特定の人物または事物の惹き起こした結果を述べる時に用いる「○○のせいで」や「目的」または「原因」を表わす「○○のために」などは、「後続の文を修飾する」という点で副詞と同じ機能を担う「副詞句」です。

　上述の副詞句から「○○」にあたる名詞を除いた「のせいで」や「のために」などは、ヨーロッパ諸語の「前置詞」および「前置詞句」と同じ機能を担っています。英語、フランス語、ドイツ語、ロシア語などの話者に日本語を教えるときには、これらを便宜的に「後置詞句」と名づけて説明すると分かりやすくなります。

　なお、「の前に」「の前で」「の後から」「の右斜め前に」「の時」「の頃」「の朝」などは、普通の名詞を構成要素とする「後置詞句」です。

1.5. 時を表わす名詞

　時刻、時間、時代などを表わす名詞は、格標識「に」の現れ方で、三種類に分かれます。

[1]「朝」「昔」「去年」「来年」などには、格標識を伴う用法と格標識無しの用法があります。

 昔**が**懐かしい。
 昔**を**偲ぶ。
 昔**に**還る。

 昔この辺りに分校があった。　[格標識無し](*)

(*)「昔＊にこの辺りに」とは言いません。

[2]　日付や時刻を表わす「九月一日金曜日」「午後三時十二分」などは、日付や時刻のみを記すときには無標識ですが、文中では必ず格標識を伴います。

 今度の日曜日**が**待ち遠しい。
 時計は午後一時二十分**を**指している。
 二時五分**に**出かけましょう。(*)

(*)「に」を省略することはできません。

[3]「三時頃」「五時半頃」などは、格標識「に」を伴う場合と伴わない場合とがあります。

 四時十五分頃、出かけましょう。
 四時十五分頃**には**、出かけましょう。

1.6. 名詞文

 {名詞＋繋辞(*)}で終わる文を「名詞文」(**)と言います。

(*)「である」「だ」「です」「でございます」などが「繋辞」です。
(**)同様に、各種の形容詞(または形容詞複合体)で終わる文を「形容詞文」、動詞(または動詞複合体)で終わる文を「動詞文」と言います。

 名詞文の構成は、ほとんどの場合、次のようになります。

{ 主題［= 名詞 + 主題標識］+ 述語［= 名詞 + 繋辞］}　(1)(2)(3)

　主題は「話者にとって**既知**のもの」または「『対話者にとって**既知**であるはずだ』と話者が考えているもの」で、述語は「**既知**のものについての陳述」または「**既知**であるはずのものについての陳述要請」です。

(1) 主題の名詞に修飾語がついて複雑な構成になった場合、修飾語を含めた全体を**主題部**と呼んで狭義の「主題［= 名詞 + 主題標識］」と区別することがあります。
(2) 述語の名詞に修飾語がついて複雑な構成になった場合、修飾語を含めた全体を**述部**と呼んで狭義の「述語［= 名詞 + 繋辞］」と区別することがあります。なお、形容詞文・動詞文では、さまざまな種類の補語とそれを修飾する言葉が「述部」に加わります。
(3) 本書では「助動詞」という品詞を立てていません。「だ」「です」などは「繋辞」と、「ます」「れる・られる」「せる・させる」などは「用言複合体を形成する動詞型派生接辞」と、「ない」「たい」などは「用言複合体を形成するイ形容詞型派生接辞」と、分類しています。
　　なお、英語文法での「助動詞」be、have、do、can、may、must、will、shall などやフランス語文法での「助動詞」être と avoir などは、機能の上でも形態論の上でも「だ」「です」「ます」「ない」「う」などとは全く異なるものです。

1.6.1. **典型的な名詞文 = 有主題文**　（断定する平叙文・肯定文）

　鯨(くじら) は、哺乳類だ。　　　　　(1)
　鯨は、哺乳類です。　　　　　(2)
　鯨は、哺乳類である。　　　　(3)
　鯨は、哺乳類であります。　　(4)
　鯨は、哺乳類でございます。　(5)

(1) 現代日本語では、この文例のように主題標識「は」と繋辞「だ」を用いるのが典型的な名詞文です。必要に応じて「は」以外の主題標識を適宜用い、また後述する「文末接辞」を後接させるのが、特に話し言葉では、普通です。なお繋辞「だ」と「です」は、動詞型ともイ形容詞型とも異なった活用をします。
(2) 「です・ます体」の丁寧な断定。
(3) 「である体」の断定。論文などでよく見る文体。
(4) 「である」と「ます」を組み合わせた形態。講演や口頭の研究発表などでときどき聞きます。
(5) 「で」と「ございます」の組み合わせで成立した繋辞。
　　現今では「おはようございます」「おめでとうございます」「ありがとうございます」「ありがとうございました」「申し訳ございません」など以外の表現で「ございま

す」を聞くことは稀になりました。敬語は、過剰に使うと堅苦しいと敬遠されますし、場面と相手によっては卑屈、皮肉、慇懃無礼などと受け取られることもあります。また、誤って使うと滑稽で下品です。本書では「大多数の日本人が日常使う自然な日本語」を記述していますので、「ございます」の用例はごく僅かにとどめています。

1.6.2. **名詞 +「の」**

{**名詞** + 格標識「**の**」+ **名詞**} という連続では、最初の名詞が後の名詞を修飾します。

　これは、数学**の**教科書です。
　山田先生は、物理学**の**教授です。
　ここは、新幹線と在来線**の**乗換え口です。

第二項を省略した {**名詞** +「**の**」+ ø} という形に主題標識、格標識または繋辞をつけると、すでに話題に上ったものについて「○○のもの」「○○に属するもの」という意味の**名詞句**になります。名詞句は、文中で名詞として機能しますから、名詞文の主題や述語として用いることができます。

　中川さん**の**机は、どれですか。
　中川さん**の**(ø)は、どれですか。

　これは、田中さん**の**本です。
　これは、田中さん**の**(ø)です。

　ここに斉藤さん**の**傘があります。　　（1）
　ここに斉藤さん**の**(ø)があります。　　（1）

(1) 存在動詞文です。構文については第10章を見てください。

1.6.3. **主題標識**

「は」に加えて、「も」や「って」や「なんて」も主題標識です(*)。

桃太郎は、御伽噺の主人公です。　(1)
一寸法師も御伽噺の主人公です。　(2)
海豚も蝙蝠も哺乳類だ。　(3)
鯨って何類ですか。　(4)
幽霊なんて迷信だよ。　(5)

(*)主題標識は、この他にもありますが、形容詞文、動詞文の項で記述しています。

(1) 新しい話題の冒頭には、主題標識として一般に「は」を用います。
(2) 「も」は、既定の主題を受けて、同一の条件を満たす人や物を新たな主題にするときに用います。
(3) 「○○も○○も」と「も」を二度繰り返す場合は、新しい話題の冒頭でも使えます。
(4) 「って」は、口語で頻繁に用いる主題標識です。主要主題を提示する時にだけ現れます。「否定文」の項で記述している「副次的主題」の提示には用いません。なお、この文例は、疑問標識の「か」で終わっています。
(引用詞の「って」と同じ形態ですが、意味も用法も違います)
(5) 「なんて」は、話者の否定的な判断を示します。「非難」や「軽蔑」「揶揄」「期待してはいけない」といったニュアンスを伴います。なお、この文例は、親しい間柄で用いる男言葉で、後述する「文末接辞」の「よ」を伴っています。

1.6.3.1. 無主題文　(一)

疑問詞は**未知**のもの(=「話者にとって**未知**のもの」または「『対話者にとって**未知**かもしれない』と話者が考えているもの」)を指します。そのため、疑問詞の後では、古語の名残の僅かな言い廻しを除いて、主題標識は用いません。代りに格標識が現れます。また、格標識つきの疑問詞を用いた質問に答える場合も、主題標識は用いません。

どちらの方が吉田さんですか。
こちらが吉田さんです。

「対話者にとって**未知**のはずの眼前のものごと」を説明するときにも、主題標識は用いず、格標識「が」が現れます。

この白い建物が○○博物館でございます。　(1)
これが恐竜○○ザウルスの化石です。　(2)

(1)「どれ**が**○○博物館ですか」という質問を想定した説明です。「この白い建物**は**、何ですか」という質問を想定した時は「この白い建物**は**、○○博物館でございます」と言います。
(2)「どれ**が**○○ザウルスの化石ですか」という質問を想定した説明です。「これ**は**、何の化石ですか」という質問を想定した時は「これ**は**、○○ザウルスの化石でございます」と言います。

1.6.3.2. 無主題文 （二）
副文(*)は、名詞文も各種の形容詞文・動詞文も、無主題文が原則です。

(*)後述する「連体節」「名詞節」「副詞節」の総称。

　　{公孫樹が何科の植物であるか}は、習ったかもしれませんが、憶えていません。
　　{公孫樹がイチョウ綱の植物である}ことを聞いたことは無いのですか。

　無主題名詞文の（一）と（二）を観察すると、「**基本的な名詞文の第一項は、格標識『が』を伴うのであり、有主題文ではそれが主題標識『は』の陰に隠れる**」のだろうと推定することができます。

1.6.3.3. 主題省略文
　特定の状況で「主題が何であるかは、対話者にとって明らかだ」と話者が判断したときには、主題を省略することが出来ます。対話者は「今見えているもの**は**」「今聞こえているもの**は**」「今起こっていること**は**」「今来た人**は**」といった主題を推定で補います。見かけは「無主題文」のようですが、論理的に「有主題文」のうちです。

　　雨だ。
　　鈴虫だ。
　　地震だ。
　　お客さんだ。

1.6.4. 名詞文の文末接辞

　文末接辞は、疑問文を作ったり、言い切りに特別な含みを持たせたり、男言葉と女言葉の違いを際立たせたりします。イントネーションは、上昇調のこともあり、下降調のこともあり、平板であることもあります。

　否定を表わす後接辞「ない」がイ形容詞型であるため、否定・名詞文も否定・動詞文もイ形容詞文の一種です。「イ形容詞文」の章を参照してください。

　（ここで紹介する文末接辞の中には「ぞんざいだ」とか「下品だ」などの評価を受けるものもありますが、本書では排除することなく記述しています。文法は「丁寧で上品な話し方や書き方」にだけ有効なものではありません。どんな隠語も罵詈雑言も同じ文法構造の中に収まり、同じ規則に従うものなのです）

　1990年代の半ばまでは、日本語を外国で学ぶ人には「普通程度に丁寧な品のよい話し方」と「手紙の書き方」に「名の知れた作家の文章」ぐらいを教えれば事足りていました。ところがインターネットで無限に情報が入るようになってからは、それでは受講者が満足しません。特に最近は「日本の映画、漫画、アニメ、演歌などを元の日本語で理解したい」という動機で日本語学習を始める人が非常に多くなっています。例えば昔は「父」「父親」「お父さん」の使い分けぐらいを説明すれば済んでいたのが、今は「父上」「父君」「親父」「パパ」「父ちゃん」「おとっつぁん」「ご尊父」に加えて「ちゃん」まで正確なニュアンスを教えないと、熱心な学習者は承知しません。あるがままの日本語を、「時代劇でしか使わない古風ぶった言い方」「これは下品だから品性を疑われたくなかったら使わないように」「これは、言い間違いをそのまま文字にしたものだから真似てはいけない」「この表現は舌っ足らず」などと注釈をつけながら教えなくてはならない時代になっているのです。

　教師　「ちゃん」なんて言い方、どこで聞いたの？
　受講者　『子連れ狼』の子役が父親役の男を「ちゃん」って呼んでます。あ、そうだ。ついでに聞いておこう。「しとしとぴっちゃん」って辞書に載ってないんですけど、どういう意味ですか。
　教師　「しとしと」は、一年生の時に習ったでしょう。雨の音の擬音語が擬情語をも兼ねる例です。「ぴっちゃん」は雨が軒端から…

　…という具合です。あらゆる質問に即座に答えられないと、尊敬される教師は勤まりません。

　「**よ**」（または「**よう**」）は断定を強調します（漫画などでは「**よお**」という表記も見かけます）。

海豚(いるか)も 蝙蝠(こうもり)も 哺乳類だよ。　（1）
海豚も 蝙蝠も 哺乳類よ。　（2）
海豚も 蝙蝠も 哺乳類ですよ。　（3）

(1) 本来は男言葉ですが、昨今は女も普通に使います。
(2) 女言葉です。男が使うと「女っぽい」と言われます。男言葉と女言葉の使い分けは、男女平等になっていません。
(3) 知識が無いはずの人に丁寧にものを教えるときの言い方。「その程度の知識はあって当然の人」に向かってこういう言い方をするのは失礼です。

　文頭の「**よう・よお**」および文節末の「**よ・よう・よお**」は、これとは違います。「よく聞けよ」という意味の感歎詞ですが、「海豚もよお、蝙蝠もよお…」という話し方は、「乱暴」「下品」「育ちが悪い」と見做されます。

「**ね**」（または「**ねえ**」）は、対話者の同意を求める時に使います。

海豚(いるか)も 蝙蝠(こうもり)も 哺乳類だね。　（1）
海豚も 蝙蝠も 哺乳類ね。　（2）
海豚も 蝙蝠も 哺乳類ですね。　（3）

(1) 男言葉ですが、女も普通に使います。
(2) 女言葉。
(3) 丁寧な言葉遣い。

　「**ね・ねえ**」は、感歎詞として文頭や文節末でも用いますが、その場合は「対話者の同意を求める」のではなく、「よく聞いてくれ」という含みになります。これを濫用した「ねえねえ、海豚もねえ、蝙蝠もねえ、…」という話し方は、大人同士の会話では「子供っぽい」「舌っ足らず」という評価を受けます。

　「**よ**」＋「**ね**」は、対話者の同意を強く求める言い方です。特に強く同意を求めるときには「**よねえ**」という形になります。

海豚(いるか)も 蝙蝠(こうもり)も 哺乳類だよね。　（1）
海豚も 蝙蝠も 哺乳類よね。　（2）

海豚も蝙蝠も哺乳類です**よね**。　　（3）

(1) 男言葉。
(2) 女言葉。
(3) 丁寧。

「**か**」は、疑問を表します。イントネーションは、下降調のことも上昇調のこともあります。「**かい**」という形もあります。

　　　鯨(くじら)や海豚(いるか)は、哺乳類**か**。　　　（1）
　　　鯨や海豚は、哺乳類**かい**。　　　（2）
　　　鯨や海豚は、哺乳類です**か**。　　（3）
　　　鯨や海豚って哺乳類**?**　　　　　（4）
　　　鯨や海豚って哺乳類です**か**。　　（5）

(1) 基本的な疑問文ですが、話し言葉で使うと乱暴な印象を与えます。
(2) 話し言葉です。男女とも用いますが、最近は聞くことが少なくなったようです。
(3) 丁寧な疑問文。
(4) 親しい間柄の話し言葉で普通に聞く表現。文末のイントネーションが繋辞の役割を果たし、かつ疑問文であることをも示します。ラテン文字 (= 謂わゆる「ローマ字」) で表記するヨーロッパ諸語から入った疑問符「？」は、論文や小説などでは稀ですが、漫画やブログなどでは「使って当たり前」になっています。
(5) 丁寧な疑問文。文例(3)よりもくだけた言い方です。

「**か**」+「**ね**」は、「本当にそうだろうか」という疑念の表明です。疑念が特に強い時には「**かねえ**」という形になります。

　　　鯨(くじら)や海豚(いるか)は、哺乳類**かね**。
　　　鯨や海豚は、哺乳類です**かね**。
　　　鯨や海豚って哺乳類です**かねえ**。

「**か**」+「**よ**」は、現代口語では、ぞんざいな男言葉です。日本語を異言語(*)として習う人に日本語を教えるときには「こういう言い方をすると人格を疑われるから安易に使うべきではない」とはっきり警告しておかなくてはなりません。

(*)「異言語」：本書の筆者による新造語です。「母言語以外の言語」という意味です。日本で広く「外国語」と呼び習わしているものにほぼ相当しますが、「異言語」がすべて「外国語」ではありません。例えばアイヌ語は、多くの日本人にとって「異言語」ですが、決して「外国の言葉」ではありません。

　　お前は、馬鹿**か**よ。

「か」を用いない疑問文

　疑問文が常に文末接辞「か」を伴うわけではありません。述語が疑問詞であれば、文末接辞「か」を用いなくても疑問文が成立します。

　　これは、何だ。　　　(1)
　　これは、何だよ。　　(2)
　　これは、何よ。　　　(3)

(1) 文末接辞「か」を用いた「これは、何か」が硬い書き言葉なのに対して、平易な言い方です。書き言葉、話し言葉の両方で用います。
(2) ぞんざいな男言葉。非難を含んだ言い方です。語順を倒置して「何だよ、これは」とすると、非難のニュアンスが強くなります。
(3) ぞんざいな女言葉。非難を含んだ言い方です。語順を倒置して「何よ、これは」とすると、非難のニュアンスが強くなります。

「**な**」は、「自分自身に言い聞かせる」ときに、また「自分と同等か目下の親しい対話者に念を押す」時に用います(*)。礼儀正しい人は、目上の人、年長者、初対面の相手などの前では用いません。上昇調のイントネーションを伴います。

　　これは、一郎君の靴だ**な**。
　　今夜は、満月だ**な**。

(*)動詞文「戻った**な**」の末尾の「な」は、この項で記述している文末接辞と同じものです。これに対して、動詞に後接する「戻る**な**」の「な」と「戻り**な**」の「な」は、文末接辞ではなく、活用語尾です。動態動詞関連の章を見てください。また、イ形容詞に後接する「欲しい**な(あ)**」の「な・なあ」の機能は、次の項の「なあ」に相当します。

「**なあ**」は、文末接辞としては(*)、「詠歎」の表現です。感に堪えたとき

に用います。下降調のイントネーションを伴います。

  今夜は、満月だ**なあ**。
  今夜は、満月です**なあ**。

(*)「**な・なあ**」が文頭または文節末に現れる場合には、「ね・ねえ」と同じく、「よく聞けよ」という含みの感歎詞です。文末接辞と同様、親しい対話者が自分と同等または目下である場合に限って用います。「なあ、俺はなあ、お前のなあ…」という言い方を目上の人、年長者、初対面の相手などに対して用いるのは非礼です。

「**よ**」+「**な**」は、「よ」+「ね」のように、対話者の同意を強く求める言い方です。特に強く同意を求めるときには「**よなあ**」という形になります。親しい間柄で使う男言葉です。

  約束の日は、明日だ**よな**。

「**か**」+「**な**」は、自問自答を表します。

  あれは、蝉（せみ）の抜け殻**かな**。
  あれは、蝉の抜け殻です**かな**。(*)

(*)「古めかしい」と感じる人の多い言い方です。

 下降調の「**わ**」は、「軽い詠歎」を表し、男女共に用います。

  おや、あれは、燕（つばめ）の巣だ**わ**。

 上昇調の「**わ**」は、女言葉で、「軽い主張」または「軽い詠歎」を表します。
  あら、あれは、燕の巣だ**わ**。

「**さ**」は、文末接辞としては(*)、親しい間柄で「どうしようも無い」または「大したことではない」という含みを込めた言い切りに用います。**繋辞「だ」「です」に後接しない**(**)ことと**他の文末接辞を伴わない**(***)ことが特徴です。

政治ってそういうもの**さ**。
　　　それは、ただの石ころ**さ**。

(*)「**さ・さあ**」が文節末に現れる場合には、「よく聞いてくれ」という含みの感歎詞です。親しい対話者が自分と同等または目下である場合に限って使えます。「俺さあ、あいつとさあ…」という言い方をすると、「非常に親しい間柄であること」を示すことにもなりますが、一般には「ぞんざいな話し方」という印象を与えます。

(**)後述する「だろう」には後接します。「だろう」は、本来は繋辞ですが、現代語では「推量」を表わす後接辞としてイ形容詞にも動詞にも自由に後接します。

　　　政治ってそういうものだろう**さ**。
　　　それは、ただの石ころだろう**さ**。

(***)時に「ね・ねえ」を伴うことがありますが、誰もがする言い方ではありません。

「**ぞ**」は、断定を強調します。現代語では男言葉です。

　　　鈴木さんは、空手の先生だ**ぞ**。
　　　それは、反則だ**ぞ**。

「**ぜ**」は、ぞんざいな男言葉で、親しい者同士で念を押すときに使います。

　　　これは、男同士の約束だ**ぜ**。
　　　この包みの中身は、壊れ物だ**ぜ**。

「**ってば**」は、「同じことを何度言わせるのか」という気持ちを込めて言い切るときに用います。(*)

　　　今日は、火曜日だ**ってば**。
　　　美容院は、水曜日は休業です**ってば**。

(*)「**ってば**」は、主題標識としても使います。

1.7. 繫辞の活用

　繫辞「だ」「です」「である」(*)の活用表は、相互に入り組んでいます。基礎に「である」の活用体系があり、後から出現した「だ」と「です」の不完全な活用体系が「である」の一部の活用形と競合する形になっています。

　これを「だ体」または「です・ます体」で話したり書いたりする立場から見ると、「後発の『だ』と『です』には必要な全活用形が揃っていないため『である』の活用体系から借用した形態で補わざるを得ない」ということになります。「だ体」と「です・ます体」は、「である体」を無視しては成立しないのです。

　一方「である体」の文章の中にも「ではないだろう」や「ではありませんでした」「ではなかったでしょう」のように「だ」と「です」の活用形を取り入れて折衷した形態が頻繁に現れますから、「である体」もまた「だ体」と「です・ます体」を無視しては成立しません。

(*)「である」は、語源的には ｛格標識「**で**」＋存在動詞「**ある**」｝ ですが、現代語では「だ」「です」と並んで「繫辞」となっています。「で」と「ある」の間に主題標識「は」「も」「さえ」「すら」を挿入することができます。否定形は ｛「**で**」＋イ形容詞「**ない**」｝ で、やはり文脈によって主題標識「は」「も」「さえ」「すら」が「で」と「ない」の間に入ります。

　先に「である」とその丁寧体「であります」の、次に「だ」と「です」の活用表を示します。後述する存在動詞「ある」およびイ形容詞「ない」の活用と比べてください。

　本書の活用表では、「未然形」や「連用形」などを示すのではなく、「た」「ない」「ん」「([オ]と発音する)う」などの後接辞を伴った形態を提示して、「否定形」「現状認識・回想形」などの説明の便を図っています。語源的には複合語である形態を多数含んでいます。

「否定」と「打消し」

　学校文法では、「犬ではない」「特別ではない」「詳しくない」「動かない」などの形を「打ち消し」と言います。ところが、英語やフランス語などの文法では、「肯定」の対語として「否定」という言葉を使います。「打ち消し」と「否定」とは、まったく同じことです。本書では、すべての言語について「否定」という用語を用いています。

繋辞「である」

		普通	丁寧
基本	肯定	である	であります
	否定	ではない	ではありません
中止(*)	肯定	であり	
	否定	ではなく	
複合中止	肯定	であって	でありまして
	否定	ではなくて	ではありませんで
基本形に対応する連体形(A) 一(1)	肯定	である	であります
	否定	ではない	ではありません
二(2)	肯定	である	
	否定	で(は)ない	
現状認識または回想(3)	肯定	であった	でありました
	否定	ではなかった	ではありませんでした
推量(4)	肯定	であろう	
	否定	ではなかろう・ではないであろう(a)	(a-1)
現状認識の推量、回想の推量(3)(4)	肯定	であったであろう	
	否定	ではなかったであろう(b)	(b-1)
仮定 一(5)	肯定	であれば(c)	
	否定	でなければ(d)	
仮定 二(6)	肯定	であったら(e)	でありましたら(f)
	否定	でなかったら(g)	でありませんでしたら

(*)「中止形」は、学校文法で言う「連用形」に相当します。繋辞「である」の「中止形」は、複雑な後接辞複合体を形成する要素にはなりますが、各種形容詞の「連用形」とは異なり、「動詞を修飾する」ことがありません。このため、本書では、繋辞に関しては「連用形」という用語を採用していません。

(A) この表の「基本形に対応する連体形」は「文末で終止形として用いる基本形に対応する、現状認識でも回想でもない連体形」のことです。繋辞「だ」の連体形が「な」という別形態であるため、それに並行させてこの表でも独自の行にしてあります。「現状認識または回想」の「であった」「ではなかった」も、文末で終止形として用い、また名詞の前で連体形として用います。

(a)「だ」の活用形の「だろう」と折衷した「ではないだろう」という形態を高頻度で観

察します。
(a-1)「です」の活用形の「でしょう」と折衷した「ではないでしょう」という形態を高頻度で観察します。
(b)「だ」の活用形の「だろう」と折衷した「ではなかっただろう」という形態を高頻度で観察します。
(b-1)「です」の活用形の「でしょう」と折衷した「ではなかったでしょう」という形態を高頻度で観察します。
(c)「だ」の活用形の「なら(ば)」と折衷した「であるなら(ば)」という形態もあります。
(d)「だ」の活用形の「なら(ば)」と折衷した「でないなら(ば)」という形態もあります。
(e)「だ」の活用形の「なら(ば)」と折衷した「であったなら(ば)」という形態もあります。
(f)「だ」の活用形の「なら(ば)」と折衷した「でありましたなら(ば)」という形態もあります。
(g)「だ」の活用形の「なら(ば)」と折衷した「でなかったなら(ば)」という形態もあります。

繋辞「だ」と「です」

			普通	丁寧
基本		肯定	だ	です
		否定(*)		
中止		肯定	で	(a)
		否定(*)		
基本形に対応する連体形(A)	一(1)	肯定	な	です
		否定(*)		
	二(2)	肯定		
		否定(*)		
現状認識または回想(3)		肯定	だった	でした
		否定(*)		
推量・推測(4)		肯定	だろう	でしょう
		否定(*)		
現状認識の推量、または回想の推量(3)(4)		肯定	だったろう・だっただろう(b)	だったでしょう
		否定(*)		
仮定 一(5)		肯定	ならば・なら(c)	(d)
		否定(*)		
仮定 二(6)		肯定	だったら(e)	でしたら(f)
		否定(*)		

(*) 否定形は、すべて、「である」「であります」の否定形「ではない」「ではありません」

とその活用形を借用します。なお、「だ体」と「です・ます体」の話し言葉では、「では」が高頻度で「じゃ」に縮約します。

(a) 丁寧体の繋辞「です」は、**文末および「から」「ので」などの前にしか現れない**のが原則です。「です」独自の中止形は無く、「です・ます体」の文章での「中止」には、「だ」の中止形「で」を用います。
(b) 「だっただろう」のほうが新しい形です。「だったろう」の用例は、近年は稀になっています。
(c) 「なら」のほうが新しい形です。
(d) 丁寧体の繋辞「です」は、**文末および「から」「ので」などの前にしか現れない**のが原則です。「です」独自の「仮定 一」の形態は無く、「です・ます体」の文章での「仮定 一」には、「だ」の仮定形「ならば・なら」を用います。
(e) 「だった」に「なら」を後接させた「だったなら」という形もあります。「なら」は、近年、イ形容詞や動詞の基本形や現状認識・回想形に自由に後接して新しい仮定形を作るようになっています。
(f) 「です・ます体」の文章でも「だ」の活用形の「だったら」を高頻度で観察します。
(1) 形式名詞「の」と(「の」を構成要素として含む)接続詞「のに」「ので」が後接する形態。
(2) 名詞が後接する形態。
(3) 現時点での状況を記述する文脈では「予測または確信していたことと異なる現実の認識」を、過去の文脈では「回想」を、それぞれ表わす形態。普通体の「だった」は、文末および「から」「ので」などの前で使い、また連体形として他の名詞の前でも使います。丁寧体の「でした」は、普通の話し方では、文末および「から」「ので」などの前のみ使います。
(4) 現時点での状況の「推量」です。「未来」ではありません。この形をヨーロッパ諸語の「未来形」の訳語として使うのは誤訳です。
(5) 事実である可能性の高い仮定。
(6) 事実である可能性の低い仮定、または事実に反する仮定。

1.7.1.「**現状認識または回想**」を表わす形態

　「○○であった」「○○だった」「○○でした」という形態は、文脈によって「把握した**現在**の現実の状態が予測、確信、危惧、希望的観測などと異なっていること」を表わす場合と、「**過去**の出来事の回想」を表わす場合とがあります。

［現状認識］　おや、この芸能人は［女だとばかり思っていたのだが実は］男だった。

　　　　　　　　　［今、目覚めたばかり］目が覚めてみたら、今朝の天気は雨だった。(*)

［回想］　　昨日の朝は、雨だった。
　　　　　　昨日の朝は、雨でした。
　　　　　　［今は夕方］今朝、目が覚めたとき、天気は雨だった。(*)

(*)「雨が降り続いている」現在の場合にも、「時が経って今は雨が上がっている」時点での回想の場合にも、同じ「雨だった」という形態です。

「現状認識または回想」を表わす話し言葉の**文末接辞**「っけ」

［回想］　　昨日の朝は、雪だった**っけ**。　　　　(1)
　　　　　　昨日の朝は、雪でした**っけ**。　　　　(2)
　　　　　　昨日の朝は、雪だった**っけ**？　　　　(3)
　　　　　　昨日の朝は、雪でした**っけ**？　　　　(4)

［現状認識］駅へ行く道は、こっちだった**っけ**？　(5)(*)
　　　　　　あの方のお名前は、何でした**っけ**。　(6)(*)

(1)(2) 過去の状況の回想。
(3)(4)(5)「っけ」で終わる文は、疑問詞を含まなくても、疑問文として機能します。
(5)「駅へ行く道」は、駅が移転していたり道路が遮断されたりしていない限り、過去も現在も変わりません。自分の記憶(＝過去の状況)が現実の道筋(＝現在)と合致しているかどうかを自問自答または質問する文です。
(6)「名前を聞いたことがあるのだか思い出せない」という意味で、自問自答にも、そばの人への質問としても用います。話題になっている人物の名前は、当時も今も変わらないはずです。

(*)「っけ」が「だ」に後接する場合もあります。「だった」に後接する場合と意味は変わりません。ところが「っけ」が「です」に後接することはありません。「だ」と「です」の用法には、このほかにも食い違いがたくさんあります。

　　駅へ行く道は、こっち**だっけ**？
　　あの人の名前は、何**だっけ**？

1.7.2. 否定文
否定文の述部に現れる副次的な主題標識（＝否定対象の特定標識）

　否定文では、述部にも主題標識が頻繁に現れます。述部の主題標識は、否定の対象になる語を特定します。主題標識のうち「って」「ったら」などは、述部では用いません。

　　　鯨は、魚(*)で**は**ない。　　　（1）
　　　鯨は、魚じゃない。　　　　　（2）
　　　鯨は、魚で**は**ありません。　（3）
　　　鯨は、魚じゃありません。　　（4）
　　　鯨は、魚で**は**ございません。（5）
　　　鯨は、魚じゃございません。　（6）

(*) 本来「魚」は生き物、「魚」は（「肴」から転じたもので）食べ物なのですが、最近は「うお」と言うべきところを「さかな」と言う人が増えているようです。

(1) 基本的な否定文。
(2)(4)(6) 格標識の「で」と主題標識の「は」は、話し言葉では非常に頻繁に「じゃ」という形に縮約します。「では」は改まった形態です。
　　話し言葉では、文末接辞を後接させるのが普通です。否定標識の「ない」がイ形容詞型の、「ん」が準動詞型の後接辞であるため、否定文につく文末接辞の形態は、形容詞文・動詞文の場合に準じます。

　　　男言葉：鯨は、魚じゃない**よ**。
　　　女言葉：鯨は、魚じゃない**わよ**。

(3)(4) 伝統的に「ない」に対応する丁寧な形態は、「あります」の否定形の「ありません」です。近年「ない」と「です」を組み合わせた「ないです」という新しい形が出現し、数千万人の日本語話者が日常使用している模様ですが、この形態を誤用だと考える人も少なくありません。そう考える理由については「形容詞文」の「否定文」の項を参照してください。
(5)(6) 非常に丁寧な言い方。

1.7.2.1. 否定疑問文

　否定疑問文のイントネーションは、上昇調でも下降調でもあり得ます。否定疑問文は、必ずしも疑問ではなく、「思いがけない事実を確認した」場合

にも用います。

あれは、山田君ではないか。　　　　　　　　　(1)
あれは、山田君じゃないか。　　　　　　　　　(2)
あの人、山田君じゃない？　　　　　　　　　　(3)
あの方は、高田先生の奥さんじゃありませんか。(4)

(1) 書き言葉。多くは、下降調。
(2) 話し言葉。多くは、下降調。
(3) くだけた話し言葉。主題標識の省略があります。疑問標識はイントネーションで置き換わっています。上昇調の場合は「疑問」ですが、下降調の場合は「思いがけない、または期待外れの、事実の確認」を表わします。
(4) 丁寧な話し言葉。　上昇調であれば「疑問」。下降調なら「思いがけない、または期待はずれの、事実の確認」。

1.7.3. **言い切り回避表現**(*)

(*)「言い切り回避表現」は、すべての言語にさまざまな形式で具わっています。この種の表現は、本来「言い切ることが不可能である」ことを**明確**に示すために用いるのですが、どの言語共同体にもこれを「言い逃れのための手段」として濫用する人がいます。こうした「発言の曖昧化方策」としての用法は、文法ではなく、表現技術の問題ですので、本書では簡略な言及にとどめています。

　自分の目や耳で確かに観察したことについては「〇〇は、□□だ（である、です）」と言い切れますが、「人から聞いたこと」や「観察が不十分であることを自覚しているときの暫定記述」「不十分な情報に基づいた推測」「思案中の暫定結論」「憶測」「空想」「希望的観測」などについては、「自分はこの情報の責任者ではない」ことを明示するために、さまざまな種類の繋辞複合体を用いることによって、誤って自分の証言の責任を追及される危険を未然に回避することができます。繋辞複合体には、「繋辞に後接辞をつけたもの」と「繋辞とは起源を異にするもの」とがあります。

　日本語の言い切り回避表現の一部には「話者自身の知覚・行動などではない」こと、したがってヨーロッパ諸語の「**必ずしも伝聞・推量表現を伴わない三人称主語文**」(*)**に相当することを明示する重要な機能**があります。日本語で「見かけ上は主語の無い」文が続いても誤解が生じないのはそのためです(**)。筆者の観察では、この認識は、今のところ、日本語以外の言語を学

ぶ日本人にも、日本語を異言語として学ぶ人にも、ほとんどの場合、欠けています。本書ではこの点に留意して、言い切り回避表現をいくつもの章で詳しく記述しています（第12章まで各種の言い切り回避表現を詳述していますが、第13章以降は割愛しています）。

(*)「イ形容詞」の章(5.)の「イ形容詞の語幹＋後接辞複合体『そうだ』『そうです』『そうである』」の項の末尾(5.3.5)に説明があります。

(**) このほかに、「お持ちになる」や「おっしゃる」のような尊敬語にも、「お持ちする」や「申し上げる」のような謙譲語にも、また「書いてやる」「書いてもらう」のような受給表現にも、「見かけ上は主語が無い」のに誤解を生じさせない機能があります。複合動詞(29.)の章に記述があります。

1.7.3.1. 伝聞(*)

(*)「○○だって」「○○ですって」「○○だとさ」なども「伝聞」を表しますが、この「って」や「とさ」は「引用詞」です。第35章で記述しています。

確かな伝聞

「○○**だそうだ**」「○○**だそうである**」「○○**だそうです**」は「特定の人物またはメディアが○○だと言ったのを自分が直接聞いた」という意味です。「○○**だったそうだ**」「○○**ではなかったそうです**」などと「だ」の部分を活用させることができます。ある犯罪事件を話題にしているところへ「容疑者逮捕」のニュースが入ったときに、次のような表現が可能です。

  この事件の犯人は、**女だそうだ**。　　　　　　　（1）
  この事件の犯人は、**女ではないそうだ**。　　　　（2）
  この事件の犯人は、**女だったそうだ**。　　　　　（3）
  この事件の犯人は、**女ではなかったそうです**。　（4）

(1) 事件の犯人に関する先入見無しに「女だ」という情報を得て、それを別の人に伝える場合の言い方です。
(2) 事件の犯人に関する先入見なしに「女ではない」という情報を得て、それを別の人に伝える場合の言い方。
(3) 「事件の犯人は男だろう」と考えていたのが意外にも「女だ」と聞いたときに、その容疑者に関する情報を別の人に伝える場合の言い方です。
(4) 「事件の犯人は女だろう」と考えていたのが意外にも「女ではない。男だ」と聞いたときに、その容疑者に関する情報を別の人に伝える場合の言い方です。丁寧体。

不確かな伝聞

「○○であるらしい」「○○らしい」(*) は、「噂に聞いたところでは○○だということだが、確かなことは分からない」という意味です。

　　この事件の犯人は、**女（である）らしい**。　　（1）
　　この事件の犯人は、**女ではないらしい**。　　（2）
　　この事件の犯人は、**女だったらしい**。　　（3）
　　この事件の犯人は、**女ではなかったらしい**。　（4）

(1) 事件の犯人の性別に関する先入見無しに「女だ」という噂を聞いた。
(2) 事件の犯人の性別に関する先入見無しに「女ではない」という噂を聞いた。
(3) 「事件の犯人は男だろう」と考えていたのが意外にも「女だ」という噂を聞いた。
(4) 「事件の犯人は女だろう」と考えていたのが意外にも「女ではない。男だ」という噂を聞いた。

(*) 名詞に後接して「○○にふさわしい」という意味の複合イ形容詞（「男らしい」「女らしい」「母親らしい」など）を形成する「らしい」は、これと同表記ですが、別個の派生接辞です。音調（＝謂わゆる高低アクセント）(**) が異なるので、話し言葉では混同は起こりません。高い音調の拍を太字で示すと、次のようになります。

　　佐藤さんの責任の取り方は、オ**トコラ**シイ。　　「男にふさわしい態度である」
　　この事件の犯人は、オ**トコ**ラシイ。　　「男であるらしい」

(**) 本書では、日本語の謂わゆる「高低アクセント」を「音調」と呼んでいます。「音調」は、北京語、広東語、閩南語、タイ語などにある「声調」とも、英語、ドイツ語、イタリア語、ロシア語などにある「強さアクセント」とも、フランス語の「長さアクセント」とも、物理的な性質と言語体系での機能が違います。日本語の音調を「アクセントの一種」だと考える人たちは「すべての自立語で第一拍と第二拍の高さが異なる」ことを論拠として「語のまとまりを示すのが役割だからアクセントである」と主張していますが、「平板型」の語では「第一拍と第二拍の高さがまったく同じ」である場合を広範囲に高頻度で観察しますから、事実誤認があります。

「○○であるらしかった」「○○らしかった」は、過去の噂を回想する文で、「昔、○○だという噂を聞いたが、確かなことは当時も分からなかったし、今も分からない」という意味です。

　　あの事件の犯人は、**女（である）らしかった**。　（1）
　　あの事件の犯人は、**女ではないらしかった**。　（2）

1.7.3.2. 不十分な観察に基づいた暫定的な判断
「○○であるようだ」「○○のようだ」(*)「○○のようである」(*)「○○のようです」(*)

やって来る人は、鈴木氏**であるようだ** 　　　(1)
やって来る人は、鈴木さん**のようです。** 　　(2)
やって来る人は、鈴木氏**ではないようだ。** 　(3)
やって来る人は、鈴木さん**ではないようです。** (4)

(1)(2)「やって来る人の姿は、まだまだ遠い。あるいは今たまたま物陰に隠れている。または、今自分が眼鏡を外しているのでよく見えないなどの事情で、十分近くまで来ないと百パーセント鈴木さんだとは言い切れない」
(3)(4)「やって来る人の姿は、まだまだ遠い。あるいは今たまたま物陰に隠れている。または、今自分が眼鏡を外しているのでよく見えないなどの事情で、十分近くまで来ないと絶対に鈴木さんでないとは言い切れない」
(1)(3) 書き言葉。
(2)(4) 丁寧体の話し言葉。

そこを通ったのは、鈴木さん**だったようだ。** 　(5)
そこを通ったのは、鈴木さん**だったようです。** (6)
そこを通ったのは、鈴木さん**のようだった。** 　(7)
そこを通ったのは、鈴木さん**のようでした。** 　(8)

(5)(6)(7)(8)「不十分な観察に基づいた暫定的な過去の判断の回想」です。「だったようだ」と「のようだった」の間に意味の違いは認められません。
(5)(7) 普通体。
(6)(8) 丁寧体の話し言葉。

(*)名詞に後接して「○○を髣髴とさせる」という意味の複合ナ形容詞(「夢のよう」「御伽噺のお姫様のよう」など)を形成する「のよう(だ、である、です)」は、これと同じ表記ですが、別個の派生接辞です。繋辞複合体と違って「○○ではないようだ」「○○だったようだ」「○○ではなかったようだ」などの形をとることはありません。「夢のようだった」は複合ナ形容詞で「素晴らし過ぎて現実とは思えなかった」という意味ですが、「夢だったようだ」は「夢＋繋辞複合体」で「現実であるような気がしていたが、どうもそうではなく、夢を見ていたらしい。しかしまだ十分に目が覚めていない」という意味です。

　なお、「みたい(だ、です)」も近年は「のよう(だ、です)」と同義の後接辞複合体として機能することがありますが、本来の「複合ナ形容詞」としての用法が主流である

ため、「名詞型複合形容詞」の章(26.)で記述しています。

1.7.3.3. 推量・推測・推定

ここに紹介する三種類の繋辞複合体のほかにも、引用詞「と」と組み合わせて「○○だと思う」「○○だと考えられる」「○○だと考えられないこともない」など、さまざまな段階の「不確かさ」を表わす言い方があります。

かなりの確信を持って表明する推量・推測
「○○だろう」「○○でしょう」

この形態は、活用表に含めてありますが、後接辞「う」(発音は[オ])との組み合わせで成立した繋辞複合体です。

 桃は、バラ科の植物**だろう**。   (1)
 杏(あんず)も、バラ科の植物**でしょう**。   (2)
 梅雨時(つゆどき)だから、日本は今頃は毎日雨**だろう**。 (3)
 明日は、雪**だろう**。   (4)
 明日は、いいお天気**でしょう**。   (5)

(1)(2)「専門家や植物図鑑にあたって確かめたほうがいいかもしれないが、素人なりの知識ではこう判断して間違いないと思う」という含み。
(2)(5) 丁寧体。ただし、現今、女言葉では「丁寧」のニュアンスはほとんど消えています。
(3) 遠隔地の**現在の**天候に関する推測。
(4)(5)「明日の天候」に関する推測。「未来」(したがって「**予測**」)を示すのは「明日」という語であって、「だろう」「でしょう」ではありません。

繋辞複合体ですから、否定形にも後接します。

 梅雨時(つゆどき)ではないから、日本は今は毎日雨**ではないだろう**。 (1)
 明日は、雪**ではないだろう**。   (2)
 明日は、いいお天気**ではないでしょう**。   (3)

(1) 遠隔地の**現在の**天候に関する推測。
(2)(3)「明日の天候」に関する推測。「未来」を示すのは「明日」という語であって、「だろう」「でしょう」ではありません。

過去回想の「だった」「ではなかった」にも後接します。

　ニュー・ヨークは、昨日は、雪ではなかっただろう。
　北京は、昨日は、いいお天気だったでしょう。

現状認識（＝自説が誤っていたことの認識）の「だった」「ではなかった」にも後接します。

　（「91は素数だ」と頑なに言い張る人に「91 = 7 x 13」を証明して見せた時に）
　ほら、91は、素数じゃなかっただろう？
　（「キセノンは不活性ガスではない」と言い張る人に元素の周期律表を自ら調べさせた時に）
　ね、キセノンは、不活性ガスだったでしょう？

確信の持てない推量・推測
「○○（である）かもしれない」「○○かもしれません」「○○かも」

　　トマトは、ナス科の植物**である**かもしれない。　　（1）
　　トマトは、ナス科の植物**か**もしれない。　　　　　（2）
　　トマトは、ナス科の植物**か**もしれません。　　　　（3）
　　トマトは、ナス科の植物**か**も。　　　　　　　　　（4）
　　トマトは、ナス科の植物**だった**かもしれない。　　（5）
　　トマトは、ナス科の植物**だった**かもしれません。　（6）

(1)(2)(3)(4)「自分の知識が不十分であることを自覚しているので断言はできない」という含み。
(1) 硬い書き言葉。
(2) 書き言葉でも話し言葉でも用います。
(3) 丁寧体の話し言葉。
(4) くだけた話し言葉。
(5)(6)「ナス科ではないと思っていたが、間違っていた可能性がある」という含み。「不確実な現状認識」です。

(5) 普通体。話し言葉でも書き言葉でも用います。
(6) 丁寧体。

否定文も勿論可能です。

　　91は、素数ではないかもしれない。　　　(1)
　　91は、素数ではなかったかもしれない。　(2)

(1)「素数のような気もするが、どうも疑わしい」
(2)「素数だとばかり思っていたが、間違っていた可能性もありそうだ。きちんと調べてみよう」

推定・道理
「○○であるはずだ」「○○のはずだ」(*)

(*)「はず」は、形式名詞です。

「話者の得ている情報が十分であれば正しい推定」を表わします。(*)

(*)「はず(だ、です、である)」が形容詞・動詞に後接する場合は「推定」に加えて「当然の帰結」「予定」などをも表します。各種形容詞・動詞の章を見てください。

　　富江は、雅子の母親であるはずだ。　　(1)
　　富江は、雅子の母親のはずである。　　(2)
　　富江は、雅子の母親のはずだ。　　　　(3)
　　富江は、雅子の母親のはずです。　　　(4)
　　富江は、雅子の母親だったはずである。(5)
　　富江は、雅子の母親だったはずだ。　　(6)
　　富江は、雅子の母親だったはずです。　(7)

(1)「である体」と「だ体」を折衷した書き言葉。「*であるはずである」とは言いません。
(2)「である体」の書き言葉。
(3)「だ体」の書き言葉。
(4)「です体」。
(5)(6)(7)「富江は雅子の母親だ、と聞いていたのだが、そうではないらしいという新情報が入った。どちらが正しいのだろうか」という含みの文。「であったはずだ」「であったはずです」という形態もあります。

否定文の例

 三郎は、弘の父親**ではない**はずだ。

 三郎は、弘の父親**ではない**はずである。

 三郎は、弘の父親**ではない**はずです。

 三郎は、弘の父親**ではなかった**はずだ。

 三郎は、弘の父親**ではなかった**はずである。

 三郎は、弘の父親**ではなかった**はずです。

否定的な推定・道理

「○○であるはずが無い」(*)

(*) 格標識「が」を主題標識で置き換えて「はず**は**無い」「はず**も**無い」という形にすることもできます。なお、「はず**ではない**」「はず**ではなかった**」という形態が、動詞および一部の形容詞に後接する位置で可能です。

 三郎は、弘の父親**である**はずが**無い**。

 三郎が弘の父親**である**はずは**無い**。

1.7.4. 繋辞「である」の中止形＋後接辞複合体「そうだ」「そうです」「そうである」

 繋辞「である」の中止形「であり」と後接辞複合体「そうだ（です・である）」との組み合わせは、「断言するには長期的な観察・分析・推論・証明を要することに関する暫定的な**仮説**」を表わす形式です(*)。この後接辞複合体は、イ形容詞の語幹、一部のナ形容詞の語幹、存在動詞の中止形との組み合わせで同様の「仮説」を表わします。ところが、認識動詞、動態動詞、可能動詞の中止形との組み合わせでは「近未来の事態の予測・確信」を表わします。このため、他の繋辞複合体と同列には扱えません（基本形で終わる名詞文、形容詞文、動詞文に後接し「確かな伝聞」を表わす同形の後接辞複合体とは、接続の仕方で区別が付きます）。

(*) 「名詞　＋「でありそうだ（です、である）」」という構成の複合体は、それ自体「複合ナ形容詞」です。第26章を見てください。

 この事件の犯人は、鼠（ねずみ）小僧でありそうだ。　　（1）

 この事件の犯人は、鼠小僧ではなさそうだ。　　（2）

(1) 日常語では複合ナ形容詞を連体形にした「鼠小僧で**ありそうな**気がする」などの表現のほうが優勢です。
(2) 否定形の場合は「ではなさそうだ」という形態になります。否定標識「ない」がイ形容詞型の後接辞であるためです。「イ形容詞」の章を見てください。なお、否定の基本形は、日常語でもよく使います。

末尾の「だ」「です」「である」は、「だった」「でした」「であった」で置き換えることができます。

あの事件の犯人は、鼠小僧で**ありそうだった**。　　（1）
あの事件の犯人は、鼠小僧で**はなさそうだった**。　　（2）

(1) 複合ナ形容詞を連体形にした「鼠小僧で**ありそうな**気がした」などの表現のほうが優勢です。
(2) 否定形のほうは日常語でもよく使います。

1.7.5. 名詞文＋複合繋辞「のだ」(*)「のです」(*)「のである」

　名詞文（および形容詞文、動詞文）に「**のだ**」(*)「**のです**」(*)「**のである**」を後接させると「対話者が知らないこと、気付いていないこと、すぐには受け容れられないかもしれないことを告げる」という含みの文になります。

(*)話し言葉では頻繁に「**んだ**」「**んです**」という形になります。

　「の」（「だ」と「で」の前で頻繁に「ん」）が形式名詞であるため、「のだ」「のです」「のである」「んだ」「んです」の前に立つ繋辞「**だ**」は連体形の「**な**」という形態を取り、「〇〇なのだ」「〇〇なのです」「〇〇なのである」「〇〇なんだ」「〇〇なんです」といった繋辞複合体を作ります。

海豚も蝙蝠も哺乳類**なのである**。　　（1）
海豚も蝙蝠も哺乳類**なんだよ**。　　（2）
海豚も蝙蝠も哺乳類**なのよ**。　　（3）
海豚も蝙蝠も哺乳類**なんですよ**。　　（4）

(1)(2)(3)(4)　海豚や蝙蝠が哺乳類であることをまだ知らないはずの対話者に物を教えるときの言い方。すでに知っているはずの相手にこういう言い方をするのは非礼です。

(1)「である体」の書き言葉。
(2) 親しい間柄で用いる男言葉。話し言葉では「○○なのだよ」よりも「○○なんだよ」のほうが普通です。
(3) 親しい間柄で用いる女言葉。
(4) 丁寧体。話し言葉では「○○なのですよ」よりも「○○なんですよ」のほうが普通です。

  イルカ(*)って、何類なの？　　　　　(5)
  イルカって、哺乳類だったのか。　　(6)
  イルカって、哺乳類だったんですか。(7)

(*) 海豚が哺乳類であることをまだ知らない年齢の人は、「海豚」と漢字では書けないため「イルカ」とカタカナ書きにすることがあります。
　これとは別に「動植物名をすべてカタカナ書きにする主義」の人がいますが、その主義を徹底すると、「乗馬」「競馬」「馬力」「駿馬」「駄馬」「馬場」「車馬」「馬耳東風」などの熟語に現れる「馬」という漢字の訓が「うま」であること、「牛肉」「乳牛」「役牛」「牛車」「牛馬」などの熟語に現れる「牛」という漢字の訓が「うし」であることなどが忘れ去られてしまい、次の世代の日本人にとって「馬」や「牛」という漢字が「難しい」ものになってしまいます。漢字は、訓が分かってこそ意味がはっきりするものなのです。音訓併用を蔑ろにすると、漢字と共に発達してきた日本語は、崩壊してしまいます。

(5) くだけた話し方の疑問文。大人が「海豚が哺乳類であることをとっくに知っていて当然の年齢・教養程度の相手」にこういう聞き方をすると、「いい歳(とし)をして、まだ知らないんだろう」という含みになりますから、厭味です。なお、「の」の後で「か」を省略した疑問文は、現代の話し言葉では、ごく普通です。
(6)(7)「知らなかった。驚いた」という含みの文。

否定文の例

  海豚(いるか)は、魚類ではないのである。　　(1)
  海豚は、魚類ではないのだ。　　　　(2)
  海豚は、魚類じゃないんだよ。　　　(3)
  海豚は、魚類じゃないのよ。　　　　(4)
  海豚は、魚類じゃないの。　　　　　(5)
  海豚は、魚類ではないのです。　　　(6)
  海豚は、魚類じゃないんですよ。　　(7)
  イルカって、魚類じゃないのか。　　(8)

イルカって、魚類じゃないの？　　　　　　　(9)
　　　イルカって、魚類じゃなかったのか。　　　 (10)
　　　イルカって、魚類じゃなかったの？　　　　 (11)
　　　イルカって、魚類じゃなかったんですか。　 (12)

(1)～(12) 否定文は、否定標識の「ない」がイ形容詞型であるため、後接辞の付き方に関しては「イ形容詞文」になります。「イ形容詞の活用」「イ形容詞文」などの項を見てください。
(1)「である体」
(2)「だ体」
(3) くだけた男言葉。
(4) 女言葉。
(5) くだけた話し言葉。男も女も用います。
(6) 丁寧な話し言葉。
(7) ややくだけた丁寧な話し言葉。
(8)～(12) くだけた話し言葉。
(8)(9)「見かけだけで判断してはいけないのか」という含み。
(9)(11)「の」の後で「か」を省略した疑問文は、現代の話し言葉では、ごく普通です。
(10)(11)(12)「魚類だとばかり思っていた．」という含み。

「はず」+「なのだ」

「はず」は形式名詞ですから、当然「はずなのだ」「はずなのです」「はずじゃなかったんですか」といった形態もあります。

　　　富江は、雅子の母親だったはず**なのだ**。　　(1)

(1) この文は「『富江は雅子の母親ではなかった』という新情報を得て驚愕している。すぐには到底信じられない」という意味です。

名詞文+「のだそうだ」「のであるらしい」「のかもしれない」など

「の」が形式名詞ですから、「のだ」「のです」「のである」で終わる文は、すべて名詞文です。「そうだ」「らしい」「かもしれない」などを後接させて複雑な繋辞複合体を作り、複合したニュアンスを表現することができます。

　　　鯨は、哺乳類**なのだそうだ**。　　　　　　　　(1)

海豚も蝙蝠も哺乳類なのであるらしい。　　　　　(2)
　　　富江は、雅子の母親なのかもしれない。　　　　　(3)
　　　三郎は、弘の父親ではなかったのかもしれない。　(4)
　　　梅雨時だから、日本は今頃は毎日雨なのだろう。　(5)

(1)「知らなかったので驚いているのだが、動物学者が『鯨は哺乳類だ』と言っている」
(2)「知らなかったので驚いているのだが、海豚も蝙蝠も哺乳類だという噂だ」
(3)「知らなかったので驚いているのだが、富江が雅子の母親だという可能性がある」
(4)「『三郎は、弘の父親だ』とばかり思っていたので、そうではないと聞いて半信半疑である。しかし新情報が正しい可能性がある」
(5)「日本には梅雨という特別の季節があることを知らなかったので驚いているのだが、本当だとすれば、今はちょうどその時期だから、毎日雨が降り続いているはずだ」

1.8. 明確な表現と「ぼかした」表現

　「○○は、□□である」と言い切れば、表現は明確で、誤解の余地はありません。何らかの事情で断言を避ける言い方が、前述の言い切り回避表現以外にも、いろいろあります。「言い切り」と対比して、さまざまな段階の「ぼかし」のかかった表現をいくつか並べてみます（「ぼかし」がかかればかかるほど文構成は複雑になります。本書を読み終わった後でもう一度この項の例文を読み直してください）。

　　　それは、迷信です。
　　　それは、迷信だと思います。
　　　それは、迷信のような気がしますが。
　　　それは、迷信じゃないかと思いますけど。
　　　それは、迷信じゃないかな、と思うんですが。
　　　それは、迷信じゃないかな、というふうに思いますが。
　　　それは、迷信なんじゃありませんか。
　　　それは、迷信なんじゃないかな、と考える人もいるんじゃないでしょうか。
　　　それは…聞く人によっては…迷信みたいなものだとか…そういうふうに考える場合もあり得るとは思いませんか。

こうした表現は、すべての言語に具わっています(*)。言質を取られたくない人が証言忌避のために「ぼかした」表現をよく使いますが、何事であれ、言い切れば「賛成だ」「反対だ」「事実誤認がある」「そう考える根拠を説明してくれ」といった反応を惹き起こして議論ができます。断言を極力避けた言い方を濫用すると、何を言いたいのか分からなくなり、議論どころか意思の疎通が不可能になります。

(*) 巷間に「○○語は曖昧だ」とか「○○語では論理的な思考はできない」などという主張を頻繁に聞きますが、明確な表現を選択するか曖昧な表現を選択するかは表現者の責任であって、言語自体の特徴ではありません。論理的な思考ができるかどうかは各個人の能力と訓練の問題であって、どの言語で思考するかとは無関係です。なお、本書の筆者は、この類の根拠の無い主張を多数のさまざまな言語の話者の口から聞いています。母言語(a)以外の言語についてこういうことを言う人は、当該の言語をよく知らないで偏見を表明しているのです。母言語についてこういう発言をする人は、「自分の母言語に関して謂われの無い劣等感を抱いている」か「自分の思考・表現の仕方が悪いのを棚に上げて、責任転嫁を試みている」かのどちらか、あるいは両方です。

(a) 「母言語」：[英] mother tongue、[仏] langue maternelle の訳語として本書の筆者が造語し、『トルコのもう一つの顔』(1991, 中公新書) で初めて公に使った用語です。同じ意味で「母語」と言う人もいるようです。「第一言語(＝文法を意識せずに自由に、労力無しに、思考の手段として使用できる言語)」のうち「幼少時に話し始め、いつどうやって習得したのか憶えていない言語」を指します。「母親から習った言語」という意味ではありません。幼少時に話し始めた言語が必ずしも第一言語または母言語であるとは限りません。言語環境の変化のために幼少時に話していた言語を喪失する人もあり、喪失しないまでも「第二言語(＝意思の疎通の手段として使用できるが、正しく表現するには文法を意識する必要があり、自由な思考の手段にはなっていない言語)」として維持する人もあります。

　なお、[英] mother tongue、[仏] langue maternelle を「母国語」と訳すのは、間違いです。元の語は、「国」や「国家」とは無関係な概念です。

1.9. 名詞文からなる節

　独立した「文」と同じか類似の構造があり、それ自身よりも長い文の構成要素になるものを「節」と言います。名詞として機能する「名詞節」、副詞のように機能する「副詞節」、連体修飾語として機能する「連体節」など、

いろいろな種類があります。

1.9.1. 連体節

「連体節」は、後続の名詞を修飾する節です。

英語の adjective clause、フランス語の proposition adjectivale に相当しますが、日本語の「形容詞」と英仏語の adjective, adjectif とは全く別の概念であるため、これを「逐語訳」した「形容詞節」という用語は、必然的に広汎で重大な誤解を招きますから、本書では採用していません。

「**だ体**」の文章の場合、共通語では (*)、普通体の「だ」で終わる名詞文がそのまま連体節になることは、ありません。連体節を作るときには「だ」を「である」で置き換えます。

(*)各地の方言には、普通体の「だ」で終わる名詞文がそのままの形で連体節になるものがあります。各方言にそれぞれ独自の文法体系があるのです。

  象は、最大の陸上動物**だ**。   (1)
  {最大の陸上動物**である**} 象には、天敵がいない。 (2)

(1) この文は、「だ体」の名詞文です。
(2) 「最大の陸上動物である」が「連体節」で、後続の「象」という名詞を修飾しています。

繋辞「だ」の連体形の「な」は、(ナ形容詞の連体形標識の「な」と違って)「のに」「ので」「のだ」などに続く場合にのみ用います。

  ペンギンは、鳥類**だ**。
  ペンギンは、鳥類**な**のに、空を飛ばない。
  セルジュ君は、アルザス人**だ**。
  セルジュ君は、アルザス人**な**ので、アルザス語もフランス語もドイツ語も話せる。

現状認識・回想の「だった」や否定の「ではない」(*)などは、そのままの形で連体節を作ります。

ロベール君は、若い頃、射撃の名手だった。
{若い頃射撃の名手だった}ロベール君は、今でも週末ごとに狩猟に出かける。

ロベール君は、もはや若者**ではない**。
{もはや若者**ではない**}ロベール君は、酒を飲み過ぎないように気をつけている。
{もはや若者**でない**}人は、無理をしないように気をつけたほうがよい。(*)

ロベール君は、もう若者**じゃない**。
{もう若者**じゃない**}ロベール君は、酒を飲み過ぎないように気をつけている。
{もう若者**でない**}人は、無理をしないように気をつけたほうがいい。(*)

(*)文脈によっては「ではない」「じゃない」の代りに「でない」が現れます。

「**です・ます体**」の文章で名詞文を連体節にするときにも「です」は「である」で置き換えます。

象は、最大の陸上動物です。
{最大の陸上動物**である**}象には、天敵がいません。

形式名詞「の」を構成要素とする接続詞「ので」や「のに」の前では「です」を「な」で置き換えるのが普通ですが、「です」をそのままの形で使うこともできます。ただし「です」の後で「のだ」は不可能です。「○○なのだ」「○○なんだ」の丁寧体は、前述のように「○○なのです」「○○なんです」となります。

ペンギンは、鳥類です。
ペンギンは、鳥類**な**のに、空を飛びません。
セルジュ君は、アルザス人です。
セルジュ君は、アルザス人**な**ので、アルザス語もフランス語も話せます。

セルジュ君は、アルザス人**ですので**、アルザス語もフランス語も話せます。

また、普通の日本語では(*)連体節の中では丁寧体を用いないので、「でした」は「だった」で、「ではありません」は「ではない」または「でない」で置き換えます。

(*) 本書で言う「普通の日本語」は、「お風邪を<u>お召しなさいました</u>時には」や「ご来店<u>いただきました</u>お客様全員に」「<u>お召し上がりになって</u>くださいませ」式の過剰・誤用敬語を含みません。

ロベール君は、若い頃、射撃の名手**でした**。
{若い頃射撃の名手**だった**}ロベール君は、今でも週末ごとに狩猟に出かけます。

ロベール君は、もはや若者**ではありません**。
{もはや若者**ではない**}ロベール君は、酒を飲み過ぎないように気をつけています。
{もはや若者**でない**}人は、無理をしないように気をつけましょう。

ロベール君は、もう若者**じゃありません**。
{もう若者**じゃない**}ロベール君は、酒を飲み過ぎないように気をつけています。
{もう若者**でない**}人は、無理をしないように気をつけたほうがいい。

「**である体**」の文章の場合は、「である」が格標識の「で」と存在動詞の「ある」との組み合わせで成立した繋辞複合体であるため、動詞文と同じように自由に連体節を作ることが出来ます。

象は、最大の陸上動物**である**。
{最大の陸上動物**である**}象には、天敵がいない。
ペンギンは、鳥類**である**。
{ペンギンは、鳥類**である**}のに、空を飛ばない。

　　　　{フランスが多民族国家**である**} ことを知っていますか。(*)
　　　　{イタリアも多民族国家**である**} ことを知っていますよ。(*)

(*) この二文とそれぞれ同義の「フランスが多民族国家だということを知っていますか」「イタリアも多民族国家だということを知っていますよ」については第28章で紹介する不変化前置形容詞節「○○という」を見てください。

1.9.2. 名詞節

　文の中で名詞として機能する節を「名詞節」と言います。「名詞として」機能しますから、当然、主題標識、格標識または繋辞を伴います。日本語の名詞節は、{普通体(*)の疑問文} または {連体節＋形式名詞} という構成です。下の例では、名詞節を波括弧 { } で括り、後接する格標識や主題標識を太字で示しています。

(*) この位置で丁寧体を使うのは過剰敬語です。

　　　　{珊瑚が植物である**か**動物である**か**}(**を**)議論する。　　　(1)
　　　　{珊瑚が植物である**か**動物である**か**}(**が**)分からない。　　(1)
　　　　{珊瑚が動物である**かどうか**}(**を**)議論する。　　　　　(1)(2)
　　　　{珊瑚が動物である**かどうか**}(**が**)分からない。　　　　(1)(2)

(1) 話し言葉では、格標識「を」や「が」の現れないことが頻繁に起こります。文中の名詞および名詞節が「必ず格標識か主題標識か繋辞を伴う」ようになったのは、謂わゆる「口語(＝現代の書き言葉)」が成立してからのことですから、この現象は、言語史上は「省略」ではありません。「霧、立ち昇る」や「乙女の姿、しばしとどめむ」の例のように、何百年もの間、「が」や「を」(に相当するもの)を使わずに会話をし、詩歌を詠んできた伝統が話し言葉に残っているのです。
(2) 「であるかどうか」と同じ意味で、書き言葉では「**であるか否か**」とも、また話し言葉では「**であるかないか**」とも言います。

　前項の「連体節」の例文のうち、形式名詞「こと」を含むものは、{連体節＋形式名詞} という構成の名詞節の例文をも兼ねます。

　　　　{フランスが多民族国家である**こと**}**は**、昔から知っています。
　　　　{イタリアも多民族国家である**こと**}**が**分かりました。

形式名詞「の」を含む名詞節もあります。

　　{イタリアの国旗もオランダの国旗も三色旗である**の**} が面白い。
　　{故郷の山々が昔と同じ姿な**の**} が懐かしい。

引用詞「と」「って」を含む言い廻し「ということ」「っていうこと」「というの」「っていうの」を使った名詞節の例文は、第35章「引用詞」を見てください。

1.9.3. 副詞節
「名詞文、形容詞文、動詞文を修飾する節」を「副詞節」と言います。時間、目的、原因、理由などを表します。

「〇〇であり」「〇〇であって」
　中止形「であり」「であって」で終わる節は、「後続の文と同格の名詞節」の場合と、「主文の結論に至る前の注釈」をする副詞節である場合とがあります。

[同格]　　蛙(かえる)は両棲類**であり**、蜥蜴(とかげ)は爬虫類です。
　　　　　ブラジルの公用語はポルトガル語**であり**、タイの公用語はタイ語です。
[副詞節]　地衣類は、{菌類と藻類との共生体**であり**}、単一の植物ではない。　　　　　　　　　　　　　　　　　　　　　　　　　　（1）
　　　　　地衣類は、{菌類と藻類との共生体**であって**}、単一の植物ではない。　　　　　　　　　　　　　　　　　　　　　　　　　　（1）

(1) 二つの文は、全く同じ意味ですが、「であって」のほうが新しい形です。

「〇〇ではなく」「〇〇ではなくて」
　否定中止形「ではなく」「ではなくて」で終わる名詞節も、「後続の文と同格」の場合と、「主文の結論に至る根拠の説明」をする副詞節である場合とがあります。「ではなく」のほうが硬い表現です。話し言葉では、促音を含

んだ「○○じゃなくって」という形にもなります。

[同格]　　日本は共和国ではなく、韓国は立憲君主国ではない。　　(1)
　　　　　カモノハシは、鳥類ではなく、爬虫類でもありません。　　(2)

[副詞節]　蝙蝠は、{空を飛ぶけれども鳥類ではなく}、哺乳類である。(3)
　　　　　コウモリは、{空を飛ぶけど鳥じゃなくって}　獣なんだよ。(4)

(1)　否定文を連ねるのは、主旨をはっきりさせずに「相手を煙に巻く」やり方です。共和国と立憲君主国以外にも国家の体制はいろいろありますから、何を言いたいのかわかりません。肯定文を使って「日本は立憲君主国であり、大韓民国は共和国である」と言えば明快です。
(2)　「カモノハシは、鳥類でも爬虫類でもない」と同義です。「カモノハシは、鳥類でもなく、爬虫類でもない」と言ったほうが、「でもなく」が後続の文も否定であることを予測させるので、理解しやすくなります。。
(3)　硬い書き言葉。
(4)　くだけた男言葉。

「○○だったとき」「○○であったとき」「○○だったころ」「○○であったころ」(*)
　{連体節＋時を表わす名詞}　という構成の副詞節です。過去を特に強く回想しながら（あるいは対話者に回想を求めながら）時を示します。「とき」も「ころ」も「時を表わす名詞」ですから、格標識を伴うこともあり、伴わないこともあります。「ころ」は「とき」よりも漠然とした時期を示します。

　　{この子が幼稚園児だったとき}、近くの交差点で事故がありました。
　　　　　　　　　　　　　　　　　　　　　　　　　　　　　　　　(1)
　　{この子が幼稚園児だったころ}、よく近くの公園に連れて行きました。
　　　　　　　　　　　　　　　　　　　　　　　　　　　　　　　　(2)
　　{お母さんが子供だったころ}、インターネットって無かったんだってね。
　　　　　　　　　　　　　　　　　　　　　　　　　　　　　　　　(3)

(1)　「この子が幼稚園児のとき」とも言います。
(2)　「この子が幼稚園児のころ」とも言います。
(3)　普通は「お母さんが子供のころ」と言います。

(*)　否定形の「○○でなかったとき」や「○○でなかったころ」は、明快な表現を目指すのであれば、避けるべきものです。「この子がまだ中学生でなかった頃」という言い方

は、理屈を言えば「五年生だった頃」でも「一年生だった頃」でも「保育園児だった頃」でもあり得ます。「この子が(小学校の)六年生**のとき**」や「中学生になる少し前に」などとすれば明快です。否定文の濫用は、論旨を曖昧にしますから、真摯なコミュニケーションを図る態度ではありません。

「○○であるため(に)」
　{連体節＋形式名詞「ため」＋格標識「に」}という構成です。格標識「に」は、省略できます。「目的」または「根拠(原因・理由)」を示します。

[目的]　日本語学者**であるために**いくつもの他の言語を知っている必要がありますか。
[根拠]　葉子さんは、{お母さんがスペイン人**であるために**}、スペイン語も話せます。
　　　　葉子さんは、{お母さんがスペイン人**であるため**}、スペイン語も話せます。

「○○で(は)ないため(に)」
　「であるため(に)」の否定形ですが、「目的」を示すことはありません。「根拠」を示します。話し言葉では、高頻度で「○○**じゃないため(に)**」という形になります。

　　日本生まれですが、{両親とも日本国籍者**ではないために**}日本国籍はありません。
　　日本生まれですけど、{両親が日本国籍者**じゃないため**}日本国籍は無いんです。

「○○だったため(に)」「○○であったため(に)」
　過去を回想する文脈で「根拠」を示します。

　　一郎君は、その頃は{学生であったため}定収入がなかった。(*)

(*)「今はもはや学生ではなく、職があり、定収入がある」と解釈させる文です。「今も学

生である」場合や「今も定収入が無い」場合には、こういう言い方はできません。

「○○で(は)なかったため(に)」
過去を回想する文脈で否定的な「根拠」を示します。

(2008 年 4 月 3 日に EU パスポート所持者であればキプロス共和国から北キプロスのトルコ軍占領地域へ抜けることのできるチェック・ポイントがニコシアのリドラ通りに出来たときに、カナダ国籍の人がそのチェック・ポイントを通ろうとして)
{EU パスポート所持者ではなかったため} 追い返されたそうです。(*)

(*)特に「回想」に重点を置かなければ「EU パスポート所持者ではないため追い返された」と言います。追い返された人は、当時だけでなく今もカナダ国籍なので、「EU パスポート所持者でない」ことに変わりは無いのです。「当時はカナダ国籍だったので通れなかったけれども後に EU 加盟国の国籍を取得してリドラ通りのチャック・ポイントを通ることができるようになった人」がもしもいれば、「当時はまだ EU パスポート所持者ではなかったため」と言うはずです。

このほか、接続詞を従えた「○○だから」「○○ですから」「○○であるから」、「○○だが」「○○ですが」「○○であるが」、「○○なので」、「○○なのに」なども「名詞文からなる副詞節」です。「接続詞」の章で記述しています。

1.9.3.1. 条件節

副詞節のうちで「条件」を表わすものを特に「条件節」と言います。

「なら(ば)」(*)「であれば」

(*)古典的な形態は「ならば」ですが、現今では「ば」を省略した「なら」という形態が圧倒的に優勢です。

事実である可能性の高い仮定条件を示します。また、自信たっぷりに何かを勧めるときにも用います。

{将棋なら} 付き合いますが、チェスはできません。

｛ブーツ**なら**｝この売り場ですよ。
　　　｛パソコンのこと**なら**｝何でも教えてあげるわよ。
　　　｛贈答用の和菓子**なら**｝、これに限ります。
　　　｛明日もいいお天気**であれば**｝いいんですが。

「○○でなければ」
　事実である可能性の高い否定的仮定条件を示します。くだけた話し言葉では「○○**でなきゃ**」と言います。また「○○**でないなら**」という形もあります。

　　　明日、雨**でなければ**いいけど。
　　　君**でなきゃ**駄目なんだ。来てくれよ。

「○○だったら」「○○であったら」「○○でしたら」
　事実である可能性の低い仮定条件、または事実に反する仮定条件を示します。婉曲に人にものを勧めるときや丁重に断る場合にも用います。

　　　明日、｛もしかして雨**だったら**｝、お花見は取りやめだよ。　　　(1)
　　　｛一級のマラソン選手**だったら**｝この程度の坂道は平気なんだけどね。
　　　　　　　　　　　　　　　　　　　　　　　　　　　　　　　　(2)
　　　｛この広い牧場が僕のもの**だったら**｝山羊や羊がたくさん飼えちゃうなあ。
　　　　　　　　　　　　　　　　　　　　　　　　　　　　　　　　(3)
　　　｛贈答用の和菓子**でしたら**｝、こちらなどいかがでしょうか。　(4)
　　　｛ゴム長靴**でしたら**｝、あいにくですが、当店にはございません。(5)

(1)「雨にはならないはずだけれど」という含みです。
(2) 話題になっている人物は「金メダル級のマラソン選手」などではありません。
(3) この牧場は「僕のもの」ではないのです。
(4) 婉曲な勧め。
(5) 丁重な断り。

「○○でなかったら」

事実である可能性の低い否定的仮定条件、または事実に反する否定的仮定条件を示します (非常に丁重な敬語の「○○でございませんでしたら」などもありますが、使うべき場面を誤ると過剰敬語になってしまいます)。「○○**でなかったなら**」という形もあります。

  {明日も雨**でなかったら**} 行けるかもしれません。　　(1)
  {君の証言**でなかったら**} とても信じられないことだ。　(2)

(1)「多分明日も雨だと思うから十中八九行けないと思う」
(2)「君の証言だから信じる。他の人から同じ事を聞いても信じないと思うけど」

「○○だと」
 「当然の帰結をもたらす仮定条件」または「習慣的な行動をもたらす仮定条件」を表わす言い方です。否定的な仮定であれば「○○**でないと**」という形になります。

  {明日も雨**だと**}、遠足は中止です。
  {明日も雨**だと**}、子供たちは外で遊べなくてつまらながるでしょう。
  {一級のマラソン選手**でないと**}、こんな急な坂道は走れないよ。

 イ形容詞「よい・いい」を伴うと、願望・念願を表わす形式になります。

  明日、{晴れ**だと**} いいなあ。
  {これが当たり籤**だと**} いいんだけどねえ。

1.9.3.2. 譲歩節
 副詞節のうちで「譲歩」を表わすものを特に「譲歩節」と言います。

「○○でも」(*)**「○○であっても」**

(*)同じ形態の接続詞「でも」は、「しかし」と同義です。

  {志願者が見習い同然の人**でも**}、とにかく面接して見ましょう。
                (1)

{志願者が見習い同然の人**であっても**}、とにかく面接して見ましょう。

(2)

(1)「でも」は {「だ」の中止形「で」+ 主題標識「も」}という構成です。「だ体」の譲歩節です。
(2)「であって」は {「である」の中止形「であって」+ 主題標識「も」}という構成です。「である体」です。

「○○でなくても」

この程度のことは、{専門家**でなくても**} 分かりますよ。

別に {高級ブランド**でなくても**} 構いません。

1.10. 謂わゆる(*)「代名詞」

(*)本書では、第二次世界大戦後の「漢字の数、字体および音訓を制限する政策」を有害なものと考えており、「当用漢字表(＝當用漢字表)」や「当用漢字音訓表」、それらの「補正案」、それらに取って代わった「常用漢字表」などをまったく考慮しておりません。言語は、それを話し読み書きするすべての人の集合的な営みの中で発達していくものであり、政治や行政の権力を使って強制的に統一するべきものではありません。

本書の筆者は、「いわば」と「いわゆる」は「謂わば」「謂わゆる」と書きます。「理由」という意味の「いわれ」も「謂われ」と書きます。また、「発言する」「明言する」などの意味の動態動詞「いう」は「言う」と漢字で書きますが、「そういうもの」「こういった事柄」のように「同じ種類のもののうちの一つ」を指すときの「いう」や「昭雄君という少年」のように「と」と組み合わせて用い、それ自体には実質的な意味の無い「いう」は、ひらがな書きにしています。

日本語の文法体系では、謂わゆる「代名詞」(*)を名詞と区別して別個の品詞とする根拠がありません。

(*)ヨーロッパ諸語などでは、日本語の「これ」「あれ」「わたし」「あなた」などに相当する「代名詞」は、「名詞」とは別個の品詞です。

1.10.1. 謂わゆる「指示代名詞」

日本語に豊かに具わっている指示詞のうち「この」「その」「あの」「どの」を「指示**代**連体詞」とは言いませんし、「こう」「そう」「ああ」「どう」を「指示**代**副詞」とも言いません。「これ」「こちら」「こっち」「こいつ」「こなた」などだけを特別扱いして「指示**代**名詞」と呼ぶ理由は無いのです

(もしも「代名詞」という品詞を立てるのなら「代連体詞」や「代副詞」という品詞も立てなくてはならないことになります)。「これ」「こちら」などは「指示詞のうち品詞としては名詞に属するもの」です。

1.10.2. 謂わゆる「人称代名詞」

名詞と代名詞を区別する諸言語の「人称代名詞」には、形態と意味において、名詞には無い特徴があります。日本語の「私」「僕」「俺」「おいら」「拙者」「身共」「我輩」「彼」「彼女」などには、こうした特徴はありません。

1.10.2.1. 形態の特徴

ヨーロッパ諸語を例に取ると「人称代名詞」は、文中で主語になる形とそれ以外の機能を果たす形とは違い、「一人称単数代名詞」は、英語ではI、me、フランス語ではje、me、moi、ドイツ語ではich、mir、michなどと「これが本当に同一の語か」と思うほど異なった語形を取ります(言語によって語形変化の様相も個々の語形の用法も違います)。「名詞」の場合は、言語によって「複数形」や「双数形(*)」があったり「格変化」があったりしますが、こういう極端な語形変化はありません。

(*) 双数形。主に「両手」「両耳」など二つ一組のものを指す語形で、印欧語族のスロヴェニア語やセム語族のアラブ諸語の一部などにあります。

日本語では、「椅子が」「椅子を」「椅子の」「椅子に」と「私が」「私を」「私の」「私に」を比べてみれば分かりますが、「椅子」という語と「私」という語の間に形態論上の違いはありません。

1.10.2.2. 意味の特徴

英語のI、me、myself、フランス語のje、me、moi、moi-même、ドイツ語のich、mir、mich、ich selbstなどは「話者自身を指す」だけで、話者の年齢、地位、性別、態度などに関して何の情報ももたらしません。この事情は、これらの言語の歴史を何百年遡っても変わりません。フランス語やスペイン語やギリシャ語では、二千年以上遡っても変わらないことが確認できています。「代名詞」は、これらの言語では、非常に長い時代を経ても意味の

変わらない、基礎語彙中の基礎語彙(*)なのです。

(*) 基礎語彙は、いくつかの言語が同系であるかどうかを研究する時に、重要な手がかりになります。

　一方、日本語の「私（わたくし、わたし）」は、「私事（わたくしごと）」「私（わたくし）する」「公（おおやけ）と私（わたくし）を混同する」「私立（しりつ、わたくしりつ）の学校」といった用法が示すように、「公（おおやけ）」の対語の**転用**です。話者自身を指す語は、一つだけではなく、このほか「僕」「あたし」「俺」「おいら」「小生」「身共」「拙者」「当方」「手前ども」「こっち」「愚僧」など多数あります。

　「僕（ぼく）」は、「僕（しもべ）」「下僕」などを意味する漢語（つまり古い外来語）の**転用**です。現代語では、文脈によって、「**話者**が少年または比較的若い男であり、改まった場ではないこと」を示したり「**対話者**が幼い男児であり、話者は子供相手に幼児語を使う大人であること」を示したりします。**話者を指すとは限らない**(*)**し、その場の人間関係に関して大量の情報を提供する**語なのです。

(*) 同一の語が文脈によって「話者」を指すこともあり「対話者」を指すこともある場合は、日本語では珍しくありません。「手前」とその変異形「てめえ」などもその例です。本来「行為者または認識者自身」という意味である「自分」という語を「わたし」の代りに「話者自身」を指す言葉として使う人もいます。

　「あなた」は、本来は「こなた」「そなた」「どなた」と一組になる指示詞（＝コソアド言葉）で、「かなた」「あちら」と同義の語ですが、現代語では**転用**して「自分と同等、または自分よりも地位の低い対話者」を指します。礼儀正しい日本人は、対話者が目上の人、自分よりも年長の人、顧客などである場合には「あなた」とは呼びかけません。対話者を指す言葉は、このほか「君」「お前」「そちら」「お宅」「お客様」「当機ご搭乗の皆様」「貴様」など多数あります。なお呼びかけの言葉としての「あなたー！」は、夫婦間で妻が夫に対して使いますが、夫が妻をこう呼ぶことは無いようです。

　「彼女」は、ヨーロッパ諸語の「三人称女性単数代名詞」（＝英語の she、フランス語の elle、ドイツ語の sie など）の訳語として成立した語です。「あの女」という意味の古語「かのおんな」を採用したのですが、漢字書きの

「彼女」の読み方としては、なぜか湯桶読みの「かのじょ」が定着しています。ところが、she や elle と違って、赤ん坊を指すことはありません。また、後期高齢者を指すことは非常に稀です。まして雌犬や雌猫を指すことはありません。そして、現代語では、「○○君の別れた彼女が…」と言うときの「彼女」は、「特定の男と深い付き合いがあるという噂の女」「話題になっている男の同棲相手の女」などといった意味です。

　日本語の「私」「僕」「あなた」「君」「お宅」「彼」「彼女」などは、すべて転用語であり、短時日のうちに意味がどんどん変わってきたことが分かっています。こういう語は、「超長期間にわたって形態と意味の変わらない基礎語彙」ではありません(*)。

(*)「君」「あなた」「お前」「貴様」「彼女」などの語は、日本語が任意の他の言語と同系であるかどうかを研究する時の手がかりにはなりません。

2. 数量詞

2.1. 数量詞の定義

　可算数量を表わす(*)「一枚」「二匹」「三羽」「四人」「いくつ」などの語を本書では「数量詞」と呼びます。文中で主題標識、格標識、繋辞が後接する点は「名詞」と同じですが、名詞には無い特徴が二つあります。

(*)**不可算**数量を表わす「少し」「僅か」「たくさん」「ほとんど」などは、本書で定義する「数量詞」ではありません。「少し」は副詞、「僅か」や「たくさん」は「副詞でもあり、名詞型形容詞でもある語」、「ほとんど」は「名詞でもあり、副詞でもある語」です。名詞型形容詞については、第3章を見てください。
　また、数量でなく**順序**を表わす「二回」「三階」「四時」「五番目」なども、本書で定義する「数量詞」ではありません。意味も構文も違います。

　下に挙げる数量詞の用法のうち［1］と［3］が、名詞には無い特徴です。［2］の用法は、名詞と共通です。

［1］動詞文、「欲しい」で終わるイ形容詞文、「必要だ」で終わるナ形容詞文などの中で**裸**の形で直前の名詞を受け、「叙述形容詞」として機能する。
［2］名詞に前置して「連体修飾語」として機能する。
［3］一部のものは、動詞文の中で**裸**の形で「副詞」として機能する。

2.1.1. 叙述形容詞(*)として機能する数量詞

(*)「叙述形容詞」：日本語文で「青い空」「赤い花」などのように名詞の前で連体修飾語になる形容詞を「限定形容詞」、「空が青い」「花が赤い」などのように述部に現れる形容詞を「叙述形容詞」と言います。日本語の「叙述形容詞」は、狭義の「述語」ではな

い場合があるため、英語文法の「述語形容詞 predicative adjective」という用語を借用することはできません。

　本書では「<u>元気な</u>子供たち」「<u>緑の</u>森」などの言い廻しに現れる「元気な」「緑の」も「形容詞」と呼んでいますから、「子供たちが<u>元気だ</u>」「森が<u>緑だ</u>」などの「元気だ」「緑だ」も「叙述形容詞」です。本書での「形容詞」の定義については、「名詞型形容詞(3.)」「タル形容詞(4.)」「イ形容詞(5.)」「不変化前置形容詞(6.)」「不変化叙述形容詞(7.)」の各章をご覧ください。

2.1.1.1. 初出のものの可算数量をその場で数えて記述する構文(*)

(*)ここで示す例文のうち動詞文やイ形容詞文は、名詞文とは構文が違います。各種の「動詞」「形容詞」の章を見てください。

　　{名詞＋格標識＋数量詞}(*)

(*)格標識は、「が」または「を」に限ります。

　　侍（さむらい）**が七人**いる。

　　池田さんには娘**が三人**いるそうです。

　　本棚**がもう一つ**欲しい。

　　まな板**がもう一枚**必要だ。

　　新刊本**を五冊**買ってきた。

　　お米**を二十五キロ**注文しました（お米**を 25kg** 注文しました）。

　既出のものに言及する時は、名詞を省略して「七人いる」「三人いる」「もう一つ欲しい」「もう一枚必要だ」「五冊買ってきた」「25kg 注文した」と言います。この場合は、**裸の形**で補語の役割を果たしています。

2.1.1.2. 初出とは限らないものの可算数量を記述する構文

　　{名詞＋数量詞＋格標識}(*)

(*)格標識は、「が」と「を」に限りません。

　　部下**四人が**力を合わせて任務を成し遂げた。　　(1)

　　部下**四人を**インドネシアに派遣した。　　(2)

　　部下**四人に**激励の言葉をかけた。　　(3)

　　部下**四人から**報告があった。　　(4)

　　　　部下**四人**の安否を気遣っている。　　　　　　　　　(5)

(1)(2)(3)(4)(5)「総勢四人の部下全員」のこともあり、「五人以上いる部下のうちの四人」のこともあります。前者の場合は、「部下四人全部が」「四人の部下全員を」「部下全員に」といった表現にすると、誤解を未然に防ぐことができます。どの文例でも、二度目以降の言及の時には、最初の名詞「部下」を省略することができます。

2.1.2. **連体修飾語として機能する数量詞**
特定のものの**既知の総数量**に言及する構文
　　　｛数量詞＋「の」＋名詞｝(*)

　　　七人の侍がいる。　　　　　　　　　　　　　　　　(1)
　　　池田さんの**三人**の娘さんのうち一人だけが今ここにいます。　(2)
　　　もう**一つ**の本棚は、どこへやったの？　　　　　　　(3)
　　　お勧めの**百冊**の本を全部読破しました。　　　　　　　(4)

(1) 話題になっている侍の一人一人が、それぞれ**特定**の人物です。生死にかかわらず**七人で一組**なのです。
(2) 池田さんの娘たちは、それぞれが**特定**の人物です。その数が**三人**であることも、**予め分かっています**。
(3) 誰かがどこかへやった本棚は、**特定**の本棚です。その数が**一つだけ**だということも**分かっています**。
(4) 勧められた本は、一冊一冊すべて**特定**の著作であり、**総計百冊**であることも**予め分かっています**。

(1)(2)(3)(4) どの文例でも、二度目以降の言及の時には、名詞を省略して「七人がいる」「三人のうち一人だけが今ここにいます」「もう一つは、どこへやったの？」「百冊を全部読破しました」と言えます。

(*) ヨーロッパ諸語から日本語への翻訳に際して、元の文の語順に引かれて例えば three books を機械的に「三冊の本」で置き換えると、非常に高い確率で**誤訳**になってしまいます。「本が三冊」「本を三冊」「本三冊で」などのほうが適訳である場合が圧倒的に多いのです。

　なお、数量詞を伴う「二人の娘」や「四人の娘さん」に「たち」をつけるのは、単数形と複数形の区別のある他の言語を無定見になぞった用法で、日本語としては無意味であり、**誤用**です。

「たち」「ども」「ら」「一族」「組」などは「複数標識」ではなく「集合標識」
　仮に「たち」などが複数標識だったとすれば、例えば「山田一郎君たちが

やって来た」という文は、「山田一郎という同姓同名の人ばかりが数人やって来た」という意味になるはずです。現実は、そうではありません。「山田一郎君たち」は「山田一郎君をはじめとする数人の人」という意味です。他の人の姓名は、問題になりません。「ども」や「ら」についても同じことが言えます。

同様に「お母さんたちを待っているのよ」は、「お母さんをはじめとして数人の人を待っている」という意味です。話者が待っているのは「お母さんとお父さんとお姉さん」かもしれませんし、「お母さんと弟とよその小母さんとその娘さん」でもあり得ます。「誰かのお母さんである人ばかり数人」とは限りません。

「たち」や「ども」は、生物を表わす語に後接するのが原則です。近年、無生物を表わす語である「木」や「道具」に「たち」をつけている文章を散見しますが、擬人法のつもりなのか、それともヨーロッパ諸語の「複数形」をなぞったつもりなのか、はっきりしない例が多いようです。「たち」は「複数標識」ではありませんから、もしも後者だとすれば誤用です。

「花々」「隅々」「津々浦々」などは「集合名詞」

「花々」「隅々」「津々浦々」などのように同語反復によって成立した集合名詞は「同じ種類のものが不可算多数」あることを示します。「正確な数もおおよその数もまったく問題にならない」場合に使う言葉ですから、これに「三輪」「七つ」などの数量詞を組み合わせるのは誤用です(*)。

(*)誤用の例

 ×花瓶に*三輪の*花々を挿した。　　(1)
 ×花瓶に*花々を*三輪挿した。　　(2)
 ×この谷には、*七つの*村々がある。(3)
 ×この谷には、*村々が*七つある。　(4)

(1) 日本語として自然で正しい言い方は「花瓶に三輪の花を挿した」。
(2) 正しくは「花瓶に花を三輪挿した」。
(1)(2)「花々」は、「牧場の花々」「晩春の花々」のように広い場所に咲く多種多様な花を指す言葉です。「花瓶」のような狭い場所にある少数の花を指すことはありません。
(3) 正しくは「この谷には、七つの村がある」。
(4) 正しくは「この谷には、村が七つある」。

(3)(4)「村々」は、広大な地域に散在する集落を、その中のどの一つをも特定することなく、指す言葉です。行政用語の「村」は、伝統的な意味での「村」つまり「村落」「集落」とは意味が違います。上の例は、行政や郵便業務に関する文章の中では「七つの集落」などと言えば誤解を未然に防ぐことができます。

2.1.3. 副詞として機能する数量詞

「時間」や「距離」を表わす数量詞は、動詞文の中で副詞として機能します。

　　毎日ジョギングで｛一時間｝走ります。
　　｛一分間｝沸騰させた後で火を止めます。
　　事故に遭って｛三週間｝入院していました。
　　｛三歩｝進んで｛二歩｝戻る。
　　今日は、｛一万二千歩｝歩いた。
　　プールで｛五十メートル｝泳いだ。

2.2. 数量詞句

｛容器を表わす名詞＋数量詞｝という構成の「コップ一杯」や「大匙すり切れ三杯」などの言い廻しを本書では「数量詞句」と呼びます。「主題標識、格標識、繋辞が後接する」こともあり、「動詞文などの中で裸の形で直前の名詞を受ける不変化叙述形容詞として機能する」こともありますから、文中での扱いは数量詞と同じです。

　　砂糖｛大匙二杯｝**は**、多過ぎますよ。　　　　　　　　　(1)
　　水｛スプーン三杯｝**に**酢｛スプーン一杯｝**を**加えてください。　(2)
　　先ほど篩にかけた｛ボール一杯｝**の**薄力粉を入れます。　(3)
　　適量は、｛小カップ半杯｝**です**。　　　　　　　　　　(4)
　　白菜**を**｛風呂桶一杯｝漬けておきます。　　　　　　　(5)
　　熱湯**が**｛バケツに二杯｝必要です。　　　　　　　　　(6)

(1) 主題標識が後接しています。

(2)(3) 格標識が後接しています。
(3) **特定のものの既知の総数量**に言及する構文です。
(4) 繋辞が後接しています。
(5) 裸の形で「白菜」を受ける叙述形容詞として機能しています。複合叙述形容詞になっています。
(6) 裸の形で「熱湯」を受ける複合叙述形容詞になっています。

2.2.1. 数量を表わす副詞節は「数量詞節」ではない

「瓶(びん)三本に入りきらないほど」「とても一人では持ち運べないくらい」などは、{動詞文からなる連体節＋形式名詞}という構成の副詞節で、「程度」を表しますが、「三本」「一人」などの数詞を含んでいるため「大雑把な可算数量を表わす」とも言えます。主題標識を伴ったり、「の」を伴って「瓶三本に入りきらないほどの」「とても一人では持ち運べないくらいの」という形で連体節として機能したり、繋辞を伴って述語となったりしますから、文中での扱いにも「数量詞」「数量詞句」と共通点があります。しかし、「瓶三本に入りきらないほど**に**」や「とても一人では持ち運べないほど**に**」などの「に」は、省略可能な副詞標識であって、「○○を○○**に**加える」と言うときの受益者標識の「に」とは機能が違います。別の言い方をすると、数量詞、数量詞句と同一視するには「体言性が不十分」です(*)。このため本書では「ほど」や「くらい」で終わる副詞節を「数量詞節」とは呼びません。

(*)本書では、名詞、形式名詞、数量詞を併せたものを「体言」と言います。「体言」は、活用が無く、連体修飾語を受け、単独で格標識を自由に伴って文中でさまざまな補語になり、単独で主題標識を伴って文の主題となり、また単独で繋辞を伴って述語となります。これに対して各種の動詞と活用する形容詞を併せたものを「用言」と言います。「用言」は、活用があり、連体修飾語を受けることが無く、単独で文節をなします。繋辞、不変化形容詞、副詞、接続詞、引用詞、感歎詞および各種の接辞は、本書の定義では「体言」でも「用言」でもありません。なお本書では形式名詞を「体言でもあり接辞でもある」ものと位置づけています。

　　　{水槽から溢れるほど}**は**、ありません。　　　　　　　　(1)

　　　{とても食べきれないくらい}**の**ご馳走は、出さないでね。　(2)

　　　この樽は、{男二人がかりでも持ち上がらないくらい**(に)**}重い。　(3)

(1) 主題標識を伴う例です。

(2)「の」を伴って連体修飾語になる例です。
(3) この例の「に」は、省略可能な副詞標識です。格標識ではありません。

　また、「好きなだけ」「欲しいだけ」「欲しがるだけ」などの{形容詞文や動詞文からなる連体節＋形式名詞}という構成の副詞節は、「程度の限界」または「範囲の限界」を表わします。これも「お二人がお好きなだけ」「子供三人が欲しがるだけ」などと言えば「大雑把な可算数量を表わす」と言えます。主題標識が後接することがあり、「の」を伴って「好きなだけの」「欲しいだけの」「欲しがるだけの」という形で連体節として機能したりもしますから、文中での扱いにも「数量詞」「数量詞句」と共通点があります。ところが繋辞を後接させた「好きなだけだ」「欲しいだけです」「欲しがるだけである」などは、「好きなもの」「欲しいもの」「欲しがるもの」の数量の限界を表わすのではなく、「欲望や好みがあり、その意思表示をするけれども、それ以上の行動には出ない」という意味です。心情や行動の限界を表わすのです。また、すべての格標識が自由に後接するわけではありません。これも「数量詞節」と呼ぶことはできません。

3. 名詞型形容詞

3.1. 名詞型形容詞の定義

　本書では「人や物の状態を**形容**する語」のうち「静か」「さわやか」「未知」「既知」「特別」などを総称して「**名詞型形容詞**」(*)と呼びます。そのわけは、後につく接辞の種類や用法が**名詞の場合とほとんど同じ**だからです。

(*)「名詞型形容詞」を、学校文法ではなぜか「形容動詞」と呼んでいます。動詞ではなく、まして「形容詞と動詞との組み合わせ」でもないものをなぜ「形容動詞」と呼ぶのかは、本書の筆者には分かりません。

　名詞型形容詞には、「名詞でもあり、名詞型形容詞でもある」ものと「名詞ではなく、名詞型形容詞である」ものと二種類あります。

3.1.2. 名詞でもあり名詞型形容詞でもある語

　「元気」「病気」「馬鹿」などは、名詞でもあり名詞型形容詞でもあります。この種の語は、名詞として主題標識・格標識を伴って主題・補語になることがある一方、名詞型形容詞として「な」または「の」を伴って連体修飾語になることもあります。また、名詞としても名詞型形容詞としても「だ」や「です」を伴って述語になります。

[名詞]　　　　　エイズは、恐ろしい病気です。　　（1）
[名詞型形容詞]　佐藤さんは、病気です。　　　　　（2）

(1)「エイズ」は、「赤痢」や「コレラ」と対立する**病名**。

(2)「佐藤さん」は、病気という**状態**にある。対語は「健康」。

[名詞]　　　　　馬鹿につける薬は無い。　（1）
　　　　　　　　馬鹿の一つ覚え。
[名詞型形容詞]　今夜は、馬鹿に冷える。　（2）
　　　　　　　　あいつも馬鹿なことをしたものだ。

(1)「馬鹿」は、「薬をつける」という行為の受益者。
(2)「馬鹿に」は、「度外れて」という意味の連用修飾語。

3.1.3. 名詞ではなく名詞型形容詞である語

　名詞型形容詞のうちでも「雑多」「乱雑」「本当」(*)「類似」などは、名詞と違って、「が」や「を」などの格標識を伴うことがありません。また、一般に主題標識を伴うことがないのですが、例外的に「本当」という語には「本当は」という形態があります。

(*)「本当」を「名詞」と分類し「本当を言う」という例文を挙げている辞書がありますが、筆者による観察では「本当のことを言う」が自然な現代日本語です。また「本当に」は「連用形（＝副詞として機能する形態）」であって、受益者を示すのではありません。

3.2. 名詞型形容詞の分類

3.2.1. ナ形容詞

　名詞型形容詞のうちで、「静か」「爽やか」「柔らか」「元気」などのように、後続の名詞を修飾するときに「**な**」が後接するものを「ナ形容詞」と呼ぶことにします。

　　静か**な**庭園
　　爽やか**な**秋空
　　華やか**な**舞台

3.2.1.1. ナ形容詞から派生する名詞

多くのナ形容詞は、語幹に後接辞「さ」をつけると「明晰さ」「のどかさ」「頑迷さ」「一徹さ」「荒唐無稽さ」のように名詞が派生します。この種の名詞は、元の形容詞が表わす性質や状態の**度合い**を示します。

　　この画家の筆致の**繊細さ**は、天性のものだ。
　　あの男の**頑固さ**は、天下一品だ。

「合理的」「保守的」「建設的」「動的」「性的」「美的」のように「○○的」という形態のナ形容詞からは、後接辞「さ」のついた名詞は派生しません。

3.2.2. ノ形容詞

名詞型形容詞のうち「本当」「未知」「既知」「病気」「正真正銘」「同一」「類似」「迫真」などのように後続の名詞を修飾するときに「**の**」が後接するものを「ノ形容詞」と呼ぶことにします。

　　本当**の**こと
　　未知**の**人物
　　迫真**の**演技(*)

(*)「迫真の」は、使い方によって、賛辞にもなり、揶揄・誹謗中傷・侮辱にもなります。舞台俳優や映画俳優の「演技」の修飾語としては、作り物であることを関係者一同が予め承知しているのですから、褒め言葉です。ところが「迫真の」は、「真に迫った」つまり「真実ではない」「創作した」「いかにも事実であるかのように見せかけてあるが、でっちあげの」「真っ赤な嘘である」という意味ですから、事実のみを伝えるべき「ノンフィクション」や「ルポルタージュ」などのジャンルを「迫真の」と形容すると、無残に貶めることになります。

3.2.3. ナノ形容詞

名詞型形容詞のうち、「僅か」「特別」「独得」などのように、後続の名詞を修飾するときに「**な**」と「**の**」のどちらも後接するものを「ナノ形容詞」と呼ぶことにします。

僅か**な**蓄え　　僅か**の**蓄え
特別**な**人　　　特別**の**人
独得**な**風格　　独得**の**風格

3.2.3.1. **ナノ形容詞から派生する名詞**

　ナノ形容詞からも後接辞「さ」のついた名詞が派生し、元の形容詞の表わす性質や状態の**度合い**を示します。

　この作家の文体の**独得**さは、魅力だと言う人もいるし、嫌う人もいる。

3.2.4. ø (ゼロ) 形容詞(*)

(*)「ø」は、「空集合」を示す数学記号です。本書では「後接辞などの欠如」を表わす記号として用い、必要に応じて「ゼロ」と読んでいます。

　名詞型形容詞のうちで「同じ」「こんな」「そんな」「あんな」「どんな」の五語がこの範疇に入ります。後接辞を伴わずに後続の名詞を修飾します。

　同じ(-ø)人
　あんな(-ø)人

　あの人は、昔はあんな(-ø)じゃなかった。

3.3. **名詞型形容詞文**

　名詞型形容詞(または、後述する名詞型形容詞複合体)で終わる文を「名詞型形容詞文」と呼ぶことにします。

3.3.1. **無主題文(＝基本的な構文)**

　名詞型形容詞文は、名詞文と異なり、主文でも無主題文が頻繁に現れるため、基本的な構文が簡単に観察できます。無主題文は、現時点での心や事物の状態を、他のものと対比することなく、記述します。

3.3.1.1. 無主題・無補語文

「幸せ」「大丈夫」などのように**心情**を表わす名詞型形容詞からなる文は、話題になっているのが話者自身である場合は、無主題・無補語で文が成立します。他の時、他の人、他の場所などを思い煩うことなく「今、ここでの状態」だけを表します。

　　ああ、幸せだ。
　　大丈夫です。

話題になっているのが話者以外の人物であれば、「幸せそうだ」「幸せなようだ」「幸せだそうだ」「幸せらしい」などの言い方をします。この場合、主文であれば多くは有主題文になります。

3.3.1.2. 無主題・有補語文

多くの名詞型形容詞は、補語を伴って初めて完全な文を形成します。名詞型形容詞の必須補語は、必ず格標識「が」を伴います。

「爽やか」「静か」のように環境評価を表わすナ形容詞は、「その環境評価を惹き起こすもの」が補語になります。

　　秋空**が**さわやかだ。　　　　（1）
　　子供たち**が**いつになく静かだ。　（2）

(1) 「今」見えている秋空を**話者**がどう感じているかを表わす文です。詠歎文です。
(2) 子供たちの「今」の状態を**話者**がどう感じているかを表わす文です。静かであることに驚いています。この文では、「いつになく」という「状況を示す補語」も述部に入っています。

「好き」「嫌い」のように**心情**を表わすナ形容詞は、「その心情を惹き起こすもの」が補語になります。

　　果物**が**好きです。　（1）

あいつ**が**嫌いだ。　　　（2）
　　　機械**が**苦手です。　　　（3）

(1) 「何がお好きですか」あるいは「特にお好きなものがありますか」という質問に答える文です。
　　近年「あなた**が**好きです」を誤って「あなた*****を好きです」と言う人にときどき遭遇します。ヨーロッパ諸語で「好き」に相当する単語が動詞であるため、日本語の「好き」は動詞ではないことを意識していない人が「動詞の目的語だから『を』を使うべきだ」と誤分析しているのです。格標識「を」は、現代語では、「経由する場所」または「動作の対象となるもの」を示します。動詞以外の用言とともに用いるのは、誤用です。動態動詞の章を見てください。
(2) 「誰が嫌いか」という設問を想定した文です。「あいつ*****を嫌いだ」は、誤用です。
(3) 「何か苦手なものはありますか」という質問に答える文です。苦手だと感じているのは、話者です。

　無補語文を作る形容詞も、副文になると補語を伴います。副文の中では「心情主(*)」は話者自身とは限りませんから、「心情主を示す語」が必須補語になります。

(*)「心情主」：「心情・感覚の持ち主」という意味で本書の筆者が創った新造語です。

　　　{俺**が**大丈夫でも}、子供たちは大丈夫じゃないよ。　　　（1）
　　　あの人は、{自分**が**幸せなら}、他人はどうでもいいのよ。　　　（2）

(1) 波括弧の中が「無主題・有補語の副文」です。主文は、後述する有主題・隠れ補語文です。
(2) 波括弧の中が「無主題・有補語の副文」です。主文は、有主題文で、副次的な主題を含んでいます。

3.3.2. 有主題文
3.3.2.1. 有主題・隠れ補語文

　無主題・有補語文の補語標識「が」を主題標識「は」で置き換えると、他の可能な補語と**対比**する文が成立します。**必須補語が主題を兼ねている**のですが、格標識が隠れています。

　　　秋空**は**、さわやかだ。　　　（1）
　　　子供たち**は**、いつになく静かだ。　　　（2）

果物**は**、好きです。　　　　　　　(3)
　　　機械**は**、苦手です。　　　　　　　(4)

(1)「他の季節の空に比べて」という含みの文です。
(2)「静かでないものが子供以外にある、または、いる」という含み。
(3)「果物は、お好きですか」という質問を想定した文。「好きでないものが他にある」という含み。
(4)「機械類の操作はお得意ですか」という質問を想定した文。「苦手でないものが他にある」という含み。

「心情」を表わすナ形容詞も、**他者と対比**する文では「心情主」を表わす補語が必須になり、有主題・隠れ補語文を作ります。

　　　俺**は**、幸せだ。　　　(1)
　　　私**は**、大丈夫です。　(2)

(1)「他の人は不幸かもしれないが」という含みの文です。他者の境遇と自分の今の状態を対比しています。
(2)「他の人はともかく」という含みの文です。他者と自分を対比しています。

3.3.2.2. 有主題・有補語文（一）

　無主題文の必須補語をそのままにし、別の補語を主題にして文頭に付加すると、別種の文が成立します。「別の時」「別の場所」などと対比する文になります。

　　　今日**は**、秋空**が**さわやかだ。　　　　　　(1)
　　　日本**は**、秋空**が**さわやかだ。　　　　　　(2)
　　　今日**は**、子供たち**が**いつになく静かだ。　(3)

(1)(3)「昨日、一昨日に比べて」という含み。時を表わす状況補語が主題を兼ねています。
(2)「他の国に比べて」という含み。場所を表わす状況補語が主題を兼ねています。

3.3.2.3. 有主題・有補語文（二）

　次の例では、主題は、形容詞の表わす心情の主が話者自身であること(*)を強調しています。

(*)心情主が他者であれば「○○君は、○○さんが好きなんだよ」「この子は、果物が好きなんです」「大好きだそうだ」「大好きなようだ」「嫌いらしい」「大嫌いなんだって」など、別の言い方をします。

  僕は、果物**が**大好きです。 (1)
  俺は、あいつ**が**嫌いだ。 (2)
  私は、あなた**なんか**大嫌いよ。 (3)(*)

(1)「人には、それぞれの好みがある」ことを踏まえて特に**自分**の好みを表明する文。
(2)「あいつが好きだと言うやつもいるかもしれないが俺は俺」と**自分**の好悪を表明する文。
(3)「あなたみたいな人でも好きと言う人が他にはいるかも知れないけれど」という含みで**自分**の心情を表明する文。

(*)「なんか」は、話者自身については「謙遜」を、他者については「軽んじていること」を表わす後接辞です。「あなた**なんか**嫌いよ」のような例だけを一見すると、格標識が現れないため、主題標識であるかのようにも見えますが、「この仕事は、お前**なんか**じゃ駄目だよ」や「あなた**なんか**にはとても買えない値段のものよ」といった例では「じゃ＝では」や「には」が後接します。「僕**なんか**が言っても聞いてはくれないよ」の例では格標識の「が」が後接します。したがって「なんか」は主題標識ではありません。「だけ」や「ごとき」と同じような「名詞後接辞」です。

 上の文例の主題「僕は」「俺は」「私は」は、補語の格標識を主題標識で置き換えたものではありません。この文の主題標識「は」は、「が」「を」「に」「へ」「から」「まで」など、どの格標識でも(*)置き換えることはできません。「補語が主題を兼ねている」のではないのです。こういう主題(＝対応する無主題文の無い有主題文の主題)を「**絶対主題**」(**)と名付けることにします。

(*)「格標識『が』で置き換えられる」と主張する人がいますが、間違いです。格標識「が」は、日本語の重要な原則として、一つの文(＝　主文または副文)の中で一回しか使えません(a)。格標識「が」を繰り返して「○○＊が○○＊が」とすると、文中でどちらの語がどの機能を担っているかが分からなくなり、**文が意味を成さなくなってしまいますから**、誤用です(b)。
 この誤用がどうして発生したかを説明する仮説が二つ可能です。第一に、「太郎**が**花子**を**好いている」または「太郎**を**花子**が**好いている」という動詞文と「太郎**は**、花子**が**好きだ」というナ形容詞文とが交じり合って「太郎＊が花子＊が…」という言い方をする人が出て来た可能性がある、と言えます。第二に、英語の Taro likes Hanako や Taro loves hanako などの構文に引かれて「主語だから『が』のはず」という誤ったなぞ

りで成立した」という仮説も可能です。また、「この二つの現象が重なって相乗効果を起こした」と考えることもできます。

(a) 例外のように見える例として「中田氏を甥の由紀夫**が**、姉の次男で子供のころから可愛がっていた由紀夫**が**、補佐している」といった例があります。見かけ上「が」を二回使っていますが、「甥の由紀夫」と「姉の次男で子供の頃から可愛がっていた由紀夫」は、同一人物です。簡略な情報（「甥」）を詳しい情報（「姉の次男で…」）で言い直しているのです。「補佐する」という行為の対象になる人物は一人だけですから、格標識「が」を伴う補語は、論理的に一つに収束します。

　また、「牛小屋に牛**が**二頭と猫**が**三匹いる」のような例では、「牛小屋に牛**が**二頭［いる。そして同じ牛小屋に］猫**が**三匹いる」という長い記述を、接続詞「と」を使うことによって「牛小屋に」と「いる」とを繰り返さずに簡潔に済ませているのです。二つある同一の動詞のうちの一つが隠れているのです。

(b) ヨーロッパ諸語では、同一文の中で同じ前置詞を繰り返して使ったり、分詞構文を二度続けて使ったりするのを「文体上の誤り」として嫌います。「意味は一応通じている」場合でも「下手な文章だ」と蔑まれます。

(**)「絶対主題」：本書の筆者による新造語です。単数形と複数形の区別をする言語で「対応する単数形の無い複数形」のことを「絶対複数」（ラテン語で plural tantum）と言うのに倣ったものです。

絶対主題で始まる文で、主題が話者自身ではない例を下に挙げます。

　　浩君**は**、敏子さん**が**好きなんだよ。
　　この子**は**、果物**が**好きなんです。
　　俊也君**は**、理科**が**大好きだそうだ。
　　千鶴子さん**は**、編み物**が**大好きなようだ。
　　千鶴子さん**は**、編み物**が**嫌いらしい。
　　千鶴子さん**は**、編み物**が**大嫌いなんだって。

　生硬な「逐語訳」(*)の欧文和訳の文章で上の例の「好きなんだよ」や「嫌いらしい」を「原文では言い切りだから」という「理由」で「好きだ」「嫌いだ」という言い切りの形のままにしたものを見かけることがありますが、誤用であり、誤訳です。心情を表わす形容詞の言い切りは、日本語では**話者自身の**心情を表わすのです。

(*)「逐語訳」を本書では「文脈も個々の語や接辞の正確な意味もニュアンスも考慮せず、

まして熟語や反語などである可能性も斟酌せず、A言語の語や接辞をB言語の近似する意味の語や接辞で機械的に置き換えただけのもの」という意味で用いています。この定義は、[英] word-to-word translation、[仏] traduction mot à mot の定義と同じです。「逐語訳」は、原義に忠実な訳ではあり得ません。

次の例では、「客観的に測定できる状態」を表わす語ですから、絶対主題が話者自身でなくても、言い切りができます。

　浩君**は**、早起き**が**苦手だ。
　うちの子**も**、早起き**が**苦手です。

3.3.3. 文末接辞

　名詞文に後接する文末接辞のすべてが名詞型形容詞文にも後接します。意味も用法も同じで、男言葉と女言葉の違いなども完全に並行しています。
　ここでは、名詞文に後接することの少ないものだけを紹介します。

「**とも**」
　「勿論そうだ」という含みの言い切りに用いる文末接辞です。

　岡田君は、元気かい。
　元気だ**とも**。

　本当に大丈夫ですか。
　大丈夫です**とも**。

3.4. 名詞型形容詞の活用

　名詞型形容詞の活用は、下の表のようになります。活用語尾（＝不変化後接辞と活用する後接辞をいくつか組み合わせたもの）のみを示します。繋辞の活用とほとんど同じですが、際立った違いが二つあります。

[1]「だ体」の「名詞を修飾する連体形(「-**な**」または「-**の**」または「-**ø**」)」

(*)がある。

(*)「僅か」は、「僅か一時間」「僅か150メートル」のように、裸の形で数量詞を修飾します（数量詞は、本書の定義では「体言」ですから、形容詞や副詞として機能する文脈でも、これを修飾する語は「連**体**修飾語」です）。これとは別に「僅かな」および「僅かの」という形態が後続の名詞を修飾します。「三つの連体形のあるナノø形容詞」を立てることも不可能ではありませんが、本書では「ナノ形容詞」の「僅か」と「不変化前置形容詞」の「僅か」とを別語と分類しています。

[2]「だ体」の「**連用形**(*)」がある(**)。

(*)「連用形」：「なる」「する」以外の用言（＝各種の動詞と活用する形容詞）に前接する形態。言い換えると、副詞として機能する形態。
　ナ形容詞「確か」には「確かに」という規則的な形態の連用形があり、「間違いなく」という意味です。裸の「確か」という形も連用修飾語になりますが、その意味は「自分の記憶が確かなら」で、全く違います。「例外的に二つの連用形のあるナ形容詞」と見做すことはできません。「ナ形容詞」の「確か」と副詞の「確か」は別語です。
(**)「既成」「類似」「たくさん」のように、**連用形の無い**名詞型形容詞もあります。

　名詞型形容詞の活用語尾は、繋辞と同様に「だ体」「である体」「です・ます体」の三体系があり、相互に補完し合うようになっています。先に「である」と「であります」の活用表を、その後に「だ」と「です」の活用表を示します。空欄になっているところは別の体系の形態を借用します。

名詞型形容詞の活用表

　名詞型形容詞の活用表では、語幹を省略して後接辞部分のみを示しています。

話し言葉では、「では」が高頻度で「じゃ」に縮約します。

「である体」の後接辞の活用表

			である体・基本	である体・丁寧
基本		肯定	—である	—であります
		否定	—ではない	—ではありません
中止		肯定	—であり	
		否定	—ではなく	
複合中止		肯定	—であって	—でありまして
		否定	—ではなくて	—ではありませんで
連用		肯定		
基本形に対応する連体形 (A)	一(1)	肯定	—である	—であります
		否定	—ではない	—ではありません
	二(2)	肯定	(—である)(*)	
		否定	—で(は)ない	
現状認識または回想(3)		肯定	—であった	—でありました
		否定	—ではなかった	—ではありませんでした
推量(4)		肯定	—であろう	
		否定	—ではなかろう・—ではないであろう	
現状認識の推量、回想の推量(3)(4)		肯定	—であったであろう	
		否定	—ではなかったであろう	
仮定 一(5)		肯定	—であれば	
		否定	—でなければ	
仮定 二(6)		肯定	—であったら	—でありましたら
		否定	—でなかったら	—でありませんでしたら

(*)名詞を修飾する「連体形　二」の「である」は、稀です。普通は「だ体」の「連体形」である「な」を借用します。

（A）この表の「基本形に対応する連体形」は「文末で終止形として用いる基本形に対応する、現状認識でも回想でもない連体形」のことです。「だ体」の連体形が「—な／—の／-ø」という別形態であるため、それに並行させてこの表でも独自の行にしてあります。「現状認識または回想」の「—であった」「—ではなかった」も、文末で終止形として用い、また名詞の前で連体形として用います。

「だ体」と「です体」の後接辞の活用表

			だ体	です・ます体
基本		肯定	—だ	—です
		否定		
中止(*)		肯定	—で	
		否定		
連用(*)		肯定	—に (a)	
基本形に対応する連体形(A)	—(1)	肯定	—な	—です
		否定		
	二(2)	肯定	—な／—の／-ø (b)	
		否定		
現状認識または回想(3)(*)		肯定	—だった	—でした
		否定		
推量・推測(4)		肯定	—だろう	—でしょう
		否定		
現状認識の推量、または回想の推量(3)(4)		肯定	—だったろう・—だっただろう	—だったでしょう
		否定		
仮定 —(5)		肯定	—ならば・—なら	
		否定		
仮定 二(6)		肯定	—だったら	—でしたら
		否定		

　否定形は、すべて、「である」「あります」の否定形である「ではない」「ではありません」とその活用形を借用します。なお、「だ体」と「です・ます体」の口語では、「では」が高頻度で「じゃ」に縮約します。

　(A) この表の「基本形に対応する連体形」は「文末で終止形として用いる基本形に対応する、現状認識でも回想でもない連体形」のことです。「現状認識または回想」の「—だった」も、文末で終止形として用い、また名詞の前で連体形として用います。

(*) 表中の**現状認識または回想形**」の構成要素「だっ」に**中止形**「で」と**連用形**「に」
　　を併せたものが、学校文法で言う「連用形」に相当します。

(1) 接続詞「のに」「ので」が後接する形態。
(2) 名詞が後接する形態。注(b)を見てください。
(3) 現時点での状況を記述する文脈では「予測または確信していたことと異なる現実の認

識」を、過去の文脈では「回想」を、それぞれ表わす形態。普通体の「だった」は、文末および「から」「ので」などの前で使い、また連体形として他の名詞の前でも使います。丁寧体の「でした」は、普通の話し方では、文末および「から」「ので」などの前でのみ使います。

(4) 現時点での状況の「推量」です。「未来」ではありません。この形をヨーロッパ諸語の「未来形」の訳語として使うのは誤訳です。
(5) 事実である可能性の高い仮定。
(6) 事実である可能性の低い仮定、または事実に反する仮定。

(a)「**未知**」「**既知**」「**既存**」などのノ形容詞には「**連用形**」がありません。
(b) ナ形容詞では、連体形のすべての用法で「—な」。

ナノ形容詞の場合、名詞および形式名詞「こと」の前で「—な」または「—の」。形式名詞「の」の前では「—な」のみ。

ノ形容詞の場合、名詞および形式名詞「こと」の前で「—の」。形式名詞「の」の前では「—な」。繋辞複合体「のだ」「のです」「のである」の前でも「—な」。

「ø(ゼロ)形容詞」の場合は、名詞および形式名詞「こと」の前で「-ø」。形式名詞「の」の前でも「-ø」。ただし、繋辞複合体「のだ」「のです」「のである」の前では「—な」。なお、「連体形（—）」の注にあるように、接続詞「のに」「ので」の前でも「—な」という形態になります。

 同じ(-**ø**)人です。
 同じ(-**ø**)ことです。
 同じ(-**ø**)のをください。
 さっきのと同じ(-**ø**)ので結構です。   (*)
 これは、さっきのと同じ(-**ø**)ですね。

 これは、さっきのと同じ**な**のです。
 これは、さっきのと同じ**な**ので、どちらでも結構です。 (**)

(*)この例文の「ので」は、形式名詞「の」＋　格標識「で」。
(**)この例文の「ので」は、接続詞。

3.4.1. 否定文

名詞型形容詞文の否定構文は、名詞文の場合とまったく同じです。否定標識「ない」がイ形容詞型の接辞であるため、男言葉と女言葉の違いは、後述するイ形容詞文の場合に準じます。

 その話は、穏やか**じゃない**ね。   (1)
 その話は、穏やか**じゃない**わね。   (2)

その話は、穏やかじゃありませんね。　　　　　　　　　　　(3)
　　山田君は、病気じゃなかった。　　　　　　　　　　　　　(4)
　　昨日、山田君に逢ったけど、病気じゃなかった。元気だったよ。　(5)

(1) 男言葉。
(2) 女言葉。
(3) 丁寧体。
(4) 文脈によって「予測・噂などと違う現在の本当の状態の認識(＝誤情報のため心配していたのだが、山田君と**今**逢い、病気ではないことを確認して喜んでいる)」でもあり得るし、「過去の回想」でもあり得ます。「あの頃」「この間会ったとき」などのように「過去」を表わす言葉が文脈にあれば「過去の回想」です。
(5) 「昨日」という「過去」を示す言葉が文中にあるので、「過去回想」であることがはっきりしている文です。男言葉です。

3.4.1.1. 否定疑問文

　否定疑問の名詞型形容詞文の構文も、名詞文の場合と全く同じです。イントネーションは、上昇調でも下降調でもあり得ます。否定疑問文は、必ずしも疑問ではなく、「想定外の事実を確認した」場合にも用います。

　　山田君は、元気じゃないか。　　　　　　　　　　　(1)
　　山田君は、元気じゃないの？　　　　　　　　　　　(2)
　　山田君、元気じゃない？　　　　　　　　　　　　　(3)
　　原田先生の奥さんは、元気じゃありませんか。　　　(4)
　　原田先生の奥様は、お元気じゃないんですか。　　　(5)

(1) 多くは、下降調。疑問文としては硬い表現の書き言葉ですが、「想定外の事実の確認」という意味では、話し言葉でも男が用います。
(2) くだけた話し言葉。上昇調なら疑問、下降調なら「想定外の事実の確認」です。後者の場合、「！？」という複合符号を付けることもあります。
(3) くだけた話し言葉。主題標識の省略があります。疑問標識はイントネーションで置き換わっています。上昇調の場合は疑問、下降調の場合は「想定外の事実の確認」を表わします。
(4) 丁寧な話し言葉。上昇調であれば疑問、下降調なら「想定外の事実の確認」。
(5) 非常に丁寧な話し言葉。後述する「んです」が後接しているため「お元気だとばかり思っていた」という含みがあります。

3.4.2. 言い切り回避表現

　名詞型形容詞に後接して言い切り回避表現を形成する繋辞複合体は、名詞に後接するものと大筋は同じですが、名詞には無い「連体形」があるため、一部のものは接続の仕方に違いがあります。また、名詞には後接することの無い（＝用言にのみ後接する）ものもあります。

3.4.2.1. 伝聞
確かな伝聞
　「○○だそうだ」「○○だそうである」「○○だそうです」

　今朝の海は、穏やか**だそうだ**。
　真理子さんの髪は、いつもつややか**だそうです**。

　「―だ」は、「―ではない」（「―じゃない」）「―だった」「―ではなかった」（「―じゃなかった」）で置き換えることができます。

　今朝の海は、穏やか**ではない**そうだ。
　峠へ登る道は、なだらか**ではない**そうです。

　昨日の海は、穏やか**だった**そうだ。
　真理子さんの髪は、若い頃は、つややか**だった**そうです。

　昨日の海は、穏やか**ではなかった**そうです。
　峠へ登る道は、なだらか**ではなかった**そうです。

不確かな伝聞
　「○○であるらしい」「○○らしい」

　野村君のご両親は、お元気らしい。
　長谷川君のお父さんは、ご病気らしい。

「—である」は「—ではない」(「—じゃない」)「—だった」「—ではなかった」(「—じゃなかった」)で置き換えることができます。

　野村君のご両親は、お元気**ではない**らしい。
　長谷川君のお父さんは、もうご病気**ではない**らしい。

　野村君のご両親は、先月までは、お元気**だった**らしい。
　長谷川君のご両親は、最近までご病気**だった**らしい。

　野村君のご両親は、どうやらお元気**ではなかった**らしい。　　(1)
　長谷川君のお父さんは、別にご病気**ではなかった**らしい。　　(2)

　野村君のご両親は、先週は、お元気**ではなかった**らしい。　　(3)
　長谷川君のお父さんは、先週は、まだご病気**ではなかった**らしい。
　　　　　　　　　　　　　　　　　　　　　　　　　　　　　　(4)

(1)「予測・希望的観測と食い違う現状認識」の不確かな伝聞。
(2)「噂や思い込みと食い違う現実の認識」の不確かな伝聞。
(3)「過去回想」の不確かな伝聞。
(4)「過去回想」の不確かな伝聞。

3.4.2.2. 不十分な観察に基づいた暫定的な判断

「○○な［の、ø］ようだ」「○○な［の、ø］ようである」「○○な［の、ø］ようです」

　野村君のご両親は、お元気**なようだ**。
　長谷川君のお父さんは、ご病気**のようです**。
　この時計は、{ショー・ウィンドウにあるのと同じ**ような**} 感じだ。
　　　　　　　　　　　　　　　　　　　　　　　　　　　　　　(1)

(*)「同じようだ」は、名詞型複合形容詞です。第26章を見てください。基本形の「同じようだ」よりも連体形の「同じような」のほうを遥かに高頻度で観察します。波括弧

｜｜の中は「感じ」にかかる連体節です。

この複合体の構成要素「―な」「―の」「-ø」は、「―ではない」(「―じゃない」)「―だった」「―ではなかった」(「―じゃなかった」)で置き換えることができます。

野村君のご両親は、お元気**ではない**ようだ。
長谷川君のお父さんは、ご病気**ではない**ようです。
この時計は、ショー・ウィンドウにあるのと同じ**ではない**ようだ。

野村君のご両親は、お元気**だった**ようだ。
長谷川君のお父さんは、ご病気**だった**ようです。
この時計は、ショー・ウィンドウにあるのと同じ**だった**ようだ。

野村君のご両親は、お元気**ではなかった**ようだ。
長谷川君のお父さんは、ご病気**ではなかった**ようです。
この時計は、ショー・ウィンドウにあるのと同じ**ではなかった**ようだ。

3.4.2.3. 推量・推測・推定

かなりの確信を持って表明する推量・推測

「○○だろう」「○○でしょう」

「―だろう」と「―でしょう」は、他には現れない「―だろー」「―でしょー」という形態を含むため活用表に掲載してありますが、後接辞「う」(発音は[オ])との組み合わせで成立した複合体です。

奈津子さんの舞台衣装は、きらびやか**だろう**なあ。
この浜辺は、夏は水泳をする人で賑(にぎ)やか**でしょう**ね。
今度の会合は、和(なご)やか**ではない**だろう。
儀式は、予定通りしめやか**だった**でしょうか。

確信のもてない推量・推測
「○○(である)**かもしれない**」「○○**かもしれません**」「○○**かも**」

奈津子さんの初舞台の衣装は、意外にささやか**かもしれない**。
この浜辺は、交通が不便だから、夏も賑やか**ではない**かもしれない。
包んだお金は、僅か**だったかもしれない**。
今年は不況で、この宿も賑やか**ではなかった**かもしれない。

推定・道理
「○○な［の、ø］はずだ」「○○であるはずだ」(*)

(*)「はず」は、形式名詞です。

[話者の得ている情報が十分であれば正しい推定]

スウェーデンとデンマークの政治体制は、ほとんど同じ(ø)**はずだ**。
この話は、本人から聞いたのだから、本当**のはずだ**。
一郎から聞いた話だから、確か**なはずよ**。

[道理が後から分かって合点がいったことの表明]

賑やか**なはずだ**。今日はこの界隈のお祭りだったんだ。

否定的な推定・道理
「○○な［の、ø］はずが無い」「○○な［の、ø］はずがありません」「○○であるはずが無い」

素人の描いた絵が名の知れた画家の絵よりも高価**なはずは無い**。
あんな馬鹿げた話が本当**のはずは無かった**のに。賭けて損しちゃった。
沙智子伯母さんが家にいないって？　そんな(ø)**はずは無い**よ。

予測・推定が誤っていたための落胆
「○○な［の、ø］はずではなかった」

あの人、これほど無責任**な**はずじゃなかったんだけど。
この特別セール、実は今日限り**の**はずではなかったんです。(*)
あーあ、こんな(ø)**はず**じゃなかったのに。

(*)「限り」は名詞ですが、複合語「今日限り」はノ形容詞です。

3.4.3. ナ形容詞の語幹＋「そうだ」「そうです」「そうである」
短時間の観察に基づいた暫定判断

　この後接辞複合体(*)は、名詞型形容詞のうちでも、一部の**ナ形容詞の語幹にのみ**後接します(**)。「断言するには当事者の証言、または長期的な観察を要する状態」に関する暫定判断を表します。

　ナ形容詞でも「建設的」「絶対的」「宗教的」のように「○○的」という構成のものの語幹には後接しません。また「穏やか」「明らか」「かすか」「しとやか」「雑多」「雑駁」「荘厳」のように「短時間の観察による判断のみ」を表わすナ形容詞の語幹にも後接しません。

(*)「ケ形容詞の語幹＋「そうだ（です、である）」」という構成の複合体は、それ自体「複合ナ形容詞」です。第26章を見てください。
(**)もしもナノ形容詞やノ形容詞の語幹に後接する例をご存知でしたら、筆者にお知らせください。

　なお、この後接辞複合体は、イ形容詞にも後接します。また、各種の動詞にも後接しますが、機能は異なります。それぞれの章を見てください。
　複合体の末尾の「―だ」「―です」は、「―ではない」(「―じゃない」)「―だった」「―ではなかった」(「―じゃなかった」)で置き換えることができます。

　　あの新入生は、どうも軟弱**そうだ**。
　　そうかな。俺の見た感じじゃ、別に軟弱**そうじゃない**よ。　　(1)
　　晴彦君は、健康**そうだ**ね。

うん。でも、正夫君ほどには健康**そうじゃない**なあ。　　　　（2）

　　この洗濯紐、買ったときは丈夫**そうだった**のにねえ。
　　いや、他のに比べて特に丈夫**そうじゃなかった**よ。　　　　（3）

(1)(2)(3) 他者の判断に対して反対意見を述べる時の否定形です。率先して否定的な判断を述べる時は、次項の複合体「○○ではなさそうだ」を用います。

短時間の観察に基づいた否定的な暫定判断
「○○**ではなさそうだ**」「○○**ではなさそうです**」

　末尾の「だ」「です」は、「だった」「でした」で置き換えることができます。

(この繋辞複合体の末尾を「ではない」などで置き換えた「○○*でなさそうではない」などの形は、理論的には可能ですが、晦渋極まりない文体になるため、良識ある人は用いません)

　　良夫君は、あまり健康**じゃなさそうだ**。持病でもあるのかな。
　　先日知り合った人の連れていた子供は、あまり健康**ではなさそうだった**。

3.4.4. 名詞型形容詞＋複合繋辞「のだ」(*)「のです」(*)「のである」

(*)話し言葉では頻繁に「**んだ**」「**んです**」という形になります。

　「のだ」「んだ」「のです」「んです」「のである」で終わる文は、「対話者が知らないこと、気付いていないこと、すぐには受け容れられないかもしれないことを告げる」という含みになります。

　「**の**」(「だ」と「で」の前で頻繁に「**ん**」)が形式名詞であるため、その前に立つ繋辞「**だ**」は連体形の「**な**」という形態を取ります。

　　良夫君は、瘠せてるけど、すごく健康**なんだ**よ。
　　信じられないかもしれませんが、これ、本当**なんです**。
　　見かけは違いますけど、味は同じ**なんです**よ。

3.4.5. 名詞型形容詞の中止形

　本書では、名詞型形容詞の「静か**で**」「静か**であり**」「まろやか**で**」「まろやか**であり**」「ゆるやか**で**」「ゆるやか**であり**」などの形態を「中止形」と、「静か**であって**」「まろやか**であって**」「ゆるやか**であって**」などの形態を「複合中止形」と、「静か**に**」「まろやか**に**」「ゆるやか**に**」などの形態を「連用形」(*)と、名付けています。

(*)本書の「連用形」は、学校文法で言う「連用形」のうち「—に」で終わる形態のもののみを指します。学校文法では「—だっ」「—で」「—に」の三つの形態を「連用形」と呼んでいます。

　　あのとき戦場だったこの村が、今は静か**で**、平和だ。　　　　　(1)
　　あのとき戦場だったこの村が、今は静か**で**、平和です。　　　　(2)
　　あのとき戦場だったこの村が、今は静か**で**、平和である。　　　(3)
　　あのとき戦場であったこの村が、今は静か**であり**、平和である。(4)
　　あのとき戦場であったこの村が、今は静か**であって**、平和である。(5)

(1)「だ体」
(2)「です・ます体」
(3)「だ体」と「である体」の混用。現代では、これが最も一般的な「である体」です。
(4)(5)「である体」のみで統一した文。「○○であった」「○○であり」「○○である」と続くため、重苦しい文体になります。「—であり」よりも「—であって」のほうが新しい形。

3.4.6. 名詞型形容詞の連用形

　本書の定義では、「連用形」は、「する」と「なる」だけでなく多数の動詞に前接し、**叙述語**(*)**または副詞として機能する**形態です。「こんな**に**」「どんな**に**」「本当**に**」「徹底的**に**」「あやふや**に**」「明快**に**」「曖昧**に**」など、多くの名詞型形容詞に具わっていますが、「正真正銘」などのように**連用形の無い**ものもあります。

(*)「叙述語」：述部に現れる語。狭義の「述語」である場合もあり、「述部を構成する補語」になる場合もあります。英語の predicate、フランス語の attribut、ドイツ語の Prädikat に相当します。

　日本語の名詞型形容詞(およびイ形容詞)は、単独で述語になる場合は「終

止形(*)」に、他の動詞に前接して「叙述形容詞」として機能するときには「連用形」になりますが、ヨーロッパ諸語の「形容詞」は、どちらの場合も同じ形態です。

(*)基本形の「だ」、「現状認識または回想」を表わす「だった」、伝聞の「だそうだ」「だったそうだ」などの形態がすべて「終止形」です。

　　　［日］　洋子さんは、唇が**真っ赤だ**。／洋子さんの唇は、**真っ赤だ**。
　　　［英］　Yoko has **very red** lips./Yoko's lips are **very red**.
　　　［仏］　Yoko a des lèvres **toutes rouges**./Les lèvres de Yoko sont **toutes rouges**.

　　　［日］　洋子さんは、唇を**真っ赤に**塗っている。
　　　［英］　Yoko has painted her lips **very red**.
　　　［仏］　Yoko a peint ses lèvres **toutes rouges**.

　日本語の各種形容詞の「終止形」と「連用形」の区別に対応するものは、ヨーロッパ諸語にはありません。英語やフランス語やドイツ語に「連用形」に相当する用語が無いのは当然のことです。

3.4.7. 名詞型形容詞の連体形

　名詞型形容詞の連体形は、単独で名詞を修飾することもあり、さまざまな補語を伴って連体節を構成することもあります。ここでは単独で名詞の前に立つ例(*)を挙げます(「名詞型形容詞の分類」の項にも、いくつか例が挙げてあります)。

(*)「単独で名詞の前に立つ例」：数学的な表現に言い換えると「無補語の連体節」

　　　孫の {元気**な**} 顔が見たい。
　　　{のどか**な**} ところにお住まいで、羨（うらや）ましいことです。
　　　{緊急**の**} 用事のときは、こちらに電話してください。
　　　あの人には、{独得**の**} 風格がありますねえ。
　　　{同じ(ø)} ことを何度言わせるんですか。
　　　{そんな(ø)} ことは、ありませんよ。

3.5. 名詞型形容詞文からなる節

　名詞型形容詞文からなる節の構成は、名詞文からなるものとほとんど同じです。連体形の形態だけが違います。

3.5.1. 連体節

　下の例文の波括弧｛　｝の中の部分が「名詞型形容詞文からなる連体節」です。

　　良夫君は、瘦せてるけど、とても健康**だ**。
　　｛瘦せてるけどとても健康**な**｝良夫君は、冬になっても風邪一つ引かない。

　　川田さんは、歌手として一流**です**。
　　｛歌手として一流**の**｝川田さんは、ギターも結構上手なんですよ。

　　由紀子さんの初任給は、孝子さんの去年の給料の額と同じ**だ**。
　　由紀子さんは、｛孝子さんの去年の給料と同じ(**ø**)｝額の初任給をもらっている。

　　高志君は、小柄だけど、全然ひ弱**ではない**。
　　｛小柄だけど全然ひ弱**でない**｝高志君は、親を手こずらせる腕白者だ。

　ナ形容詞の補語を示す格標識「が」は、連体節の中では「の」で置き換わります。

　　あの人は、目**が**綺麗だなあ。
　　慶子さんは、｛目**の**綺麗な｝人だ。
　　利夫君は、釣り**が**好きなようだ。
　　利夫君は、｛釣り**の**好きな｝やつだよ。

ナ形容詞の「補語を兼ねない主題」を示す「は」も、連体節の中では格標識「の」で置き換わります(*)。

 浩君**は**、厚子さんが好き**だ**そうだ。
 {浩君**の**好き**な**} 人は、誰なの？
 フランク君**は**、にんにくが嫌い**なん**だって。
 今日は、{フランク君**の**嫌い**な**} にんにくは使わないでください。(1)

(1)「にんにく**は**」の副次的な主題標識の陰に格標識「を」が隠れています。「動態動詞」の章(11.)を見てください。

(*)連体節の中での格標識「の」が独立した文での主題標識「は」と格標識「が」の両方に相当するのを見て「日本語は曖昧だ」と言う人がいますが、その主張は当たっていません。

[1] 二つ以上の意味に取れる単語や言い廻しの具わっていない自然言語は存在しません。さもそれが特定の言語の欠陥であるかのごとくあげつらうのは、言語に対する差別発言です。そういう発言をする人に限って諸種の言語に関する知識が貧弱なものです。

[2] 特定の文脈や場面で「この言い方では誤解が生じ得る」と判断した場合には、「浩君は、誰が好きなの？」「浩君の恋人は、誰なの」「浩君が誰のことを思ってるか、知ってる？」など、別の表現をすれば済むことです。

3.5.2. 名詞節

次の例の波括弧 { } の中の部分が「名詞型形容詞文からなる名詞節」です。

 {誠さんがお元気**かどうか**}(を)知っていますか。
 {安江さんが長らく病気**であること**} は、みんな知っていますよ。
 {茂さんがずっとご病気**だったこと**} をさっき聞きました。
 実さんは、{子供が皆健康で素直**なの**} が自慢です。
 実さんは、{子供が誰もひ弱**ではないの**} が嬉しいそうです。
 {浩君は厚子さんが好き**かどうか**}(を)本人に訊いてみたよ。
 フランク君に {にんにくが好き**かどうか**}(を)訊いてください。

絶対主題を含む文は、文末を連体形に替えた形に「こと」や「の」を後接させて名詞節にすることはできません(*)。「『浩君は厚子さんが好きだ』ということを」、「『フランク君はにんにくが嫌いだ』ってことが」のように、引用文にして名詞節を作ることができます。引用詞「と」「って」を含む言い廻し「ということ」「っていうこと」「というの」「っていうの」については、第35章「引用詞」を見てください。

(*) 主題標識「は」をそのままにすると「文全体の主題」と受け取られます。格標識のどれかで置き換えようとすると意味を成さなくなってしまいます。「必ず誤解される表現」や「意味を成さない言い廻し」は、誤用です。

次の例は、{**名詞** +「**の**」+形容詞の連体形+「**の**」} という構成の名詞節を含んでいます。

　　　{茄子**の**小振りな**の**} は、漬物にします。
　　　{この品種の茄子**の**小振りな**の**} は、珍しい。
　　　{柿の若葉**の**つややかな**の**} は、天麩羅(てんぷら)にして食べると美味(おい)しいんですよ。
　　　{若者**の**素直な**の**} は、なかなかいないねえ。

それぞれ「茄子にもいろいろあるが、特に小振りなもの」「柿の若葉にもいろいろあるが、中でもつややかなもの」「若者にもいろいろあるが、中でも素直な者」という意味です。第一項の末尾の「の」は、独立した文では「のうちでも特にこれは」で置き換えることができます。

　　　この品種の茄子(なす)**のうちでも特にこれは**、珍しく小振りだ。
　　　柿の若葉**のうちでも特にこれは**、つややかだ。

3.5.3. 副詞節
「○○で」「○○であり」「○○であって」

名詞型形容詞の中止形「―で」「―であり」「―であって」で終わる節は、「後続の文と同格」の場合と、「主文の結論に至る前の注釈」をする副詞節で

ある場合とがあります。

［同格］　こちらの弟子三人は明敏**で**、あちらの二人は愚鈍**だ**。
［根拠］　こちらの弟子三人は明敏**で**、進歩が早い。

　名詞型形容詞の中止形には、この他に「○○**でありまして**」「○○**でございまして**」などもありますが、過剰敬語(*)です。

(*)例えば「こちらの弟子三人は明敏で、女にももてるのでございますよ」の「で、」を「でございまして、」で置き換えるのは、冗長で無粋です。

「○○ではなく」「○○ではなくて」

　否定中止形「─ではなく」「─ではなくて」で終わる節も、「後続の文と同格」の場合と、「主文の結論に至る根拠の説明」をする副詞節である場合とがあります。「─ではなく」のほうが硬い表現です。話し言葉では、促音を含んだ「○○じゃなくって」という形にもなります。

　　［同格］　あの男は廉潔**ではなく**、この男は強欲**ではない**。　　　　(1)
　　　　　　このやり方は、公明**ではなく**、正大**でもありません**。　　(2)

　　［根拠］　過剰敬語は、{丁寧でも謙遜でもなく}、無礼である。　　(3)
　　　　　　敬語を使い過ぎる人は、{丁寧なんか**じゃなくって**慇懃(いんぎん)無礼なんだよ。　　　　　　　　　　　　　　　　　　　　　　　(4)

(1) 否定文を連ねると、主旨がはっきりしなくなります。肯定文を使って「あの男は強欲であり、この男は廉潔である」とすれば明快です。
(2)「このやり方は、公明でも正大でもない」と同義です。「このやり方は、公明でもなく、正大でもない」と言ったほうが、「でもなく」が後続の文も否定であることを予測させるので、理解しやすくなります。。
(3) 硬い書き言葉。「丁寧でも」と「謙遜でも」は同格です。
(4) くだけた男言葉。

「○○な［の、ø］とき」

{連体節＋時を表わす名詞}という構成の副詞節です。「とき」は「時を表わす名詞」ですから、格標識を伴うこともあり、伴わないこともあります。「過去」でも「未来」でも「一般的な真理」でもあり得ます。
［一般］　　{連休なんかで暇**な**とき}たまには一人で釣りに出かけますよ。
［未来］　　{週末とか暇**な**とき}いつでも遊びに来てください。
［過去］　　{いつか暇**な**とき}片手間にやったことなので、よく憶えていません。

「○○な［の、ø］ころ」
　　{連体節＋時を表わす名詞}という構成の副詞節です。「ころ」は「時を表わす名詞」ですから、格標識を伴うこともあり、伴わないこともあります。

［過去］　　{おじいちゃんが元気**な**ころ}よくプールに連れて行ってもらったね。
　　　　　　{お父さんが独身**の**ころ}、彼女っていたの？
［未来］　三島さんは、{高田さんと同じ(ø)ころ}退職することになりそうですね。
［一般］　うちの子は、いつも{お隣のお兄ちゃんと同じ(ø)ころ}帰ってきます。

「○○だったとき」「○○であったとき」「○○だったころ」「○○であったころ」
　　{連体節＋時を表わす名詞}という構成の副詞節です。過去を特に強く回想しながら(あるいは対話者に回想を求めながら)時を示します。「時を表わす名詞ですから、格標識を伴うこともあり、伴わないこともあります。

　　{この子が病弱**だった**ころ}、しょっちゅう病院に連れて行きました。
　　{お父さんが独身**だった**ころ}、彼女っていたの？

「○○な［の、ø］ため(に)」
　「根拠」を示します。

［過去］　昔は｛この子が病弱**なために**｝医者通いをしました。
［現在］　｛この子が病弱**なために**｝医者通いをしています。
［未来］　極端な偏食をさせておくと｛この子が病弱**なために**｝医者通いをする破目になるよ。

「○○**だったため(に)**」「○○**であったため(に)**」

　過去を特に強く回想する文脈で「根拠」を示します。

　　昔は｛この子が病弱**だったために**｝医者通いをしました。

「○○**であるため(に)**」

　｛連体節＋形式名詞「ため」＋格標識「に」｝という構成です。格標識「に」は、省略できます。「目的」または「根拠」を示します。

［目的］　フランス国鉄では、｛乗車券が有効**であるために**｝は乗客自身が乗車する前に自動改札をしなければなりません。(*)

(*)自動改札をしないで乗車すると、車内の検札で罰金を科せられます。

［根拠］　｛国外逃亡を謀る可能性が濃厚**であるため**｝保釈の申請を却下する。

「○○**で(は)ないため(に)**」

　「であるため(に)」の否定形ですが、「目的」を示すことはありません。「根拠」を示します。話し言葉では、高頻度で「○○**じゃないため(に)**」という形になります。

　　｛予防注射証明書が有効**でないため**｝入国を拒否されました。(*)

(*)黄熱病などの予防注射接種証明書が無いと旅券・査証が有効であっても入国を許可しない国があります。

「○○**で(は)なかったため(に)**」

過去を特に強く回想する文脈で否定的な「根拠」を示します。

{予防注射証明書が有効**でなかったため**} 入国を拒否されました。

このほか、接続詞を従えた「○○だから」「○○ですから」「○○であるから」、「○○**だ**が」「○○**です**が」「○○**である**が」、「○○**な**ので」、「○○**な**のに」なども「名詞型形容詞文からなる副詞節」です。「接続詞」の章で記述しています。

3.5.3.1. 条件節
「なら（ば）」(*)「であれば」

(*)古典的な形態は「ならば」ですが、現今では「ば」を省略した「なら」という形態が圧倒的に優勢です。

事実である可能性の高い仮定条件を示します。

{仮説の根拠が薄弱**なら**}、決して発表してはいけません。
{足腰が丈夫**なら**}、一緒に山歩きをしませんか。

「○○でなければ」
事実である可能性の高い否定的仮定条件を示します。くだけた話し言葉では「○○**でなきゃ**」と言います。また「○○**でないなら**」という形もあります。

高山でのトレッキングは、{足腰が丈夫**でなければ**} 楽しくありませんよ。
{準備が万全**でなきゃ**} 登山はしちゃいけない。

「○○だったら」「○○であったら」「○○でしたら」
事実である可能性の低い仮定条件、または事実に反する仮定条件を示します。

{仮説の根拠が薄弱**だったら**}、発表しないほうがいいんですよ。

{足腰の具合が万全**だったら**}、トレッキングに同行させていただくんですけど。

「○○**でなかったら**」
　事実である可能性の低い否定的仮定条件、または事実に反する否定的仮定条件を示します(非常に丁重な敬語の「○○でございませんでしたら」などもありますが、使うべき場面を誤ると過剰敬語になってしまいます)。「○○**でなかったなら**」という形もあります。

　　　{準備が万全**でなかったら**}、登山はやめなさい。
　　　呼び出しは、{相撲が好き**でなかったら**}勤まらないそうだ。

「○○**だと**」
　「当然の帰結をもたらす仮定条件」または「習慣的な行動をもたらす仮定条件」を表わす言い方です。否定的な仮定であれば「○○**でないと**」「○○**じゃないと**」という形になります。

　　　{根拠が薄弱**だと**}、どんな仮説も受け容れてもらえませんよ。
　　　うちは、{有機栽培の野菜**じゃないと**}、買いません。

　イ形容詞「よい・いい」を伴うと、願望・念願を表わす形式になります。

　　　わ、いい話。{本当**だと**}いいなあ。
　　　その仮説、{根拠が十分**だと**}いいんだけど。
　　　{準備が万全**でないと**}、登山は許可しません。

3.5.3.2. 譲歩節
「○○**でも**」(*)「○○**であっても**」

(*)同じ形態の接続詞「でも」は、「しかし」と同義です。

　　　{準備が万全**でも**}事故や遭難は起こります。

{準備が万全で**あっても**} 事故や遭難は起こります。

「○○**でなくても**」
　{子供の頃から丈夫**でなくても**} 節制と鍛錬次第で人一倍健康になれますよ。

4. タル形容詞

　非名詞型形容詞は、活用のあるものが二種類と不変化のものが二種類あります。活用のあるものを、活用語尾の形態から「タル形容詞」および「イ形容詞」(5.)と名付けます。不変化のものは、名詞の修飾語となる機能のみのものを「不変化前置形容詞」(6.)と、叙述語になる機能のみのものを「不変化叙述形容詞」(7.)と名付けます。

4.1. タル形容詞の定義

　本書では「堂々たる」「惨憺たる」「憮然たる」のように「○○たる」という形で連体修飾語になる語を「タル形容詞」と呼びます。
　タル形容詞は、謂わゆる「文語のタリ活用の形容動詞」(＝タリ活用の非名詞型形容詞)の末裔です。活用形は、連体形「堂々たる」と連用形「堂々と」以外は、現代語では用いません。連用形に「―している」を後接させた「堂々としている」「堂々としていた」のような複合動詞が「基本形」や「現状認識・回想形」の役割を果たしています。また、連体修飾語としては「堂々たる」よりも「堂々とした(＋名詞)」という言い方のほうが普通になっています。「文語では非名詞型形容詞の一種だったものが、活用形の大半を失って、複合動詞の構成要素になる途上」である(*)と見做すべきものです。
　タリ活用の非名詞型形容詞のうちでも「呆然」「漠然」のように現代語での「○○たる」という形態の用例がごく稀になっている語は、タル形容詞から副詞への移行途上にある(**)と考えるべきものです。
　また、例えば「忸怩」は、現今では硬い文章で「忸怩たるものがある」と

いう慣用句を用いるだけです。「○○と」「○○とした」「○○としている」という形態を用いる例は普通にはありません。この語は、現代語では「忸怩たる」という形で「不変化前置形容詞」になった(***)と見做すべきです。

> (*)(**)(***)言語の文法体系は、時代と共に変遷し、また方言によっても異なります。同一の話者がいくつかの方言に加えて共通語をも操り、現代語で文書を作成するだけでなく、万葉集や古今集の歌を諳んじたり、諺や格言を引用したり、文語で短歌を詠んだり、文語の名残の「楽しかるべき」「多かれ少なかれ」「事なかれ主義」などの表現を交えたりしますから、単一の文法体系だけで言語生活を送る人は、成人ではごく少数です。

こういう事情ですから、「タル形容詞」については、活用表を作ってみる意味はありません。この章では、連用形と連体形の用例をいくつか挙げるにとどめます。「○○とした」「○○としている」という形式の「タル形容詞からなる複合動詞」については、第27章「複合動詞」で記述しています。

4.1.1. タル形容詞の連用形

批判を恐れずに**堂々と**自分の見解を発表しなさい。
春の野に日光が**燦々(さんさん)と**降り注いでいる。
薄物をまとった女が**嫣然(えんぜん)と微笑(ほほえ)んだ。

4.1.2. タル形容詞の連体形

地震の跡は、**惨憺(さんたん)たる**有様だった。
詐欺の被害者は、**憮然(ぶぜん)たる**面持ちだった。
告発者は終始、**断乎(だんこ)たる**態度を崩さなかった。

5. イ形容詞

5.1. イ形容詞の定義

　本書では「暑い」「寒い」「暖かい」「涼しい」「楽しい」「欲しい」のように基本形が「い」で終わり、「暑くない」「暑かった」「暑ければ」などと活用する語を「イ形容詞」と定義しています。

　日本語のイ形容詞は、(一般に「形容詞」と訳す) 英語の adjective やフランス語の adjectif、ドイツ語の Adjectiv、トルコ語の sıfat などとは定義も用法も違います。

[1] ヨーロッパ諸語やトルコ語の「形容詞」は、繋辞動詞 (英語なら be、フランス語なら être、ドイツ語なら sein) または繋辞 (トルコ語なら -dır/-dir/-dur/-dür/-tır/-tir/tur/-tür)(*) などと組み合わせて初めて述語になりますが、日本語のイ形容詞は**単独で述語になります**。

<small>(*) トルコ語の繋辞は、現在形であれば三人称の場合は省略できますが、一人称の -ım/-im/-um/-üm, -ız/-iz/-uz/-üz、二人称の -sın/-sin/-sun/-sün, -sınız/-siniz/-sunuz/-sünüz は省略できません。また、現在形以外の場合は、三人称であっても省略できません。</small>

[2] 日本語のイ形容詞は「旨い」「旨くない」「旨かった」などと活用するだけでなく、後接辞を伴って複合ナ形容詞になり、「旨そうだ」「旨そうだった」「旨くなさそうだ」などとさらに活用しますが、ヨーロッパ諸語やトルコ語の「形容詞」は活用しません。

[3] ヨーロッパ諸語やトルコ語の「形容詞」は、そのままの形で「名詞」になります。日本語のイ形容詞は、そのままの形で名詞になることは、ありません(*)。「暑さ」「寒さ」「堅苦しさ」のように、基本形語尾「—い」を接尾辞「—さ」で置き換えて、名詞を派生させます。

(*)近年「美味しい*を」のように、基本形に格標識「を」を後接させている文章を広告などで散見しますが、日本語として本源的に誤用であり、奇を衒った表現です。こういう現象を放置しておくと、日本語の崩壊につながります。「美味しさを」「美味しいものを」「美味しいのを」のようにイ形容詞を名詞化する方式は、いくつも日本語に具わっていますから、そのうちの一つを使えばいいのです。

5.1.1. イ形容詞から派生する名詞

大多数のイ形容詞は、語幹に後接辞「さ」をつけると、元の形容詞の表わす性質や状態の**度合い**を示す名詞が派生します。

　　今日の夕立の後の虹の**美しさ**は、神々しいほどだった。
　　この桃は、ちょっと**甘さ**が足りないなあ。

イ形容詞でも、度合いが問題にならない「よろしい」(*)のような語からは、この種の名詞は派生しません。

(*)「よろしい」は、「悪くはない」「まあまあよい」「いいことにしよう」「許容できる」といった意味です。「よい」の婉曲な表現としての(＝　褒め言葉としての)用法は、特殊な場合です。

5.1.2. 擬似比較級

「より大きい」「より大きく」「より強い」「より強く」などの形態は、ヨーロッパ諸語の「形容詞」や「副詞」の比較級を無理に逐語訳しようとして成立したものですが、日本語では不必要であり、存在理由の無い「寄生形態」です。誰もが用いるものでもありません。「もっと大きく」「さらに大きく」「それに輪をかけて大きく」など、「比較級に相当する」表現はいくつもあります。

「強くなる」と言えば、当然「**以前よりも強くなる**」という意味に決まっ

ていますから、わざわざ「より強くなる」と翻訳調の擬似比較級を弄することはありません。以前の状況や競争相手との比較を特に強調したいのなら、日本語には「もっと強くなる」「いっそう強くなる」「さらに強くなる」「ますます強くなる」などの言い方が昔からあるのですから、そのうちの一つを使えばいいのです。

5.2. イ形容詞文

イ形容詞で終わる文を「イ形容詞文」と呼ぶことにします。

（否定標識の「ない」がイ形容詞型の後接辞であるため、イ形容詞文は、肯定文でも否定文でも後接辞の種類と形態がまったく同じで、文末接辞の形態も同じです。この章以降は、特に「否定文」「否定疑問文」という見出しは立てません）

イ形容詞文には、無補語文、単補語文、複補語文の三種類があります。

5.2.1. 無主題文
5.2.1.1. 無主題・無補語文

「暑い」「寒い」のように、**全身感覚**を表わすイ形容詞は、無主題・無補語で文が成立します。

  暑いなあ。　　　　（1）
  暑いのかい。　　　（2）
  寒くないの？　　　（3）

(1)「暑い」=「気温が適温よりも遥かに高くて快適でない」と感じているのは、**話者自身**です。文中で話者を表示する必要はありません。「気温が適温よりも遥かに高くて快適でない」と**他者**が感じていると考える時は「暑そうだ」「暑いようだ」「暑いそうだ」「暑がっている」「暑いらしい」「暑いんだろう」などと言います。
(2) 疑問文ですから、「気温が適温よりも遥かに高くて快適でない」と**対話者**が感じているかどうかを訊いています。文中に対話者を表示する必要はありません。**対話者以外の他者**がそう感じているかどうかを訊く時には「暑いんだろうか」「暑いのかな」「暑いのかしら」「暑がっていますか」「暑そうですか」などと言います。
(3) 否定疑問文。「気温が適温よりも遥かに低くて快適でない」と**対話者**が感じていないのかを訊いています。**対話者以外の他者**の感じ方を訊く時には「寒くないのかな」

「寒がっていませんか」「寒そうじゃありませんか」などと言います。

5.2.1.2. 無主題・単補語文

　大多数のイ形容詞は、単補語文を作ります。この場合、必須補語には格標識「が」が後接します。

　「暖かい」「涼しい」のように**全身感覚**を表わすイ形容詞も、特定の場所でその全身感覚が得られる場合には、**場所を示す状況補語**を伴います。

　　　ここ**が**涼しいよ。　　　　　　(1)
　　　舗装道路の照り返し**が**暑い。　(2)

(1) 涼しさを感じているのは、話者自身です。涼しさの得られる場所が「ここ」です。「ここ」は、この文の**状況補語**です(*)。
(2) 暑さを感じているのは、話者自身です。暑さにうだる場所が「舗装道路の照り返しを受ける領域」です。「舗装道路の照り返し」は、この文の**状況補語**です(*)。

(*)格標識「が」の機能は多岐に亙ります。「動作主」「可能動詞の表わす動作の対象」「迷惑表現で話者の同情の対象」「存在主」「形容詞の状況補語」など、さまざまなものを示します。「名詞」および各種の「形容詞」と「動詞」の章で詳しく記述しています。
　なお「はじめに」の「主題構文と主語構文」という見出しの許(もと)でも書いたことですが、本書では「動作主補語」などを特別扱いして「主語」と呼ぶことはしておりません。日本語の体系の中では、特別扱いする理由が無いからです。

　また、「暖かい」「寒い」などの感覚が特に身体の一部から全身に広がるように感じる時は、**身体部位を示す状況補語**をつけます。

　　　この靴下を穿いたら、足**が**ぽかぽか暖かい。　　　　　(1)
　　　風邪でも引いたかな。なんとなく背中の辺り**が**薄ら寒い。　(2)

(1) 暖かいのは、足だけではなく、全身です。肩や腰の辺りが寒いときは、いくら足だけが快適な温度でも、こういう言い方はしません。
(2) 「薄ら寒い」は、全身感覚です。背中の辺りだけが寒いのではありませんが、「背中に何か一枚羽織れば当座はしのげそうだ」と感じているのです。

　「冷たい」「ぬるい」「熱い」「痛い」「痒い」のように、**身体の一部の感覚**を表すイ形容詞からなる文では、「感覚の起こっている身体部位を表わす語」または「身体部位が触れてその感覚を惹き起こすものを表わす語」のど

ちらか一つが必須補語です。

[補語＝身体部位]

　　足**が**冷たい。　　　（1）
　　腫れ物**が**熱い。　　（2）
　　頭**が**痛い。　　　　（3）

(1)「自分の足の冷たさ」を感じているのは、話者自身です。「足」は、身体部位を示す補語です。
(2)「自分の身体にできた腫れ物の熱さ」を感じているのは、話者自身です。
(3)「頭痛に苦しんでいる」のは、話者自身です。「他者が頭痛に苦しんでいる」と考える時は、「頭が痛そうだ」「頭が痛いの？」「きっと頭が痛いんだよ」「頭が痛いようですね」などと言います。

[補語＝身体部位の触れたもの]

　　風**が**冷たい。　　　　　　　（1）
　　床**が**冷たい。　　　　　　　（2）
　　この子の足**が**冷たい。　　　（3）
　　この子の身体**が**熱い。　　　（4）
　　舗装道路の照り返し**が**熱い。（5）

(1) 話者自身が「身体の表面の、風の当たる部分」に冷たさを感じています。
(2) 話者自身が「床に直接触れている足の裏」または「靴下、足袋などを履いている足の裏」あるいは「床に触れてみた手、尻」などに床の冷たさを感じています。
(3)「この子の足の冷たさ」を感じているのは、足に手などを触れてみた話者です。子供自身の感覚は分かりません。
(4)「この子の身体の熱さ」を手や腕や胸に感じているのは話者です。子供自身がどう感じているかは分かりません。
(5)「暑い」でなく「熱い」と書く場合は、身体の一部だけの感覚を表します。「舗装道路の照り返し」を受ける脚などに熱さを感じていますが、全身がうだる感覚ではありません。

　「旨い」「美味しい」などのように味覚評価を表すイ形容詞の必須補語も「その味覚評価を惹き起こすもの」を表しますが、食べ物や飲み物を口に含んだまま物を言うのが物理的にも難しく礼儀作法にももとるためか、「味覚

を得、吟味しながら評価しているとき」と「発言の瞬間」の間には時差のあるのが普通です。

　　　これが旨いよ。　　　　　　　（1）
　　　こっちのほうが美味しいわ。　（2）

(1) 何種類かの食べ物を味わった後で特に一品を勧める言い方です。味わった時期は、数秒前でも数日前でもあり得ます。男言葉です。
(2) 女言葉。勧められたものを味わってみて、自分の好みを表明する言い方です。

「嬉しい」「悲しい」「淋しい」「楽しい」「面白い」「欲しい」のように**心情を表わすイ形容詞の必須補語**は「その心情を惹き起こすもの」を表わします(*)。

　　　このゲームが面白いよ。　　　　　　（1）
　　　{明日一郎さんと逢えるの}が嬉しい。　（2）
　　　{好きな人に逢えないの}が淋しい。　　（3）
　　　懐が淋しい。　　　　　　　　　　　　（4）
　　　あのお人形さんが欲しい。　　　　　　（5）

(1)(2)(3)(4)(5)「面白い」「嬉しい」「淋しい」「欲しい」と感じているのは話者自身です。
(1) 何種類かあるゲームのうちの一つを勧める言い方です。
(2)(3) 名詞節がイ形容詞の補語になっています。(*)
(4) 着物の懐に財布を入れていた時代に成立した言い廻しです。「所持金が少ない」という意味です。

(*)「好きな人に逢えて　嬉しい」のように、動詞の中止形を用いて「その心情を惹き起こす出来事」を表わすこともできます。

「長い」「短い」「早い」「遅い」「重い」「軽い」「赤い」「白い」「黒い」などのように**客観的に測定できる性質・状態**を表わすイ形容詞の必須補語は「その性質のあるもの、またはその状態にあるもの」を表わします。なお、この種のイ形容詞は「待ち時間が長い」のように**主観的な感じ方**を表現することもあり、その場合は「主観的にそう感じさせるもの」を表わします。

　　　どっちの紐が長いかしら。
　　　こっちのほうが長いね。

5.2.1.3. 無主題・複補語文

　一部のイ形容詞は、必須補語の二つある文を作ります。必須補語のうちの一つには格標識「**が**」が、もう一つには格標識「**に**」が後接します。

[1]
[ガ補語＝形容詞の表わす感覚を惹き起こすもの]
[ニ補語＝その感覚の起こる**身体部分**]

　　　新雪の照り返し**が**目**に**痛い。
　　　小鳥の囀りが耳に心地よい。

[2]
[ガ補語＝形容詞の表わす性質のあるもの・その状態にあるもの]
[ニ補語＝その性質・状態の**特定範囲**]

　　　この野菜**が**高血圧予防**に**いいそうだ。　　　　　　(1)
　　　{慎吾君**が**すごくお酒**に**強い} って聞いたけど、本当？　(2)
　　　{酒の飲み過ぎ**が**肝臓**に**悪いの} は常識だ。　　　(3)

(1) この表現では「この野菜が高血圧予防以外のものにもいいかどうか」も「この野菜以外にも高血圧予防にいいものかあるかどうか」も問題になっていません。
(2) 波括弧の中の引用部分が「無主題・複補語文」です。「数学」「逆境」「寒さ」などにも強いとは限りません。
(3) 波括弧の中の名詞節が「無主題・複補語文」です。「胃」「心臓」「学業成績」「勤務業績」などにいいか悪いかは、この文では問題になっていません。

5.2.2. 有主題文
5.2.2.1. 有主題・隠れ単補語文

　無主題・有補語文の補語に後接する格標識「が」を「は」などの主題標識で置き換えると、有主題・隠れ補語文が成立します。

{風は冷たいけれど}、寒くはない。　（1）
　　　このお茶は、ぬるい。　　　　　　　（2）
　　　ここは、涼しい。　　　　　　　　　（3）
　　　舗装道路の照り返しは、暑い。　　　（4）
　　　今年の冬も、寒い。　　　　　　　　（5）

(1) 波括弧の中の副文では、主題標識「は」の陰に格標識「が」が隠れています。「身体の表面には確かに風の冷たさを感じるけれども、全身感覚として寒さを覚えてはいない」という意味です。
(2) 「お茶の入っている茶碗を持った手」または「お茶を含んだ口の中」にぬるさを感じています。格標識「が」を隠す主題標識「は」は、「美味しく飲めるはずのもっと熱いお茶」と「このお茶」を対比します。
(3) 「他の場所に比べて」という含みの文です。
(4) 「舗装道路の照り返しが暑いものだということを自分は長い間の経験で知っている」という意味です。
(5) 「去年の冬も寒かった」のです。

　次の例では、格標識を伴わない状況補語が主題を兼ねています。

　　　今日は、いつになく暑い。　　　　　（1）
　　　明日も、こんなに寒いんだろうか。　（2）

(1) 「昨日や一昨日はそうではなかった」という含みです。
(2) 主題標識「も」があるので、「今日は、とても寒い」ということが分かります。

5.2.2.2. 有主題・単補語文

　[A] 次の例は、すべて絶対主題で始まる文です。

　　　この室は、窓が大きい。
　　　象は、鼻が長い。
　　　あいつは、腕っ節が強い。
　　　年寄りは、朝が早い。

　上の例では、主題（「この室」「象」「あいつ」「年寄り」）を**全体的**に観察した時に目立つ**特徴**を、述部（「窓が大きい」「鼻が長い」「腕っ節が強い」「朝

が早い」)が記述しています。

[B] 下の例と比べてください。イ形容詞の補語が(2)と(4)の例では主題を兼ねています。

あの部屋の窓**が**大きい。　　　(1)
あの部屋の窓**は**、大きい。　　(2)
象の鼻**が**長い。　　　　　　　(3)
象の鼻**は**、長い。　　　　　　(4)

(1)「あの部屋の窓」を話者が、今、現場で、見ています。
(2)「他の部屋の窓」や「他の建物の窓」などと比べています。「あの部屋の窓」を今見ているとは限りません。
(3) 特定の「象の鼻」を話者が、今、現場で、見ています。
(4) 話者は、以前から「他の動物の鼻に比べて象の鼻が格段に長い」ことを知っています。特定の象の鼻を今見ているとは限りません。

上の例で話題になっているのは、「この部屋の**窓**」および「象の**鼻**」という**細部**です。

[A] のグループの文と [B] のグループの文は、構造も意味も違います。[A] のグループの四番目の文の「は」を「の」で置き換えて「年寄り＊の朝…」とすることはできません。意味を成さなくなります。「が」で置き換えて「年寄り＊が朝が…」とすることもできません(*)。

(*) 名詞型形容詞の章で説明してありますが、日本語の重要な原則として、格標識「が」は、一つの文 (＝ 主文または副文) の中で一回しか使えません(**)。「が」を繰り返して「○○が○○が」とするのは、誤用です。
(**) 例外のように見える次のような用法があります。
「甥の中村**が**、吉田氏の妹の子で先ごろ建築士の資格を取った中村**が**、氏の許で働くようになった」といった例があります。見かけ上「が」を二回使っていますが、「甥の中村」と「吉田氏の妹の子で先ごろ建築士の資格を取った中村」は、同一人物です。簡略な情報(「甥」)を詳しい情報(「吉田氏の妹の子で…」)で言い直しているのです。「氏の許で働く」という行為をしている人物は一人だけですから、格標識「が」を伴う動作主補語は、論理的に一つに収束します。

ナ形容詞文の場合も、例えば前出の「浩君**は**、早起き**が**苦手だ」という文の「は」を「の」で置き換えることはできません。意味を成さなくなります。［A］のグループの文の主題は「補語ではない」のですから、当然です。

［C］イ形容詞「欲しい」や「羨ましい」が述語になる文は、絶対主題で始まることがありますが、［A］の例とは異なり、補語は「主題の心情の対象となるもの」です。

　　私**は**、子供**が**もう一人欲しい。
　　真由美ちゃん**は**、あの人形**が**欲しいようだ。
　　伊藤君**は**、君の絵の才能**が**羨ましいんじゃないかな。
　　あたし、あの人の文才**が**ねたましいわ。　　　　（1）

(1) 話し言葉では頻繁に起こることですが、主題標識「は」の省略があります。「は」のあるべき位置で発音の短い切れ目を観察することがありますが、切れ目無しのことも多いようです。

5.2.2.3. 有主題・隠れ複補語文

　無主題・複補語文のガ補語を主題にして格標識「が」を隠すと、有主題・隠れ複補語文になります。有主題・単補語文のような見かけになります。

　　｛弘**が**すごく酒**に**強い｝って本当か。　　（1）
　　弘**は**、すごく酒**に**強い。　　　　　　　（2）

(1) 波括弧の中の副文は、無主題・複補語文です。
(2) 「他の多くの人に比べて」または「特定の人物に比べて」という含みです。

　ニ補語を副次的な主題にすることもできます。この構文の格標識「に」は、主題標識「は」の陰に隠れないのが原則です(*)。

(*) 話し言葉では「弘さんは、お酒**は**、強いんですか」という言い方を聞くことがありますが、「弘さんは、お酒**には**強いんですか」のほうが明快な表現です。

　　弘**は**、酒**には**すごく強い。　　（3）

(3)「酒以外のある種のものには、全然強くない」という含みがあります。

5.2.2.4. 有主題・複補語文

絶対主題で始まる複補語文もあります。主題を**全体的**に観察した時に目立つ**特徴**を述部が記述しています。

> あの会社**は**、新社長**が**経理**に**疎い。長続きはしないだろう。　　(1)
> あの一族**は**、代々家長**が**女遊びの誘惑**に**弱い。
> あの国**は**、外交部**が**情報戦に弱い。

(1)「あの会社の新社長**は**、経理に疎い。長続きはしないだろう」と言えば、主題は「会社全体」ではなく、新社長一人です。「長続きしない」のは新社長だけであり、「社長を早々にすげかえれば会社は再建・存続できるだろう」ということになります。

5.2.3. イ形容詞に後接する「ございます」と「です」

「ございます」

　イ形容詞には「ございます」を後接させて作る丁寧体があります。

高い	高うございます
大きい	大きゅうございます
低い	低うございます
濃い	濃うございます
小さい	小そうございます
うるわしい	うるわしゅうございます
宜しい	宜しゅうございます
薄い	薄うございます
遅い	遅うございます

　現今では、上のような形態を日常的に使用する人は、非常に稀になりました。現在でも使用頻度の高い例外は、次のようなものです。

| 早い | (お)早うございます |

　　　　ありがたい　　ありがとうございます
　　　　めでたい　　　（お）めでとうございます

　このような例外も、日常の「挨拶の言葉」としては頻用しますが、形容詞の本来の意味で用いることは非常に稀です。「ございます」を使った丁寧体は、現代日本語では「すでに滅びて痕跡的にいくつかの挨拶言葉に残っている」のが実情です。

「です」
　イ形容詞に後接する「です」と名詞文や名詞型形容詞文の末尾に現れる「です」とは、機能も活用の仕方も違います。

［ナ形容詞］　　立派**だ**ね。
　　　　　　　　立派**だ**わね。
　　　　　　　　立派**です**ね。

［イ形容詞］　　寒いね。
　　　　　　　　寒いわね。
　　　　　　　　寒い**です**ね。

　ナ形容詞の末尾の「です」は、「だ」を丁寧に言い換えたもので、「だ」の機能（＝ナ形容詞の基本形標識）と「丁寧さの標識」と、**二つの役割**を担っています。
　イ形容詞の基本形に後接する「です」は、「だ」の言い換えではありません。「—い」で終わる形がすでに基本形です。「です」は、丁寧さを付け加えるだけです。**役割は一つだけ**です。

［ナ形容詞］　　立派**だった**ね。
　　　　　　　　立派**だった**わね。
　　　　　　　　立派**でした**ね。

［イ形容詞］　　寒かったね。

　　　　　　　寒かったわね。

　　　　　　　寒かった**ですね**。

　ナ形容詞の末尾の「です」は、「だ」の言い換えですから、「だった」と並行する「でした」という形態になります。

　イ形容詞に後接する「です」は、「だ」とは無関係です。形容詞自体が「寒かった」と活用していますから、「です」という形態のままでいいのです（「寒い＊でした」「寒かった＊でした」などという形は、誤用です）(*)。

(*)日本語研究者の中には観察・収録した形態のすべてを無批判に同列に扱おうとする人がいますが、本書の筆者は、それは間違いだと考えています。「意味を成さない言い方」や他の言語からの「逐語訳のつもりの誤訳」などは、誤用として排除すべきものです。

　文末接辞を伴わない言い切りの丁寧体は、現代のイ形容詞では「揺れて」います。

［ナ形容詞］　　立派だ

　　　　　　　立派**です**

［イ形容詞］　　寒い（**ø**）

　　　　　　　（寒うございます）　　　（1）

　　　　　　　（寒い＊です）　　　　　（2）

　　　　　　　寒いと思います　　　　　（3）

　文例(1)の「ございます」付きの形は、ほとんど廃れています。これに代わる新たな「イ形容詞の丁寧体」は、今のところ(2)と(3)の方式が有力です(*)。

(*)このほか、「必ず文末接辞を使うようにする」「『寒いんです』のように『のです・んです』を後接させた形態を頻用する」などの方策をとる人もいます。

　文例(2)の「です」を付けた形は、「日常的に使っている。違和感など無い」と言う人も多数いますが、「すわりが悪い」「どこか舌っ足らず」と感じ

る人もまた、年代にかかわらず多数います。「です」が本来「**名詞に後接する繋辞**」および「**名詞型形容詞の活用語尾**」であるために、**非名詞型形容詞**に後接させるのは、既存の文法体系の大原則を崩壊させることであり、**名詞型構文と非名詞型構文の違いに敏感な日本語話者にとって、自然なことではない**のです。

　文末接辞の付いた「寒いですね」「寒いですよ」「寒いですか」などの形は「寒い＊です」に違和感を感じる人たちも抵抗なく受け容れています。「イ形容詞と文末接辞の間に『です』を挿入した」のではなく「イ形容詞に複合文末接辞『ですね』『ですよ』『ですか』などを後接させた」のだと解釈すれば、この現象の合理的な説明ができます。

　文例(3)の「と思います」の付いた形は、日本語の伝統構造に抵触しません。非常に多数の用例で「思う」という動詞の意味がごく弱くなり、さらには消滅して「形式動詞」化し、イ形容詞（およびイ形容詞型の後接辞で終わる用言）の後で「と思います」が事実上「婉曲な丁寧体を作る複合後接辞」となっているのを観察します。

```
この服にこの値段は、高い。     この服にこの値段は、高いと思います。
頑張りたい。                   頑張りたいと思います。      (1)
食べやすい。                   食べやすいと思います。      (2)
```

(1) 「頑張りたい」は、 動詞「頑張る」とイ形容詞型派生接辞「たい」の組み合わせです。
(2) 「食べ易い(食べやすい)」は、動詞「食べる」とイ形容詞型派生接辞「易い(やすい)」の組み合わせです。

5.2.4. 文末接辞

　イ形容詞文への文末接辞「よ」「ね」「か」などの接続の仕方は、名詞文および名詞型形容詞文の場合とは大きく異なり、後述する動詞文の場合と同じです。

　「よ」は、断定を強調します。

　　　瓦屋根の家なんて、この辺りには<u>無い</u>**よ**。　　　　　　　(1)

瓦屋根の家なんて、この辺りには**無い**わよ。　　　　　(2)
　　瓦屋根の家なんて、この辺りには**ありません**よ。　　　(3)
　　瓦屋根の家なんて、この辺りには**無い**と思いますよ。　(4)

(1)(2)(3)(4)「なんて」は、この文例では「期待してはいけない」という含みの主題標識です。
(1) 男言葉。
(2) 女言葉。
(3) 丁寧な、それでいて断固とした言い切りです。イ形容詞「無い」には、全活用形が揃っていません。存在動詞「ある」の活用体系と補完する仕組みになっています。丁寧な話し方では、伝統的に「ある」の否定・丁寧体「ありません」を借用します。近年用いる人の増えている「ない*です」という形態は、例文として提示してありません。その理由は、一つ前の「イ形容詞に後接する『ございます』と『です』」の項を見てください。
(4) 婉曲で丁寧な言い切り。

「**ね**」(または「**ねえ**」)は、対話者の同意を求める時に使います。

　　今日は、暑い**ね**。
　　今日は、暑い**わね**。
　　今日は、暑い**ですね**。

「**よ**」+「**ね**」は、対話者の同意を強く求める言い方です。特に強く同意を求めるときには「**よねえ**」という形になります。

　　アイスランドは、夏でも寒い**よね**。
　　アイスランドは、夏でも寒い**わよね**。
　　アイスランドは、夏でも寒い**ですよね**。

「**か**」は、疑問を表します。イントネーションは、下降調のことも上昇調のこともあります。「**かい**」という形もあります。

　　海水浴は、楽しい**か**。　　　　　(1)
　　海水浴は、楽しい**かい**。　　　　(2)

海水浴は、楽しいです**か**。　　（3）
　　海水浴って楽しい**？**　　　　（4）
　　海水浴って楽しいです**か**。　（5）

(1) 基本的な疑問文。書き言葉。男は、話し言葉でも用います。
(2) 話し言葉。男女とも用いますが、若い女性はあまり使わないようです。
(3) 丁寧な疑問文。
(4) 親しい間柄の話し言葉で普通に聞く表現。文末のイントネーションが疑問文であることを示します。ラテン文字で表記するヨーロッパ諸語から入った疑問符「？」は、「か」を省略した文が疑問文であることを明示する手段として一般的になっています。
(5) 丁寧な疑問文。文例(3)よりもくだけた言い方です。

「**か**」+「**ね**」は、「本当にそうだろうか」という疑念の表明です。疑念が特に強い時には「**かねえ**」という形になります。

　　こんなゲームのどこが面白い**かね**。

「**か**」+「**よ**」は、現代口語では、ぞんざいな男言葉です。

　　この荷物がそんなに重い**かよ**。

上昇調の「**な**」は、「自分自身に言い聞かせる」時に、また「自分と同等か目下の親しい対話者に念を押す」時に用います。礼儀正しい人は、目上の人、年長者、初対面の相手などの前では用いません。
　　これでいい**な**。
　　この穴は、十分に深い**な**。

平板または**下降調**の「**な**」および(下降調の)「**なあ**」は、文末接辞としては(*)「詠嘆」の表現です。感に堪えたときに用います。

(*) 「**な・なあ**」が文頭または文節末に現れる場合には、「ね・ねえ」と同じく、「よく聞けよ」という含みの感歎詞です。文末接辞と同様、親しい対話者が自分と同等または目下である場合に限って用います。

あのおもちゃが欲しい**な(あ)**。
お兄ちゃんは、アフリカ旅行に行けて、いい**な(あ)**。

「**よ**」＋「**な**」は、「よ」＋「ね」のように、対話者の同意を強く求める言い方です。特に強く同意を求めるときには「**よなあ**」という形になります。親しい間柄で使う男言葉です。

これでいい**よな**。
この穴は、十分に深い**よな**。

「**か**」＋「**な**」は、自問自答を表わします。

これでいい**かな**。
この穴は、十分に深い**かな**。

下降調の「**わ**」は、「軽い詠嘆」を表わします。

これは、多い**わ**。食べきれないよ。
先輩の仕事振り、やっぱ、すごい**わ**。　　(1)

(1) 品のいい話し方ではありません。主題標識を短い息継ぎで置き換え、「やっぱり」と言うべきところを一音節端折った「やっぱ」としているあたり、非常にぞんざいな男言葉です。しかし文構造としては正統な日本語です。

上昇調の「**わ**」は、女言葉で、「軽い主張」または「軽い詠嘆」を表わします。

これじゃ少ない**わ**。もう一パック買わなくちゃ。
あら、軽い**わ**。これならあたしでも持てる。

「**さ**」は、文末接辞としては(*)、親しい間柄で「どうしようも無い」または「大したことではない」という含みを込めた言い切りに用います。**他の文末接辞を伴わない**(**)ことが特徴です。

(*)「**さ・さあ**」が文節末に現れる場合には、「よく聞いてくれ」という含みの感歎詞です。親しい対話者が自分と同等または目下である場合に限って使えます。
(**)時に「ね・ねえ」を伴うことがありますが、誰もがする言い方ではありません。

    そりゃあ、お前より良夫君のほうが強い**さ**。二つも年上なんだもの。
    膝は痛い**さ**。だけど歩くしかないだろ。

「**ぞ**」は、断定を強調します。現代語では男言葉です。長音になることもありますが、表記は「**ぞう**」「**ぞお**」「**ぞー**」などがあり、不統一です。

    重い**ぞ**。お前に担げるかな。
    さあ、露天風呂だ。気持ちいい**ぞー**。

「**ってば**」は、「同じことを何度言わせるのか」という気持ちを込めて言い切るときに用います(*)。

    お母さんは、ついて来なくってもいい**ってば**。
    こっちの葡萄のほうが甘い**ってば**。

(*)「ってば」は、主題標識としても使います。

「**とも**」
「勿論そうだ」という含みの言い切りに用います。
    それでいい**とも**。
    宜しゅうございます**とも**。

5.3. イ形容詞の活用

「涼しい」「無い」「よい」の三語の活用を示します。活用表は、語源の上では複合語である形態を多数含んでいます。

5.3.1. 典型的な活用
「涼しい」の活用表

「涼しい」

		普通	丁寧
基本(*)	肯定	涼しい	(涼しゅうございます)
	否定	涼しくない 涼しく**は**ない(**)	涼しくありません 涼しく**は**ありません
中止	肯定	涼しく	
	否定	涼しくなく 涼しく**は**なく	
複合中止	肯定	涼しくて	
	否定	涼しくなくて 涼しく**は**なくて	涼しくありませんで 涼しく**は**ありませんで
連用(1)	肯定	涼しく	
	否定	涼しくなく 涼しく**は**なくて	
現状認識・回想(*)	肯定	涼しかった	(涼しゅうございました)
	否定	涼しくなかった 涼しく**は**なかった	涼しくありませんでした 涼しく**は**ありませんでした
推量	肯定	涼しいだろう	涼しいでしょう
	否定	涼しくないだろう 涼しく**は**ないだろう	涼しくないでしょう 涼しく**は**ないでしょう
現状認識の推量・回想の推量	肯定	涼しかっただろう	涼しかったでしょう
	否定	涼しくなかっただろう 涼しく**は**なかっただろう	涼しくなかったでしょう 涼しく**は**なかったでしょう
仮定　一	肯定	涼しければ	
	否定	涼しくなければ	
仮定　二	肯定	涼しかったら(2)	
	否定	涼しくなかったら(3)	
仮定　三	肯定	涼しいなら	
	否定	涼しくないなら	
仮定　四	肯定	涼しいと	
	否定	涼しくないと	

(*)基本形「涼しい」「涼しくない」および現状認識・回想形「涼しかった」「涼しくなかった」は、文末でも用い、連体修飾語としても用います。イ形容詞の「終止形」と「連体形」は、常に同じ形態です。

(**)否定形には頻繁に副次的な主題標識「は」が否定標識「ない」とその活用形の前に現

れます。「は」が「も」や「さえ」で置き換わることもあります。硬い書き言葉では、肯定形にも「涼しく**は**あるが」のように「は」を挿入することがあります。

(1) 本書では、「『する』と『なる』以外の多数の動詞に前接する形」を「連用形」と定義しています。本書の「現状認識・回想形」の構成要素「涼しかっ」に中止形「涼しく」と連用形「涼しく」を併せたものが学校文法で言う「連用形」に相当します。「涼しゅう」は「涼しく」のいわゆる「音便形」です。

(2)(3)「涼しかった**なら**」「涼しくなかった**なら**」という形態もあります。

謂わゆる「未然形」

イ形容詞の謂わゆる「未然形」に「う」を後接させた「高かろう」などの形態は、現代では、一部の方言を除けば、「である体」の硬い書き言葉に時折観察できるだけで、「高いだろう」という新しい形態のほうが圧倒的に優勢です。本書では「宜し**かろ**う」「喜ばし**かろ**う」などの形態を「多**かれ**少な**かれ**」「遅**かり**し由良の介」などの定型句に残る古語の名残と同列に扱っています。そのため活用表には入れてありません。

古語の名残の「くある型活用」

古語には、「涼しからば」「涼しかり」「涼しかる」「涼しかれ」などの形態があり、「シ活用」「シク活用」と対立させて「カリ活用」と呼び習わしています。それぞれ「涼しく＋あらば」「涼しく＋あり」「涼しく＋ある」「涼しく＋あれ」の縮約した形態だと考えられます。

現代語でも、副次的な主題標識を挿入した「**涼しくはあるが**」「**涼しくもあり**」などの形態を散見します。また、「饅頭や干し柿のように**甘くある**べきものが甘いのはいいが、近頃の市販の漬物のやたら甘ったるいのは食えない」のように「甘くある」という形態が僅かながら生き残っています。本書では、こうした形態をイ形容詞の「くある型活用」と呼び、古語の名残と見做して、活用表には書き入れないことにしています。

5.3.2. 例外を含む活用（一）

「無い」の活用表

イ形容詞のうちでも「無い」は、一部の活用形が欠如しています。存在動詞「ある」の活用形をいくつか借用しますが、それでも全活用形は揃いませ

ん。なお、理論的に可能でも現代語での用例が無いか非常に稀な形態は、掲載してありません。

「無い」

		普通	丁寧
基本	肯定	無い	［ありません］
	否定	無く**は**ない(*)	無く**は**ありません
中止	肯定	無く	
	否定	無く**は**なく	
複合中止	肯定	無くて	［ありませんで］
	否定	無く**は**なくて	
連用	肯定	(1)	
	否定		
現状認識・回想	肯定	無かった	［ありませんでした］
	否定	無く**は**なかった	
推量	肯定	無いだろう	無いでしょう
	否定	無く**は**ないだろう	無く**は**ないでしょう
現状認識の推量・回想の推量	肯定	無かっただろう	無かったでしょう
	否定	無く**は**なかっただろう	無く**は**なかったでしょう
仮定　一	肯定	無ければ	
	否定		
仮定　二	肯定	無かったら	
	否定		
仮定　三	肯定	無いなら	
	否定	無く**は**ないなら	
仮定　四	肯定	無いと	
	否定		

(*)「無い」の否定形は、副次的な主題標識「は」を含むのが普通です。「は」を含まない形態は、ほとんど観察できません。

(1)「無い」の理論的な連用形「*無く」は、単独では用いませんが、複合語には「所在無く」「如才無く」「恙(つつが)無く」のように規則的な連用形があります。

5.3.3. 例外を含む活用（二）
「よい・いい」の活用表

イ形容詞「よい」は、意味により、人にもよって「好い」「良い」「善い」「佳い」「吉い」「宜い」といくつもの漢字で書き表します。すべて同音ですから、下の表では、かな書きにしています。なお、基本形とそれに後接辞のついた形態に限って「いい」という形を、「よい」と並行して、広い範囲で用います。「よい」のほうが書き言葉的、「いい」のほうが口語的です。

「よい・いい」

		普通	丁寧
基本	肯定	よい・いい	（ようございます）
	否定	よくない よく**は**ない	よくありません よく**は**ありません
中止	肯定	よく	
	否定	よくなく よく**は**なく	
複合中止	肯定	よくて	
	否定	よくなくて よく**は**なくて	
連用	肯定	よく	
	否定		
現状認識・回想	肯定	よかった	（ようございました）
	否定	よくなかった よく**は**なかった	
推量	肯定	よいだろう・いいだろう	いいでしょう
	否定	よくないだろう よく**は**ないだろう	
現状認識の推量・回想の推量	肯定	よかっただろう	よかったでしょう
	否定	よくなかっただろう よく**は**なかっただろう	よくなかったでしょうよ**く**は**なかったでしょう
仮定　一	肯定	よければ	
	否定	よくなければ	
仮定　二	肯定	よかったら	
	否定	よくなかったら	
仮定　三	肯定	よいなら・いいなら	
	否定	よくないなら よく**は**ないなら	

| 仮定　四 | 肯定 | よいと・いいと | |
| | 否定 | よくないと | |

5.3.4. 言い切り回避表現
5.3.4.1. 伝聞
確かな伝聞

「〇〇（＝イ形容詞の基本形）＋そうだ」

フォワグラは、美味しい**そうだ**ね。
鵞鳥のフォワグラが家鴨のよりも美味しい**そうよ**。
フォワグラは、肥大した脂肪肝なので、健康には良くない**そうです**。

不確かな伝聞

「〇〇らしい」

フォワグラは、美味しい**らしい**ね。
鵞鳥のフォワグラが家鴨のよりも美味しい**らしい**わよ。
フォワグラは、肥大した脂肪肝なので、健康には良くない**らしい**ですよ。

5.3.4.2. 不十分な観察に基づいた暫定的な判断
「〇〇ようだ」

この井戸は、深い**ようだ**ね。
この井戸は、深い**よう**ね。
この井戸は、深い**よう**ですね。

5.3.4.3. 推量・推測・推定
かなりの確信を持って表明する推量・推測
　「〇〇だろう」「〇〇でしょう」

クリスティーヌさんの焼いたお菓子なら、きっと旨い**だろう**。
クリスティーヌさんの焼いたお菓子なら、きっと美味しい**でしょう**ね。

確信の持てない推量・推測

「○○**かもしれない**」「○○**かもしれません**」「○○**かも**」

娘が初めて作ったお菓子だから、美味しくない**かもしれない**けど。（1）
私の作ったお菓子だから、美味しくない**かもしれません**が。　　（2）

(1)(2) 日本語では「謙遜」と解釈してもらえる表現ですが、ヨーロッパ諸語に逐語訳したら誤訳です。「本人が（あるいは親が）不味いと言っているんだから間違いなく不味いんだろう」と解釈され、「不味いと知っていて客に供するなんて非常識なやつだ」という判断を下されます。「不味い」と確信していやいやながら食べさせられたものは、もちろん「不味い」に決まっています。欧米では、「とっても美味しいんですよ」と勧めるのが当たり前で、たとえ自信が無くても、せめて「美味しく出来ているといいんですけど」ぐらいのことは言うものです。これは、文化の違いが誤解・誤訳を招く例です。「お粗末なものですが」という勧め方は、日本の外では通用しません。

推定・道理

「○○**はずだ**」(*)

(*)「はず」は、形式名詞です。

［推定］　　冬物の靴下に替えさせたから、暖かい**はず**よ。　　　　（1）
　　　　　　冬物の靴下に替えさせたから、もう寒くはない**はず**よ。　（2）
［道理］　　痛い**はず**だ。靴下に砂粒が入り込んでたよ。　　　　　（3）

(1) 女言葉です。
(2) 女言葉です。「寒く**は**ないはず」と「は」を挿入すると、「寒さ以外のことで不平不満はあるかもしれないが」という含みになります。「寒くないはず」と言えば、「寒さ以外の問題は無い」と確信しています。
(3) 男言葉です。

否定的な推定・道理

「○○**はずが無い**」「○○**はずがありません**」

冬物の靴下に替えさせたし、セーターも着せたから、寒い**はずは無い**わ。
変だなあ。履きなれた靴だから、痛い**はずが無い**のに。

5.3.5. イ形容詞の語幹＋後接辞複合体「そうだ」「そうです」「そうである」(*)

(*)｛イ形容詞の語幹＋「そうだ(です、である)」｝という構成の複合体は、それ自体「複合ナ形容詞」です。第26章を見てください。

これは、「観察対象の心情の推定」または「(短時間の観察に基づく)暫定的な状況判断」を表わす形式です。

［形態］この形式は、単一語(*)で語幹が二音節以上のイ形容詞の肯定形では「語幹＋そうだ(です、である)」という形態になります。

(*)「単一語」：複合語でも派生語でもない語。「単純語」とも言います。英語の simple word または simplex の訳語です。

暑い	暑そうだ
寒い	寒そうだ
辛（つら）い	辛（つら）そうだ
悲しい	悲しそうだ
楽しい	楽しそうだ
面白い	面白そうだ

語幹が一音節だけの「よい」と「無い」の場合は「語幹＋**さ**＋そうだ(です、である)」という形態になります。

よい	よ**さ**そうだ
無い	無**さ**そうだ

複合形容詞で「―よい」「―無い」に終わるものも「―よ**さ**そうだ」「―無**さ**そうだ」という形態になります。

心地よい	心地よ**さ**そうだ
所在無い	所在無**さ**そうだ

否定形に「そうだ(です、である)」が後接する時は、必ず「否定語幹＋**さ**＋そうだ(です、である)」という形態になります。

暑くない	暑くな**さ**そうだ
楽しくない	楽しくな**さ**そうだ
心地よくない	心地よくな**さ**そうだ

観察者の心情を表わすイ形容詞には、この形式は具わっていません。

可愛い	ø(*)
差し出がましい	ø
恩着せがましい	ø
うるわしい	ø
けたたましい	ø

(*)「可哀想だ」は、別語です。「かわいそうだ」「可哀相だ」などとも書きます。

[用例]
　　[観察対象の心情の推定]　　あの人は、汗だくで、見るからに暑そうだ。
　　[暫定的な状況判断]　　　　あ、この映画、面白そう。見ちゃおうかな。

[{イ形容詞の語幹＋そうだ} という形式や言い切り回避表現がヨーロッパ諸語などの人称表現に相当する場合]

歯が痛い	(1)
歯が痛そうだねえ。	(2)
進君は、歯が痛いようだ。	(3)

(1) 言い切っていますから、「歯が痛い」と感じているのは話者自身です。ヨーロッパ諸語の一人称表現に相当します。英語やフランス語では一人称主語が必須ですが、日本

語では「私は」「僕は」「俺は」などと主題語を明示する必要は全くありません。
　　　［英］I have touthache.
　　　［仏］J'ai mal aux dents.
(2) 第三者がいない場面で対話者の様子を見ながら言うときには、「対話者が歯の痛みを感じている」と話者がほぼ確信していることを表わします。ヨーロッパ諸語の**必ずしも言い切り回避表現を伴わない**二人称表現に相当します。英語やフランス語では二人称主語が必須ですが、日本語では「あなたは」「君は」「お前は」などを使って対話者が主題語であることを明示する必要はありません。
　　　［英］I'm sure you have touthache./You have touthache.
　　　［仏］As-tu mal aux dents ?/Tu as mal aux dents ?/Avez-vous mal aux dents ?/On dirait que vous avez mal aux dents.
(3) ヨーロッパ諸語の**必ずしも言い切り回避表現を伴わない**三人称表現に相当します。
　　　［英］It seems to me (that) Susumu has touthache./Susumu has touthache.
　　　［仏］Susumu a l'air d'avoir mal aux dents./Susumu a mal aux dents.

5.3.6. イ形容詞＋複合繋辞「のだ」「のです」「のである」

　形容詞文（および名詞文、動詞文）に「**のだ**」(*)「**のです**」(*)「**のである**」を後接させると「対話者が知らないこと、気付いていないこと、すぐには受け容れられないかもしれないことを告げる」という含みの文になります。

(*)話し言葉では頻繁に「**んだ**」「**んです**」という形になります。

　　　寒い**ん**です。　　　（1）
　　　寒い**ん**ですか。　　（2）
　　　寒い**ん**ですね。　　（3）

(1)「皆さんは寒くないかもしれませんが、私は寒い」または「風邪気味なので、あるいは年寄りなので、ほかの人は別に寒くないでしょうけれど、私は寒い」
(2)「私は別に寒くないので、『寒い』とおっしゃるのを聞いて驚いています」
(3)「私は寒くないけれど、『寒い』とおっしゃるのだから信じますよ。寒さ避けに何か手立てを講じましょう」

　　　これがいい。　　　　　（1）
　　　そんなのがいい**の**？　　（2）
　　　それがいい**ん**だね。　　（3）

(1)「これが気に入った」
(2)「それは、私は、気に入らない。ずいぶん好みが違うんだねえ」

(3)「私の好みとは違うけれど、それがお前の好みなら、私はとやかく言わない。それにしなさい」

これでいい。　　　　　　　(1)
これでいいんです。　　　　(2)
これでいいんですか。　　　(3)
これでいいんですね。　　　(4)

(1) [1]「万事うまく収まった。めでたし、めでたし」[2]「これで我慢する」
(2) [1]「事情に疎い人は驚くかもしれませんが、これで万事うまく収まったのです」[2]「この状況で我慢します。これ以上を望んでも無理でしょうから」[3]「これで我慢します。もっといいのは無さそうだから」
(3) [1]「私は事情に疎いのでしょうか。これで万事うまく収まったとは思えませんが」[2]「この状況で泣き寝入りするんですか。もう少し頑張ってみませんか」[3]「これで我慢するのですか。もっといいのを探してみませんか」
(4) [1]「私は事情に疎いので確信が持てませんが、これで万事うまく収まったのですね」[2]「この条件を呑むんですね。後で恨み言を言わないでくださいよ」[3]「もっといいものがありそうですけど、お客様がこれとおっしゃるならお包みしますよ」

5.3.7. イ形容詞の中止形

本書では、形容詞の「中止形」(*)と「連用形」を区別しています。イ形容詞の場合、「中止形」の肯定形と「連用形」は同音ですが、機能が違います。

(*)「中止形」は、動詞の場合はヨーロッパ諸語の「現在分詞」に、形容詞の場合は「繋辞動詞の現在分詞＋形容詞」に相当します。

この林檎(りんご)は**赤く**、あの林檎は**青い**(*)。　　　　　(1)
この林檎は**赤くて**、あの林檎は**青い**(*)。　　　　　　(2)
この林檎は**赤くて小さく**、あの林檎は**青くて**(*)大きい。　(3)

(*)「青」「青い」は、広く青と緑のさまざまな色合いを示します。「青りんご」「青葉」「青草」「青物」「青々とした稲田」などの正確な色合いは緑や黄緑です。ただし、同じ色合いの葡萄は、「白葡萄」と言います。日本語の色彩名は二段構えになっていて、古くからある「あか」「あお」「しろ」「くろ」が色相の大雑把な分類を示すのに対して、後から出現した「空色」「群青」「紺青」「萱色」「野菊色」「桜色」「緋」「朱」「茜(あかね)」「橙」「朽ち葉色」「レモン色」「オリーブ色」「若竹色」「烏の濡れ羽色」「薄茶色」などは、特定の厳密な色合いを示します。

(1) 単純な中止形による中止。

(2) 複合中止形による中止。「赤く」よりも「赤くて」のほうが新しい形です。
(3) 複合中止形と単純な中止形の組み合わせ。「赤くて小さくて」とした場合、同じ形が連続するため文体が稚拙になります。

5.3.8. **イ形容詞の連用形**

本書の定義では、「連用形」は、「する」と「なる」だけでなく多数の動詞に前接し、**叙述語または副詞**として機能する形態です。

　　工夫して夏を**涼しく**過ごそうとしています。
　　寒波襲来という予報ですから、**暖かく**着込んでいます。
　　切り傷の跡が、何日経っても**青黒く**腫れています。

日本語のイ形容詞(および名詞型形容詞)は、単独で述語になる場合は「終止形(*)」に、他の動詞に前接して「叙述形容詞」として機能するときには「連用形」になりますが、ヨーロッパ諸語の「形容詞」は、どちらの場合も同じ形態です。

(*)基本形の「白い」、「現状認識または回想」を表わす「白かった」、伝聞の「白いそうだ」「白かったそうだ」などの形態がすべて「終止形」です。

　　[日]　　妙子さんは、髪が**黒い**。／妙子さんの髪は、**黒い**。
　　[英]　　Taeko has **black** hair./Taeko's hair is **black**.　　　　(1)
　　[仏]　　Taeko a des cheveux **noirs**./Les cheveux de Taeko sont **noirs**.　(2)

　　[日]　　妙子さんは、髪を**黒く**染めている。
　　[英]　　Taeko has dyed her hair **black**　　　　　　　(3)
　　[仏]　　Taeko s'est fait teindre les cheveux en **noir**.　　(4)

(1)(3) 英語の hair (髪)は、集合名詞ですから単数形です。
(2)(4) フランス語では cheveux (髪)は、複数形です。
(3)(4) 英語とフランス語とで構文が違います。相互に逐語訳はできません。

日本語の各種形容詞の「終止形」と「連用形」の区別に対応するものは、ヨーロッパ諸語にはありません。

5.3.9. イ形容詞の連体形

　名詞型形容詞と違って、イ形容詞の連体形は一種類だけであり、しかも終止形と同型です。

　　　　［基本形（＝終止形）］　　　［基本形（＝連体形）］
　　　　傷が**深い**。　　　　　　　　**深い**傷を負っている。
　　　　この川は、**浅い**。　　　　　**浅い**川だが、橋が<u>無い</u>。　　　　（1）
　　　　北欧の冬は、夜が**長い**。　　**長い**夜をどうやって<u>楽しく</u>過ごそうか。（2）
　　　　虹が**美しい**。　　　　　　　**美しい**虹は、目にも心にも<u>心地よい</u>。　（3）

(1)「無い」は、終止形です。
(2)「楽しく」は、連用形です。
(3)「心地よい」は、終止形です。

5.4. イ形容詞文からなる節

5.4.1. 連体節

　下の例文の波括弧｛　｝の中の部分が「イ形容詞文からなる連体節」です。独立した文で形容詞の補語を示す格標識「が」は、連体節の中では「の」で置き換わります。

　　兎_{うさぎ}は、耳**が**長い。
　　兎は、｛耳**の**長い｝動物です。

　　鶴や鷺_{さぎ}は、頸と脚**が**長い。
　　鶴や鷺は、｛頸と脚**の**長い｝鳥です。

　　加賀谷君は、気**が**短い。
　　加賀谷君は、｛気**の**短い｝男だ。

　　僕は、この辞典**が**欲しい。

｛この辞典**の**欲しい｝人は、いますか。

　独立した文で絶対主題を示す「は」も、連体節の中では「の」で置き換わります。

　　僕**は**、この辞典**が**欲しい。
　　｛僕**の**欲しい｝辞典は、これです。

5.4.2. 名詞節
　次の例の波括弧｛　｝の中の部分が「イ形容詞文からなる名詞節」です。疑問標識「かどうか」または形式名詞「こと」「の」で終わっています。

　　｛この犬がおとなしい**かどうか**｝(を)知っていますか。
　　｛あのおばさんが誰にでも優しい**こと**｝は、みんな知っていますよ。
　　｛茂さんの病気がずっと思わしくない**こと**｝をさっき聞きました。
　　恵美子さんは、｛ご主人が還暦を過ぎても若々しい**の**｝が自慢です。
　　岡田先生は、｛今年の生徒が去年ほど騒々しくない**の**｝が嬉しいそうです。

　　浩君に｛車が欲しい**かどうか**｝(を)訊いてみよう。
　　フランク君に｛新しいスキーが欲しい**かどうか**｝(を)訊いてください。

　絶対主題を含む文は、文末を連体形に替えた形に「こと」や「の」を後接させて名詞節にすることはできません(*)。「『浩君は車が欲しいらしい』ということを」、「『フランク君は新しいスキーが欲しいようだ』ってことが」のように引用文にすると、誤解の惧れの無い名詞節を作ることができます。引用詞「と」「って」を含む言い廻し「ということ」「っていうこと」「というの」「っていうの」については、第35章「引用詞」を見てください。

(*)主題標識「は」をそのままにすると「文全体の主題」と受け取られます。格標識のどれかで置き換えようとすると意味を成さなくなってしまいます。「必ず誤解される表現」や「意味を成さない言い廻し」は、誤用です。

次の例は、{**名詞**＋「**の**」＋**形容詞の連体形**＋「**の**」}という構成の名詞節を含んでいます。

　　{枇杷の形のいいの} を選んで、お土産に持って行こう。
　　{唐辛子の飛び切り辛いの} を食べて、口の中が火のようになった。
　　{手拭いの、使い古して色の悪いの} は、そろそろ雑巾にしなさい。

上の例はそれぞれ「枇杷にもいろいろあるが、中でも特に形のいいもの」「唐辛子にもいろいろあるが、中でも飛び切り辛いもの」「手拭いにもいろいろあるが、中でも使い古して特に色の悪いもの」という意味です。第一項の末尾の「の」は、独立した文では「のうちでも特にこれは」で置き換えることができます。

　　枇杷**の**うちでも特にこれは、形がいい。
　　手拭い**の**うちでも特にこれは、使い古して色が悪い。

名詞文の主題になる名詞節では、補語の格標識は「が」のままです。

　　左手の小指の第二関節**が**痛い。
　　{小指の第二関節**が**痛いの} は、左手です。
　　{第二関節**が**痛いの} は、左手の小指です。

形容詞文・動詞文の構成要素になる名詞節が形式名詞「の」で終わる場合は、格標識の用法に「揺れ」があり、補語の末尾で「の」と「が」の両方を観察します。

　　{湿疹で手**の**痒いの} が辛い。　　{湿疹で手**が**痒いの} が辛い。
　　{歯**の**痛いの} は、我慢できない。　　{歯**が**痛いの} は、我慢できない。
　　{左手の小指の第二関節**の**痛いの} を我慢しています。
　　{左手の小指の第二関節**が**痛いの} を我慢しています。

格標識「が」と「の」の用法は、古くから重なり合っており、時代と共に変遷してきました。古語の名残の「雪谷(ゆき**が**や)」「熊谷(くま**が**や・くま**が**い)」「鬼ヶ島(おに**が**しま)」「女護ヶ島(にょご**が**しま)」「槍ヶ岳(やり**が**たけ)」「八ヶ岳(やつ**が**たけ)」「我が家(わ**が**や)」「我が国(わ**が**くに)」「梅が枝(うめ**が**え)」のような固有名詞や慣用句では「が」に前接する名詞が後につく名詞の修飾語になっていて、現代語での格標識「の」と同じ機能を果たしています。

　二つの格標識の用法の「揺れ」は根の深いもので、この項で記述しているものの他にも、おびただしい例があります。

5.4.3. 副詞節

「〇〇く」「〇〇くて」(「〇〇」にはイ形容詞の語幹が入ります)

　イ形容詞の中止形「―く」「―くて」で終わる節は、「後続の文と同格」の場合と、「主文の結論に至る前の注釈」をする副詞節である場合とがあります。話し言葉では、促音を含んだ「〇〇**くって**」という形にもなります。

[同格]　　金、銀、白金などは値段が**高く**、アルミニュームなどは安い。
　　　　　桜や楓(かえで)の葉は**薄くて広く**、松や杉の葉は針のように細長い。
　　　　　これは、{**安くて、美味しくて**、簡単にできて、栄養のある} 料理です。　　(1)

(1) 波括弧の中の部分は、同格の記述を四つ並べた連体節です。

[根拠]　　このスーツケースは、**重くて**持てません。
　　　　　味噌汁が**温かくて**美味しい。

「〇〇くなく」「〇〇くなくて」

　否定中止形「―くなく」「―くなくて」で終わる節も、「後続の文と同格」の場合と、「主文の結論に至る根拠の説明」をする副詞節である場合とがあります。「〇〇**くなく**」のほうが硬い表現です。話し言葉では、促音を含んだ「〇〇**くなくって**」という形にもなります。

［同格］　　今日の海は、波が**高くなく**、潮の流れも速くない。
　　　　　　この 苺 (いちご) は、甘味も**無く**、酸味も無い。

［根拠］　　このスーツケースは、さほど**重くなくて**助かる。
　　　　　　この大根は、辛味が**少なくて**、子供にも食べやすい。

「○○いとき」「○○いころ」

　{連体節＋時を表わす名詞}という構成の副詞節です。「一般的な真理」を述べることもあり、「特定の時」を表わすこともあります(*)。

(*)ヨーロッパ諸語では「形容詞」と組み合わせて用いる繋辞動詞が「時制」によって変化しますが、**日本語の各種の形容詞（および動詞）には、「時制」というものはありません**。基本形が、「一般的な真理」「過去」「未来」など、すべての「とき」に使えます。各種動詞の章も見てください。

［一般］　　お天気の**悪い**ときは、必ず傘を持って出かけるのよ。

［反復］　　毎年、西瓜(すいか)の**美味しい**ころに孫たちがやって来ます。

［過去］　　お父さん、**若い**ときは頭が禿げてなかったんだって。
　　　　　　この子たちが**幼い**ころ、よく近くの公園に連れて行きました。
　　　　　　お父さんの**若い**ころ、インターネットって無かったんだってね。

［現在］　　秋刀魚(さんま)の**旨い**ときにちょうど来合わせたね。

［未来］　　今度も秋刀魚の**旨い**ころに訪ねておいでよ。
　　　　　　新鮮な卵が**欲しい**ときは、いつでも電話してください。

「○○かったとき」「○○かったころ」

　前の項と同じく{連体節＋時を表わす名詞}という構成の副詞節です。特に過去の一時期を強く回想しながら（あるいは対話者に回想を求めながら）時を示すときに用います。

この子たちが**小さかった**ころは、よく近くの公園に連れて行きました。　　　　　　　　　　　　　　　　　　　　　　　　　(1)
　　　お父さんが**若かった**ころ、インターネットって無かったんだってね。
　　　　　　　　　　　　　　　　　　　　　　　　　　　　　　(2)

(1) 普通は「この子たちが**小さい**ころ」と言います。
(2) 普通は「お父さんの**若い**ころ」と言います。

「○○**い**ため(に)」
　{連体節＋形式名詞「ため」＋格標識「に」} という構成です。格標識「に」は、省略できます。「根拠」を示します。「目的」を示すことはありません。同じ意味の「○○**い**から」「○○**い**ので」などについては「接続詞」の章(34.)を見てください。

[現在]　　今日は、腰が**痛い**ため、重いものは持てません。
　　　　　満月が**素晴らしい**ため、今夜は早くは寝られない。

[過去]　　昨日は、腰が**痛い**ため、重いものは持てなかった。

「○○**くない**ため(に)」
　否定的な「根拠」を示します。

[現在]　　池に氷が張ったが、十分に**厚くない**ため、子供たちを遊ばせることはできない。
[過去]　　池に氷が張ったが、十分に**厚くない**ため、子供たちに遊びを許可しなかった。

「○○**かった**ため(に)」
　特に過去を強く回想する文脈で「根拠」を示します。

昨日は、腰が**痛かった**ため、重いものは持てなかった。(*)

(*) 普通は「腰が痛いため」「腰が痛くて」「腰が痛いので」などと言います。

「○○くなかったため(に)」

特に過去を強く回想する文脈で否定的な「根拠」を示します。

池に張った氷が十分に**厚くなかった**ため、子供をその上で歩かせなかった。(*)

(*) 普通は「十分に厚くないため」「十分に厚くないので」などと言います。

このほか、接続詞を従えた「―いから」、「―いが」、「―いので」、「―いのに」なども「イ形容詞文からなる副詞節」です。「接続詞」の章で記述しています。

5.4.3.1. 条件節

イ形容詞の条件節を作る形態には、「遠い」を例に取ると、イ形容詞本来の仮定形「遠ければ」「遠かったら」に「遠いなら」「遠いと」を加えた四種があります。

「○○ければ」

イ形容詞の伝統的な仮定形です。くだけた話し言葉では「○○けりゃ」とも言います。

　　{こんなので**よければ**} いくらでもあげますよ。
　　菓子類は {**甘ければ**} いいってもんじゃない。
　　山は、{**遠ければ**} 遠いほど青く見える。

「○○いなら」

この形態は、基本形「○○い」に繋辞(または名詞型形容詞の活用語尾)の仮定形「なら(ば)」を後接させたもので、現今では伝統的な「○○ければ」

という形態に取って代わる勢いになっています。ただし「〇〇**ければ**〇〇**い ほど**」などの定型句では用いません。事実である可能性の高い仮定条件を示します。また、自信たっぷりに何かを勧めるときにも用います。

　　　{車が**欲しければ**} 自分で働いて金を稼ぐんだよ。
　　　{車が**欲しいなら**} 自分で働いて金を稼ぐんだよ。
　　　料理は {**旨ければ**} 高くってもいいさ。
　　　料理は {**旨いなら**} 高くってもいいさ。

「〇〇**くなければ**」「〇〇**くないなら**」
　事実である可能性の高い否定的仮定条件を示します。くだけた話し言葉では「〇〇**くなきゃ**」と言います。

　　　{**安くなければ**} 僕には買えません。
　　　{**安くないなら**} 僕には買えません。

「〇〇**かったら**」
　事実である可能性の低い仮定条件、または事実に反する仮定条件を示します。婉曲に人にものを勧めるときや丁重に断る場合にも用います。

　　　{**寒かったら**} 暖房を入れますよ。　　　　　　　　　　　　　(1)
　　　{地球が太陽にもっと**近かったら**} 北極の辺りも熱帯になるのかな。(2)
　　　{**よかったら**} これもどうぞ。　　　　　　　　　　　　　　　(3)
　　　{**高かったら**} 私には買えません。　　　　　　　　　　　　　(4)

(1) 事実である可能性の低い仮定条件。
(2) 事実に反する仮定条件。
(3) 婉曲な薦め。
(4) 丁重な断り。

「〇〇**くなかったら**」
　事実である可能性の低い否定的仮定条件、または事実に反する否定的仮定

条件を示します(非常に丁重な敬語の「〇〇でございませんでしたら」などもありますが、使うべき場面を誤ると過剰敬語になってしまいます)。「〇〇くなかったなら」という形もあります。

  {お風呂が十分に**熱くなかったら**} 追い炊きしますよ。 (1)
  荷物はありませんから、{駅から大して**遠くなかったら**} 歩いて行きます。 (2)
  {君の家があんなに**遠くなかったら**} 毎週でも遊びに来てもらいたいねえ。 (3)

(1)(2) 事実である可能性の低い仮定条件。
(3) 事実に反する仮定条件。

「〇〇いと」

「当然の帰結をもたらす仮定条件」または「習慣的な行動をもたらす仮定条件」をあらわす言い方です。否定的な仮定であれば「〇〇くないと」という形になります。

  {手押し車の幅が 90cm よりも**広いと**}、この門は通れません。
  {するめの焼き具合が**よくないと**}、また文句を言われるよ。

　イ形容詞「よい・いい」を後接させると、願望・念願を表わす形式になります。

  {夏休みがもっとずっと**長いと**} いいね。
  {注射が全然**痛くないと**} いいなあ。

5.4.3.2. 譲歩節

「〇〇くとも」「〇〇くても」「〇〇くっても」

  {**遅くとも**} 五時までには来てください。
  {**遅くても**} 五時までには来てください。

「遅いとしても」「遅かったとしても」なども譲歩節です。「とする」「としても」などの形式は、「引用詞」の章で記述しています。

6. 不変化前置形容詞

　本書では、「或る」「謂わゆる」「この」「その」「あの」「どの」のように「名詞に前接してその名詞を修飾する」以外に用法の無い語を「不変化前置形容詞」(*)と定義しています。

(*)学校文法では「連体詞」と言います。

　不変化前置形容詞は、述語になることが無く、活用しません。
　ほとんどの不変化前置形容詞は、名詞のみを修飾し、形式名詞を修飾することがありません(*)。しかし「その」は「はず」を修飾します。

(*)「大きな」「小さな」「おかしな」が稀に「の」に前接することがあります。しかし「大きなのを取って！」よりも「大きいのを取って！」のほうを遥かに高頻度で観察します。

　不変化前置形容詞の一部のものは、ごく僅かの定型句でしか用いません。
　「さる」は、古めかしい文語的な表現で「さる時」「さる人」「敵もさる者」と言いますが、それ以外の用例は非常に稀です。
　「あくる」は、「朝」「日」「年」を修飾する用法が主なもので、「あくる朝」「あくる日」「あくる年」は、それぞれ「翌朝」「翌日」「翌年」と同じ意味ですから、これらを「熟語」と見做し、『あくる』は、現代語ではもはや独立した語ではない」としてもいいくらいです。
　「ひょんな」は、「ひょんなこと」の用例のみが圧倒的に多く、それ以外はごく稀です。

7. 不変化叙述形容詞

　指示詞のうち「こう」「そう」「ああ」「どう」は、動詞を修飾する「副詞」としても用いますが、繋辞「だ」「です」「である」を伴って述語にもなります。後者の用法では叙述形容詞です。そして、**形容詞としては、叙述以外の用法は、ありません**。四語しかありませんが、「不変化叙述形容詞」という独自のカテゴリーを成しています(*)。

　　コンサート、**どう**だった？　すごくよかったよ。　　　　　　　　(1)

　　あの人は、日本人ですか。　**そう**ですよ。　　　　　　　　　　(2)

　　はたから**ああ**だ**こう**だ言ってないで、少しは手伝ったら**どう**なの？　　(3)

(1)「コンサート」の後に主題標識「は」の省略があります。話し言葉では普通のことです。
(2) 丁寧体。
(3) 話し言葉。

(*)「どう**だった**？」「そう**なのか**」「こう**じゃないの？**」「ああ**でもない**、こう**でもない**」「どう**だろうか**」などの例を見ると「名詞型形容詞」の活用と並行していますが、**名詞を修飾することが無く、「○○に」という形の連用形もありません**。「こう」「そう」「ああ」「どう」に続く「だった」「なのだ」「ではない」「だろう」などは、「不変化叙述形容詞に後接する繋辞複合体」です。

8. 動詞の定義と分類

8.1. 動詞の定義

　本書では、基本形が「う、く、ぐ、す、つ、ぬ、ぶ、む、る」のいずれかで終わり、次のように活用する語を「動詞」と呼びます。

「言う・言わない・言います・言った」	(1)
「問う・問わない・問います・問うた」	(1)(a)
「書く・書かない・書きます・書いた」	(1)
「行く・行かない・行きます・行った」	(1)(b)
「泳ぐ・泳がない・泳ぎます・泳いだ」	(1)
「探す・探さない・探します・探した」	(1)
「待つ・待たない・待ちます・待った」	(1)
「死ぬ・死なない・死にます・死んだ」	(1)
「遊ぶ・遊ばない・遊びます・遊んだ」	(1)
「読む・読まない・読みます・読んだ」	(1)
「乗る・乗らない・乗ります・乗った」	(1)
「なさる・なさらない・なさいます・なさった」	(1)(c)
「見る・見ない・見ます・見た」	(2)(a)
「出る・出ない・出ます・出た」	(2)(b)
「来(く)る・来(こ)ない・来(き)ます・来(き)た」	(3)

「する・しない・します・した」	(4)
「察する・察しない・察します・察した」	(4)
「感ずる・感じない・感じます・感じた」	(4)(a)

(1) 謂わゆる「五段活用」です。「行」によって形態に少しずつ違いがあります。「さ行五段活用」以外には謂わゆる「音便形」があるため、実際には「五段プラス活用」です。本書では「五段型活用」と呼んでいます。

(1)(a), (1)(b), (1)(c) いずれも五段型活用ですが、それぞれいくつか不規則な形態を含んでいます。

(2) 本書では(2)(a)と(2)(b)を併せて「一段型活用」と呼んでいます。

(2)(a) 謂わゆる「上一段活用」です。

(2)(b) 謂わゆる「下一段活用」です。

(3) 謂わゆる「か行変格活用」ですが、「来(く)—」「来(こ)—」「来(き)—」を語幹と見做した場合、接辞の「—る」「—ない」「—ます」「—た」の形態は、一段型活用の場合とまったく同じです。

(4) 謂わゆる「さ行変格活用」ですが、「す—」「し—」「察す—」「察し—」「感ず—」「感じ—」を語幹と見做した場合、接辞の「—る」「—ない」「—ます」「—た」の形態は、一段型活用の場合とまったく同じです。

(4)(a)「感ずる」や「案ずる」のように「—ずる」で終わる動詞には、基本形が「—じる」で終わる「感じる」「案じる」という形態もあり、後者は「感じる・感じない・感じます・感じた」と活用する「規則的な一段型活用動詞」です。

この定義は、**形態のみ**によるものです。語の意味とは無関係です。「動詞」と名が付いていても、何らかの「動き」を表わすとは限りません。「違う」や「聳(そび)える」「似合う」のように何の動きも表さない動詞が多数あります。

8.2. 活用による分類

動詞を接辞の付き方によって分類すると、大きく「五段型活用動詞(*)」と「一段型活用動詞(**)」とに分かれます。「する」と「来る」(およびこの二つの動詞を最終構成要素とする複合動詞)は、「一段型の不規則動詞(***)」です。各種の動詞の章で随時活用表を示して記述しています。

(*)(**)動詞の活用の分類に関して、本書では伝統文法の「五段」「一段」という用語を踏襲しています。ただ、謂わゆる「五段活用」が実は「五段プラス活用」であるため、そして本書の分類では謂わゆる「上一段活用」と「下一段活用」「か行変格活

用」「さ行変格活用」を一つにまとめているため、「五段型」「一段型」という用語を造語して採用しています。
(***)「不規則動詞」：イギリス語（＝英語）、フランス語、イタリア語、スペイン語、ドイツ語、ロシア語などの文法では「変格活用」という用語は用いません。本書では、意味が同じであればすべての言語について同じ用語を用いることを原則にしていますので、日本語に関しても「さ行変格活用」「か行変格活用」とは言わず、「する」と「来る」（およびこの二つの動詞を最終構成要素とする複合動詞）を「不規則動詞」と呼ぶことにしています。

前項の注にも書いたことですが、不規則動詞「する」の「す―」「し―」、「察する」の「察す―」「察し―」、「感ずる」の「感ず―」「感じ―」、「来る」の「来(く)―」「来(こ)―」「来(き)―」などをそれぞれ語幹と見做すことにすると、接辞の「―る」「―ない」「―ます」「―た」の形態は、一段型活用の場合とまったく同じです(*)。従って、「見る」「着る」「出る」「食べる」などの「単一語幹の一段型活用動詞」に対して「する」「来る」などを**多語幹の一段型**活用動詞」と分類することができます。この分類では、日本語の動詞の活用は、「五段型活用」と「一段型活用」の二種類に収束し、すっきりします。

(*)すべての接辞が完全に同形になるわけではありません。「来(く)る」の命令形「来(こ)い」は、不規則な形態です。また「する」の使役相「さ―せる」と情動相(a)「さ―れる」は、語幹・接辞ともに不規則です。
(a)「情動相」は、本書の筆者による新造語で、話者の迷惑、喜悦、同情などの情動を表わす形態です。第24章で記述しています。

なお、動詞によっては、命令形や勧誘形が欠けていたり、「/e/＋る」「られる」に終わる可能動詞が派生しなかったりするものがあり、当然このことも細かい下位区分の基準になります。

8.3. 意味と構文による分類

本書では、意味と構文によって動詞を次のように分類し、各種の分類のうちでも特に重要なものと見做して、章を立てて記述しています。分類の基準（＝「存在動詞」「動態動詞」などの用語の定義）については、それぞれの章

を見てください。

存在動詞　「ある」「存在する」など。

動態動詞　「聞く・聴く」「見る」「理解する」など。
　動態動詞は、意味によって、次のように二種類に分かれます。この下位分類は、「―ている」で終わる形態が継続相(*)であるか結果相(**)であるかを判定するときに重要です。

(*)「継続相」：動作や認識、動的な心情などが継続中であること
(**)「結果相」：動作や状態推移が完了して、その結果の状態が眼前にあること

　持続動詞＝ある程度持続して初めて認識できる動作や動的な心情を表わす動態動詞
　　　　　　「歩く」「走る」「泳ぐ」など。
　瞬間動詞＝瞬間的に実現する行為や動作を表わす動態動詞
　　　　　　「落ちる」「倒れる」「抜ける」など。

認識動詞(*)　「○○が見える(**)」「聞こえる」「わかる」の三語。

(*)「認識動詞」は、本書の筆者による新造語です。
(**)「この窓からいい景色が見える」と言うときの「見える」。

判断動詞(*)　「違う」「似合う」「○○に見える(**)」など。

(*)「判断動詞」は、本書の筆者による新造語です。
(**)「この図形は、人の顔に見える」と言うときの「見える」。

病覚動詞(*)　「痛む」「吐き気がする」「頭痛がする」など。

(*)「病覚動詞」は、本書の筆者による新造語です。

静態動詞　「聳える」「聳え立つ」「林立する」など。

移態動詞(*)　「○○になる」「乾く」「褪せる」「困る」などに加えて熟語の「腹が減る」「喉が渇く」など。

(*)「移態動詞」は、本書の筆者による新造語です。

可能動詞　「○○に○○ができる」「書ける」「読める」「あり得る」「なし得る」など。「できる」以外の可能動詞は、すべて規則的に他の動詞から派生します。

8.4. 必須補語の数（および格標識の種類と機能）による分類

　動詞はまた、必須補語の数とそれぞれの補語に後接する格標識の種類と機能によって、多種類のグループに分かれます。各種の動詞の章で記述しています。

9. 動詞の「時制」「人称」「受動態」「相」

9.1. 動詞の「時制」「人称」「受動態」

　動詞の「時制」「人称」および「受動態」という概念は、ヨーロッパ諸語では重要なものですが、日本語の文法構造には存在しないものなので、この項でまとめて論じます。

9.1.1. 動詞の「時制」

　日本語の動詞（および繋辞と各種の形容詞）に「時制」というものは、ありません。日本語で「時」を示すのは、「昔」「十年前」「ついこの間」「さっき」「今しがた」「近頃」「明日」「そろそろ」「そのうちに」「来週の金曜日」「百年後に」「いつかその気になったら」などの表現であって、動詞・形容詞・各種接辞の形態ではありません。
　下の例の「出かける」という語形は、「動作が**未完了**であること」を表わしますが、過去でも未来でも同形です。

［過去］　　昨日、**出かける**前に洗濯を済ませた。　　(1)
［未来］　　明日、**出かける**前に洗濯を済ませよう。　　(2)

(1)「過去」であることを示すのは、「昨日」という語です。
(2)「未来」であることを示すのは、「明日」という語です。

　また、「済ませよう」は、「勧誘形」で、「対話者を勧誘する気持ち、または自分自身が動作を遂行する意志」を表現しますが、現在でも過去でも未来

でも同形です。

[現在]　洗濯物が溜まってしまった。今時間があるから、さっさと**済ませよう**。　(1)
[過去]　あの日、出かける前に洗濯を**済ませよう**と思っていた。　(2)
[未来]　明日は、出かける前に必ず洗濯を**済ませよう**と思う。　(3)

(1)「現在」であることを示すのは、「今」という語です。独り言や会話の場合は「今」という語が無くてもその場の状況で「現在」であることが判断できます。
(2)「過去」であることを示すのは、「あの日」という語句です。
(3)「未来」であることを示すのは、「明日」という語です。

　次の例の「電話した」という語形は、「動作が**完了**していること」を表わしますが、過去でも未来でも同形です。

[過去]　昨日、取引先に**電話した**後で確認のメールを送った。
[未来]　明日、取引先に**電話した**後で確認のメールを送ろう。

　なお、「—**た**」という接辞には「想定外の現状の認識」「回想」「完了」などの意味・用法があります。詳細は、名詞、各種形容詞、各種動詞の章で扱っています。

[想定外の現状の認識]
　　［捜し物をしていた人が］よかっ**た**。ここにあっ**た**。　(1)
　　［とうに忘れていたものをふと見つけて］あ、こんなところに落ちてい**た**。　(2)
　　［てっきり壊れたとばかり思っていて］こいつは、運がいい。壊れてなかっ**た**。　(3)

(1) 無いだろうと思っていた場所で捜し物を見つけた人は「あった」と表現しますが、その物体は**現在**そこに**ある**のです。「そこに**ある**ことに今気がついた」という心の動きを表わすのです。
(2) 話題になっている物体は、**現在**そこに**落ちている**のです。
(3)「**壊れていない**ことに今気が付いた」のです。**現在**その物体は**壊れていない**のです。

［回想］
　　［捜し物のことを回想して］あれは、引き出しの奥にあっ**た**んだよね。
　　［見つけたもののことを回想して］あれは、確か冷蔵庫の後ろに落ちていた。
　　［過去の状態を回想して］昨日は、確かに壊れていなかっ**た**。

［完了・過去］　　若者は、十八年前、海辺の村で生まれ**た**。

［完了・現在］
　　［持病のある人がその発作に襲われて］来**た**！　　　（1）
　　［空腹を覚えて］腹が減っ**た**。　　　　　　　　　　（2）
　　［喉の渇きを覚えて］喉が渇い**た**。　　　　　　　　（3）

(1) 発作を感じた瞬間に口を突いて出る言葉です。発作は**現在**その人を苦しめています。
(2)(3) 完了形が「**現在**の状態」を表わす例です。
(2)「今空腹を感じ始めた」という意味のこともありますが、何時間も何日も「腹が減った」と言い続ける場合は「今空腹である」「すきっ腹を抱えている」「飢餓感を感じている」と同じ意味になります。
(3)「今喉の渇きを覚え始めた」という意味のこともたまにはありますが、多くは「喉の渇きに耐えかねている」という意味です。

［完了・未来］
　　［ホームで電車を待っている人が］来**た**、来**た**！　　　（1）
　　［囲碁、将棋、相撲、議論などで］待っ**た**！　　　　　　（2）
　　［大急ぎで場所を空けさせるときに］どい**た**、どい**た**！　（3）
　　［縁日などで物売りが］さあ、買っ**た**、買っ**た**！　　　（4）

(1) 電車はまだ「到着していない」のですが、「もう到着したも同然」という気持ちが完了形での表現をさせます。
(2)(3)(4) 近未来の行為を要請する「強い命令」の機能を完了形が果たす例です。「待った」「どいた」「買った」と言った瞬間には、まだ誰も「待って」も「どいて」も「買って」もいないのです。
(1)(2)(3)(4)「現在完了」を「過去」と取り違える人も「未来完了」を「過去のうちだ」と言い張ることはできません。他の言語の現在完了形を説明するための準備として「完了は過去とは違う」ことを理解させるのに有用な教材として使える例です。

9.1.2. 動詞の「人称」

　日本語には、ヨーロッパ諸語やカフカース諸語などと違って、「一人称(＝話者と照応する**形態**)」「二人称(＝対話者と照応する**形態**)」「三人称(＝話者でも対話者でもないものと照応する**形態**)」というものはありません。

　日本語の動詞は、「存在する主体」や「動作を行なう主体」(*)などが話者であろうと、対話者であろうと、それ以外の人や動物や植物や器物であろうと、それに照応して形態が変わることはありません。また、「動作・行為の対象」(**)や「動作・行為の受益・被害者」(***)が話者であろうと、対話者であろうと、それ以外のものであろうと、それに照応して形態が変わることもありません。

(*)印欧諸語やセム諸語、カフカース諸語、トルコ語などでは、存在主や動作主の「人称」に照応して動詞の形態が変わります。
(**)ハンガリー語、ザザ語、ラズ語などでは、「動作・行為の対象(＝目的補語)」の「人称」に照応して動詞の形態の変わることがあります。
(***)ラズ語、グルジア語などでは、「動作・行為の受益・被害者」の「人称」に照応して動詞の形態が変わります。

　日本語の指示詞には「近称(「これ」「この」「こちら」など)」「中称(「それ」「その」「そちら」など)」「遠称(「あれ」「あの」「あちら」など)」「不定称(「どれ」「どの」「どちら」など)」の別がありますが、これは「人称」とは違います。指示詞の章を見てください。

　日本語の動詞には、「やる」「あげる」が「話者自身または話者に近い人物から遠い人物への授与・進呈」、「くれる」「くださる」が「話者にとって遠い人物から近い人物へ、または話者自身への授与・進呈」を意味する、といった例がありますが、これは「近称」「遠称」と関連付けて考えるべきもので、「人称」とは違います。

　同じことは、「そのおもちゃ、誰**に**もらったの？」と「そのおもちゃ、誰**から**もらったの？」との違いについても言えます。授与する人が近しい人物であれば「誰に」、疎遠な人物であれば「誰から」なのですが、この区別は近年は崩壊している(*)ように見受けます。

(*)区別をしない(＝区別のできない)人が特定の地域・社会階層などで確実に多数を占め

る場合、その地域または社会階層で「区別が崩壊している」と言います。完全に崩壊に至るか、区別を取り戻す方向に揺れ戻るかは、予測できません。

9.1.3. 動詞の「受動態」

　日本語でヨーロッパ諸語の「受動態」に相当するのは、「書いてある」「縫ってある」などの形態(*)です。「書かれている」「縫われている」などを当てるのは誤訳であり、誤用です。「動態動詞の結果相」の章(22.)を見てください。

(*)この形態は、一部の動態動詞にしか具わっていません。日本語文法では「受動態」やその対語の「能動態」を言語構造を説明するための用語として採用する意味はありません。

9.2. 動詞の「相」

　「書いている」と「書いた」の間には、前者が「動作が継続中であること」を表わすのに対して後者は「動作が完了したこと」を表わすという違いがあります。前者の「動作の様態」を「継続相」、後者の「動作の様態」を「完了相」と言います。

　それでは「書いてある」は、どういう相(=様態)でしょうか。「動作が完了して、その結果が見えている状態」を表わしていますから「結果相」です。

　「書いている」「書いた」「書いてある」は、いずれも「書く」という基本的な動詞に**後接辞がついて派生**したものです。辞書の見出しとしては「書く」のみを掲載すれば事足ります。他の形態は、「書く」という見出しの下に用例を示せばいいのです。

　本書では、これらに加えて「使役相」「願望相」などの用語を用いています。「書く」という動詞から派生するものを例に挙げると、「書かせる」「書かす」「書かしめる」が「使役相」、「書きたい」が「願望相」です。基本的な動詞に後接辞がついて派生した形態(およびその形態が表わす様態)を「相」と呼ぶことにしているのです。

　特定の形態を「相」と分類するかどうかの決め手は、常に簡単明瞭ではあ

りません (*)。例えば「書ける」は「書く」から派生して「書くという動作が可能であること」を表わす形態ですが、「できる」は、「するという動作が可能であること」を表わしているのに「する」から派生した形態ではありません。こうした場合、本書では、「できる」と「書ける」の両方を「可能動詞」と呼び、「可能動詞は、『できる』のように単一語であることもあり、『書ける』のように派生語であることもある」と見做すことにしています。

「相」についての詳細は、各種の動詞に関する章、特に第18章から第25章までをご覧ください。

(*) これは、すべての分類の宿命です。「分類が先にあってそれに合わせて形態が生起する」のではなく、「変化してやまない形態の現状を把握するために出来るだけ分かりやすい分類を模索し試みる」のですから。

10. 存在動詞

10.1. 存在動詞の定義

　動詞のうちで「人や物や抽象概念の存在」を表わすものを「存在動詞」と呼ぶことにします。
　「存在する」「偏在する」「顕在する」「実在する」「現存する」などは、「存在」のみを表わします。
　「ある」は、「存在」に加えて「所有」をも表わします。
　「いる」は、「存在」を表わす用法では存在動詞ですが、「自分の意思で特定の場所にとどまる」という意味では「動態動詞」です。
　「おる」は、共通語では「いる」の謙譲語です。

10.2. 存在動詞文

　存在動詞で終わる文を「存在動詞文」と呼ぶことにします。代表的な存在動詞「ある」と「いる」の意味・用法・構文は、それぞれ一種類だけではないので、予（あらかじ）め次のことを弁（わきま）えておく必要があります。
　存在動詞「ある」には、三種類の意味と用法があります。

[1]　「**存在**する」（=「無」ではない）
[2]　「特定の場所に**現存**する」
[3]　「特定の人や物に特定のものが**具わっている**」（所有）

存在動詞「ある」の「存在・現存する主体」は、主に「植物、無生物、物事」ですが、いくつか例外があります。

(a) 昔話の冒頭の主人公を紹介する文で「昔々あるところに、おじいさんとおばあさんが**ありました**」という用法があります。

(b) 一定の行動をする不特定・不可算の人物に関して「○○する人も**ある**」という用法があります。

(c)「所有」を表わす用法では、「所有の対象」は、「木村君には妻子が**ある**」のように、**親縁関係のある生きている人間**でもあり得ます。

動詞「いる」は、意味によって、存在動詞である場合と動態動詞である場合とがあります(この章では、存在動詞の場合の「いる」のみを扱います)。

[1] 「**存在**する」(=「無」ではない)　　　　　　[存在動詞](*)
[2] 「特定の場所に**現存**する」(=「不在」ではない)　　[存在動詞](*)
[3] 「特定の場所に自分の意思で**とどまる**」　　　　[動態動詞](**)

(*)存在動詞としての「いる」には、命令形・禁止形・勧誘形などはありません。
(**)動態動詞「いる」には、命令形(いろ・いなさい・いてください)も禁止形(いるな)も勧誘形(いよう・いましょう)もあります。可能動詞「いられる」や情動相「いられる」、使役相「いさせる」も派生します。

存在動詞「いる」の「存在(ないし現存)する主体」は、基本的には**生きている**人間と動物ですが、昔話や神話、戯曲、小説などに登場する**架空**の人物・動物・魔物・亡霊など、さらには操り人形や「ピノキオ」のように「ものを言う人形」であることもあります。実在・非実在の人間や動物の**映像**の存在も「いる」で現わします。絵画や彫刻の人物像・動物像、また、名前をつけるなどして情の移った人形やぬいぐるみの存在を「いる」と表現するのは普通のことです。その流れで、人間や動物に近い姿をしたロボットの存在をも「いる」で表現するようになるのは自然なことと言えます。

現代語では、「運転手の乗っている自動車」「漕ぎ手の乗っているボート」「飛行士の乗っているヘリコプター」などの存在も「いる」で表現する場合を頻繁に観察します。次のような用例は、珍しくありません。「乗り物＋それを動かす人」の全体を「自分の意思で動くもの」と捉えているのだろうと

さっきそこに空車のタクシーが**いた**んだけど、**いなく**なっちゃったね。

10.2.1. 有主題文と無主題文
　有主題文は「**既知**のものごとに関して自分が知っていることを述べる文」または「眼前のものごとを他の**既知**のものごとと対比して述べる文」です。無主題文は「眼前のものごとを他のものと対比することなく述べる文」です。

「**ある**」「**いる**」
［存在］(＝「無」ではない)

　　　言語**が**ある。だから僕は、言語を研究する。　　(1)
　　　山**が**ある。だから僕は、山に登る。　　　　　　(2)(*)

(1) 第一の文は「言語の存在」のみを表わします。「どの言語であるか」も「どんな言語であるか」も「どこの言語であるか」も「いくつの言語があるか」も、問題になりません。格標識「が」が「存在する主体」を示します。

(2) 第一の文は「山の存在」のみを表します。格標識「が」が「存在する主体」を示します。「どの山であるか」も「山がどこにあるか」も、問題になっていません。

(*) 英語の「Here is ○○.」の日本語訳は「ここに○○がある・いる」ですが、「There is ○○」の日本語訳は、「そこに(または「あそこに」)○○がある・いる」の場合と場所を特定せずに「無ではない」という意味で「存在する」の場合とがあります。登山家 G. H. L. Mallory が「なぜエベレスト山に登るのか」という新聞記者からの執拗な質問に辟易して答えたという有名な言葉「Because it (＝ the mountain) is **there**.」は後者です。あたかもエベレスト山に限らず一般に登山家が「登山に人生をかける動機」を問うたかのごとく「なぜ山に登るのか」と訳すのも、山の所在が問題になっているかのごとく「山が**そこに**あるから」と訳すのも間違いです。正しい訳は「なぜエベレスト山に登るのですか」「(エベレスト山が)存在するからですよ」です。Mallory 氏は「馬鹿げた質問はやめてくれ」と言いたかったのです。

　　　{神がいるか、いないか} を議論する前に、まず神概念を定義しなさい。
　　　　　　　　　　　　　　　　　　　　　　　　　　　　　(1)(*)
　　　{火星人がいる} なんていう荒唐無稽な話が昔ありましたねえ。　(2)

(1) 波括弧 ｜ ｜ の中の名詞節が、存在動詞文です。
(2) 波括弧 ｜ ｜ の中の引用文が、存在動詞文です。

(*) 人間や動物とよく似た姿の「妖精」や「鬼」や「神格」については、その存在を「妖精がいる」「鬼がいる」「神がいる」と表わすことに問題はありません。しかしイスラームの神格のように「形も色も無い」ということになっている超絶的な概念の場合は、意見が分かれます。

[現存]　　目の前に美しい山がある。僕は、この山に登る。　　(1)

　　　　　このお屋敷の中庭には、大きな池があります。　　(2)

　　　　　庭に子供が三人いる。　　　　　　　　　　　　　　(3)

　　　　　公園に子供が一人もいない。　　　　　　　　　　　(4)

　　　　　公園に子供は一人もいない。　　　　　　　　　　　(5)

(1)(2)(3)(4)(5) 格標識「に」が人や物の現存する場所を、「が」が存在する主体を示します。
(1) 無主題文です。美しい山を目前にしているときに言える文です。
(2) 有主題文です。話題になっている屋敷の外にいても言える文です。
(3) 無主題文です。庭とそこにいる子供を見ているときに言える文です。
(4) 無主題文です。公園全体が隈なく見渡せる場所にいるか公園の出入り口を閉鎖した上で自ら見廻ったときでなければ言えない文です。真夜中であれば、子供がいなくて当たり前ですから、誰もわざわざこういう表現はしません。子供がいて当然の時間に「一人もいない」ことを確認して驚いている、という含みがあります。
(5) 主題標識「は」は、否定の対象を示します。大人が何人かいるけれども「子供はいない」のです。一つ前の(4)の無主題文の場合、「子供でない人」がいるかどうかは問題になりません。

[所有]　　火星には衛星が二つある。　　　　　　　　　(1)

　　　　　野村君には、妻子がある。　　　　　　　　　(2)

　　　　　｛野村君に妻子がある｝なんて初耳だ。　　　(3)(*)

(1)(2)(3) 格標識「に」が所有者を示します。「が」が所有の対象を示します。
(1)(2) 既知のものごとについて自分が知っていることを述べています。
(3) この文での「なんて」は引用詞で、波括弧 ｜ ｜ の中の部分が引用文です。

(*) 近年、この用法の「ある」の代りに「いる」を用いる人が増えているようです。下のような文を聞くことが珍しくありません。

　　｜野村君に奥さんや子供がいる｜なんて初耳だ。

「あった」「いた」

　存在動詞「ある」「いる」に後接辞「―た」をつけた形態「あった」「いた」は、眼前のことを描写している場合と過去の物事を想起している場合とで、まったく異なった意味を担います。「昔」「あの頃」「さっき」「先週」などのように「過去」であることを明示する語句が文中にあれば、あるいは文脈上「過去」の物事の描写であることが分かっていれば、過去のことの「回想」です。眼前のことを言っている場合には「現在の想定外の事実の認識」です。

[回想]　　昔この辺りに大きなお屋敷が**あった**。
[現在]　　（探していたものが）こんな所に**あった**よ。

[回想]　　さっきあの辺に子供が二人**いた**ね。
[現在]　　**いた、いた**。ここだった。随分捜したんだぞ。

10.2.2. 文末接辞

　文末接辞の意味・用法は、すべての種類の動詞文でイ形容詞文と同じですが、書き言葉の場合、イントネーションを表記することができないため、単独で用いる「な」については、後述する動態動詞の禁止形の標識「―な」(*)と紛れないようにするための工夫が必要です。

(*)「こんな所にいつまでもいる**な**」（＝禁止形）「しばらくここにい**な**よ」（＝命令形）などの「―な」は、**動態動詞に**後接する活用語尾です。文末接辞ではありませんし、存在動詞に後接することはありません。

　上昇調の「**な**」は、「自分と同等か目下の親しい対話者に念を押す」時に、また「自分自身に言い聞かせる」時に用います。礼儀正しい人は、目上の人、年長者、初対面の相手などの前では用いません。

　　しばらく使ってないけど、金槌は、確かここにあった**な**。
　　あの猫は、きっとこの辺りにいる**な**。

動詞の基本形の場合は、直接「な」を付けた形よりも、「のだ・んだ」を挿入した形態のほうが頻度が高いようです。存在動詞ですから(存在しない)禁止形と紛れる恐れは無いのですが、動態動詞の基本形に「な」を付ける場合と並行した用法だと考えることができます。

　　鶏の糞の匂いがする。近くに鶏舎がある<u>んだ</u>**な**。
　　猫がやたら首筋を引っ掻いている。蚤がいる<u>んだ</u>**な**。

　平板または**下降調**の「**な**」および(下降調の)「**なあ**」は、文末接辞としては(*)「詠歎」の表現です。感に堪えたときに用います。

　　この駅には土産物屋(みやげ)がたくさんある**なあ**。
　　昔この港には旨い飯屋があった**なあ**。

　　この池の周りには、蜻蛉(とんぼ)がたくさんいる**なあ**。
　　去年までこの池には大きな錦鯉(にしきごい)がいた**なあ**。

(*)「**な・なあ**」が文頭または文節末に現れる場合には、「ね・ねえ」と同じく、「よく聞けよ」という含みの感歎詞です。文末接辞と同様、親しい対話者が自分と同等または目下である場合に限って用います。

10.3. 存在動詞の活用

　存在動詞には、次の章で述べる動態動詞と異なり、命令形(*)、禁止形、勧誘形(**)がありません。また、情動相(***)もありません。この特徴は、後述する「認識動詞」「判断動詞」と共通です。

(*)文語の存在動詞「あり」には「あれ」という命令形がありますが、現代語では「あれ」は古めかしい硬い書き言葉でごく稀に用いるだけで、命令形は消失しています。硬い書き言葉で時折観察する「何はともあれ」「○○がどうあれ」などの譲歩表現も、「文語の痕跡」と見做すべきものです。下の表には「命令形」の行は設けてありません。
(**)勧誘形と紛らわしいものに、文語の存在動詞「あり」の活用形「あらん」の変化した

「あろう」がありますが、推量形です。話し言葉では「あるだろう」「あるでしょう」と言います。「○○があろうとなかろうと」のような譲歩表現も「文語の痕跡」です。下の表に「勧誘形」の行は設けてありません。

(***)「情動相」(24.)は、本書の筆者による新造語で、話者の迷惑、喜悦、同情などの情動を表わす形態です。

存在動詞「ある」は、イ形容詞「無い」と対語になっているため、多くの活用形が欠けており、「無い」の活用形がそれを補います。下の表では「無い」の活用形を角括弧 [ ] に入れて示してあります。また、意味によって「在る」「有る」と書き分けることがありますが、発音は同じです。表では、かな書きにしてあります。

(本書で各種の動詞の活用表で用いている「**中止形**」という用語は、学校文法で言う「連用形」に相当します。各種の動詞の「中止形」は、複合動詞や用言複合体を形成する要素にはなりますが、「他の動詞を副詞として修飾する」ことがありません。このため、本書では、動詞に関しては「連用形」という用語を採用していません)

「**ある**」

		普通	丁寧
基本(*)	肯定	ある	あります
	否定	[無い]	ありません
中止	肯定	あり	
	否定	[無く]	
複合中止	肯定	あって	ありまして
	否定	[無くて]	(ありませんで)
現状認識・回想	肯定	あった	ありました
	否定	[無かった]	ありませんでした
推量	肯定	あるだろう	あるでしょう
	否定	[無いだろう]	[無いでしょう]
現状認識の推量・回想の推量	肯定	あっただろう	あったでしょう
	否定	[無かっただろう]	[無かったでしょう]
仮定 一	肯定	あれば	
	否定	[無ければ]	
仮定 二	肯定	あったら	ありましたら
	否定	[無かったら]	(ありませんでしたら)
仮定 三	肯定	あるなら	
	否定	[無いなら]	

仮定　四	肯定	あると		ありますと
	否定	[無いと]		ありませんと

(*)基本形「ある」「[ない]」および現状認識・回想形「あった」「[なかった]」は、文末でも用い、連体修飾語としても用います。現代日本語の動詞の「終止形」と「連体形」は、常に同じ形態です。

存在動詞「いる」(*)

		普通	丁寧
基本	肯定	いる	います
	否定	いない	いません
中止	肯定	(1)	
	否定	(2)・いず(に)	
複合中止	肯定	いて	いまして
	否定	いなくて(3)	(いませんで)
現状認識・回想	肯定	いた	いました
	否定	いなかった	いませんでした
推量	肯定	いるだろう(4)	いるでしょう
	否定	いないだろう(5)	いないでしょう
現状認識の推量・回想の推量	肯定	いただろう	いたでしょう
	否定	いなかっただろう	いなかったでしょう
仮定　一	肯定	いれば	
	否定	いなければ	
仮定　二	肯定	いたら	いましたら
	否定	いなかったら	(いませんでしたら)
仮定　三	肯定	いるなら	
	否定	いないなら	
仮定　四	肯定	いると	いますと
	否定	いないと	いませんと

(*)「特定の場所に自分の意思でとどまる」という意味の動態動詞「いる」には、命令形「いろ」「いなさい」「いてください」、禁止形「いるな」、勧誘形「いよう」などがあります。しかし、本源的に継続相ですから、大多数の動態動詞と異なり、「いて(い)る」という形態は、共通語にはありません。なお古語の「すわる」という意味の「ゐる」は動態動詞です。

(1) 理論的に可能な中止形「*い」は、現代語で用いることは無くなったようです。書き言葉では謙譲動詞「おる」の中止形「おり」を代用する例がかなりあります。
(2) 理論的に可能な中止形「*いなく」は、現代語で用いることは無いようです。

(3)「いなくて」は、「いなくては困る」「いなくてもいい」などの用言複合体の構成要素になります。動態動詞の「いる」には、これに加えて「いないで」という形態があり、中止の「ここにいないで、あちらに行ってください」や否定命令の「そこにはいないでください」などのような用法があります。
(4)(5) 硬い書き言葉で、「いてもいなくても」と同じ意味の譲歩表現として、「**いようといまいと**」という形を用いることがあります。

　「存在する」「偏在する」などの活用は、動態動詞「する」の活用に準じます。動態動詞の章の「する」の活用表を見てください。ただし「存在する」や「偏在する」には、命令形、禁止形、勧誘形はありませんし、情動相もありません。

　動態動詞「する」には、「している」という継続相の形態があり、動作が継続していることを表わします。これに引かれた「存在し*ている」「偏在し*ている」という形態を散見しますが、存在動詞は本源的に継続相ですから、この形態は「存在する」「偏在する」などと同義になり、存在意義がありません。誤用と見做すべきものです。

10.3.1. 言い切り回避表現

10.3.1.1. 伝聞

確かな伝聞

　「○○(＝動詞の基本形)＋**そうだ／そうである／そうです**」

　「当事者から直接聞いたことを人に伝える」場合と「その道の専門家から聞いたことなので信頼の置ける情報だけれども自分は専門家ではないから引用するにとどめる」場合とがあります。

　　木星や天王星にも、土星のように、環がある**そうですね**。
　　ニュー・ジーランド(*)には、翼があっても飛べない鸚哥がいる**そうだ**。
　　五、六十年前の日本では、どの家にも囲炉裏があった**そうだ**。　　(1)
　　行方不明だった大切な本が別の本棚にあった**そうだよ**。　　(2)
　　昔は日本にも狼がいた**そうです**。
　　アメリカ・シロヒトリ(**)という虫は、昔は日本にはいなかった**そうです**。

(1)「回想」の伝聞です。
(2)「想定外の現実の認識」の伝聞です。
(*)元の語は、New Zealand です。最近は、カタカナ表記の語が元の言語では二つ以上の単語である場合にも、中点(・)を省略するのが主流のようです。本書の筆者は、「インターネットオークション」「ダブルクォウテイションマーク」「ムスタファケマルパシャ」「カターサリットサーガラ」などの表記を読みづらいと感じており、「インターネット・オークション」または「インターネット競売」か「ネット競り売り」、「ダブル・クォウテイション・マーク」または「二重引用符」、「ムスタファ・ケマル・パシャ（＝トルコの人名およびそれに由来する地名）」「カター・サリット・サーガラ（＝インドの古典説話集）」などと書くことにしています。「スポンサードリンク」のようなカタカナ語は、「スポンサード・リンク」と中点を打てば英語を知っている人なら理解できますが、中点無しでは「飲み物の一種だろうか」と考える人も少なくないはずです。
(**)昆虫名の「シロヒトリ」「シロヒトリガ」は、漢字で「白火取蛾」または「白燈取蛾」と書きます。「シロ」は、「城」ではなく、「白」です。また「ヒトリ」は、「一人」や「独り」ではなく、「火取り」または「燈取り」です。カタカナ表記を濫用すると、意味のある動植物名の由来が分からなくなってしまいます（「火取り」または「燈取り」が果たして本当に「燈火に集まる」という意味なのかどうかは、別の問題です）。

不確かな伝聞

「○○らしい」

「当事者や専門家から直接聞いたのではないことを人に伝える」場合と「それを言う人に遭遇したけれども本当かどうか疑わしい」という判断の表明の場合とがあります。

> 木星や天王星にも、土星のように、環がある**らしい**ね。
> ニュー・ジーランドには、翼があっても飛べない鸚哥がいる**らしい**。
> 五、六十年前の日本では、どの家にも囲炉裏があった**らしい**。(*)
> 行方不明だった大切な本が別の本棚にあった**らしい**。
> 昔は日本にも狼がいた**らしい**。
> アメリカ・シロヒトリという虫は、昔は日本にはいなかった**らしい**。

(*)囲炉裏を見たことの無い世代の人が「本当にそうだったなんてちょっと信じられない」という含みでこう発言するのを観察しました。六十歳代以上の信頼できる人に訊けば本当かどうかすぐ判ることですから、会話では大目に見てもらえても、文字に書いた場合には「簡単に確認できることを確認しようとせずに勝手に疑い続ける態度」は、悪い評価を受けます。

10.3.1.2. 不十分な観察に基づいた暫定的な判断
「○○ようだ」「○○ようである」「○○ようです」

　お隣の庭には沈丁花(じんちょうげ)が一株か二株ある**ようです**。いい香りがしています。
　子供たちは、二階にいる**ようだ**ね。

10.3.1.3. 推量・推測・推定
かなりの確信を持って表明する推量・推測
「○○だろう」「○○でしょう」

　世界には、海を見たことの無い人もある**だろう**。　　　　（1）
　こんな小さな村に、まさか泥棒なんていない**でしょう**ね。　（2）
　爪切りは、三番目の引き出しにある**だろう**？　　　　　　（3）
　爪切りは、三番目の引き出しにあった**だろう**？　　　　　（4）

(1) 同じ意味で「世界には、海を見たことの無い人も**あろう**」とも言います。古語の名残の推量形「あろう」を使うのは非常に硬い書き言葉のみですので、活用表には入れてありません。「不特定・不可算の人の存在」を表わすので「ある」を使うことができます。この文脈で「いる」を用いて「いるだろう」と言う人もいます。
(2) 丁寧体。ただし、現今、女言葉では「丁寧」のニュアンスはほとんど消えています。
(3) 教えられたとおり、先入見無しに、「三番目の引き出し」を開けて爪切りを探している人に向けた質問。
(4) [1]［過去回想］「あの時爪切りが三番目の引き出しにあったのを君は憶えているよね」[2]［現状認識］爪切りが他の場所にあると思い込んでいた人に「僕の言った通り、あそこじゃなくて、三番目の引き出しにあると分かったよね」

確信の持てない推量・推測
「○○かもしれない」「○○かもしれません」「○○かも」

　世界には、未発見の昆虫の種(しゅ)がまだまだある**かもしれない**。　（1）
　世界には、未調査の言語がまだある**かもしれません**。

死語になったとされていても実はまだ生き残っている言語がある**かもしれない**。
百万羽に一羽生まれるという白い燕(つばめ)が僕の家の辺りにもいた**かもしれない**。

(1) 一匹一匹の昆虫については「いる」と言いますが、昆虫の「種(しゅ)」については「ある」と言います。

推定・道理

「○○はずだ」「○○はずです」「○○はずである」(*)

(*)「はず」は、形式名詞です。

世界には、未発見の昆虫の種がまだまだある**はずだ**。　　　(1)
世界には、未調査の言語がまだある**はずです**。　　　(2)
死語になったとされていても実はまだ生き残っている言語がある**はずだ**。
　　　　　　　　　　　　　　　　　　　　　　　　　　　　(3)

(1)「新種昆虫発見」のニュースを日夜追っている人の中には確信に基づいてこういう発言をする人がいます。
(2)「言語未調査地域」について詳細な知識のある人がこう発言することがあります。
(3) 言論の自由が無く、少数民族が「いない」ことになっている国々の言語事情に関してこういう発言をする人に何度か遭遇しました。そうした地域では「いないはずの」異民族と接触しようとしていると疑われただけで迫害・抹殺された実例もあるのです。たとえ作業仮説としても、そうした地域に滞在中に「あるはずだ」と公言するのは軽率に過ぎる行為です。

否定的な推定・道理

「○○はずが無い」「○○はずがありません」(*)

(*)格標識「が」は、主題標識「は」「も」で置き換えることができます。

御伽噺なら別だけど、現実には物を言う茶釜なんかある**はずが無い**。
漫画ならともかく、猫より大きな蟻(あり)なんているはずが無い。
おばあちゃんが今おうちにいない**はずは無い**わよ。
そんな時間に夏彦君が会社にいた**はずはありません**。

10.3.2. **存在動詞＋複合繋辞「のだ」「のです」「のである」**

「のだ（＝んだ）」「のです（＝んです）」「のである」で終わる文は、肯定文であれば「対話者が知らないこと、気付いていないこと、すぐには受け容れられないかもしれないことを告げる」という気持ちを表わします。疑問文の場合は、「話者にとって驚くべきこと、信じがたいことを問いただす」という含みになります。

　　本当にこんな所に温泉がある**ん**ですか。
　　昔この庭には、梛筏（なぎいかだ）という珍しい植物があった**ん**ですよ。
　　この山には猿がいる**んだ**よ。
　　びっくりしちゃったよ。電車の中で人数を数えたら坂本君がいなかった**んだ**。

10.3.3. **存在動詞の中止形**

　存在動詞「ある」の中止形「あり」は、単独でも用いますが、硬い書き言葉で「あるのに」「あるにもかかわらず」と同義に用いる「ありながら」という形態や「あり得る」「ありがちだ」などの複合動詞・複合形容詞の構成要素にもなります。一方、複合中止形の「あって」は、単独で用いるほか「あってもいい」「あってはならない」などの用言複合体の構成要素にもなります。
　なお、「あり」と「あって」の単独の用法では両者の間に意味の違いは無く、「あり」は書き言葉でしか用いないのに対して「あって」は話し言葉でも書き言葉でも用いるという文体上の違いだけがあります。

　　　人にはそれぞれ独自の知識と経験が**あり**、判断や主張がある。
　　　山の中腹にお寺が**あって**、そのお寺からの眺めが結構いいんですよ。

　存在動詞「いる」の中止・肯定形「*い」は、現代語で単独で用いることは無いようです。しかし「いながら」という形態の構成要素としては生きています。中止・否定形の「いず（に）」は、書き言葉で時折観察します。ま

た、この動詞の複合中止・否定形「いなくて」は、「いなくてもいい」「いなくてはならない」「いなくては困る」などの用言複合体の構成要素になります。

　昔あの島には鬼が**いて**、近隣を荒らしまわったという言い伝えがあります。
　現代では、どこにも鬼などは**いず**、夏は海水浴客で賑わいます。

10.3.3.1. 存在動詞の中止形から派生する名詞

　存在動詞「ある」の中止形「あり」は、後接辞を伴って「在り処（ありか）」「在り方」「有様（ありさま）」などの複合名詞の構成要素となっています。また名詞に後接して「訳あり」のような複合名詞を形成しています。

　存在動詞「いる」の中止形「*い」は（現代語では単独では用いませんが）、「長居（ながい）」「仲居（なかい）」「雲居（くもい）」「居所（いどころ）」「居場所」のような複合名詞の構成要素になっています。

　上記の派生名詞は、いずれも古い時代に成立したものです。現代語で新しい派生名詞は出現していないようです。

10.3.3.2. 存在動詞の中止・肯定形＋後接辞複合体「そうだ」「そうです」「そうである」

「ありそうだ」「ありそうです」「ありそうである」
「いそうだ」「いそうです」「いそうである」

　後接辞複合体「そうだ・そうです・そうである」(*) は、存在動詞の (**) 中止形に後接して、まだ見つかっていない人・動物・物事などに関して「あってもおかしくない」「いてもおかしくない」「探せば見つかるかもしれない」「もう誰かが見つけたかもしれない」という予感を表わします。なお、イ形容詞「無い」から派生する「無さそうだ」「無さそうです」「無さそうである」が「ありそうだ（です・である）」の否定形の役割を果たします。

(*)｛動詞の中止形＋「そうだ（です、である）」｝という構成の複合体は、それ自体「複合ナ形容詞」です。例えば、連体形の「ありそう**な**」という形で後続の名詞を修飾することができます。第26章を見てください。
(**) 動態動詞や認識動詞の中止形に後接する場合は、意味合いが違います。それぞれの章

を見てください。

疲れてるときに書いたから書き間違いがあり**そうだ**。読んでみてくれる？
何か話したいことがあり**そう**だね。言ってごらんよ。
お菓子のつまみ食いの犯人は、この辺にい**そう**だなあ。

10.3.4. 存在動詞の連体形(*)

(*)存在動詞の場合、補語を伴わない連体形の用例は僅少です。補語を伴う用例は、多数あります。次の「(存在動詞からなる)連体節」の項を見てください。また、連体形に形式名詞が後接する例は、「(存在動詞からなる)副詞節」の項を見てください。

あの人は、**ある**こと無いこと取り混ぜて話すから、信用できない。

10.4. 存在動詞文からなる節

10.4.1. 連体節

[独立した文]　境田さんのお屋敷には、広い庭**が**あります。
[連体節]　　　境田さんは、{広い庭**の**ある} お屋敷に住んでいます。(1)

[独立した文]　境田さんの庭には大きな池があって、鯉**が**たくさんいます。
[連体節]　　　境田さんの庭には、{鯉**の**たくさんいる} 大きな池があります。(2)

[独立した文]　日曜日だというのに遊園地に子供**が**いません。
[連体節]　　　{日曜日だというのに子供**の**いない} 遊園地は、淋しいものですね。(3)

(1)(2)(3) 連体節の中では、格標識「の」が存在動詞の「存在する主体」または「所有の対象」を指します。「の」の代りに「が」を使う人もいますが、「の」を使ったほうが、連体節であることがはっきりするため、明確な表現です。

10.4.2. 名詞節(*)

次の例の波括弧 {　} の中の部分が「存在動詞文からなる名詞節」です。

{向こうの池に橋**が**あるかどうか} は、存じません。　　　(1)
{そこの池に鯉や鮒**が**いるかどうか} 見てごらん。　　　(2)
{この池に鯉や鮒**が**いること} を誰に聞いたの？　　　(3)
{放生池に鯉や鮒**が**いるの} は、当たり前でしょう？　　　(4)

(1)(2)(3)(4)「かどうか」で終わる名詞節では、「存在する主体」または「所有の対象」を示す格標識は「が」です。「こと」「の」で終わる名詞節では、「が」の代りに「の」を用いる人もいるようです。

(*)引用詞「と」「って」を含む言い廻し「ということ」「っていうこと」「というの」「っていうの」を使った名詞節の例文は、第35章「引用詞」を見てください。

10.4.3. 副詞節

これは、急ぎませんから、{お暇**の**あるときに} やってください。
{誤解を招く表現**が**あったため}、訂正を申し入れました。　　　(1)
{すぐには連絡のつかない人**が**いるため}、緊急会議はできません。
　　　(2)

(1)(2) 形式名詞「ため」で終わる副詞節の「存在する主体」または「所有の対象」を示すのは、格標識「が」です。この「が」を「の」で置き換えることはできません。

10.4.3.1. 条件節

「あれば」「いれば」

「あれば」「いれば」は、伝統的な仮定形です。事実である可能性の如何にかかわらず、一般的な仮定条件を表します。

「気力も余裕も無い」って言うけど、気力が**あれば**余裕はついてくるものですよ。
もらい泣きしてくれる人が**いれば**、それだけでも悲しみはやわらぐものです。
来てくれるお客さんがたくさん**いれば**いいけどねえ。

「あったら」「いたら」

「あったら」「いたら」は、事実である可能性が低いか全く無い仮定条件を表わします。過去でも未来でもあり得ます。

今度の土曜日、時間が**あったら**行きますけど、約束はできません。（1）
あなたが**いなかったら**大変なことになるところだったわ。（2）

(1) 事実である可能性の低い仮定条件。未来。
(2) 事実ではない仮定条件。過去。

「あるなら」「いるなら」

「あるなら」「いるなら」は、動詞の基本形に（本来は繋辞の仮定形である）「なら」を後接させた形態です。事実である可能性の高い仮定条件を表わします。

やる気が**あるなら**俺について来い。
次郎君、あと一時間ここに**いるなら**電話番を頼んでもいいかな？

「あると」「いると」

「あると」「いると」は、事実である可能性の如何にかかわらず、一般的な仮定条件を示し、その条件のもとで論理的に考えられる仮定結論を引き出すときに用います。

商品は、少しでも瑕が**あると**売れませんよ。
子供が**いると**、どうしても生活は子供中心になりますね。
来てくれるお客さんがたくさん**いると**いいねえ。

10.4.3.2. 譲歩節(*)

望みだけが**あっても**、努力する気がなかったら何も叶わないよ。

少しの間なら、川田さんが**いなくても**仕事は何とかなりますよ。

(*)「としても」で終わる譲歩節は、「引用詞」の章で記述しています。

11. 動態動詞

11.1 動態動詞の定義

本書では、動詞のうちで「聞く・聴く」「見る」「立つ」「坐る」「理解する」「悲しむ」「憎む」「焦る」などのように**動作**や**動的な心情**を表わすものを「動態動詞」(*)と呼んでいます。

(*)動態動詞の「─ている」で終わる形態は、「継続相」または「結果相」です。「動態動詞の継続相」と「動態動詞の『─ている』で終わる結果相」の章 (20., 21.) で記述しています。

11.1.1. 動態動詞の分類

本書では、日本語の動態動詞を、**必須補語の数**とその補語の要請する**格標識の種類**(*)によって次のように分類しています。これは、構文による分類です。一つ一つの動詞について構文を正しく把握することが、意味の通る表現をするために不可欠です(**)。

(*)格標識のうち「が」「に」「と」「を」が必須補語の標識になります。「へ」「から」「まで」「で」は、必要に応じて付け加わる**任意補語**の標識です。

(**)本書の筆者は、これからの日本語の辞書は、動詞の意味を明らかにするだけでなく、どういう構文を要請するかを例文を示しながら説明すべきだと考えています。主題標識と格標識を正しく使っていない文は、何を言いたいのか分からないのです。

必須補語の無い動詞　　　　　「ø 動詞」

必須補語を一つ要請する動詞(*)	「ガ動詞」	(1)
必須補語を二つ要請する動詞	「ガニ動詞」	(2)
	「ガト動詞」	(3)
	「ガヲ動詞」	(4)
必須補語を三つ要請する動詞	「ガトヲ動詞」	(5)
	「ガニヲ動詞」	(6)

(1) 「ガ動詞」：「ガ」は、格標識「が」のことです。「格標識『が』を従える補語だけが必須である動詞」です。「ガ構文の動詞」を略して「ガ動詞」という用語を創りました。

(2) 「ガニ動詞」：「ガニ」は、格標識「が」と「に」のことです。「格標識『が』を従える補語と格標識『に』を従える補語との二つが必須である動詞」です。「ガニ構文の動詞」を略して「ガニ動詞」という用語を創りました。

(3) 「ガト動詞」：「格標識『が』を従える補語と格標識『と』を従える補語との二つが必須である動詞」です。「ガト構文の動詞」を略して「ガト動詞」という用語を創りました。

(4) 「ガヲ動詞」：「格標識『が』を従える補語と格標識『を』を従える補語との二つが必須である動詞」です。「ガヲ構文の動詞」とを略して「ガヲ動詞」という用語を創りました。

(5) 「ガトヲ動詞」：「格標識『が』を従える補語と格標識『と』を従える補語と格標識『を』を従える補語との三つが必須である動詞」です。「ガトヲ構文の動詞」を略して「ガトヲ動詞」という用語を創りました。

(6) 「ガニヲ動詞」：「格標識『が』を従える補語と格標識『に』を従える補語と格標識『を』を従える補語との三つが必須である動詞」です。「ガニヲ構文の動詞」を略して「ガニヲ動詞」という用語を創りました。

(*) 必須補語を一つだけ要請する動詞にもう一つ「ニ動詞」がありますが、動態動詞ではなく移態動詞であるため、この章では取り扱っていません。移態動詞「なる」は、「春に**なる**」「朝に**なる**」「満ち潮に**なる**」のように格標識「に」を従える補語のみを要請することがあります。

ヨーロッパ諸語では動詞を「自動詞」と「他動詞」とに分類します。英語文法では「直接目的語の有無」を、フランス語文法では「直接目的補語の有無」(*)を、それぞれ指標とするものです。この分類方法は、以下に述べるように、日本語の動詞体系とは噛み合わず、かつ不十分過ぎます。

(*) フランス語文法では、直接目的補語が無くて関節目的補語が必須である動詞を「間接

他動詞」と呼びます。ヨーロッパ諸語でも「自動詞と他動詞」という分類だけでは不十分なのです。本書の筆者は、「自動詞と他動詞」という強引に簡略化した分類をすべての言語について廃止すべきだと考えています。

格標識「を」と「に」の諸機能

格標識「が」「に」「と」「を」の機能は多様です。ここでは「を」の諸機能について簡略に（*）、「に」の諸機能についてやや詳しく（**）、述べます。「が」と「と」については、後述の「動態動詞文」の項で詳しく記述しています。

(*)格標識「を」を従える補語を要請する動詞が必ずしも「他動詞」ではないことを説明するためです。
(**)格標識「に」が日本語の体系でどれほど重要な多機能標識であるかを説明するためです。

「を」

日本語の格標識「を」の機能は「動作・行為の対象」（＝英語文法の「直接目的語」またはフランス語文法の「直接目的補語」に相当するもの）を示すだけではありません。「席を立つ」「家を出る」のように**移動の起点**を示す用法や「我が道を行く」「近道を通る」「空を飛ぶ」のように**通過する場所**を示す用法があります。格標識「を」を従える補語を要請する動詞のすべてを「他動詞だ」と言うことはできません。

また「を」を要請しない動詞を、ヨーロッパ諸語の文法をなぞって一纏めに「自動詞」としてしまうと、「ø動詞」「ガ動詞」「ガニ動詞」「ガト動詞」の区別を蔑ろにすることになります。

格標識のうちで「を」だけを特に重要視する理由は、ありません。「が」も「に」も「と」も、「を」と同じように重要な格標識です。必須補語の要請する格標識のすべてを同等に前面に出した分類が妥当なのです。

「に」

「に」の機能には、「動作・行為の受益者」を示す場合、可能動詞と共に用

いて「動作や行為を行なう能力のある主体」を示す場合、情動相の動詞と共に用いて「他者に迷惑を及ぼす行為または他者を喜悦させる行為を行なう主体」を示す場合、移動を表わす動詞と共に用いて「到達すべき場所」を示す場合、動態動詞の使役相と共に用いて「命令を受けて動作を行なう主体」を示す場合などがあります。加えて移態動詞と共に用いて「状態の推移の結果」を示す場合や任意補語の標識として「場所、時刻、日付など」を示すこともあります。

［動態動詞と共に］

　　　［行為の受益者］　　その指輪、どうしたの？—大切な人にあげるんです。
　　　［行為の被害者］　　あいつめ、面倒なことは全部俺に押し付けるんだから！
　　　［迷惑な行為の動作主］　　ストーカーに自宅まで押しかけて来られた。
　　　［嬉しい行為の動作主］　　好きな人に招待された。
　　　［到達すべき場所］　　この電車、そろそろ新青森駅に着くね。
　　　［使役相の動作主］　　初鰹(はつがつお)だ。家族みんなに食べさせよう。

［移態動詞と共に］

　　　［状態推移の結果］　　蟻地獄(ありじごく)(*)は、薄羽蜉蝣(うすばかげろう)(**)になるんだよ。

(*)(**)本書では、動植物名を漢字で書くのが望ましいと考えています。「ウスバカゲロウ」と書いたのでは「薄馬鹿＋下郎」のようにも読めてしまいます。カタカナ表記を濫用すると、意味のある動植物名の由来が分からなくなってしまいます。

［可能動詞と共に］

　　　［能力のある主体］　　ヘリコプターの運転なんて、私にはできませんよ。

［任意補語］

　　　［時の標識］　　三年前にここへ入居しました。

11.2. 動態動詞文

11.2.1. 基本的な動態動詞文

11.2.1.1. ø 動詞（＝無補語動詞＝必須補語の無い動詞）

「落雷する」「放電する」などが「ø 動詞」です。

　無補語動詞は、｛漢語＋―する｝という構成のごく少数の複合動詞だけです。語自体が**動作主を含めて現象全体を**表現しているため、必須補語はありません。時や場所を示す任意補語を伴うことはあります。

［任意補語無しの例］
　　　落雷した。　　　（1）
　　　放電した。　　　（2）
　　　結露している。　（3）

(1)「雷**が**落ちた」と同義です。
(2)「放電現象**が**起こった」と同義です。
(3)「蒸気の液化してできた水滴**が**物の表面についている」と同義です。

［任意補語を伴う例］
　　　ポプラの木の梢**に**落雷した。　　　　　　　　（1）
　　　高圧線**から**屋根の上の金槌**へ**放電した。　　（2）
　　　今朝起きてみたら、窓ガラス一杯**に**結露していた。　（3）

(1)「ポプラの木の梢」は、場所（＝到達点）を示す任意補語です。
(2)「高圧線から」は出発点を、「屋根の上の金槌へ」は到達点を、それぞれ示しています。ともに任意補語です。
(3)「窓ガラス一杯に」は、場所を示す任意補語です。

11.2.1.2. ガ動詞

「坐る」「立つ」「落ちる」などが「ガ動詞」です。動作を表わす動詞であれば、格標識「が」が動作主を示します。動的な心情を表わす動詞であれば、「が」は心情主を示します。

［動作］　　　子供が坐っている。　　　　　　　　　　　　　(1)

　　　　　　　消しゴムが落ちた。　　　　　　　　　　　　　(2)

　　　　　　　大雨が降った。　　　　　　　　　　　　　　　(3)

　　　　　　　西風が吹いている。　　　　　　　　　　　　　(4)

［心の動き］　進君は、失敗したかと思って、一瞬焦ったそうだ。　(5)

(1) 結果相です。第20章を見てください。坐り方(正座か、横坐りか、椅子に腰掛けているかなど)は問題になっていません。「立位や仰臥位などではなく、また、歩いたり走ったりしているのでもなく、鉄棒にぶら下がっているのでもない。一箇所に腰を落ち着けている」という意味の文です。
(2) 「落ちた」こと自体に注目している文です。どこからどこへ落ちたのかは重要ではありません。
(3) 「大雨」自体に注目しています。いつどこで降ったのかは重要ではありません。
(4) 継続相です。第19章を見てください。風の方向が「西から」であることにのみ注目しています。場所、風の強さや温度、湿度、何時ごろに吹き始めたか、などは問題になっていません。なお、「吹く」は、「笛を吹く」などの用法ではガヲ動詞です。
(5) 主題標識「は」の陰に主文の動態動詞・完了形「焦った」の心情主を示す格標識「が」が隠れています。意識的に「焦る」ことは出来ないため肯定命令形「焦って*ください」や勧誘形「焦り*ましょう」は誰も用いませんが、「焦らないように気をつける」ことや「焦りを抑える」ことは出来ますから、否定命令形「焦らないでね」、禁止形「焦るなよ」などは用います。なお、副詞節の動詞「失敗した(＝完了形)」と「思って(＝中止形)」も動態動詞です。

［任意補語を伴う例］

　　　　　子供がベンチに坐っている。　　　　　(1)

　　　　　消しゴムが机から落ちた。

　　　　　近隣一帯に大雨が降った。

　　　　　今朝から湿った西風が吹いている。　　(2)

(1) 「坐っている」は、「坐る」の結果相です。第20章を見てください。
(2) 「吹いている」は、「吹く」の継続相です。第19章を見てください。

11.2.1.3. ガニ動詞

「逢う・会う」(*)は、「ガニ動詞」です。格標識「が」が「動作主」を、格標識「に」が「動作の対象」を示します。

(*)「逢う・会う」は、ガニ動詞でもあり、ガト動詞でもあります。意味によって「遭う」「遇う」とも書きます。ただし「事故に遭う」や「不幸に遭う」の「遭う」は、常にガニ動詞であって、ガト動詞にはなりません。ガニ動詞の場合、予め日時を取り決めての会見であれば、会う(逢う)二人のうち会見を申し入れたほうの人物を格標識「が」で、それを受け入れたほうの人物を格標識「に」で、それぞれ示します。

なお、同音で「合う」と書く動詞は、「この色にあの色が合う」のような用法では判断動詞(13.)、「計算が合う」のような用法では移態動詞(16.)です。それぞれの章を見てください。

　　和夫君が武田先生に会った。
　　武田先生が事故に遭ったらしい。　　(1)

(1) 文末の「らしい」は、不確かな伝聞を表わす言い切り回避表現です。

[任意補語を伴う例]
　　和夫君が試験場の入り口で武田先生に会った。
　　武田先生が自宅のすぐ近くで事故に遭ったそうだ。　　(1)

(1) 文末の「そうだ」は、確かな伝聞を表わす言い切り回避表現です。

11.2.1.4. ガト動詞

「逢う・会う(*)」「喧嘩する」などが「ガト動詞」です。格標識「が」が「動作主」を示し、格標識「と」が「動作を一緒に行なう相手」を示します。

(*)「逢う・会う」は、ガト動詞でもあり、ガニ動詞でもあります。意味によっては「遇う」とも書きます。ガト動詞の場合、予め日時を取り決めての会見であれば、会う(逢う)二人の関係は対等です。どちらが先に申し入れたかは問題になりません。

なお、同音で「合う」と書く動詞は、「この色があの色と合う」のような用法では判断動詞(13.)、「勘定が合う」のような用法では移態動詞(16.)です。それぞれの章を見てください。

　　和彦君が優子さんと逢っている。

和彦君が裕彦君と喧嘩した。

［任意補語を伴う例］

和彦君が藤棚の下で優子さんと逢っている。
和彦君が仕事の分担のことで裕彦君と喧嘩した。

　格標識「と」(*)には、このほかに移態動詞と共に用いて「状態の推移の結果」を示す用法があります。移態動詞の章(16.)を見てください。

(*)「男と女」「山と川」のように名詞と名詞を結ぶ接続詞「と」は、これと同音ですが、機能がまったく違います。引用詞の「と」も、同音ですが、機能が違います。

11.2.1.5. ガヲ動詞

　「読む」「書く」などが「ガヲ動詞」です。動作を表わす動詞の場合は、格標識「が」が「動作主」を示し、「を」が「動作の対象」を示します。「疑う」「悲しむ」「悼む」「懐かしむ」のように心の動き(＝　思考や感情)を表わす動詞の場合は、格標識「が」が「心情主」を、「を」が「思考の対象」または「感情を惹き起こすもの」を示します。「(尿意)を催す」のような動詞の場合は、「が」が「身体感覚の主」を、「を」が「感覚そのもの」を示します。

　格標識「を」には、「動作の対象」または「感情を惹き起こすもの」を示す用法に加えて、移動を表わす動詞と共に用いて「経由する場所」または「移動の起点」を示す場合、それに動態動詞の使役相と共に用いて「動作を行なう主体」を示す場合があります。

［動作の対象(*)］　　鈴木さんがこの本を書いた。
　　　　　　　　　鈴木さんがメールを送信する。
　　　　　　　　　鈴木さんが迷惑メールを削除する。

(*)格標識「を」を伴う「動作の対象」の中には、「**歌を歌う**」や「**踊りを踊る**」のよう

に、「形の上で補語になっているけれども動詞の意味に何の情報も付加しない」ものがあります(謂わゆる「同族目的語」ですが、本書で採用している用語では「同族補語」と言います)。しかし「新しい歌を歌う」「自作の曲を歌う」「ワルツを踊る」のように「歌のうちでも新しいものを」「歌のうちでも自作のものを」「いろいろある踊りのうちでも特に二人で組んで踊る三拍子のものを」といった情報を付加する場合があります。同族補語と非同族補語との境界は、はっきりしたものではありません。

[思考の対象]　　　遺族が死者を悼む。　　　(1)
　　　　　　　　　七度(ななたび)探して人を疑え　(2)

(1)「悼む」という動詞は、死者を想うことだけでなく、その想いを祈りや献花などの行動に表わすことをも意味します。一つの動態動詞が「心情」と「動作」の両方を表わす例です。
(2) 諺です。「ものが見つからない時に、『誰かが盗んだのではないか』と疑う前に『自分が置き場所を忘れたのではないか』と考えろ。無実の人を疑うのは恥ずかしいことだ」という意味です。命令文ですから「心情主」を表示する必要はありません。

[感覚そのもの]　　　老人が急に尿意を催したようです。

[経由する場所]　　　山歩きの人が橋を渡る。
　　　　　　　　　　山歩きの人が峠を越える。
　　　　　　　　　　山歩きの人が林道を歩く。
　　　　　　　　　　走者が折り返し地点を通過する。

[移動の起点]　　　　船が港を出た

[使役相の動作主(*)]　落語家が聴衆を一斉に笑わせた。
　　　　　　　　　　投手が打者を一塁に歩かせた。

(*)動態動詞の使役相は、第22章で記述しています。

ガヲ構文の欠如動詞(*)

(*)活用形の一部が欠けている動詞を「欠如動詞」と言います。

　名詞型ナ形容詞「好きだ(＝好きよ・好きです)」と同義で「好いている」「好かない」「好いた」などと活用する動詞は、「ある人がある人を好いている」という構文を要請します。ガヲ動詞です。ところが、この動詞には命令形「*好け」も勧誘形「*好きましょう」もありません。理論的に構築でき

る丁寧形「好き＊ます」は、誰も用いません。

　同じ漢字を使って書く「好(この)む」という動詞も「ある人があるものを好む」という構文を要請するガヲ動詞です。この動詞も、命令形「＊好め」「＊好みなさい」「＊好んでください」や勧誘形「＊好もう」「＊好みましょう」は、理論的には構築できますが、実際には誰も用いません。「好まないものを我慢して使う、着る、食べる、飲む…」ことはできますし「好むふりをする」ことも不可能ではありませんが、自分の心を無理に好むように仕向けることは出来ないからです。

　動態動詞「知る」は、現代語では、「一を聞いて十を知る」「恥を知る」「身の程を知る」などの定型句を除けば「知っている」という結果相(21.)の形でしか用いません。そして、古語の名残の「知る」にも、その結果相の「知っている」にも、否定形が欠けています(＊)。

(＊)「知らない」は、本書の定義では、動態動詞「知る」の否定形ではなく、「静態動詞」です。当該の章(15.)を見てください。また、「＊知って＋いない」という形態は、理論的に構築することはできますが、誰も用いません。

過剰な「を」

　日本語の重要な原則として、動詞一つにつき「を」は、単独では、一回しか現れません。近年「○○を実施する」「○○を検討する」と言うべきところで「○○を実施＊をする」「○○を検討＊をする」という言い方をする人が出て来ていますが、不可解な誤用です。「を」を重複して使う理由も意味もありません。この現象は、放置しておくと日本語の言語構造の崩壊に繋がります。

　主題標識「も」と組み合わせた「をも」は、硬い書き言葉では、繰り返して使えます。

　　昨夜からの雪が家をも田畑をも覆いつくしていた。

　話し言葉や普通の書き言葉では「を」は「も」の陰に隠れます。

ゆうべからの雪が家々も公園の木々も覆いつくしています。
なお、例外のように見える次のような用法があります。

　A. 中田氏は、甥の由紀夫**を**、姉の次男で子供のころから可愛がっていた由紀夫**を**、秘書に雇うことに決めた。

見かけ上、一つの動詞に「を」を二回使っていますが、「甥の由紀夫」と「姉の次男で子供の頃から可愛がっていた由紀夫」は、同一人物です。簡略な情報（「甥」）を詳しい情報（「姉の次男で…」）で言い直しているのです。「秘書に雇う」という行為の対象になる人物は一人だけですから、格標識「を」を伴う補語は、論理的に一つに収束します。

　B. 太郎は一階を、二郎は二階を、掃除している。

見かけ上、一つの動詞に「を」を二回使っていますが、この文は「太郎は一階を**掃除しており**、二郎は二階を掃除している」と同義です。同じ動詞を二度繰り返すのを避けて、最初のものを省略したのです。

また、2010年9月、筆者が日本滞在中に、ある政治家がテレビでの発言で、恐らく「○○さんにお会いする」という意味のつもりだと思いますが、「○○さんにお会い＊をする」と言っていました(*)。これも弁護の余地の無い誤用です。こういう人は、基本的な日本語感覚が身についていないのです。歎かわしいことですが、例えばイギリスの政治家にも、接続法 (subjunctive)(**) が正しく使えず、"If I were your prime minister."（私が首相だったら）(***) と言わなければならない場面で "If I was your prime minister." と言う人が何人もいますから、「政治家に言語感覚が無い」のは、日本だけの特殊事情ではないようです。

(*)「お参りをする」「お祓いをする」「お祈りをする」のような例を誤ってなぞっているのかもしれません。
(**) 英語文法では「仮定法」と訳すことが多いようですが、「仮定」だけを表わすわけでは

ありません。ドイツ語のKonjunktiv（接続法）やフランス語のsubjonctif（接続法）と類似のものです。本書では「接続法」と言います。

(***)2010年5月の総選挙でのGordon Brown氏、David Cameron氏、Nick Clegg氏の共通失言です。ヨーロッパ諸国のメディアに揶揄されていました。

11.2.1.5. ガトヲ動詞

「比べる(*)」「混ぜる(*)」などが「ガトヲ動詞」です。格標識「が」が動作主を示し、「を」が「動作の主要な対象」を、「と」が「動作のもう一つの対象」を示します。

(*)「比べる」も「混ぜる」も、ガトヲ動詞にもなり、ガニヲ動詞にもなります。ガトヲ構文の場合、動作の対象になるもの同士は対等です。

　　沙智子さん**が**小麦粉**を**砂糖**と**混ぜました。
　　沙智子さん**が**小麦粉**と**砂糖**を**混ぜました。

11.2.1.6. ガニヲ動詞

「与える」「比べる(*)」「混ぜる(**)」などが「ガニヲ動詞」です。格標識「が」が「動作主」を示し、「に」が「受益者」を示し、「を」が「動作の対象」を示します(***)。

(*)(**)「比べる」も「混ぜる」も、ガニヲ動詞にもなり、ガトヲ動詞にもなります。ガニヲ構文の場合、格標識「に」の示すもののほうが「を」の示すものよりも遥かに大量、強大、または優秀だという前提があります。

(***)「情動相の動詞」や「使役相の動詞」で終わる文も、多くはガニヲ構文になります。したがって　格標識「が」「に」「を」の機能は、文末まで聞かないと（または読まないと）分かりません。新しい話題の最初の文は、特にガニヲ構文の場合、心して簡潔にしないと聞く人（または読者）を疲れさせてしまいます。

　　沙智子さん**が**小麦粉**に**砂糖**を**混ぜました。　　　(1)

(1) この構文では、小麦粉のほうが砂糖よりも大量にあるという前提になっています。砂糖のほうが量が多ければ「砂糖に小麦粉を」と言います。砂糖と小麦粉の分量が分からない時や問題にならない時には前項のガトヲ構文を用います。

　　玲子さん**が**達夫君**に**チョコレート**を**あげた。
　　誠君**が**達夫君**に**喧嘩**を**吹っかけた。

大野君が倉田社長に小林先生を紹介した。　　(1)
　　大野君が小林先生に倉田社長を紹介した。　　(2)

(1) 話者にとって「小林先生よりも倉田社長のほうが重要な人物」です。(*)
(2) 話者にとって「倉田社長よりも小林先生のほうが重要な人物」です。(*)

(*)話者にとって「小林先生と倉田社長は同様に重要な人物」であれば、ガトヲ構文の動詞を使って「大野君が小林先生と倉田社長を引き合わせた」と言います。

11.2.2. 有主題文と無主題文

　有主題文は「**既知**のものごとに関して自分が知っていることを述べる文」または「眼前のものごとを他の**既知**のものごとと対比して述べる文」です。無主題文は「眼前のものごとを他のものと対比することなく述べる文」です。このことは、名詞文でも各種の形容詞文でも同じです。

　　玲子さん**は**、達夫君に**チョコレートを**あげた。
　　玲子さん**は**、誠君に**は**チョコレートをあげなかった。
　　誠君**は**、達夫君に喧嘩**を**吹っかけた。

11.2.3. 文末接辞

　文末接辞の意味・用法は、すべての種類の動詞文でイ形容詞文と同じですが、書き言葉の場合、イントネーションを表記することができないため、単独で用いる「な」については、禁止形の標識「―な」と紛れないようにするための工夫が必要です。

　上昇調の「**な**」は、「自分と同等か目下の親しい対話者に念を押す」時に、また「自分自身に言い聞かせる」時に用います。礼儀正しい人は、目上の人、年長者、初対面の相手などの前では用いません。

　　ついに来た**な**。
　　戻った**な**。

　動態動詞の基本形に上昇調の「な」を後接した形は「禁止形(*)」と同じ

表記です。書き言葉の場合には、「のだ」を挿入すると誤解を未然に防ぐことができます。

　　戻るのだ**な**。
　　戻るんだ**な**。

(*)動詞の禁止形「戻る**な**」の「―な」(および命令形「戻り**な**」の「―な」)は、文末接辞ではなく、活用語尾です。活用表を見てください。

　もう一つのやり方は、他の文末接辞と組み合わせることです。
［文末接辞］　　戻る**よな**。
［禁止形］　　　戻る**なよ**。

　平板または**下降調**の「**な**」および(下降調の)「**なあ**」は、文末接辞としては(*)「詠歎」の表現です。感に堪えたときに用います。

　　夕日が沈んだ**なあ**。
　　月が出た**なあ**。

(*)「な・なあ」が文頭または文節末に現れる場合には、「ね・ねえ」と同じく、「よく聞けよ」という含みの感歎詞です。文末接辞と同様、親しい対話者が自分と同等または目下である場合に限って用います。

　「**ぞ**」は、断定を強調します。現代語では男言葉です。

　　さあ、行く**ぞ**。
　　お星様が出た**ぞ**。

　「**ってば**」は、「同じことを何度言わせるのか」という気持ちを込めて言い切るときに用います。(*)

　　宿題は、もう済ませた**ってば**。
　　あたしも知ってる**ってば**。

(*)「ってば」は、主題標識としても使います。

「**とも**」は、「勿論そうだ」という含みの言い切りに用います。

引き受けた**とも**。心配するな。

見た**とも**。確かにこの目で。

11.3. 動態動詞の活用

以下に、五段型活用、単一語幹・一段型活用、多語幹・一段型活用の順序で動態動詞の活用表を示します。本書の活用表では、「未然形(*)」などの用語は用いず、「た」「ない」「ん」「([オ] と発音する) う」などの後接辞を伴った形態を提示して、「否定形」「現状認識・回想形」などの説明の便を図っています。当然、語源の上では複合語である形態を多数含んでいます。

(*)「未然形」：「読まない（＝読むことを拒否する）」「読ませる（＝他者に命じて読むように仕向ける）」「読まれる（＝他者が勝手に読み、その結果こちらが迷惑をこうむる）」といった形態をなぜ「未然形」と呼ぶのか、筆者には分かりません。現代語で「未だ然らざる」状態を表わすと言える形態は、結果相の否定形「まだ読んでいない」です。

動詞によっては、「載る」などのように（人間が動作主であることが無いため）通常の用法では「勧誘形」などの欠けているものがあります。ただし、こういった動詞でも擬人法の場合には勧誘形も命令形も使えます。

以下のすべての活用表について、最初の「言う」の活用表の下の諸注と同じことが(*)**言えます。**詳細は「動態動詞の中止形」「動態動詞の命令形」などの項で記述しています。なお、「言うまい（＝否定推量または否定意志）」「言いませんで（＝複合中止・丁寧）」「言ったろう（＝完了の推量）」「言ったなら（＝仮定　二）」のような使用頻度の低い変異形は掲載してありません。

(*)三ツ星印［(***)］を付けた注だけが例外です。

11.3.1. 基本形が「―う」で終わる規則的な五段型動詞の活用

「言う」

		普通	丁寧
基本(*)	肯定	言う(***)	言います
	否定	言わない	言いません

中止(**)	肯定	言い	
	否定	言わず(に)	
複合中止	肯定	言って	言いまして
	否定	言わなくて・言わないで(1)	
完了(*)	肯定	言った	言いました
	否定	言わなかった	言いませんでした
推量	肯定	言うだろう(***)	言うでしょう(***)
	否定	言わないだろう	言わないでしょう
完了の推量	肯定	言っただろう	言ったでしょう
	否定	言わなかっただろう	言わなかったでしょう
仮定 一	肯定	言えば	
	否定	言わなければ	
仮定 二	肯定	言ったら	言いましたら
	否定	言わなかったら	
仮定 三	肯定	言うなら	
	否定	言わないなら	
仮定 四	肯定	言うと(***)	言いますと
	否定	言わないと	言いませんと
命令	肯定	言え・言って(2)	言ってください(3)
	否定	言わないで(4)	言わないでください(5)
禁止		言うな(***)(6)	(7)
勧誘		言おう	言いましょう

(*)基本形「言う」「言わない」および完了形「言った」「言わなかった」は、文末でも用い、連体修飾語としても用います。現代日本語の動詞の「終止形」と「連体形」は、常に同じ形態です。なお、丁寧体の「言います」「言いました」などを連体修飾語として使うのは過剰敬語です。

(**)「中止形」は、学校文法で言う「連用形」に相当します。各種の動詞の「中止形」は、複合動詞や用言複合体を形成する要素にはなりますが、各種形容詞の「連用形」とは異なり、「他の動詞を修飾する」ことがありません。このため、本書では、動詞に関しては「連用形」という用語を採用していません。

(***)ひらがなで「いう」と表記しますが、発音は［ユウ］です。

(1)「言わなくて」は、「言わなくてもいい」「言わなくては困る」などの用言複合体で用います。

(2)(3)(4)(5) 現代語では、動態動詞の複合中止形が新しい命令形になっています。また、かつて複合動詞の第二項だったものが接辞化しています。「言って！」「言ってよ」「言ってね」「言いなさい」「言ってくれ」などの形態は、「動態動詞の命令形」の項で

記述しています。
(6)「言いなさるな」という形態を聞くことは、現今では非常に稀になりました。表には載せてありません。
(7)「言いますな」という形態は、現代語ではすでに廃れたものと見做します。

　継続相・結果相の「―ている」で終わる形態や結果相の「―てある」で終わる形態は、上の表には掲載してありません。「動態動詞の継続相」の章(20.)、「動態動詞の『―ている』で終わる結果相」の章(21.)、「動態動詞の『―てある』で終わる結果相」の章(22.)で記述しています。

　「―せる・―させる」で終わる形態は「動態動詞の使役相」の章(23.)で、「―れる・―られる」で終わる形態は「情動表現」の章(24.)で記述しています。

11.3.2. 基本形が「―う」で終わる不規則な五段型動詞の活用(*)

「問う」(不規則な形態を太字で表わしています)

		普通	丁寧
基本	肯定	問う	問います
	否定	問わない	問いません
中止	肯定	問い	
	否定	問わず(に)	
複合中止	肯定	**問うて**	問いまして
	否定	問わなくて・問わないで	
完了	肯定	**問うた**	問いました
	否定	問わなかった	問いませんでした
推量	肯定	問うだろう	問うでしょう
	否定	問わないだろう	問わないでしょう
完了の推量	肯定	**問うただろう**	**問うたでしょう**
	否定	問わなかっただろう	問わなかったでしょう
仮定　一	肯定	問えば	
	否定	問わなければ	
仮定　二	肯定	**問うたら**	(問いましたら)
	否定	問わなかったら	
仮定　三	肯定	問うなら	
	否定	問わないなら	

仮定　四	肯定	問うと	問いますと
	否定	問わないと	問いませんと
命令	肯定	問え(1)	**問うてください**
	否定	(2)	問わないでください
禁止		問うな	
勧誘		問おう	問いましょう

(*)「乞う」も「問う」と同じ活用をします。文語的な文体では「負う」「沿う」「酔う」も「問う」と同じ活用をすることがあります。

(1)(2) この活用をする動詞は硬い書き言葉でしか用いないため、くだけた話し言葉に現れる「複合中止形と同じ表記の命令形」はありません。

11.3.3. 基本形が「—く」で終わる規則的な五段型動詞の活用

「書く」(*)

		普通	丁寧
基本	肯定	書く	書きます
	否定	書かない	書きません
中止	肯定	書き	
	否定	書かず(に)	
複合中止	肯定	書いて	書きまして
	否定	書かなくて・書かないで	
完了	肯定	書いた	書きました
	否定	書かなかった	書きませんでした
推量	肯定	書くだろう	書くでしょう
	否定	書かないだろう	書かないでしょう
完了の推量	肯定	書いただろう	書いたでしょう
	否定	書かなかっただろう	書かなかったでしょう
仮定　一	肯定	書けば	
	否定	書かなければ	
仮定　二	肯定	書いたら	書きましたら
	否定	書かなかったら	
仮定　三	肯定	書くなら	
	否定	書かないなら	
仮定　四	肯定	書くと	書きますと
	否定	書かないと	書きませんと

命令	肯定	書け・書いて	書いてください
	否定	書かないで	書かないでください
禁止		書くな	
勧誘		書こう	書きましょう

(*)同音の「掻く」「描(か)く」も同じ活用です。

11.3.4. 基本形が「─く」で終わる不規則な五段型動詞の活用(*)

「行く」(不規則な形態を太字で表わしています)

		普通	丁寧
基本	肯定	行く	行きます
	否定	行かない	行きません
中止	肯定	行き	
	否定	行かず(に)	
複合中止	肯定	行って	行きまして
	否定	行かなくて・行かないで	
完了	肯定	**行った**	行きました
	否定	行かなかった	行きませんでした
推量	肯定	行くだろう	行くでしょう
	否定	行かないだろう	行かないでしょう
完了の推量	肯定	**行った**だろう	**行った**でしょう
	否定	行かなかっただろう	行かなかったでしょう
仮定 一	肯定	行けば	
	否定	行かなければ	
仮定 二	肯定	**行ったら**	行きましたら
	否定	行かなかったら	
仮定 三	肯定	行くなら	
	否定	行かないなら	
仮定 四	肯定	行くと	行きますと
	否定	行かないと	行きませんと
命令	肯定	行け・行って	**行って**ください
	否定	行かないで	行かないでください
禁止		行くな	
勧誘		行こう	行きましょう

(*)この活用をするほかの動詞は、すべて「持って行く」「連れて行く」のように「行く」を最終構成要素とする複合動詞です。

11.3.5. 基本形が「―ぐ」で終わる五段型動詞の活用
「泳ぐ」

		普通	丁寧
基本	肯定	泳ぐ	泳ぎます
	否定	泳がない	泳ぎません
中止	肯定	泳ぎ	
	否定	泳がず(に)	
複合中止	肯定	泳いで	泳ぎまして
	否定	泳がなくて・泳がないで	
完了	肯定	泳いだ	泳ぎました
	否定	泳がなかった	泳ぎませんでした
推量	肯定	泳ぐだろう	泳ぐでしょう
	否定	泳がないだろう	泳がないでしょう
完了の推量	肯定	泳いだだろう	泳いだでしょう
	否定	泳がなかっただろう	泳がなかったでしょう
仮定　一	肯定	泳げば	
	否定	泳がなければ	
仮定　二	肯定	泳いだら	泳ぎましたら
	否定	泳がなかったら	
仮定　三	肯定	泳ぐなら	
	否定	泳がないなら	
仮定　四	肯定	泳ぐと	泳ぎますと
	否定	泳がないと	泳ぎませんと
命令	肯定	泳げ・泳いで	泳いでください
	否定	泳がないで	泳がないでください
禁止		泳ぐな	
勧誘		泳ごう	泳ぎましょう

11.3.6. 基本形が「―す」で終わる五段型動詞の活用
「探す」(*)

		普通	丁寧
基本	肯定	探す	探します
	否定	探さない	探しません

中止	肯定	探し	
	否定	探さず(に)	
複合中止	肯定	探して	探しまして
	否定	探さなくて・探さないで	
完了	肯定	探した	探しました
	否定	探さなかった	探しませんでした
推量	肯定	探すだろう	探すでしょう
	否定	探さないだろう	探さないでしょう
完了の推量	肯定	探しただろう	探したでしょう
	否定	探さなかっただろう	探さなかったでしょう
仮定　一	肯定	探せば	
	否定	探さなければ	
仮定　二	肯定	探したら	探しましたら
	否定	探さなかったら	
仮定　三	肯定	探すなら	
	否定	探さないなら	
仮定　四	肯定	探すと	探しますと
	否定	探さないと	探しませんと
命令	肯定	探せ・探して	探してください
	否定	探さないで	
禁止		探すな	
勧誘		探そう	探しましょう

(*)意味によって「捜す」とも書きます。

11.3.7. 基本形が「─つ」で終わる五段型動詞の活用

「待つ」

		普通	丁寧
基本	肯定	待つ	待ちます
	否定	待たない	待ちません
中止	肯定	待ち	
	否定	待たず(に)	
複合中止	肯定	待って	待ちまして
	否定	待たなくて・待たないで	
完了	肯定	待った	待ちました
	否定	待たなかった	待ちませんでした

推量	肯定	待つだろう	待つでしょう
	否定	待たないだろう	待たないでしょう
完了の推量	肯定	待っただろう	待ったでしょう
	否定	待たなかっただろう	待たなかったでしょう
仮定　一	肯定	待てば	
	否定	待たなければ	
仮定　二	肯定	待ったら	待ちましたら
	否定	待たなかったら	
仮定　三	肯定	待つなら	
	否定	待たないなら	
仮定　四	肯定	待つと	待ちますと
	否定	待たないと	待ちませんと
命令	肯定	待て・待って	待ってください
	否定	待たないで	待たないでください
禁止		待つな	
勧誘		待とう	待ちましょう

11.3.8. 基本形が「―ぬ」で終わる五段型動詞の活用
「死ぬ」

		普通	丁寧(1)
基本	肯定	死ぬ	死にます
	否定	死なない	死にません
中止	肯定	死に	
	否定	死なず(に)	
複合中止	肯定	死んで	
	否定	死ななくて・死なないで	
完了	肯定	死んだ	死にました
	否定	死ななかった	死にませんでした
推量	肯定	死ぬだろう	死ぬでしょう
	否定	死なないだろう	死なないでしょう
完了の推量	肯定	死んだだろう	死んだでしょう
	否定	死ななかっただろう	死ななかったでしょう
仮定　一	肯定	死ねば	
	否定	死ななければ	

仮定　二	肯定	死んだら	
	否定	死ななかったら	
仮定　三	肯定	死ぬなら	
	否定	死なないなら	
仮定　四	肯定	死ぬと	
	否定	死なないと	
命令	肯定	死ね・死んで	死んでください
	否定	死なないで	死なないでください
禁止		死ぬな	
勧誘		死のう	死にましょう

(1) 他者の死を表現するときには「死ぬ」の丁寧体「死にます」ではなく、婉曲表現の「亡くなる」を用いて「亡くなった」「亡くなりました」などとするほうが敬意のこもった言い方です。「死にまして」「死にましたら」「死にますと」などは、使用頻度が非常に低いため、表には記載してありません。

11.3.9. 基本形が「—ぶ」で終わる五段型動詞の活用

「**遊ぶ**」

		普通	丁寧
基本	肯定	遊ぶ	遊びます
	否定	遊ばない	遊びません
中止	肯定	遊び	
	否定	遊ばず(に)	
複合中止	肯定	遊んで	遊びまして
	否定	遊ばなくて・遊ばないで	
完了	肯定	遊んだ	遊びました
	否定	遊ばなかった	遊びませんでした
推量	肯定	遊ぶだろう	遊ぶでしょう
	否定	遊ばないだろう	遊ばないでしょう
完了の推量	肯定	遊んだだろう	遊んだでしょう
	否定	遊ばなかっただろう	遊ばなかったでしょう
仮定　一	肯定	遊べば	
	否定	遊ばなければ	
仮定　二	肯定	遊んだら	遊びましたら
	否定	遊ばなかったら	

仮定　三	肯定	遊ぶなら	
	否定	遊ばないなら	
仮定　四	肯定	遊ぶと	遊びますと
	否定	遊ばないと	遊びませんと
命令	肯定	遊べ・遊んで	遊んでください
	否定	遊ばないで	遊ばないでください
禁止		遊ぶな	
勧誘		遊ぼう	遊びましょう

11.3.10. 基本形が「―む」で終わる五段型動詞の活用

「読む」(*)

		普通	丁寧
基本	肯定	読む	読みます
	否定	読まない	読みません
中止	肯定	読み	
	否定	読まず(に)	
複合中止	肯定	読んで	読みまして
	否定	読まなくて・読まないで	
完了	肯定	読んだ	読みました
	否定	読まなかった	読みませんでした
推量	肯定	読むだろう	読むでしょう
	否定	読まないだろう	読まないでしょう
完了の推量	肯定	読んだだろう	読んだでしょう
	否定	読まなかっただろう	読まなかったでしょう
仮定　一	肯定	読めば	
	否定	読まなければ	
仮定　二	肯定	読んだら	読みましたら
	否定	読まなかったら	
仮定　三	肯定	読むなら	
	否定	読まないなら	
仮定　四	肯定	読むと	読みますと
	否定	読まないと	読みませんと
命令	肯定	読め・読んで	読んでください
	否定	読まないで	読まないでください
禁止		読むな	
勧誘		読もう	読みましょう

(*)同音の「詠む」も同じ活用です。

11.3.11. 基本形が「―る」で終わる規則的な五段型動詞の活用
「乗る」

		普通	丁寧
基本	肯定	乗る	乗ります
	否定	乗らない	乗りません
中止	肯定	乗り	
	否定	乗らず(に)	
複合中止	肯定	乗って	乗りまして
	否定	乗らなくて・乗らないで	
完了	肯定	乗った	乗りました
	否定	乗らなかった	乗りませんでした
推量	肯定	乗るだろう	乗るでしょう
	否定	乗らないだろう	乗らないでしょう
完了の推量	肯定	乗っただろう	乗ったでしょう
	否定	乗らなかっただろう	乗らなかったでしょう
仮定　一	肯定	乗れば	
	否定	乗らなければ	
仮定　二	肯定	乗ったら	乗りましたら
	否定	乗らなかったら	
仮定　三	肯定	乗るなら	
	否定	乗らないなら	
仮定　四	肯定	乗ると	乗りますと
	否定	乗らないと	乗りませんと
命令	肯定	乗れ・乗って	乗ってください
	否定	乗らないで	乗らないでください
禁止		乗るな	
勧誘		乗ろう	乗りましょう

11.3.12. 基本形が「―る」で終わる不規則な五段型動詞の活用
「なさる」(*)（不規則な形態を太字で表わしています）

		普通	丁寧
基本	肯定	なさる	**なさい**ます
	否定	なさらない	**なさい**ません

中止	肯定	なさり	
	否定	なさらず(に)	
複合中止	肯定	なさって	**なさいまして**
	否定	なさらなくて・なさらないで	
完了	肯定	なさった	**なさいました**
	否定	なさらなかった	**なさいませんでした**
推量	肯定	なさるだろう	なさるでしょう
	否定	なさらないだろう	なさらないでしょう
完了の推量	肯定	なさっただろう	なさったでしょう
	否定	なさらなかっただろう	なさらなかったでしょう
仮定　一	肯定	なされば	
	否定	なさらなければ	
仮定　二	肯定	なさったら	**なさいましたら**
	否定	なさらなかったら	
仮定　三	肯定	なさるなら	
	否定	なさらないなら	
仮定　四	肯定	なさると	**なさいますと**
	否定	なさらないと	**なさいませんと**
命令	肯定	**なさい**	**なさいませ**(1)
	否定	なさらないで	なさらないでください
禁止		**(なさるな)**(2)	**(なさいますな)**(2)
勧誘		(3)	(3)

(*) 同じ活用をする動詞「おっしゃる」「いらっしゃる」「くださる」「ござる」は、すべて謂わゆる「尊敬語」です。現今では、定型句「いらっしゃいませ」「○○してください」「おはようございます」「ありがとうございます」「おめでとうございます」「申し訳ございません」などには残っていますが、尊敬語が自然に正しく使える人は、ごく稀になりました。

(1) 後接辞「ます」の命令形「ませ」は、「いらっしゃいませ」「ごめんくださいませ」のような定型句以外で用いることは非常に稀になっています。

(2) 尊敬語に属する動詞の禁止形は、今では「非常に古めかしい」ものになっています。そのため丸括弧( )に入れてあります。

(3) 普通の話し方では、尊敬語に属する動詞の動作主や存在主は、話者自身ではあり得ません。また、自分自身に関して尊敬語を用いるような特殊な人物は、他者への尊敬の念を表明することは無いはずです。したがって勧誘形はありません。なお、稀に耳にすることのある「ございましょう」などの形は、「勧誘形」ではなく、古語の名残の「推量形」です。

11.3.13. 基本形が「―る」で終わる五段型活用の欠如動詞

「知る」と「知らない」は、形態だけを見ると、いかにも同一の動詞の肯定形と否定形のように見えます。ところが、活用形の意味・用法を調べてみると、実は、「知る」が動態動詞であるのに対して、「知らない」は「(話者の意思などとは無関係に) 安定した状態を表わす」静態動詞であることが分かります。

「書かない」は、「書くことを拒否する」という意味です。
「知らない」は、文脈によって「無知である」「部外者である」「情報圏外である」「面識が無い」または「悪い結果になっても話者の責任ではない」と同義であって、「知ることを拒否する」とか「面識を得ることを拒否する」という意味ではありません。

「書かなかった」は、「書くことを拒否しおおせた(＝書かせようとした人を諦めさせた)」または「書くつもりでいたが諦めた、やめた」という意味です。
「知らなかった」は、「無知だった」「部外者だった」「情報圏外だった」「面識が無かった」と同義であって、「知る(＝情報を得て理解する)ことを拒否しおおせた」「情報を得て理解するつもりでいたが諦めた」「面識を得ることを拒否しおおせた」「面識を得るつもりでいたが諦めた、やめた」などという意味ではありません。

以下に動態動詞「知る」の活用表を示します。静態動詞「知らない」とその活用表については、第15章を見てください。

否定形を欠く動態動詞「知る」

		普通	丁寧
基本	肯定	知る	(知ります) (*)
	否定		
中止	肯定	知り	
	否定		

複合中止	肯定	知って	(知りまして)(*)
	否定		
完了	肯定	知った	知りました
	否定		
推量	肯定	知るだろう	知るでしょう
	否定		
完了の推量	肯定	知っただろう	知ったでしょう
	否定		
仮定　一	肯定	知れば	
	否定		
仮定　二	肯定	知ったら	(知りましたら)(*)
	否定		
仮定　三	肯定	知るなら	
	否定		
仮定　四	肯定	知ると	(知りますと)(*)
	否定		
命令	肯定	知れ	知ってください
	否定		
禁止			
勧誘		知ろう	(知りましょう)(*)

(*)使用頻度の低い形態なので丸括弧(　)で括ってあります。ただし、「知る」を構成要素とする複合動詞「思い知る」の丁寧形「思い知りました」などは、稀ではありません。なお「思い知る」も欠如動詞で、「*思い知らない」「*思い知りませんでした」などの形態を用いることはありません。

11.3.14. **単一語幹・一段型動詞の活用　一**　（謂わゆる「上一段活用(*)」）

(*)一段型活用動詞では「みる」の「み―」、「でる」の「で―」が語幹であり、「―る」「―ない」「―ます」などが接辞です。「見る」と「出る」の活用を比べてみれば分かりますが、謂わゆる「上一段活用」と「下一段活用」の違いは、語幹の最終母音が／イ／であるか／エ／であるかだけです。

　文語には「上二段活用」と「下二段活用」がありますから、「上一段」と「下一段」を区別する意味がありますが、現代語の文法体系ではこの区別は無意味になっています。

「見る」

		普通	丁寧
基本	肯定	見る	見ます
	否定	見ない	見ません
中止	肯定	(見)(1)	
	否定	見ず(に)	
複合中止	肯定	見て	見まして
	否定	見なくて・見ないで	
完了	肯定	見た	見ました
	否定	見なかった	見ませんでした
推量	肯定	見るだろう	見るでしょう
	否定	見ないだろう	見ないでしょう
完了の推量	肯定	見ただろう	見たでしょう
	否定	見なかっただろう	見なかったでしょう
仮定 一	肯定	見れば	
	否定	見なければ	
仮定 二	肯定	見たら	見ましたら
	否定	見なかったら	見ませんでしたら
仮定 三	肯定	見るなら	
	否定	見ないなら	
仮定 四	肯定	見ると	見ますと
	否定	見ないと	見ませんと
命令	肯定	見ろ・見て	見てください
	否定	見ないで	見ないでください
禁止		見るな	
勧誘		見よう	見ましょう

(1)中止形「見」の用例はごく稀です。

11.3.15. **単一語幹・一段型動詞の活用　二**　(謂わゆる「下一段活用」)

「出る」

		普通	丁寧
基本	肯定	出る	出ます
	否定	出ない	出ません
中止	肯定	(出)(1)	
	否定	出ず(に)	

複合中止	肯定	出て	出まして
	否定	出なくて・出ないで	
完了	肯定	出た	出ました
	否定	出なかった	出ませんでした
推量	肯定	出るだろう	出るでしょう
	否定	出ないだろう	出ないでしょう
完了の推量	肯定	出ただろう	出たでしょう
	否定	出なかっただろう	出なかったでしょう
仮定 一	肯定	出れば	
	否定	出なければ	
仮定 二	肯定	出たら	出ましたら
	否定	出なかったら	出ませんでしたら
仮定 三	肯定	出るなら	
	否定	出ないなら	
仮定 四	肯定	出ると	
	否定	出ないと	
命令	肯定	出ろ・出て	出てください
	否定	出ないで	出ないでください
禁止		出るな	
勧誘		出よう	出ましょう

(1)中止形「出」の用例はごく稀です。

11.3.16. **多語幹・一段型動詞の活用 一**(*)

「来(く)る」(多語幹動詞であることが分かりやすくなるように、語幹に相当する漢字「来」の読みを、ルビではなく、特別に丸括弧( )で括って示してあります。この動詞の活用がまだ十分に身についていない子供や外国人を読者として想定する文章では、「こない」「くれば」「きます」のようにルビを付けるのが親切です)

		普通	丁寧
基本	肯定	来(く)る	来(き)ます
	否定	来(こ)ない	来(き)ません
中止	肯定	(1)	
	否定	来(こ)ず(に)	
複合中止	肯定	来(き)て	来(き)まして
	否定	来(こ)なくて・来(こ)ないで	

11.動態動詞　207

完了	肯定	来(き)た	来(き)ました
	否定	来(こ)なかった	来(き)ませんでした
推量	肯定	来(く)るだろう	来(く)るでしょう
	否定	来(こ)ないだろう	来(こ)ないでしょう
完了の推量	肯定	来(き)ただろう	来(き)たでしょう
	否定	来(こ)なかっただろう	来(こ)なかったでしょう
仮定　一	肯定	来(く)れば	
	否定	来(こ)なければ	
仮定　二	肯定	来(き)たら	来(き)ましたら
	否定	来(こ)なかったら	来(き)ませんでしたら
仮定　三	肯定	来(く)るなら	
	否定	来(こ)ないなら	
仮定　四	肯定	来(く)ると	来(き)ますと
	否定	来(こ)ないと	来(き)ませんと
命令	肯定	来(こ)い・来(き)て	来(き)てください
	否定	来(こ)ないで	来(こ)ないでください
禁止		来(く)るな	
勧誘		来(こ)よう	来(き)ましょう

(*)謂わゆる「か行変格活用」です。語幹が「こ―」「き―」「く―」と三種類あります。接辞は、命令形の「―い」を唯一の例外として、単一語幹・一段型活用の場合と同じです。

(1) 中止形の理論的に可能な形態「*来(き)」は、現代語では用いません。

11.3.17. 多語幹・一段型動詞の活用　二の一(*)

「する」

		普通	丁寧
基本	肯定	する	します
	否定	しない	しません
中止	肯定	し(1)	
	否定	せず(に)	
複合中止	肯定	して	しまして
	否定	しなくて・しないで	
完了	肯定	した	しました
	否定	しなかった	しませんでした

推量	肯定	するだろう	するでしょう
	否定	しないだろう	しないでしょう
完了の推量	肯定	しただろう	したでしょう
	否定	しなかっただろう	しなかったでしょう
仮定　一	肯定	すれば	
	否定	しなければ	
仮定　二	肯定	したら	しましたら
	否定	しなかったら	しませんでしたら
仮定　三	肯定	するなら	
	否定	したなら	
仮定　四	肯定	すると	しますと
	否定	しないと	しませんと
命令	肯定	しろ・して	してください
	否定	しないで	しないでください
禁止		するな	
勧誘		しよう	しましょう

(*) 謂わゆる「さ行変格活用」です。語幹は四種類あり、上の表に出ている「す―」「し―」「せ―」に加えて、使役相「させる」と情動相「される」に「さ―」が現れます。

(1) 中止形の「し」は、単一動詞(a)の「する」の中止形としては非常に稀ですが、「研究する」「討議する」などの複合動詞では、書き言葉での用例は珍しくありません。

(a)「単一動詞」：複合動詞でも派生動詞でもない動詞。単一語の一種です。「単純動詞」とも言います。

11.3.18. 多語幹・一段型動詞の活用　二の二(*)

「研究する」

		普通	丁寧
基本	肯定	研究する	研究します
	否定	研究しない	研究しません
中止	肯定	研究し	
	否定	研究せず(に)	
複合中止	肯定	研究して	研究しまして
	否定	研究しなくて・研究しないで	
完了	肯定	研究した	研究しました
	否定	研究しなかった	研究しませんでした

推量	肯定	研究するだろう	研究するでしょう
	否定	研究しないだろう	研究しないでしょう
完了の推量	肯定	研究しただろう	研究したでしょう
	否定	研究しなかっただろう	研究しなかったでしょう
仮定　一	肯定	研究すれば	
	否定	研究しなければ	
仮定　二	肯定	研究したら	研究しましたら
	否定	研究しなかったら	研究しませんでしたら
仮定　三	肯定	研究するなら	
	否定	研究したなら	
仮定　四	肯定	研究すると	研究しますと
	否定	研究しないと	研究しませんと
命令	肯定	研究しろ・研究して	研究してください
	否定	研究しないで	研究しないでください
禁止		研究するな	
勧誘		研究しよう	研究しましょう

(*)「する」を最終構成要素とする複合動詞の活用の例です。「する」の活用と完全に並行しています。

11.3.19. 多語幹・一段型動詞の活用　二の三(*)
「重んずる」

		普通	丁寧
基本	肯定	重んずる	重んじます
	否定	重んじない	重んじません
中止	肯定	重んじ	
	否定	重んぜず(に)	
複合中止	肯定	重んじて	重んじまして
	否定	重んじなくて・重んじないで	重んじませんで
完了	肯定	重んじた	重んじました
	否定	重んじない	重んじません
推量	肯定	重んずるだろう	重んずるでしょう
	否定	重んじないだろう	重んじないでしょう
完了の推量	肯定	重んじただろう	重んじたでしょう
	否定	重んじなかっただろう	重んじなかったでしょう

仮定　一	肯定	重んずれば	
	否定	重んじなければ	
仮定　二	肯定	重んじたら	重んじましたら
	否定	重んじなかったら	重んじませんでしたら
仮定　三	肯定	重んずるなら	
	否定	重んじないなら	
仮定　四	肯定	重んずると	重んじますと
	否定	重んじないと	重んじませんと
命令	肯定	重んじろ・重んじて	重んじてください
	否定	重んじないで	重んじないでください
禁止		重んずるな	
勧誘		重んじよう	重んじましょう

(*)「映ずる」「生ずる」「乗ずる」「案ずる」「感ずる」「肯んずる」のように「—ずる」で終わる複合動詞の活用です。この種の動詞は、単一語幹型に移行する傾向が強く、次の表のように「重んじる」「生じる」「乗じる」「案じる」「感じる」という形態の単一語幹・一段型活用動詞として用いる人が増えています。ただし「肯んずる」のように非常に硬い書き言葉でしか用いない動詞の場合は、この限りではないようです。

「重んじる」

		普通	丁寧
基本	肯定	重んじる	重んじます
	否定	重んじない	重んじません
中止	肯定	重んじ	
	否定	重んじず(に)	
複合中止	肯定	重んじて	重んじまして
	否定	重んじなくて・重んじないで	重んじませんで
完了	肯定	重んじた	重んじました
	否定	重んじない	重んじません
推量	肯定	重んじるだろう	重んじるでしょう
	否定	重んじないだろう	重んじないでしょう
完了の推量	肯定	重んじただろう	重んじたでしょう
	否定	重んじなかっただろう	重んじなかったでしょう
仮定　一	肯定	重んじれば	
	否定	重んじなければ	
仮定　二	肯定	重んじたら	重んじましたら
	否定	重んじなかったら	重んじませんでしたら

仮定　三	肯定	重んじるなら	
	否定	重んじないなら	
仮定　四	肯定	重んじると	重んじますと
	否定	重んじないと	重んじませんと
命令	肯定	重んじろ・重んじて	重んじてください
	否定	重んじないで	重んじないでください
禁止		重んじるな	
勧誘		重んじよう	重んじましょう

11.4. 動態動詞の活用形の用法

11.4.1. 言い切り回避表現

11.4.1.1. 伝聞

確かな伝聞

「〇〇(＝動詞の基本形)＋そうだ／そうである／そうです」

　　小島先生の合唱団が今年もこの村にやって来る**そうだ**ね。　　(1)
　　合唱団の去年のコンサートは、この教会でやった**そうです**。　(2)

(1)(2) 小島先生自身、または合唱団員、あるいは村の教会の責任者などの確かな筋から得た情報です。
(2) この文の主題標識「は」は、格標識「を」で置き換えることができます。「が」で置き換えることはできません。

不確かな伝聞

「〇〇らしい」

　　小島先生の合唱団が今年もこの村にやって来る**らしい**よ。　　(1)
　　合唱団の去年のコンサートは、この教会でやった**らしい**。　　(2)

(1)(2) 小島先生自身、合唱団員、村の教会の責任者などの確かな筋から得た情報ではありません。
(2) この文の主題標識「は」は、格標識「を」で置き換えることができます。「が」で置き換えることはできません。

11.4.1.2. 不十分な観察に基づいた暫定的な判断
「○○ようだ」「○○ようである」「○○ようです」

雨が小降りになってきた。もうすぐやむ**ようだ**。
雨音がしなくなった。雨は、もうやんだ**ようだ**。　(1)

(1) 雨音だけに頼っての暫定的な判断です。外を眺めて雨がやんだのを確認してはいないのです。雨音がしないほど細かい雨がまだ降っているかもしれません。

11.4.1.3. 推量・推測・推定
かなりの確信を持って表明する推量・推測
「○○**だろう**」「○○**でしょう**」

空が明るくなってきたから、もうすぐ雨は、やむ**だろう**。
小鳥の声が聞こえてきたわ。もう雨は、やんだ**でしょう**ね。

確信のもてない推量・推測
「○○**かもしれない**」「○○**かもしれません**」「○○**かも**」
二時間も降り続いているから、そろそろ雨は、やむ**かもしれない**。
この空模様では、雨は、なかなかやまない**かもしれません**よ。

推定・道理
「○○**はずだ**」(*)

(*)「はず」は、形式名詞です。

温暖前線が近づいています。天気は、午後から崩れる**はずです**。
台風が西側を北上している。この地方ではフェーン現象が起こる**はずだ**。

否定的な推定・道理
「○○**はずが無い**」「○○**はずがありません**」

良夫君は怪我をして入院中だよ。今朝、車を運転していた**はずが無い**。

あの小屋には鍵がかかっています。子供が入り込む**はずはありません**。

11.4.2. 動態動詞＋複合繋辞「のだ」「のです」「のである」

　動詞文（および名詞文、形容詞文）に「**のだ**」(*)「**のです**」(*)「**のである**」を後接させると「対話者が知らないこと、気付いていないこと、すぐには受け容れられないかもしれないことを告げる」という含みの文になります。

(*)話し言葉では頻繁に「**んだ**」「**んです**」という形になります。

　この鳥の羽、風でふわふわ飛んで来た**んだ**よ。

　その手紙は、私が書いた**んです**けど、何か問題がある**んです**か。　　（1）

(1) 二つ目の「んです」は、疑問文なので話者と対話者の立場が逆になります。「**話者の気付いていないことがあるのなら教えてもらいたい**」という含みです。

11.4.3. 動態動詞の中止形

　現代語の動詞の中止形および複合中止形は、動態動詞「言う」の基本形から派生するもの(*)を例に取ると、肯定・否定を併せて、「言い」「言って」「言わず(に)」「言わなくて」「言わないで」の五種類の形態があります。

(*)継続相「言っている」から「言っていて」「言っていないで」など、情動相「言われる」から「言われて」「言われずに」「言われないで」など、使役相「言わせる」から「言わせて」「言わせないで」など、さらには「言ってしまって」「言ってもらって」「言わせてもらえて」「言わせてもらえないで」など、動詞のさまざまな派生形態からそれぞれ中止形が派生します。

　このうち肯定形の「言い」は、単独でも用いますが、「言いながら」という「動作の同時進行」を表わす形態(*)や「言い切る」「言い含める」などの複合動詞の構成要素にもなります。一方、「言って」は、単独で用いるほか、「言ってもいい」「言ってはならない」「言ってはいけない」などの用言複合体の構成要素にもなり、また「言ってから」という形態(**)は「特定の動作が、次の動作が始まる以前に、完了していること」を示します。

(*)(**)「言いながら」や「言ってから」は「動詞から派生した副詞」で　**副詞節**を作ります。ヨーロッパ諸語の「現在分詞」の機能の一部に相当します。「動態動詞文から

なる副詞節」の項を見てください。なお後接辞「—ながら」が認識動詞や可能動詞に後接する場合は意味が違います。

(**)「○○してから」という形態は「○○してから**が**大変だった」のように**名詞節**としても用います。

「言い」「言って」「言いながら」「言ってから」の用例は、「動態動詞の中止形からなる副詞節」の項で記述しています。

複合否定形の「言わなくて」という形態は、「言わなくて(**も**)いい」「言わなくて**は**いけない」「言わなくて**は**ならない」「言わなくて**は**落ち着かない」「言わなくて**は**困る」「言わなくて**も**分かる」のように ｛＋**主題標識**＋別の動詞または形容詞｝という構成の用言複合体を作るのが主な用法です。これに対して「言わないで」は、単独でも用い、また「言わないでください」「言わないでやる」「言わないでもらいたい」「言わないでおいてもらいたい」などのような別種の用言複合体を作ります。複合イ形容詞、複合動詞の章(27., 29.)を見てください。

11.4.3.1. 動態動詞の中止形から派生する名詞

一部の動態動詞の中止形は、そのままの形で名詞になっています。

遊び、働き、泳ぎ、怒り、誇り、謡い(うた)、舞、踊り、鋏(はさみ) など

動態動詞の中止形を二つ連ねた構成の複合名詞は、数え切れないほどあります。

貸し借り、売り買い、乗り降り、出し入れ、やりとり、上げ下げなど
買い食い、立ち食い、つまみ食い、つまみ洗い、重ね着、着膨れ(きぶく)など

｛名詞＋動態動詞の中止形｝という構成の複合名詞は、無数にあります。

物言い、物書き、物干し、昆布売り、酒飲み、ふんどしかつぎ、魚釣り など
木登り、山登り、山歩き、水泳ぎ、橋渡し、舟遊び、カード遊び、塩漬

けなど
前書き、後書き、上書き、下書き、衝動買い、犬死(いぬじに)、後添(のちぞ)い、昼寝など

{動態動詞の中止形＋名詞} という構成の複合名詞も、無数にあります。

食べ物、飲み物、漬物、着物、干し物、売り物、出し物など
食べ方、飲み方、漬け方、着方、干し方、売り方、出し方など
落ち葉、枯葉、干し葡萄(ぶどう)、濡れ雑巾、押し花、通り雨、痛み具合など

{形容詞語幹＋動態動詞の中止形} という構成の複合名詞もあります。

早起き、早とちり、深読み、高跳び、若死に、遠廻り、悪ふざけなど

さらには、動態動詞の中止形を含めて三つ以上の要素からなる複合語の例も枚挙に暇(いとま)がありません。

大酒呑み、濡れ落ち葉、田植え唄、立ち居振る舞い、データ貼り付けボードなど

11.4.3.2. 動態動詞の中止・肯定形＋「そうだ」「そうです」「そうである」

後接辞複合体「そうだ／そうです／そうである」(*)が動態動詞の中止形に後接すると、「今にもその動作が実現するという予測」を表します。

(*) {動態動詞の中止形＋「そうだ(です、である)」} という構成の複合体は、それ自体「複合ナ形容詞」です。第26章を見てください。

あの雲の様子だと、雨が降り**そうだ**ね。
その花瓶、倒れ**そうだ**。大きな花をそんなに入れちゃいけないよ。

11.4.4. 動態動詞の完了形

動詞の完了形は「完了・終止形」と「完了・連体形」を兼ねます(*)。

(*)同じことが後述する継続相、結果相、使役相、情動相などについても言えます。現代

日本語で終止形と連体形が別形態になるのは、名詞型形容詞の後接辞「だ」の他には、名詞に後接する繋辞「だ」の一部の用法だけです。

［完了・終止形］

　　子供たちが学校から**帰って来た**。　　　(1)
　　ご飯が**炊き上がった**。

(1) 状況によって「完了・過去」にも「完了・現在」にも「完了・未来」にもなります。日本語では「子供たちの帰って来るのが遠くから見えた」時点ですでに「帰って来た」と言えます。「完了・未来」をヨーロッパ諸語の「過去形」で訳すのは、誤訳です。

［完了・連体形］

［過去］　　｛学校から**帰って来た**｝子供たちが宿題をやっている。
［未来］　　｛子供たちが学校から**帰って来た**｝時には、これをおやつに食べさせてやってね。
［一般］　　｛**炊き上がった**｝ご飯は、しばらく蒸らしておくと美味しいのよ。

11.4.5. 動態動詞の命令形

　現代語の動詞の命令形には、さまざまな種類があります。

　　ここに名前を**書け**。　　　　　　　　　　　　　(1)
　　用紙を渡されて、［ここに名前を**書け**］って言われたよ。　　(2)

(1) 基本的な命令形です。共通語では、単独で用いると乱暴で、場合によっては脅迫のようにさえ聞こえます。
(2) 角括弧［　］で括った部分は間接引用句です。この場合、敬語などは捨象するものなので、基本の命令形はどんなニュアンスも伴いません。他者の言葉をあるがままに再現する直接引用句であれば、鉤括弧「　」で括ります。

　　「ここに名前を書け」って言われたよ。ひどいね。
　　「ここに名前を書きなさい」って言われたよ。子供に見られたのかな。
　　「ここにお名前を書いてください」って言うから書いて来たよ。
　　「ここにお名前を書いていただけますか」って言われたよ。僕まだ高校生なのに大人扱いだった。

ここに名前を**書きな**。　　　　　　　　　　　　　　　　(1)
　　ここに名前を**書きなさい**。　　　　　　　　　　　　　　(2)
　　指に怪我してるんだ。代りに**書いてくれよ**。　　　　　　(3)
　　指に怪我してるんです。代りに**書いてください**。　　　　(4)
　　この漢字、まだ習ってないの。おじいちゃん、**書いてちょうだい**。　(5)

(1) 親しい間柄での砕けた話し言葉です。目上の人にこういう言い方はできません。
(2) 「なさる」は本来は尊敬語なのですが、なぜか命令形「なさい」には「敬意」が全くありません。目上ではなく、歴然と目下の者に有無を言わせず命令する時に使う言い方です。
(3) 「話者または話者に近い人物が受益者であることを示す複合動詞」の命令形です。受益者は動作主と同等か上の立場です。
(4) 前の例と同じく「話者または話者に近い人物が受益者であることを示す複合動詞」の命令形です。受益者よりも動作主のほうが目上です。
(5) 「ちょうだい」は、「頂戴する」という動詞の語幹で、話し言葉で「ください」と同義の命令標識として用いるようになったものです。動詞の複合中止形に後接させた形態は、現今では幼児語です。

　複合動詞の命令形には否定形もあります。禁止形(=「書くな」「行くな」など)よりも婉曲な表現です。

　　あっ、その紙には**書かないでくれ**。
　　済みません。その紙には**書かないでください**。
　　壁には字を**書かないでちょうだい**ね。(*)
　　壁には字を**書かないで**ね。

(*)「ちょうだい」は、現代語では「幼児語で命令形を作る後接辞」になっています。

　動態動詞の複合中止形は、話し言葉では上昇調のイントネーションを伴って親しい間柄での命令形になっています。適宜、文末接辞が付くこともあり、「書いて！」「書いてよ(*)」「書いてね」「書かないで！」「書かないでよ(*)」「書かないでね」などの形態は、書き言葉でも、会話を引用する場面ではすでに自然で当然のものになっています。

(*)文末接辞「よ」の付いた形態のイントネーションは、上昇調にも下降調にもなります。

「ね」の付いた形態は、常に上昇調です。

11.4.6. 動態動詞の勧誘形

　動態動詞の勧誘形は、「対話者を勧誘する気持ち」または「自分自身が動作を遂行する意志」を表現します。

［対話者を勧誘］

　　ねえ、これ、高いけど**買おう**よ。他で節約すればいいよ。
　　億劫(おっくう)がらないで、今度一緒に山に**登ろう**よ。
　　夏になったら、家族みんなで海に**行こう**ね。

［話者自身の意志］

　　お金は…大丈夫だ。この本、今すぐ**買おう**。
　　昨日、この本を**買おう**と思ったけど、お金が足りなかったの。
　　あの本は、来月**買おう**と思う。

　動態動詞には、勧誘形、命令形、禁止形の欠けているものがあります。例えば「降る」の勧誘形の「*降ろう」は、ありません(*)。しかし文語的な表現で「雨よ、降れ」「雪よ、降るな」とは言えます。

(*)文語の「降ろう」は、勧誘形ではなく、推量形です。

11.5. 動態動詞文からなる節

11.5.1. 連体節

　下の例文で波括弧 { } で括った部分が連体節です。　連体節の中の動作主標識は「**が**」の場合と「**の**」の場合があります。
［独立した文］　　昨年、鈴木さん**が**この本**を**書きました。　　(1)

(1) 独立した文では、格標識「が」が動作主を、「を」が動作の対象を示します。

[連体節]	｛鈴木さん**の**昨年書いた｝本は、どれですか	(1)
[連体節]	｛鈴木さん**の**昨年書いた｝本は、これです。	(2)
[連体節]	これが｛鈴木さん**の**昨年書いた｝本です。	(3)
[連体節]	｛鈴木さん**が**昨年書いた｝**の**は、この本です。	(4)

(1)(2)(3) 連体節の中では、後続の語（＝被修飾語）が動作の対象であれば、格標識「の」が動作主を示します。ただしこの用法には「揺れ」があり、原則に反して「が」を用いる人もいます。しかし「の」を使ったほうが、連体節であることがすぐ分かりますから、明確です。また、(3)の例では「これが*鈴木さんが」と同音の「が」が続くと、意味が不明になります。

(4) 連体節が形式名詞「の」にかかるときは、その「の」が動作の対象であっても、連体節の中の動作主標識は「が」のままです。この用法にも「揺れ」があり、原則に反して「の」を用いた例も散見します。

[連体節]	｛鈴木さん**が**この本**を**書いた｝年は、猛暑でした。	(1)
[連体節]	｛鈴木さん**が**この本**を**書いた｝宿は、新築したようです。	(2)

(1)(2) 連体節が「時」や「場所」を示す語にかかるときには、連体節の中の動作主標識は「が」です。

[連体節]	｛昨年この本**を**書いた｝**の**は、鈴木さんです。	(1)

(1) 形式名詞「の」が動作主です。連体節の中には動作主がありません。

[独立した文] この村の温泉宿で斉藤さん**が**推理小説**を**書きました。

[連体節]	｛斉藤さん**が**推理小説**を**書いた｝温泉宿は、これです。	(1)
[連体節]	｛この温泉宿で斉藤さん**の**書いた｝推理小説は、これです。	(2)
[連体節]	｛この温泉宿で斉藤さん**が**書いた｝**の**は、推理小説です。	(3)
[連体節]	｛この温泉宿で推理小説**を**書いた｝**の**は、斉藤さんです。	(4)

(1) 連体節が「場所」を示す語にかかっていますから、連体節の中の動作主標識は「が」です。

(2) 連体節が「動作の対象」を示す語にかかっていますから、連体節の中の動作主標識は「の」です。

(3) 連体節が形式名詞「の」にかかっていますから、その「の」が動作の対象を示していても、連体節の中の動作主標識は「が」のままです。
(4) 形式名詞「の」が動作主です。連体節の中には動作主がありません。

［独立した文］　　お隣の息子さん**が**冬山で遭難したそうです。

［連体節］　　｛息子さん**が**冬山で遭難した｝お宅は、お隣です。　　　　(1)
［連体節］　　｛息子さん**が**冬山で遭難した｝**の**は、うちじゃない。お隣さんです。　　　　　　　　　　　　　　　　　　　　　　　　　　　　(2)

(1)(2) 連体節の中の動作主「息子さん」は、被修飾語・形式名詞「の」(＝お隣さん)の「所有の対象」です。この場合、**被修飾語が形式名詞でなくても、格標識は「が」です**。「の」にはなりません。

［独立した文］　　「歌う」という五段型活用動詞**の**基本形**は**、「う」で終わります。　　　　　　　　　　　　　　　　　　　　　　　　　　　　(1)

(1) 主題標識「は」の陰に格標識「が」が隠れています。

［連体節］　　「歌う」は、｛基本形**が**「う」で終わる｝五段型活用動詞です。
　　　　　　　　　　　　　　　　　　　　　　　　　　　　　　　　　　(1)

(1) 連体節の中の動作主「基本形」は、被修飾語「五段型活用動詞」の「所有の対象」です。従って、格標識は「が」です。

11.5.2. 名詞節

次の例の波括弧｛　｝の中の部分が「動態動詞文からなる名詞節」です。

　　｛来年度も自動車の輸出が伸びる**かどうか**｝は、存じません。　　(1)
　　｛来年度の自動車の輸出が伸びた**かどうか**｝(が)分かった時点で対処しましょう。　　　　　　　　　　　　　　　　　　　　　　　　　　　(2)
　　｛地震がいつ起こる**か**｝は、誰にも分かりません。　　　　　　(3)

(1) 「伸びる」は、「未完了・未来」です。
(2) 「伸びた」も「分かった」も「完了・未来」です。
(3) 「起こる」は、「未完了・一般的な真理」です。

{歩きながらものを食べる**の**}は、行儀が悪い。
　　{大人が歩きながらものを食べる**の**}を見て、うちの子は呆れていました。
　　{ネパールで地震が起こった**こと**}を日本の家族に知らせました。

　名詞節を存在動詞「ある」の存在主にした{**動態動詞の基本形＋ことがある**}という構成の言い廻しは、「その行為をする機会がある」ことを示します。どのくらいの頻度か、いつなのか、すでにその機会があったのか、などは問題になりません。なお、格標識「が」は、主題標識「は」「も」「さえ」などで置き換えることができます。

　　山田先生は、{滞仏中に教え子たち**の**訪ねてくる**こと**}がありますか。
　　　　　　　　　　　　　　　　　　　　　　　　　　　　　　　　(1)
　　山田先生、{滞仏中に教え子たち**が**訪ねてくる**こと**}ってありますか。
　　　　　　　　　　　　　　　　　　　　　　　　　　　　　　　　(2)
　　最近は{映画を見に行く**こと**}も{コンサートを聴きに行く**こと**}もありません。
　　最近{映画を見に行く**こと**}は無いけど、{コンサートを聴きに行く**こと**}はあるよ。

(1) 丁寧体の改まった話し方です。名詞節の中の動作主標識には「揺れ」があり、「が」になることもあります。
(2) 丁寧体ですが、くだけた話し方です。冒頭に主題標識「は」の省略があります。名詞節の中の動作主標識には「揺れ」があり、「の」になることもあります。名詞節の後の格標識「が」が主題標識「って」で置き換わっています。

　同じく名詞節を存在動詞「ある」の存在主にした{**動態動詞の完了形＋ことがある**}という構成の言い廻しは、「そういう経験が一度はある」ことを示します。いつ、どこで、どのようにその経験をしたかは問題になりません。

　　{アルバニアに行った**こと**}がありますか。
　　アルバニアには{行こうと思った**こと**}さえありません。
　　本物の宝石なんて俺、{見た**こと**}も無いよ。

11.5.3. 副詞節
11.5.3.1. 動態動詞からなる名詞節が副詞節として機能する場合

明日の朝は、{朝刊が届いた頃} 起き出そう。　　　　　　　(1)
明日の朝は、{朝刊が届いた頃には} 起き出そう。　　　　　(2)
このマンションのローンは、{末娘が嫁ぐ頃} 終わるはずだねえ。　(3)
このマンションのローンは、{末娘が嫁ぐ頃には} 終わるはずだねえ。
　　　　　　　　　　　　　　　　　　　　　　　　　　(4)

(1)(2) 副詞節の動詞は「完了・未来」です。(***)
(3)(4) 副詞節の動詞は「未完了・未来」です。(***)
(2)(4) 「には」のついた副詞節には、「**遅くとも**その前後には」という含みがあります。

昨日の朝は、{朝刊が届く前に} 起き出した。　　　　　　(1)
明日の朝は、{朝刊が届いた後で} ゆっくり起き出そう。　　(2)

(1) 副詞節の動詞は「未完了・過去」です。(***)
(2) 副詞節の動詞は「完了・未来」です。(***)
(***) 日本語の動詞は、「完了か未完了か」によって形を変えますが、「時」によって形を変えることはありません。

11.5.3.2. 動態動詞の中止形からなる副詞節
単独の中止形と単独の複合中止形

　単独の中止形は、硬い書き言葉でのみ用います。単独の複合中止形は、書き言葉でも話し言葉でも用います。動態動詞の複合中止形を単独で用いると「その動作が完了している」という含みがあります。

林氏は「いいよ」と**言って**姿を消したが、森氏は「駄目だ」と言う。
林さんは「いいよ」って**言って**出かけたけど、森さんは「駄目だ」って言うのよ。
高田氏は「その通りだ」と**言い**、小森氏は「違う」と言う。　(1)

(1) 動態動詞の（複合でない）中止形には「その動作が完了している」という含みはありません。「小森氏が『違う』と言った後も高田氏は『その通りだ』と言い続けている」

のです。話し言葉でこの例文と同じ意味になるのは、中止形ではなく、継続相と接続詞を使った「高田さんは『その通りだ』って言ってるけど、小森さんは『違う』って言ってるよ」という文です。

否定形の「言わず(に)」と「言わないで」の間には意味の違いはありません。そして話し言葉でも「言わずに」という形態は用います。

　　安藤氏は、いたく立腹して、ものも**言わずに**出て行ってしまった。（1）
　　安藤さん、すごく怒って、ものも**言わずに**出て行ってしまったのよ。
　　　　　　　　　　　　　　　　　　　　　　　　　　　　　　　　（2）
　　安藤さんったら、すごい怒っちゃって、ものも**言わないで**出てっちゃったのよ。（*）

(1) 硬めの書き言葉です。
(2) 話し言葉・女言葉です。
(*) この文の例のようにイ形容詞「すごい」を基本形のままで（＝連用形の「すごく」という形態にしないで）副詞として転用する話し方が、くだけた会話では、止めども無い勢いで広まっています。同様の現象が他のイ形容詞には起こっていないのが不思議です。こうした例が多数出現するとイ形容詞と副詞の区別の崩壊に繋がるのですが、どうもそうではなく、突然変異的・例外的なケースのようです。
　なお、「ったら」は、主題標識で、話者が呆れていることを示します。また「出て行ってしまう」「怒っちゃう」などの形態は複合動詞の章(29.)で記述しています。

中止形 ＋ 「―ながら」

　動態動詞の中止形に後接辞「ながら」を付けた形態は、動作の「同時進行」を表わします。

　　{横断歩道を**渡りながら**} ものを食べるのは、行儀が悪いし危ないよ。（1）
　　庭師が {鼻歌を**歌いながら**} 庭木を剪定していた。　　　　　　　　（2）

(1)「横断歩道を渡る」行為と「ものを食べる」行為の同時進行を諫める表現です。
(2)「鼻歌を歌う」行為と「庭木を剪定する」行為が同時進行していたことを回想しています。波括弧｛｝の中が副詞節です。

中止形＋「―次第」

動態動詞の中止形に後接辞「─次第」を付けた形態は「その動作をするとすぐに」という意味の副詞節を作ります。

　　{山田先生のお車が**着き次第**}式を始めます。
　　卵は、{**茹で上がり次第**}持って来てください。

複合動詞の語幹＋「─次第」
ただし「到着する」「完成する」のような{二文字の漢語＋「─する」}という構成の複合動詞の場合は、中止形ではなく、動詞の語幹に「─次第」が後接します。

　　{パリの北駅に**到着次第**}電話してください。
　　(新しい店舗が**完成次第**)開店します。

中止形＋「─に」
動態動詞の中止形に後接辞「─に」を付けた形態は、移動を表わす動詞と共に用いて「移動した上で成すべき行為」を表わします。

　　まこちゃんのお家に{テレビを**見に**}行こうよ。
　　{水道工事を**しに**}来ました。
　　{お昼ごはんを**食べに**}家に帰ります。
　　{忘れ物を**取りに**}家に戻ります。

複合中止形＋「─から」
動態動詞の複合中止形に後接辞「─から」を付けた「行ってから」「来てから」「転居してから」「言ってから」などの形態は「特定の動作が、次の動作が始まる以前に、確実に完了していること」を示します。

　　{手を**洗ってから**}おやつを食べようね。　　　　　　　　　(1)
　　{宿題を**済ませてから**}弘君のお家に行ったんだけど、留守だった。
　　　　　　　　　　　　　　　　　　　　　　　　　　　　　　(2)

{ここへ来てから}が苦労の連続なのよ。　　　　　　　　　　(3)
　　それは、{この子が生まれてから}のことよ。　　　　　　　　(4)

(1) 完了・未来。
(2) 完了・過去。
(3)(4) 波括弧｛｝の中は、本来は**副詞節**ですが、格標識「が」「の」が後接して、**名詞節**になっています。

　本書では、「持って行く」「持って来る」「連れて行く」「連れて来る」「やって来る」「見てやる」「見てあげる」「見てくれる」「見てくださる」「見てもらう」「見ていただく」「見てみる」「見てしまう・見ちゃう」などの形態は、「複合動詞」と分類しています。第27章で記述しています。

11.5.3.3. 条件節

　本書では、動詞の活用表に基本的な「仮定形」を四種類ずつ(*)掲載しています。それに加えて「書いたなら」「読んだなら」「書くとすると」「読むとすると」「書いたとすると」「読んだとすると」「書くとしたら」「読むとしたら」などの形態もほとんどの動詞に具わっています。

(*) 継続相「書いている」にも仮定形が、基本的なものだけでも「書いていれば」「書いていたら」「書いているなら」「書いていると」と、四種類あります。情動相「書かれる」には「書かれれば」「書かれたら」「書かれるなら」「書かれると」、使役相「書かせる」には「書かせれば」「書かせたら」「書かせるなら」「書かせると」、使役の情動相「書かせられる」には「書かせられれば」「書かせられたら」「書かせられるなら」「書かせられると」のように、さまざまな派生形のそれぞれに基本的な仮定形が四種類ずつ具わっています。加えて「書かせられてしまえば」「書かせられてしまったら」「書かせてもらえれば」「書かせてもらえたら」…と、日本語の動詞の派生・活用体系は、豊かで細やかで絢爛豪華です。

　「書けば」「読めば」などの形態は、「完了・未完了を問わない動作の仮定」です。他の仮定形とほぼ同義になる文脈が多いためか、近年、話し言葉では使用頻度が下がっているようです。

　　この道は、{右へ**行けば**}いいんですね。　　　　　　　　　(1)
　　学問は、どの分野も、{**知れば**}知るほど奥が深いものです。　(2)

「登山って何が楽しいんですか」「{一度頂上まで**登れば**} 分かりますよ」
                                                             (3)

(1) 波括弧 { } の中の条件節を {右へ**行くと**} または {右へ**行ったら**} で置き換えても、意味はほとんど変わりません。
(2) {…ば} + {…ほど} は、一組の言い廻しです。{知れば} を他の仮定形で置き換えることはできません。
(3) 波括弧 { } の中の条件節を {一度頂上まで**登ると**} または {一度頂上まで**登ったら**} で置き換えても、意味はほとんど変わりません。

「書いたら」「読んだら」などの形態は、「時」が未来であれば「動作の完了の仮定」です。

[未来]　　{この道を右へ**行ったら**} どこに着くんだろう。
　　　　　{一仕事**終わったら**} お茶にしましょうね。
　　　　　{**飲んだら**} 乗るな。　　　　　　　　　　　(1)

(1)「乗るなら飲むな」と一組になる有名な交通安全標語です。省略してある部分を補うと「[酒を] 飲んだら [車には] 乗るな」となります。

しかし「時」が過去であれば、「仮定」ではなく (*)、「既に実現した動作の規定する条件」を示します。

(*)「仮定形」と名が付いていても「仮定条件のみ」を表わすのではありません。

[過去]　　{先週の日曜日、この道を右へ**行ったら**} 道路工事中でした。
　　　　　{さっき原田先生に**電話したら**} すぐ行くって言ってました。

「書くなら」「読むなら」などは、動詞の基本形に (本来は繋辞の仮定形である)「なら」を後接させた形態です。「実現可能な動作を行なう意思の仮定」です。「時」は、現在か未来に限ります。

　　　　　{**乗るなら**} 飲むな。　　　　　　　　(1)
　　　　　大売出しです。{**買うなら**} 今ですよ。

(1)「飲んだら乗るな」と続く有名な交通安全標語です。省略してある部分を補うと「[車に] 乗るなら [酒は] 飲むな」となります。

「書くと」「読むと」などの形態は、「時」が現在または未来であれば、完了・未完了を問わず、任意の仮定条件を示し、その条件のもとで論理的に考えられる仮定結論を引き出すときに用います。

　　　{この道を右へ**行くと**} 無人駅に着きます。
　　　{原田先生に今電話**すると**} 授業中だから留守番電話に繋がりますよ。

しかし「時」が過去であれば、「仮定」ではなく、「既に実現した動作の規定する条件」を示し、その条件のもとで起こったことを表わす主文を要請します。この用法では「書いたら」「読んだら」と同義になりますが、「書くと」「読むと」のほうが硬い表現です。

[過去]　　{先週の日曜日、この道を右へ**行くと**} 道路工事中だった。(***)
　　　　　{その少し後で原田教諭に**電話すると**}「すぐ参ります」と言っていた。(***)
　　　　　{ふと**見ると**} 篤志君がすぐそばまで来ていた。(***)

(***)この用法では、「行くと」「電話すると」「見ると」などの形態が「過去」のある時点で「完了した」動作を表しています。動態動詞の基本形は、「完了形」と対立する文脈では「未完了」を表しますが、本来は**完了・未完了を問わない**形態であることが分かります。

11.5.3.4. 譲歩節(*)

　　{原田先生に今**電話しても**} 授業中だから繋がりませんよ。
　　この道は {どこまで**行っても**} ぬかるみだらけだ。
　　{どっちに**転んでも**} 同じことだ。

　　{あなたが**信じても**}{**信じなくても**} これは事実なのです。　(1)
　　{**心配しても**}{**しなくても**} 何も変わらないんですよ。

　　{**泣いても**}{**喚いても**} 明日が期限ですよ。
　　{**寝ても**}{**覚めても**} あなたのことばかり思っています。

(*)「としても」で終わる譲歩節は、「引用詞」の章で記述しています。

(1) 活用表には掲載してありませんが、同じ意味で「信じ**よう**と信じ**まい**と」という表現もあります。

12. 認識動詞(*)

(*)「認識動詞」は、本書の筆者による新造語です。

12.1. 認識動詞の定義

　本書では、「見える(*)」「聞こえる」「わかる(**)」の三語(***)を「認識動詞」と呼んでいます(****)。

(*)本書で認識動詞と呼んでいるのは「ある人**に**あるもの**が**見える」という構文の「見える」です。「私**には**あの人**が**日本人に見える」という構文の「見える」は、認識動詞ではなく、後述の「判断動詞」(13.)です。

(**)認識動詞「わかる」は、意味によって「解る(＝難なく理解でき、説明できる)」「分かる(＝事情がよく呑み込める)」「判る(＝判別できる)」と書き分けます。なお「わかる」は「ある人**に**あること**が**わかる」という構文を要請する認識動詞で、「理解する」は「ある人**が**あること**を**理解する」という構文を要請する動態動詞です。「太郎には、人の心が分からない」に近い意味を担うのは、「太郎は、人の心を理解しない」ではなく、「太郎には、人の心が理解できない」です。相互に取替えの利く同義語ではありません。なお、近年散見する「ある人＊**が**あること＊**を**わかる／わかっている／わからない」という構文は、認識動詞「わかる」を動態動詞だと誤認したことから発生したもので、本来の自然な日本語ではありません。

(***)「匂う(＝好いにおいがする)」と「臭う(＝悪いにおい、いやなにおいがする)」は、嗅覚認識を表わす動詞ですが、本書ではこの章で扱う「認識動詞」のうちに数えていません。「特定の人(または動物)にとって特定の場で特定のものを嗅覚によって認識することが可能である／ない」という意味で「ある人(または動物)＊**に**あるものが匂う／匂わない」という言い方は、自然な日本語には無いからです。それに、現代語では、「○○が匂う」よりも「○○の匂いがする」のほうを遥かに高頻度で観察します。特に好ましい匂いであれば「○○の香りがする」「○○の香がする」とも言います。味覚認識に関する「○○の味がする」という表現と並行しています。「○○の音がす

る」や「〇〇の声がする」も、「話者の周囲にいるすべての人（および動物）が同じものを聴覚認識しているはずだ」という確信を前提とした発言です。特定の人物や動物の認識能力は問題になっていないのです。一方、「香りがする」と「香りが漂う」とは、ほとんど同義です。本書では、認識する主体を表示することの無い「匂いがする」「音がする」「味がする」などの熟語動詞を「命令形や情動相の欠けている動態動詞」と分類しています。「匂い」や「音」や「味」は無情物ですから、否定形に「拒否」の含みはありません。

(****)「見る」「聞く」「認識する」などは、認識動詞ではなく、動態動詞です。

　認識動詞は、特定の人物や動物の「視覚による認識」「聴覚による認識」または「感覚器官による知覚、経験、思考能力、直感などを総動員した状況認識」を表わします。同族補語構文(*)の場合以外には必須補語が二つあり(**)、「ニ補語」が「認識する主体」を、「ガ補語」が「認識の対象」を表わします。

(*)「同族補語構文」：「目が見える」と「耳が聞こえる」は、別種の構文です。「認識動詞文」の項の末尾を見てください。
(**)後述する「可能動詞」(17.)は、構文が認識動詞とよく似ていますが、「認識」ではなく「可能性」「能力」などを表わします。また、「できる」以外の可能動詞は、すべて他の動詞から派生します。

　認識動詞には、命令形、禁止形、勧誘形が無く、また、後述する願望相も情動相もありませんし、可能動詞が派生することもありません(*)。

(*)認識動詞を構成要素とする複合動詞には「わかってやれ」「わかってくれ」「わかってやりたい」「わかってもらえた」「聞こえるようになりたい」などの形態があります。

12.2. 認識動詞文

12.2.1. 基本的な認識動詞文（＝無主題文）

　　　誠君**に**あの小さな星**が**見えるかな。　　　（1）
　　　この丘の上から海**が**見えますよ。　　　　（2）
　　　あの虫の音**が**聞こえますか。　　　　　　（3）
　　　生徒たち**に**この問題**が**解るだろうか。　（4）

(1)「誠君」が「認識主(*)（＝認識する主体)」、「あの小さな星」が「認識の対象」です。「誠君」は、対話者でもあり得ますし、話題になっている別の人物でもあり得ます。
(2) 認識主は「この丘の上から海のほうを眺める不特定の人」です。省略するのが普通です。
(3) 疑問文ですから認識主は対話者です。省略するのが普通ですが、対話者の名前を出して「〇〇さん**に**あの虫の音**が**聞こえますか」とすることもできます。

(4)「生徒たち」が認識主、「この問題」が「認識の対象」です。

(*)「認識主」は、本書の筆者による新造語です。

12.2.2. 有主題文

師匠**には**、遠くのかすかな物音**も**聞こえるのです。　　　　(1)

あなた**にも**あの虫の音**が**聞こえますか。　　　　(2)

私**には**ラオス語**は**全然解りません。　　　　(3)(*)

大気汚染のせいで、晴れていても夜空に昴（すばる）**なんて**なかなか見えませんよ。

(4)(*)

(1)「師匠」が認識主、「遠くのかすかな物音」が「認識の対象」です。「他の人には聞こえないが」という含みの文です。副次的な主題標識「も」の陰に格標識「が」が隠れています。
(2) 格標識「に」と主題標識「も」が並んでいます。疑問文なので、認識主は、特に断らない限り、対話者です。「あなた**にも**」という必須補語・主題の省略があったとしても、誤解は起こりません。
(3)「特定の言語が解る」「ある人の言葉が解る」という表現は、「特定の言語または人の言葉を聞いたり読んだりしたときに、伝えようとしている内容が瞬時に把握できる」という意味です。この文例では、「私」が認識主です。格標識「に」と主題標識「は」が並んでいます。「ラオス語」が「認識・理解の対象」です。副次的な主題標識「は」の陰に格標識「が」が隠れています。
(4)「この土地の不特定の観察者に」という必須補語（＝認識主）の省略があります。「昴」が「認識の対象」ですが、主題標識「なんて」の陰に格標識「が」が隠れています。「なんて」には、この文例では「期待してはいけない」という含みがあります。なお「晴れていても」は、「移態動詞「晴れる」の結果相の複合中止形＋不変化後接辞「も」」という構成の譲歩節です。

(*)認識動詞の否定形には、動態動詞の否定形と違って、一般に「拒否する」という含みはありません。「聞く気は無い」という意味での「それは、聞こえません」という言い廻しは、公然と事実無根のことを宣言しているのであって、本当に「聞こえない」のではありません。「聞こえないふりをする」は「拒否」のニュアンスを伴いますが、そのニュアンスは「ふりをする」という熟語が担っています。

　　認識動詞の「―た」で終わる形態「見えた」「聞こえた」「わかった」は「認識が現実化したこと(*)」を表わし、過去でも現在でも未来でもあり得ます。逆に言うと、時を示すのは副詞や副詞句であって、動詞ではありません。
(*)「認識が現実化したこと」：「障害物が消える」あるいは「謎が解ける」などして好条件

が整い、「見えない」状態から「見える」状態に移行したこと、「聞こえない」状態から「聞こえる」状態に移行したこと、「わからない」状態から「わかる」状態に移行したことです。認識動詞の基本形は、文脈によって「不変の真理」または「初めから好条件が整っていて特定のものの瞬時の認識を妨げるものが何も無い」ことを示します。

[過去] 昨日は、夕立の後で、晴れ上がった空に一番星がはっきりと**見えた**。
[現在] 今日は一日中曇っていたが、**今**ようやく青空が**見えた**。
[未来] **明日**の朝、七時きっかりにこの窓から**見えた**景色を撮影しておいてください。

12.2.3. 同族補語構文「目が見える」と「耳が聞こえる」

「目が見える」を「山が見える」「赤い花が見える」などと比較すると、「目が見える・見えない」には「**特定の**ものが視界に入っているかどうかを表わしてはいない」という顕著な特徴のあることが分かります。「外界の**不特定の**ものの像を認識・識別すべく目の視覚機能**そのもの**が正常に働いている」という意味なのです。本書では「目が見える」は、認識動詞を構成要素として「認識能力が具わっている」ことを表わす熟語であり、「山が見える」などの「見える」と同列には扱えないと考えています。

「耳が聞こえる」も同様に「外界の不特定の音を認識・識別すべく耳の聴覚機能が正常に働いている」という意味の熟語です。

暗いところへ入った直後は、**目**がよく**見えない**。
白内障で右の**目が見え**なくなったが、左の**目**はよく**見える**。　(1)
急に**耳が聞こえ**なくなって慌てた。突発性難聴というのだそうだ。(2)

(1)(2)「見えなくなる」「聞こえなくなる」は、否定形「見えない」「聞こえない」の中止形と移態動詞「なる」を組み合わせた複合移態動詞です。

12.3. 認識動詞の活用

一段型の「聞こえる」の活用と五段型の「わかる」の活用を下に示します。

12.3.1. 認識動詞「聞こえる」の活用表
「聞こえる」

		普通	丁寧
基本	肯定(**)	聞こえる	聞こえます
	否定	聞こえない	聞こえません
中止(*)	肯定	聞こえ	
	否定	聞こえず(に)	
複合中止	肯定	聞こえて	聞こえまして
	否定	聞こえなくて	聞こえませんで
完了	肯定(***)	聞こえた	聞こえました
	否定	聞こえなかった	聞こえませんでした
推量	肯定	聞こえるだろう	聞こえるでしょう
	否定	聞こえないだろう	聞こえないでしょう
完了の推量	肯定	聞こえただろう	聞こえたでしょう
	否定	聞こえなかっただろう	聞こえなかったでしょう
仮定 一	肯定	聞こえれば	
	否定	聞こえなければ	
仮定 二	肯定	聞こえたら	聞こえましたら
	否定	聞こえなかったら	聞こえませんでしたら
仮定 三	肯定	聞こえるなら	
	否定	聞こえないなら	
仮定 四	肯定	聞こえると	聞こえますと
	否定	聞こえないと	聞こえませんと

(*)中止形「聞こえ」は、学校文法で言う「連用形」に相当します。各種の動詞の中止形は、複合動詞や用言複合体を形成する要素にはなりますが、各種形容詞の「連用形」とは異なり、「他の動詞を修飾する」ことがありません。このため、本書では、動詞に関しては「連用形」という用語を採用していません。

(**)基本・肯定形「聞こえる」は、「話題になっている音や声の音量が十分にあり、周りに邪魔になるほどの騒音が無く、耳に異常も無く、聴覚認識を妨げるものが無い」ことを意味します。

(後述する移態動詞(16.)の場合は、基本形で「腹が減る」と言っている時点では「まだ腹は減っていない」のですが、認識動詞の場合は「聞こえる」と言っている時点で「すでに聞こえている」のです)

(***)認識動詞の場合、「完了」は「認識の現実化の完了」であり、認識が**開始した**ことを意味します。動態動詞とは逆で、「終了」ではありません。肯定形「聞こえた」は、「聞こえない」状態から「聞こえる」状態へ移行したという意味です。否定形「聞こえなかった」は、「聞こえない」状態から抜け出ようとしたけれども結局「聞こえな

い」状態のままにとどまったのであり、「認識の現実化が起こらなかった」のです。また、文脈によっては、「聞こえたかどうか思い出そうとしたけれども聞こえた記憶は無い」という意味にもなります。

継続相の「―ている」で終わる形態(=「聞こえている」)は、「認識動詞の継続相」の章(18.)で扱っています。

12.3.2. 認識動詞「わかる(分かる、判る、解る)」の活用表

「わかる」

		普通	丁寧
基本	肯定(**)	わかる	わかります
	否定	わからない(****)	わかりません(****)
中止(*)	肯定	わかり	
	否定	わからず(に)	
複合中止	肯定	わかって	わかりまして
	否定	わからなくて	わかりませんで
完了	肯定(***)	わかった	わかりました
	否定	わからなかった	わかりませんでした
推量	肯定	わかるだろう	わかるでしょう
	否定	わからないだろう	わからないでしょう
完了の推量	肯定	わかっただろう	わかったでしょう
	否定	わからなかっただろう	わからなかったでしょう
仮定 一	肯定	わかれば	
	否定	わからなければ	
仮定 二	肯定	わかったら	わかりましたら
	否定	わからなかったら	わかりませんでしたら
仮定 三	肯定	わかるなら	
	否定	わからないなら	
仮定 四	肯定	わかると	わかりますと
	否定	わからないと	わかりませんと

(*)中止形「わかり」は、学校文法で言う「連用形」に相当します。各種の動詞の中止形は、複合動詞や用言複合体を形成する要素にはなりますが、各種形容詞の「連用形」とは異なり、「他の動詞を修飾する」ことがありません。このため、本書では、動詞に関しては「連用形」という用語を採用していません。

(**)基本・肯定形「わかる」は、「話題になっている物事が明晰であり、使用言語・語彙も既知のものであり、状況認識や意味の理解を妨げるものが無い」ことを意味します。

(後述する移態動詞(16.)の場合は、基本形で「喉が渇く」と言っている時点では「まだ喉は渇いていない」のですが、認識動詞の場合は「わかる」と言っている時点で「すでにわかっている」のです)

(***) 認識動詞の場合、「完了」は「認識の現実化の完了」であり、認識が**開始した**ことを意味します。動態動詞とは逆で、「終了」ではありません。肯定形「わかった」は、「わからない」状態から「わかる」状態へ移行したという意味です。否定形「わからなかった」は、「わからない」状態から抜け出ようと努力したけれども結局「わからない」状態のままにとどまったのであり、「認識の現実化が起こらなかった」のです。

(****) 「決めかねている」という意味の「わからない」「わかりません」は、静態動詞の章(15.)の末尾で記述しています。

継続相の「―ている」で終わる形態(=「わかっている」)は、「認識動詞の継続相」の章(18.)で扱っています。

12.3.3. 言い切り回避表現

12.3.3.1. 伝聞

確かな伝聞

「○○(=動詞の基本形)+**そうだ／そうである／そうです**」

 晴れた日には北岳から富士山**が**見える**そうだね**。 (1)
 うちの息子**には**北岳から富士山**が**見えなかった**そうです**。 (2)
 この周波数の音**は**、若い人**にしか**聞こえない**そうだ**。 (3)
 記録によると12km先の村までこの銅鑼の音**が**聞こえた**そうです**。 (4)
 この子たち**には**セルビア語**が**解る**そうです**。 (5)
 その事件の犯人**は**、ついに分からなかった**そうだ**。 (6)

(1) 認識主は、文中では省略してある「晴れた日に北岳の頂上附近にいる人」です。「富士山」が必須補語の「認識の対象」です。「晴れた日に」と「北岳から」は任意補語です。
(2) 「うちの息子」が認識主です。
(3) 主題標識「は」の陰に「認識の対象」を示す格標識「が」が隠れています。「若い人」が認識主です。格標識「に」に続く「しか」は副次的な主題標識で、「必ず否定を要請する」という特徴があります。
(4) 認識主は、文中では省略してある「12km先の村にいる人」です。「この銅鑼の音」が「認識の対象」です。
(5) 「この子たち」が「理解能力のある主体」で、「セルビア語」が「理解の対象」です。

(6) 主題標識「は」の陰に「認識の対象」を示す格標識「が」が隠れています。認識主は、文中では省略してある「捜査本部」です。

不確かな伝聞

「○○らしい」

噂に聞いたんだけど、晴れた日には北岳から富士山**が**見える**らしい**ね。
息子の友達の何とか君には北岳から富士山**が**見えなかった**らしい**。
ある周波数の音**は**、若い人**に**しか聞こえない**らしい**。　　　　　　　(1)
言い伝えでは、12 km 先の村までこの銅鑼の音**が**聞こえた**らしい**。
この子たち**に**はセルビア語**が**解る**らしい**。　　　　　　　　　　(2)
その事件の犯人**は**、ついに分からなかった**らしい**。

(1)(2)「○○らしい」は、多くは「不確かな伝聞」で「噂話を小耳に挟んだ」り「人づてに聞いたことを又聞きした」場合などに使うものですが、この例のように「真実かどうか判断する能力が自分には欠けているので半信半疑だ」という状況を表わすこともあります。
(1)「若い人にしか聞こえない周波数の音がある」ことを自分は中年になってから初めて聞いたので、俄かには信じがたいのです。
(2) 自分にはセルビア語が一言も解らないため確かめるすべが無く、冗談なのか真面目な情報なのか判断できないのです。

12.3.3.2. 不十分な観察に基づいた暫定的な判断
「○○ようだ」「○○ようである」「○○ようです」

{私には聞こえない} 音がこの象には聞こえた**ようです**。　　(1)
この子にはセルビア語**が**解る**ようです**。　　　　　　　　(2)

(1) 象の様子を見て「何か怪しい音が聞こえたのだろう」と判断しています。
(2) [1] 子供は何も言わないが、表情を見ているとセルビア人同士の会話に反応している。恐らく理解しているのだろう。[2] セルビア人と子供が話をしている。セルビア語だろうとは思うが、自分にはその言語が果たしてセルビア語なのかどうかを知るすべが無い。別の言語でもあり得る。

12.3.3.3. 推量・推測・推定

かなりの確信を持って表明する推量・推測

「○○**だろう**」「○○**でしょう**」(*)

(*)硬い書き言葉では同じ意味で古語の名残の「見えよう」「聞こえよう」「わかろう」も用いますが、活用表には入れてありません。古い否定推量の「見えまい」「聞こえまい」「わかるまい」も同様です。

  丘の上からなら海**が**見える**だろう**。   (1)
  ｛遠くにいる｝あの人にはここの話し声**は**聞こえない**だろう**。 (2)
  進君に｛ここへ来る｝道**が**分かる**でしょう**か。 (3)

(1) 認識主は「丘の上にいる不特定の人」で、省略してあります。
(2)「ここの話し声」が認識の対象です。主題標識「は」の陰に格標識「が」が隠れています。
(3) 疑問文にすると「分かるかどうか心もとない」「不安だ」という含みになります。

確信の持てない推量・推測

「○○**かもしれない**」「○○**かもしれません**」「○○**かも**」

  丘の上からなら海**が**見える**かもしれない**。
  ｛後ろにいた｝あの人にも話**が**聞こえた**かもしれません**ね。
  正人（まさと）叔父さん**には**このゲームの遊び方**が**分かる**かもしれない**。

推定・道理

「○○**はずだ**」(*)

(*)「はず」は、形式名詞です。

  この建物の屋上から隣の小学校の屋根**が**見える**はずだ**。 (1)
  ｛機体が異常な動きをしたの｝**が**管制塔から見えた**はずです**。 (2)
  向こうは防音室だから、こっちの声**は**聞こえない**はずだ**よ。 (3)
  子供**に**は、姿が見えなくても、母親の声**は**判る**はず**よね。 (4)

(1) 認識主は「この建物の屋上から小学校のほうを眺める不特定の人」です。
(2) 認識主は「管制塔にいて監視している不特定の人」です。波括弧 ｛｝ の中の名詞節

が認識の対象です。
(3)(4) 文中二つ目の主題標識「は」の陰に格標識「が」が隠れています。

否定的な推定・道理
　「○○はずが無い」「○○はずがありません」

　　｛表通りにいる｝人にこの室の中が見える**はずが無い**。
　　ひそひそ話があんな遠くまで聞こえる**はずがありません**よ。
　　あの身勝手な奴に人の心が分かる**はずは無い**よ。

12.3.4. 認識動詞＋複合繋辞「のだ」「のです」「のである」
　動詞文（および名詞文、形容詞文）に「のだ」(*)「のです」(*)「のである」を後接させると「対話者が知らないこと、気付いていないこと、すぐには受け容れられないかもしれないことを告げる」という含みの文になります。

(*)話し言葉では頻繁に「んだ」「んです」という形になります。

　　灯りがついていたから、薄いカーテンを通して外から室(へや)の中が見えた**の**よ。
　　ひそひそ話って意外に遠くまで聞こえる**んです**よねえ。
　　この子は、生まれつき耳が聞こえない**んです**。
　　分かった**の**？　お母さんが揚げ物をしているときは、遠くにいなきゃけないのよ。

12.3.5. 認識動詞の中止形
　認識動詞の中止形の用法は、動態動詞の中止形の用法とほぼ並行していますが、意味・ニュアンスの異なる場合がいくつかあります。「見え」「見えて」「見えてから」などの用例は、「認識動詞の中止形からなる副詞節」の項で記述しています。

12.3.5.1. 認識動詞の中止形から派生する名詞・欠如名詞

認識動詞の中止形から名詞が派生しますが、認識動詞の数自体がごく少ないため、その数は僅かであり、多くは、定型句の中でしか用いない欠如名詞です。

「見栄(を張る)」(*)「見得(を切る)」(**)「聞こえ(が悪い)」「分かり(が速い)」「早分かり」「分からず屋」など

(*)(**)「見栄」も「見得」も当て字です。

なお「丸見え」は、名詞ではなく、名詞型のノ形容詞です。

12.3.5.2. 認識動詞の中止・肯定形+「そうだ」「そうです」「そうである」

後接辞複合体「そうだ(です、である)」(*)は、認識動詞の中止形に後接して、「もうすぐその認識が実現するだろうという確信または期待」を表わします。

(*)動詞の中止形+「そうだ(です、である)」という構成の複合体は、それ自体「複合ナ形容詞」です。第26章を見てください。

澄み切った水だね。底の岩の上の生き物**も**見え**そうだ**。　　　　(1)
海が見えてきたよ。車のエンジンを止めたら潮騒**が**聞こえ**そうだ**。
修理工を呼びました。故障の原因**が**分かり**そうです**。

(1) 主題標識「も」の陰に認識の対象を示す格標識「が」が隠れています。

12.4. 認識動詞文からなる節

12.4.1. 連体節

{海**の**見える} 丘に登りたいなあ。　　(1)
霧が晴れて、{それまで見えなかった} ものが見え始めた。
{さっき聞こえた} 音楽とこれとは違う。
{答え**が**分かった} 人は、手を上げてください。

(1) 連体節の中では、格標識「の」が認識の対象を示します。なお「登りたい」は、動態動詞「登る」の願望相です。願望相の章(25.)を見てください。

12.4.2. 副詞節
12.4.2.1. 認識動詞からなる名詞節（＝連体節＋時を表わす名詞）が副詞節として機能する場合

波括弧｛ ｝の中が副詞節です。

 昔は｛一番星**の**見える頃に｝家に帰るものだった。　　　　　(1)
 昔は｛一番星**が**見える頃に｝家に帰るものだった。　　　　　(2)
 ｛[電話**の**鳴る]音**が**聞こえたときには｝、お風呂に入っていました。(3)

(1)(2)「頃」のように時を表わす名詞を修飾する連体節の中では、「認識の対象」を示す格標識に「揺れ」があります。「の」と「が」の両方を観察します。
(3) 角括弧[ ]の中は「音」にかかる連体節です。格標識「の」が動態動詞「鳴る」の動作主を示します。「電話の鳴る音」が認識動詞「聞こえた」の認識の対象ですが、この場合、格標識は「が」です。時を示す名詞「とき」を修飾する連体節の中では「認識の対象」を示すのに「の」と「が」の両方が使えますが、同音の「の」を二度続けて使わないほうが意味がはっきりします。

12.4.2.2. 認識動詞の中止形からなる副詞節

単独の中止形と単独の複合中止形

 単独の中止形は、硬い書き言葉でのみ用います。単独の複合中止形は、書き言葉でも話し言葉でも用います。認識動詞の場合、両者の間に意味の違いは認められません。

 初めはマストだけが**見え**、それから船体が見え始めた。
 初めはマストだけが**見えて**、それから船体が見え始めた。
 暗闇で耳を済ませても何も**聞こえず**、不安だった。
 暗闇で耳を済ませても何も**聞こえなくて**、不安でした。
 誤解だったと**分かり**、仲直りしたようだ。
 誤解だったと**分かって**、仲直りしたようです。

中止形＋「―ながら」

　現代語では、認識動詞の中止形に後接辞「―ながら」が付く場合、基本的な形態（「見えながら」「聞こえながら」「わかりながら」）よりも継続相の中止形に後接した形態「見えていながら」「聞こえていながら」「わかっていながら」のほうが遙かに優勢です。「認識動詞の継続相」の章(18.)を見てください。

中止形＋「次第」

　認識動詞の中止形に「次第」を後接させた形態は「その知覚・認識が起こるとすぐに」という意味の副詞節を作ります。

　　　｛飛行機の到着時間**が**判り次第｝教えてください。　　（1）
　　　飛行機の到着時間**を**｛判り次第｝教えてください。　　（2）

(1) 格標識「が」は、認識動詞「判る」の「認識の対象」を示します。
(2) 格標識「を」は、動態動詞「教える」の「動作の対象」を示します。

複合中止形＋「から」

　「見えてから」「聞こえてから」「わかってから」などの形態は「あるものの知覚・認識が、次の認識や動作が始まる以前に、確実に実現していること」を示します

　　　｛先にマストが**見えてから**｝船体が見えてきた。
　　　｛［電話の鳴る］音が**聞こえてから**｝風呂場を出た。　（1）
　　　｛道順がよく**分かってから**｝出発します。

(1) 角括弧［　］で括った「電話の鳴る」は「音」にかかる連体節です。格標識「の」が連体節中の動態動詞「鳴る」の動作主を示しています。

12.4.2.3. 条件節

　　　｛電子レンジの［チーンっていう］音が**聞こえたら**｝お母さんに教えて

ね。　　　　　　　　　　　　　　　　　　　　　　　　　　（1）
　　　｛このくらいの音が**聞こえるなら**｝別に難聴とかじゃないよ。
　　　｛おばあちゃんにパソコンの使い方が**分かると**｝メールで連絡できるん
　　　だけどね。

(1) 角括弧［　］で括った「チーンっていう」は「音」にかかる連体節です。

12.4.2.4. 譲歩節

　　　赤ちゃんって｛姿が**見えなくても**｝母親の声は判るのよ。　　（1）
　　　｛騒音のせいで時報が**聞こえなくても**｝ときどき時計を見ているはずです。
　　　｛道順がすぐには**分からなくても**｝GPSを使えばいいでしょう。

(1) 主題標識「って」が、文全体の主題を示します。二つ目の主題標識「は」は、「他の誰の声が識別できなくても」というニュアンスを示します。

認識動詞の基本否定形＋「ながら」（*）

(*) 認識動詞の基本**肯定**形に「ながら」が後接することはありません。否定形の場合、否定標識の「―ない」がイ形容詞型の後接辞であるため、「狭い＋ながら（も）」などと並行する「…ない＋ながら（も）」という形式が、書き言葉で、成立したものと考えられます。なお、動態動詞「思う」の基本否定形に「ながら」を後接させた「思わないながら」という形式も散見します。

「見えないながら（も）」「聞こえないながら（も）」「わからないながら（も）」

　　　この方は、重度の弱視で、｛物の形は**見えないながらも**｝色は判るんです。
　　　専門外のことなので｛よくは**分からないながらも**｝何か重大なことだと
　　　感じた。

13. 判断動詞(*)

(*)「判断動詞」は、本書の筆者による新造語です。

13.1. 判断動詞の定義

　「似る」(*)「違う」「異なる」のように「類似、相違に関する判断」を表わすものや「足りる」のように「十分であるどうかの判断」を表わすもの、「値する」(**)のように「価値が何に相当するかの判断」を表わすもの、「似合う」(**)のように「調和に関する判断」を表わすもの、「飲みすぎる」(**)のように「度を越しているという判断」を表わすものなどが「判断動詞」です。これらは、「客観的に測定できる状態」ではありません。同じ二つのもの、二匹の動物、二人の人間などを見て「よく似ている」と誰かが言うときに「どこが似てるの。別に似てないじゃない」と思う人がいて意見の対立することがありますが、どちらが正しいとも言えません。なお、判断動詞には、命令形、禁止形、勧誘形はありません。

(*)伝統的な基本形(＝謂わゆる「終止形」)は「似る」ですが、現代語ではそれから派生した「似ている」「似ていない」「似ていた」…という形でしか用いないのが普通です。また、話し言葉では「い」の脱落した「似てる」「似てない」「似てた」などの形態のほうが遥かに優勢です。

　古い基本形「似る」の活用形は、「よく似た人」「似たもの同士」「親に似ぬ子は鬼っ子」「似ても似つかない」「似たり寄ったり」「似て非なる」などといった定型句に、痕跡的に、残っています。

　なお、「似ている」は、後述する「認識動詞の継続相(18.)」「移態動詞の結果相(19.)」「動態動詞の継続相(20.)」および「動態動詞の『―ている』で終わる結果相(21.)」と並行した形態ですが、「認識の継続」を表わすのでもなく、「状態の推移の結

果」を表わすのでもなく、「未完了の動作の継続」を表わすのでもなく、「完了した動作の結果」を表わすのでもありません。「似ている」という形態が基本形になったのだと認めるのが妥当です。したがって本書の筆者は、「似る」と「似ている」の二つの形態を見出し語として辞書に併記すべきだと考えています。

(**)ここに例として挙げた「値する」「似合う」「飲みすぎる」は、複合判断動詞です。複合判断動詞は、「複合動詞」の章(29.)で記述しています。

なお、すべての種類の動詞に各種の**言い切り回避表現**や複合繋辞「のだ」「のです」「のである」を後接させた形態などが具わっており、すべての種類の動詞が各種の**節**（＝**連体節**、**名詞節**、**副詞節**）を構成しますが、本章以降は、記述を簡略にし、特に項を立てての詳述はしないことにします。

13.2. 判断動詞の構文

13.2.1. ハガ動詞

「過ぎる」(*)

(*)ここで判断動詞と分類しているのは、「度を越している」という意味の「過ぎる」です。「町外れから五キロメートルの地点を過ぎる」や「三時半を過ぎる」のように「ある地点や時を越える」という意味の「過ぎる」は、ガヲ構文を要請する動態動詞です。「春が過ぎる」のように「ある期間が終わる」という意味の「過ぎる」は、ガ構文を要請する移態動詞です。

「度を越している」という意味の判断動詞「過ぎる」は、絶対主題のある文を要請します。格標識「**が**」が限度を越えているものを示します。「あるものが度を越している」という判断の対象になるものが主題になります。一段型活用です。命令形、禁止形、勧誘形はありません。否定形もありません。否定的な表現をするには、「我儘が過ぎるということは無い」のように言います。

  お前**は**、我儘(わがまま)**が**過ぎる。 (1)
  これ**は**、悪戯(いたずら)**が**過ぎる。 (2)

(1)(2) 主題標識の陰に隠れている格標識はありません。
(1) 話者が対話者の「お前」について「我儘が(他の人に比べて)度を越している」と判断を下しています。

(2) 話者が今確認したばかりの被害状況(=「これ」)について「悪戯が許容限度を超えている」と判断を下しています。

13.2.2. ガニ・ガト動詞
「似る」「似ている(似てる)」

　この動詞の活用は、後述する「認識動詞の継続相の活用」と並行しています。そちらの章(18.)を見てください。なお、古い基本形「似る」の活用は、動態動詞「見る」の活用と並行しています。ただし、命令形、禁止形、勧誘形はありません。第11章の「単一語幹・一段型動詞の活用　一」を見てください。

　格標識「**が**」が「主要な観察の対象」を示し、格標識「**に**」または「**と**」が「比較の対象」を示します。「似ている」と言い切れば、観察して判断する人物は話者に決まっています。「似ているか」と疑問文にすれば対話者に判断を求めています。それ以外の人物を判断主(*)と想定する時には、「似ているそうだ」「似ているらしい」「似ているっていう評判だ」などの言い切り回避表現を用います。

(*)「判断主」は「判断する主体」という意味で、本書の筆者による新造語です。

　　　[｛今度来た｝転校生**が**清志君**に**よく似てる]んだって。　　(1)
　　　[｛今度来た｝転校生**が**清志君**と**よく似てる]んだって。　　(2)
　　　[｛今度来た｝転校生**と**清志君**が**よく似てる]んだって。　　(3)
　　　｛今度来た｝転校生**は**、清志君**に**よく似てるね。　　(4)
　　　｛今度来た｝転校生**って**、清志君**と**よく似てるね。　　(5)
　　　｛今度来た｝転校生**と**清志君**は**、よく似てるね。　　(6)

(1)(2)(3)　無主題文です。文末の「って」は、引用詞です。誰かが「似て(い)る」と言ったのを引用しています。引用詞の直前の「んだ」は、引用者が引用の内容を「驚くべきことだ」と考えていることを示します。
(1)(2)　比較の対象を示す格標識が違いますが、文の意味は同じです。「転校生」が「最初の発言者による観察の主要な対象」で、「清志君」が「比較の対象」です。
(3)　この構文では「今度来た転校生」と「清志君」は、同格です。等分に観察と比較の対象になっています。「と」は、格標識ではなく、接続詞です。
(4)(5)(6)　有主題文です。「話者による観察の主要な対象」を示す格標識「が」が主題標

識の陰に隠れています。(5)の例の「転校生」に後接する「って」は、話し言葉によく現れる主題標識です。
(4)(5) 比較の対象を示す格標識が違いますが、文の意味は同じです。「転校生」が「話者による観察の主要な対象」で、「清志君」が「比較の対象」です。
(6) この構文では「今度来た転校生」と「清志君」は、同格です。等分に観察と比較の対象になっています。「と」は、格標識ではなく、接続詞です。

この子**の**目の辺り**が**父親**に**よく似ている。　　　(1)

この子**は**、目の辺り**が**父親**に**よく似ている。　　(2)

この子**は**、目の辺り**は**父親**に**よく似ている。　　(3)

(1) 無主題文です。「この子の目の辺り」が「話者による観察の主要な対象」です。子供の父親を知っている話者が、今、「この子の目の辺り」を見ています。子供の顔や身体の他の部分も父親に似ているかもしれませんが、それはここでは観察の対象になっていません。
(2)(3) 絶対主題文です。「この子」の**全体**を描写する文です。文頭の主題標識の陰に隠れた格標識はありません。話者は、子供の目の辺りを今見ているとは限りません。子供の身体特徴の一つとして「特に目の辺りが父親に似ている」ことを取り上げています。
(2) 子供の顔や身体の他の部分も父親似であるかもしれませんが、話者はそのことを問題にしていません。
(3) 副次的な主題標識「は」の陰に格標識「が」が隠れています。話者は予め「子供の顔や身体のほかの部分は父親に似ていない」と判断しています。

「合う」

「調和する」「協和する」という意味の動詞「合う」です。この動詞は、五段型活用です。基本形が「う」で終わる動態動詞の活用と並行しています。ただし、命令形、禁止形、勧誘形はありません。なお、「答えが合う」「計算が合う」などの「合う」は、本書では「移態動詞」と分類しています。ただし、「錠前に鍵が合う」の「合う」は、静態動詞です。また、同じ発音で「会う」「逢う」「遭う」などと書く語は、動態動詞です。同語源かもしれませんが、別語です。

スカーフの色**が**服の色**に**合わない。　　(1)

スカーフの色**が**服の色**と**合わない。　　(2)

スカーフの色**と**服の色**が**合わない。　　(3)

服の色にスカーフの色が合わない。　　　（4）

(1)(2)(3)(4) 無主題文です。「スカーフの色」と「服の色」が今、話者の視界に入っています。スカーフと服以外のものの色は、念頭にありません。
(1) 格標識「が」が「話者による主要な観察の対象」を示します。別のスカーフなら服に合うかもしれません。格標識「に」が「組み合わせの対象」を示します。
(2) 格標識「が」が「話者による主要な観察の対象」を示します。別のスカーフなら服と合うかもしれません。格標識「と」が「組み合わせの対象」を示します。
(1)(2)「組み合わせの対象」を示す格標識が違いますが、二つの文は同じ意味です。
(3)「スカーフの色」と「服の色」は同格です。同時に等分に観察の対象になっています。別のスカーフならこの服の色に合うかもしれないし、このスカーフに合う別の服を探すこともできます。
(4) この文では、「組み合わせの対象」のほうが文頭に来ています。「スカーフの色が服の色に合う」と同じ意味ですが「服の色」のほうに重点があります。

　　　このスカーフは、あの服に合うかなあ。　　　（1）
　　　この野菜には、どんな香辛料が合うだろう。　　（2）

(1) 主題標識「は」の陰に格標識「が」が隠れています。「あの服」は、今は話者の視界に入っていないかもしれませんが、話者はその色合いや形、材質などをすでに知っています。
(2) 格標識「に」を主題標識「は」の陰に隠すこともできますが、隠さないほうが意味がはっきりします。「この野菜」はすでに選んであって、それと組み合わせる選択肢としていくつかの香辛料を考えています。

　　　この野菜にその香辛料は合わないような気がする。　（1）

(1) 副次的な主題標識「は」は、否定の対象を示します。その陰に格標識「が」が隠れています。「他の香辛料ならこの野菜に合うけれど」という含みです。なお、「ような気がする」は、推測表現の「ようだ」の連体形に熟語動詞「気がする」を後接させたもので、複合した言い切り回避表現です。

13.2.3. ガニ動詞
「似合う」
　判断動詞「似る」の中止形と接辞化した動詞「—合う」の組み合わせで成立した「似合う」は、複合判断動詞(*)です。もちろん、命令形、禁止形、勧誘形はありません。

(*)「熱過ぎる」「冷た過ぎる」などの複合判断動詞については、「複合動詞」の章(29.)で記述しています。

　格標識「が」が「主要な観察の対象」を示し、格標識「に」が「組み合わせの対象」を示します。「似合う」「似合わない」と言い切れば、判断主は話者に決まっています。「似合うか」「似合わないか」と疑問文にすれば対話者が判断主です。それ以外の人物を判断主と想定する時には、「似合うそうだ」「似合うらしい」「似合わないって言ってた」などの言い切り回避表現を用います。

　　この服が あなたに 似合うわよ。　　　　　(1)
　　この服は、うちの子には 似合わないわ。　　(2)

(1) 無主題文です。観察対象の「この服」と対話者が話者の視界に入っています。
(2) 有主題文です。「うちの子」は、話者の視界に入っているとは限りません。二つ目の「は」は、副次的な主題標識で、否定の対象が「うちの子に」のみであることを示します。「この服は、趣味が悪いわけではない。これが似合う子もきっといるでしょうけど」という含みがあります。

「に尽きる」

　ほとんど常に「○○は、□□に尽きる」という言い廻しで「□□ですべてであると言ってよい」または「□□が最大限である」という意味になる「尽きる(*)」です。この動詞は、一段型活用です。

(*)「力が尽きる」「蓄えが尽きる」「話が尽きない」などの「尽きる」は、移態動詞で、別語です。

　この動詞には、命令形、禁止形、勧誘形が無いだけでなく、否定形もありません。肯定基本形以外の用例は稀ですが、「○○が□□に尽きる**とは言えない**」(*)のように引用文にしたり、「○○は、□□に尽きる**のだった**」「○○は、□□に尽きる**のではなかったのだろうか**」のように複合繋辞「のだ」を使うことによって、後続の動詞や繋辞複合体を活用させることができます。

(*)引用文の中で格標識「が」が現れます。圧倒的に頻度の高い有主題文では主題標識「は」の陰に格標識「が」が隠れています。

新居地での最近の生活は、男冥利に尽きる。　　　　　　　　　(1)
　　この民族にとって国家との関係は、何度も武力で鎮圧されたことに尽きる。　　　　　　　　　　　　　　　　　　　　　　　　　　　　(2)

(1)「最大の男冥利である」「男に生まれて大いに得をした」という意味です。男尊女卑が当然だった時代に成立した言い廻しですが、まだまだ廃れてはいません。
(2)「武力で鎮圧されたことですべてだと言っても決して過言ではない」という意味です。

「に限る」

　「○○は、□□に限る」という構文で「□□が最良である」という意味の「限る (*)」です。肯定基本形以外の用例の見当たらない極限の欠如動詞ですが、「○○は、□□に限る**んだったよね**」「○○は、□□に限る**ような気がしてならない**」のように後接辞複合体を活用させることができます。

(*)「○○に限らず」「○○に限って」などの定型句は、まったく意味が違いますから、「に限らず」「に限って」という形の「後接辞複合体」であると見做すべきものです。また、「人数を限る」などの「限る」は、ガヲ構文の動態動詞で、別語です。

　　花見の桜は、染井吉野に限る。
　　この地酒の肴は、土地の名産のくさやに限ります。

「に過ぎない」

　「○○は、□□に過ぎない」という構文で用います。「○○は、□□と同然に無価値だ」と決め付ける侮蔑表現です。侮蔑する十分な理由があるとき以外には用いないのが賢明です。

　　「○○語は、□□語の方言に過ぎない」などと言うのはやめましょう。(1)

(*)「言語」を地域変異の観点から見たものが「方言」です。言語はすべて方言であり、方言はすべて言語なのです。「○○語は、□□語の方言に過ぎない」という主張は、○○語と世界中の方言を同時に貶めるものです。

13.2.4. ガト動詞
「違う」

この動詞の活用は、基本形が「う」で終わる動態動詞の活用と並行しています。ただし、動態動詞と違って、命令形、禁止形、勧誘形は、ありません。

　格標識「**が**」が「主要な観察の対象」を示し、格標識「**と**」が「比較の対象」を示します。「違う」「違わない」と言い切れば、判断主(*)は話者に決まっています。「違うか」「違わないか」と疑問文にすれば対話者が判断主です。それ以外の人物を判断主と想定する時には、「違うそうだ」「違わないらしい」「違うんだって」などの言い切り回避表現を用います。

(*)「判断主」は、本書の筆者による新造語です。「判断する主体」という意味です。「存在主(＝存在する主体)」「動作主(＝動作を行なう主体)」などに倣って造語しました。

　　　{写真の花の色**が**実際の色**と**違うの}は、よくあることです。　　（1）
　　　この写真の花の色**は**、実際の色**とは**違います。　　　　　　　（2）
　　　聞いた話**と**現実**とは**、違うことが多い。　　　　　　　　　　（3）

(1)「違う」を含む無主題文は、名詞節などによく現れます。波括弧 {｜ ｜} で括った部分が名詞節です。
(2) 有主題文で、「比較の対象」が副次的な主題標識を伴っています。
(3) この構文では、「聞いた話」と「現実」とは同格です。等分に観察の対象になっています。「ことが多い」は、動詞文、形容詞文および「である体」の名詞文に後接する接辞複合体です。「こと」が形式名詞であるため、形態上は直前の動詞「違う」が連体節をなしています。

　　　それ**は**、話**が**違う。　　　　　　　　　　　　　　　　　　（1）
　　　今のお話**は**、先日のお話**とは**違うことですね。　　　　　　（2）

(1) 文頭の指示名詞「それ」は、「今対話者が言っていること」を指します。この構文の「話が違う」は、熟語動詞です。前後不揃いのことを言われて異議を唱える時に用いる言い方です。現代語では「話が違う」は、ほとんどの用法で熟語動詞になっています。
(2) この言い方だと「前後不揃いのことを言うな」という意味にはなりません。しかし、「先日のお話とは別のことですね」とか「先日とは別件ですね」と言えば万が一の誤解を未然に避けることができます。

　　　　それは、お客様のお荷物ですか。—違います。　　（1）

(1) 名詞文の質問に答えるときの「違う」「違うよ」「違うわ」「違います」は、現代語では、否定の返答に用いる感歎詞になっています。理論的に「（おっしゃることは事実と）違います」という意味で、丸括弧（　）の中の部分が省略してあるのだろうと考えることができますが、そういう意識はすっかり薄れているのが普通です。なお、この用法での「違う」「違うよ」などの対語は「そうだ」「そうだよ」「そうよ」「そうです」です。「さようでございます」も同じ意味ですが、日常的にこういう言い方をする人は非常に少なくなっています。

「異なる」

　この動詞は、硬い書き言葉で用います。活用は、基本形が「る」で終わる五段型の動態動詞の活用と並行しています。ただし、命令形、禁止形、勧誘形は、ありません。

　　　　この写真の花の色は、実際の色とは異なります。
　　　　聞いた話と現実とは、異なることが多い。

13.2.5. ニガニ動詞
「に見える」

　格標識を取り除けば認識動詞の「見える」と同形ですが、ここで記述している判断動詞は「ある人に○○が□□に見える」という構文を要請します。格標識「に」が一文中に二度現れます。最初の「に」が判断主を、「が」が「判断主による観察の対象」を、二番目の「に」が「叙述語（＝判断主が観察対象と同一視するもの）」を示します。

　　　　えっ。君には、あの人が日本人に見えるの？　　（1）
　　　　えっ。君は、あの人が日本人に見えるの？　　　（2）
　　　　僕には、さっきあの人が日本人に見えた。　　　（3）
　　　　僕は、さっきあの人が日本人に見えた。　　　　（4）
　　　　あの人は、僕には美人に見えない。　　　　　　（5）

(1) 判断主を示す格標識「に」は、主題標識「は」の陰に隠れることもありますが、隠さ

ないほうが文意がはっきりします。この文は、隠さない例です。
(2) この文では、判断主を示す格標識「に」が、主題標識「は」の陰に隠れています。
(3)(4)「に見えた」という形は「過去の判断の回想」を表わします。「どうも間違っていたらしい」という含みになります。この判断動詞による陳述では「客観的に証明できる事実であるかどうか」は問題になりません。「さっき」という「時を示す副詞」が文中に無かったとしても「過去」であることが分かる特殊なケースです。
(4) 主題標識「は」の陰に格標識「に」が隠れています。
(5) 最初の主題標識「は」の陰に格標識「が」が隠れています。この場合、判断主を示す格標識「に」を第二の主題標識「は」の陰に隠すことはできません。

13.2.6. 引用構文動詞
「と(は)限らない」

　この構文の「限らない」は、否定形しか具わっていない欠如動詞です(意味が違い、別の構文を要請する判断動詞「に限る」や動態動詞「を限る」とは別語です)。また、この動詞と共に用いる「と」は、格標識ではなく、引用詞です。下の例文で波括弧 { } で括った部分が引用文です。「とは限らない」という形で後接辞複合体になっているという見方も可能です。

　　　{名工の子が名工だ} **とは**限らない。　　　　(1)
　　　{値段が安ければよく売れる} **とは**限らない。　(2)
　　　この事態**は**、まだ {手遅れ} **とは**限りませんよ。　(3)

(1) 波括弧 {} で括った引用文は、名詞文です。
(2) 波括弧 {} で括った引用文は、動詞文です。
(3) 波括弧 {} で括った引用語は、名詞型形容詞です。

　　　この事態**は**、まだ {手遅れ} **と**限ったわけ**ではない**。　(1)

(*)「限った」だけを見れば「肯定形も用いる」と言えそうですが、「限ったわけ*である」とは言いません。「限ったわけ**ではない**」という否定表現の構成要素としてのみ「限った」という形態が可能なのです。
　なお、「限った」という形態だけを見ると「完了形が現在の状態を表わす」ようにも見えます。しかし、歴史的にどうやって成立したものなのかは別として、現代語で「○○とは限らない」「○○と限ったわけではない」は、いずれも、「客観的に測定できる状態」や「話者の心情」「話者の知覚」などではなく、「話者の判断」を表わします。

14. 病覚動詞(*)

(*)「病覚動詞」：この語も、この項に出て来る「病覚主」も、筆者による新造語です。

14.1. 病覚動詞の定義

本書では、単一語の「痛む(*)」および熟語(**)の「吐き気がする(***)」「頭痛がする」「寒気がする」などを「病覚動詞」と呼んでいます。語義の面で「病気や病変の自覚症状を表わす」という共通点がありますが、文法的には**語義が本源的に継続相である**(****)のが特徴です。

(*)「痛む」と同音の動詞「悼む」は、ガヲ構文の動態動詞、「傷む」は、ガ構文の移態動詞です。語源は同じかもしれませんが、別語です。
(**)熟語動詞の章(30.)を見てください。
(***)「吐き気を催す」は、「吐き気」とガヲ構文の動態動詞「催す」からなる熟語です。「吐き気がする」と類義ですが、同義ではありません。
(****)この特徴は「存在動詞」と共通です。存在動詞と病覚動詞を併せて「継続相動詞」と呼ぶこともできます。

14.2. 病覚動詞の構文

ガ構文の病覚動詞「痛む」を例に取ると、基本形が「現実に痛みを感じている」ことを表わします。したがって動態動詞の継続相と並行した「痛んで*いる(*)」という形態は、存在しません。また、「痛んだ」は、「想定と異なる現実の情況の認識」を表わすことは無く、常に「過去に経験した痛みの回想」を表わします。まして「完了」ではありません。なお、命令形、禁止形、勧誘形はありません。

(*)同音の別語「悼む」「傷む」には「悼んでいる」「傷んでいる」という形態があります。「悼んでいる」は、継続相、「傷んでいる」は、結果相です。

　　このごろ足腰が痛む。過労気味なのかな。　　　　　　　　　　(1)
　　傷が昨夜はずきずき痛んだが、今朝は鈍い痛みに変わっている。　(2)
　　死なせてしまった子を思うと、今でも胸が痛む。　　　　　　　　(3)

(1)(2)(3)「痛む」「痛んだ」と言い切れば、その病覚主は話者自身です。表示する必要はありません。格標識「が」が「足腰」「傷」など「話者が痛覚を覚えている身体部位」を示します。「痛むか」「痛んだか」と疑問文にすれば病覚主は対話者です。病覚主が他者であれば「痛むらしい」「痛むようだ」「ずきずき痛んだそうだ」などの言い切り回避表現を用います。
(2)「昨夜は」と「今朝は」は、副次的な主題です。昨夜と今朝の情況の違いを対比させています。なお、前半の文末の「が」は、「けれど」と同じ意味の接続詞です。
(3) 心痛を表わす比喩的な用法です。胸部のどこかに病変があるわけではありません。

　　蜂に刺されたら痛いよ。　　　　　　　(1)
　　蜂に刺されたところがいつまでも痛む。　(2)

(1)(2) イ形容詞「痛い」と病覚動詞「痛む」は、ほとんど同義ですが、「痛む」のほうが持続的で深部に達する痛覚を表現します。なお、「刺された」「刺されたら」は、動態動詞「刺す」の情動相「刺される」の活用形です。情動相の章(24.)を見てください。

　　風邪でも引いたかな。頭痛がする。　　　　　　　　　(1)
　　何か悪いものを食べてしまったようだ。吐き気がする。　(2)
　　あいつの顔を見ると、吐き気がする。　　　　　　　　(3)

(1)「頭痛がする」は「頭が痛い」と同義です。
(2) この文の「吐き気がする」は、本来の「嘔吐の直前特有の不快な感覚がある」という意味です。
(3) この文の「吐き気がする」は、比喩的な用法で「極度の嫌悪感を覚える」という意味です。

15. 静態動詞

15.1. 静態動詞の定義

「静態動詞」は、**すぐには変わらない**、**安定した状態**を表わします。少数で、いずれも欠如動詞です。「静態動詞の必須補語である安定した状態にある主体」を「静態主(*)」と呼ぶことにします。

(*)「静態主」は、本書の筆者による新造語です。

15.2. 静態動詞の構文

「聳える」

　この動詞は、ガ構文を要請し、場所を示す任意補語が格標識「に」を従えます。主に書き言葉で用い、話し言葉では稀です。丁寧形「*そびえます」「*そびえません」などを自然な会話で聞くことはありません。一段型動態動詞と並行した活用をしますが、命令形、禁止形、勧誘形は欠けています。また完了形「*そびえた」「*そびえました」も現代語では用いません。文末では「そびえている」、連体節の中では「そびえる」という形で用いるのが普通です。

　　山が雲間に聳えている。　　　　　　　　(1)
　　高層ビルが夜空に聳えている。　　　　　(2)

｛夜空に聳える｝高層ビルを写真に撮った。　　（3）

(1) 格標識「が」が「静態主（＝安定した状態にある主体）」を示します。実際には「雲が山の周りにある」のですが、格標識「に」が「山の聳えている見かけ上の場所」を示しています。
(2)(3) この文中の「夜空に」は「夜空を背景として」という意味です。
(3) 連体節の中では「聳える」のほうが「聳えている」よりも優勢です。

「聳え立つ」「そそり立つ」「林立する」など

　「聳える」と類義で五段型活用の「聳え立つ」、「そそり立つ」、多語幹・一段型活用の「林立する」「**屹立する**」なども静態動詞です。「*そびえたちます」「*りんりつしません」などの用例は、自然な会話にはありません。

　　　｛聳え立つ｝山々が美しい。　　（1）
　　　高層ビルが林立している。

(1) 連体形としては「聳え立つ」のほうが「聳え立っている」よりも優勢です。

「すぐれない」

　「すぐれない」は、否定形でのみ用いる静態動詞です。「すぐれる(*)」とは全く意味の違う別語です。**ガ構文**を要請しますが、「気分がすぐれない」「顔色がすぐれない」という定型句でしか用いない特殊な語です。命令形、禁止形、勧誘形は欠けています。「*すぐれていない」という形態になることもありません。

(*)「すぐれる」は、「結果相でしか用いない移態動詞」です。「移態動詞の結果相」の章（19.）で記述しています。

　　　今朝は、気分がすぐれない。　　　　　　　　　　　　　　（1）
　　　あの日は、一日中、気分がすぐれませんでした。　　　　　（2）
　　　祖父は、｛気分のすぐれない｝日は、縁側に坐って庭を眺めて過ごします。　　　　　　　　　　　　　　　　　　　　　　　　（3）

(1)(2)(3) 静態主は「気分」です。主文では格標識「が」が、連体節の中では格標識「の」が、それぞれ静態主を示します。

(1)「今朝」は、格標識無しで時を特定する任意補語です。過去でも現在でもあり得ます。主題標識「は」の陰に隠れている格標識はありません。「気分がすぐれない」と言い切っていますから、話者自身の現在の心身状態を言い表していることが分かります。
(2)「あの日」は、格標識無しで過去の時を示す任意補語です。主題標識「は」の陰に隠れている格標識はありません。「一日中」も任意補語で、格標識無しで期間を示します。「気分がすぐれませんでした」と言い切っていますから、話者自身の過去の心身状態を回想していることが分かります。
(3) 最初の主題標識「は」の陰に格標識「が」が隠れています。「祖父」は、文全体の主題であると同時に、三つの動詞「坐って」「眺めて」「過ごします」の共通の動作主です。波括弧 ‖ で括った部分は「日」を修飾する連体節です。二つ目の主題標識は副次的なもので、別の状態の日と対比した描写であることを示します。全体の主題が「祖父」ですから、「気分がすぐれない」人物は「祖父」です。なお「祖父」という語は、「おじいさん」と違って、対話者が家族以外の人物である場合に、話者自身の祖父のことを指します。「*私の祖父(*)」と言う必要はありません。ただし幼児語では、大人であれば「祖父」という場面でも、「おじいさん」または「おじいちゃん」と言います。

(*)日本語を異言語として学ぶ人がよく誤って「*私の父」「*私の母」「*私の祖母」「*僕の奥さん」などと言いますが、この原因は、教える側の怠慢です。単に「父が」「母が」「叔父の」「伯母に」「家内も」と言えば話者自身の「父」「母」「叔父」「伯母」「妻」のことに決まっているのだということを日本語学習者にきちんと教えるのが当然なのです。「外国人だから日本語が下手で当たり前。通じさえすればいいだろう」と考えて直さずに放置するのは、決して親切ではありません。同様に、「*あなたの父」とか「*お前の母」などという言い方が礼儀正しい自然な日本語には無いことも教えなくてはなりません。

「できる(*)」

(*)「できる」という形態の同音異義語が多数あります。「可能動詞」の章(17.)で「する能力がある」という意味の可能動詞［例：則夫君には、いい研究ができるだろう］や「生まれる」という意味の移態動詞［例：則夫夫婦に子供ができた］を説明しています。

　「(ある分野に)秀でている」という意味の「できる」は、静態動詞です。**ニガ構文**を要請します。命令形、禁止形、勧誘形は、欠けています。静態動詞には珍しく、肯定形ばかりでなく、否定形(「できない」「できません」など)も普通に用います。「*できている(*)」という形態になることはありません。

(*)「できている」という形態の別語があります。「可能動詞」の章(17.)で記述しています。

則夫君は、数学がよくできる。　　　　　　　(1)
　　　今年度は、{数学のよくできる}学生が多い。　(2)
　　　則夫君は、生物学はさっぱりできない。　　　(3)

(1) 主題標識「は」の陰に格標識「に」が隠れています。格標識「が」が「秀でている分野」を示します。
(2) 主題標識の陰に隠れている格標識はありません。波括弧｛｝で括った部分は、「学生」を修飾する連体節です。連体節の中では、格標識「が」が「の」で置き換わります。
(3) 最初の主題標識「は」の陰に格標識「に」が隠れています。二つ目の主題標識「は」の陰には格標識「が」が隠れています。

「勝る」

ガニ構文(*)を要請する動詞(＝ガニ動詞)です。否定形で用いることは、普通はありません。文末では「勝っている」、連体節の中では「勝る」という形で用いるのが普通です。

(*)「ガニ構文」：必須補語として「が」と「に」を要請する構文。動詞の中には二種類以上の構文の可能なものがあります。

　　　篤志君は、腕力ではすでに父親に勝っている　　　(1)
　　　{腕力で篤志君に勝る}者は、この界隈にはいない。　(2)

(1) 最初の主題標識「は」の陰に格標識「が」が隠れています。格標識「で」が分野を示します。格標識「で」は、主題標識の陰に隠れることはありません。格標識「に」が比較の対象を示します。
(2) 波括弧｛｝で括った部分は、「者」を修飾する連体節です。格標識「で」が分野を特定します。文中二つ目の格標識「に」は、場所を示しますが、この機能の場合、主題標識の陰に隠れることはありません。

「劣る」

「劣る」は「勝る」の対語で、やはり**ガニ構文**を要請します。「勝る」と違って、否定形の「劣らない」「劣らず」なども普通に用います。命令形、禁止形、勧誘形は、欠けています。文末で「劣る」「劣っている」の両方の

形を観察しますが、両者の間に意味の違いは認められません。

  僕たち**は**、脚力**が**まだまだ相手チーム**に**劣っている。 (1)
  高田君の脚力**は**、今のところ先輩グループ**には**劣る。 (2)
  高田君**は**、握力**では**先輩たちに勝るとも劣らない。 (3)
  大野君**も**、高田君**に**負けず劣らず有望だ。 (4)

(1) 主題標識「は」の陰に隠れている格標識は、ありません。「僕たち」は、この文の絶対主題です。「脚力」が静態主で、格標識「が」を伴っています。格標識「に」が比較の対象を示します。
(2) 主題標識「は」の陰に格標識「が」が隠れています。比較の対象を示す格標識「に」は、主題標識の陰に隠れることはありません。
(3) 最初の主題標識「は」の陰に格標識「が」が隠れています。分野を示す格標識「で」は、主題標識の陰に隠れることはありません。「勝るとも劣らない」は、「互角である」という意味の定型句です。
(4) 名詞型形容詞文です。主題標識「も」の陰に格標識「が」が隠れています。「負けず劣らず」は、「ひけをとらず」「互角に」という意味の定型句です。

「欠く」(*)と「欠ける」(**)

(*)「茶碗を欠く」などの「欠く」は、別語です。「固いものの一部を削ったり割ったりして壊す」という意味の動態動詞です。
(**)「茶碗の縁が欠ける」や「月が欠ける」「メンバーが一人欠ける」などの「欠ける」は、別語です。「固いものの一部が壊れて取れる」または「全体の一部が無い(または見えない)状態になる」という意味の移態動詞です。

「あって当然のものが(十分に)無い」という意味の「欠く」は**ガヲ構文**、「欠ける」は**ニガ構文**または**ガニ構文**を要請します。要請する構文は違いますが、同義です。文末では「欠いている」「欠けている」、連体節の中では「欠く」「欠いた」「欠ける」「欠けた」が普通です。主に書き言葉で用います。

  この文章**は**、明晰さ**を**欠いている。 (1)
  この文章**は**、明晰さ**に**欠けている。 (2)
  この文章**には**、明晰さ**が**欠けている。 (3)

(1)(2)(3) 三つの文は、同義です。
(1)(2) 主題標識「は」の陰に格標識「が」が隠れています。
(1) 格標識「が」が静態主を、格標識「を」が「あって当然なのに無いもの」を示します。
(2) 格標識「が」が静態主を、格標識「に」が「あって当然なのに無いもの」を示します。
(3) 格標識「に」が静態主を、格標識「が」が「あって当然なのに無いもの」を示します。

  それは、{礼儀を欠く} 言動だ。　　(1)
  それは、{礼儀を欠いた} 言動だ。　(2)
  それは、{礼儀に欠ける} 言動だ。　(3)
  それは、{礼儀に欠けた} 言動だ。　(4)

(1)(2)(3)(4) 四つの文は、すべて同義です。

「合う」(*)

(*)ここで取り上げる静態動詞は、「錠前に鍵が合う」という表現での「合う」です。これと同音同表記ですが、「この色とあの色が合う」という表現での「合う」は、判断動詞(13.)です。また、「勘定が合う」「計算が合う」という表現での「合う」は、移態動詞(16.)です。それぞれの章を参照してください。
 なお、静態動詞「合う」に対応する動態動詞は、「合わせる」です。錠前師は、鍵の材料になるものを変形させ「錠前に合わせて鍵を作り」ます。また「既存の鍵に合わせて合鍵を作り」ます。

「錠前に鍵が合う」という表現での「合う」は、ニガ構文の静態動詞です。特定の錠前に特定の鍵が合うかどうかは、観察者の感性や主観的な判断によるのではなく、誰が鍵を試しても同じ結果が出ます。

  錠前に鍵が合いません。　　　　　(1)
  —こちらの鍵を試してください。　(2)
  —ああ、合いました。　　　　　　(3)

(1) 格標識「に」が「鍵の適合する対象」を示します。格標識「が」が「錠前に適合する主体」を示します。語順を入れ替えて「鍵が錠前に合いません」とも言えます。無主題文ですから、今鍵を試している人、または至近距離にいてそれを観察している人の発言です。
(2) 「試す」は、ガヲ構文を要請する動態動詞です。命令形ですからガ補語(=動作主)は、

表示する必要がありません。
(3)「合った」「合いました」は、「適合していることを今認識した」という意味です。動態動詞ではありませんから、何らかの動作が完了したのではありません。「錠前に鍵が適合する」という事実は、認識する前も認識した後も変わらないのです。
(1)(3) **話者＝観察者**です。

「知らない」

「知らない」は、**ガヲ構文**または**譲歩節構文**を要請する静態動詞です(*)。否定形でのみ用います。

(*)動態動詞「知る」の否定形かと思いたくなる形態ですが、動作でも動的な心情でもなく「すぐには変わらない安定した状態」を表わします。

静態動詞「知らない」が「無知である」「部外者である」「情報圏外である」という意味である場合は、格標識「が」が静態主を、格標識「を」が「分野」または個々の「情報」を示します。

静態動詞「知らない」が「面識が無い」という意味である場合は、格標識「が」が静態主を、格標識「を」が「未知の人物」を示します。

静態動詞「知らない」が「悪い結果になっても話者の責任ではない」という意味では、譲歩節が仮想的な「悪い結果」を示します。

　　夏子さん**は**、岩手県の県庁所在地の名前**を**知らなかった。　　(1)
　　あたし**は**、そんな名前の人、知らないわ。　　(2)
　　｛転んで怪我しても｝知らないよ。　　(3)

(1) 主題標識「は」の陰に格標識「が」が隠れています。「知らなかった」は、この文では「無知だった」と同義ですが、文脈によって異なった二つの意味になります。
現在：現状認識「知っているとばかり思っていたが、実は知らないということが今、明らかになって驚いている」
過去：回想「過去のある時点で正答できなかったのを今でも覚えている」
(2) 女言葉です。主題標識「は」の陰に格標識「が」が隠れています。「知らない」は、この文では「面識が無い」という意味です。「そんな名前の人」の後に格標識「を」の省略があります。
(3) 男言葉です。波括弧｛ ｝で括った部分が副詞節の一種の譲歩節です。「知らない」は、この文では、「悪い結果になっても話者の責任ではない」という意味です。

「知らない」の活用表
否定形のみの静態動詞「知らない」

		普通	丁寧
基本	肯定		
	否定	知らない	知りません
中止	肯定		
	否定	知らず(に)	
複合中止	肯定		
	否定	知らなくて、知らないで	知りませんで
現状認識・回想	肯定		
	否定	知らなかった	知りませんでした
推量	肯定		
	否定	知らないだろう	知らないでしょう
現状認識の推量・回想の推量	肯定		
	否定	知らなかっただろう	知らなかったでしょう
仮定 一	肯定		
	否定	知らなければ	
仮定 二	肯定		
	否定	知らなかったら	
仮定 三	肯定		
	否定	知らないなら	
仮定 四	肯定		
	否定	知らないと	知りませんと

「わからない」(*)

　「決めかねている」という意味の「わからない」(*)は、否定形のみの静態動詞です。**ニガ構文**を要請します。

(*)認識動詞「わかる」の否定形と同音ですが、意味が違います。目の前にある何かが「認識できない」のでも「理解できない」のでも「判別できない」のでもなく、自分の未来の行動が「決定できない」のです。決定に必要な諸条件が整うまでの静態主の意思の「すぐには変わらない安定した状態」を表わします。

　　井上君、君は、何日に出発するんですか。—まだわかりません。　（1）
　　{井上君が何日に出発するか}は、まだ本人にもわからないそうです。

(2)

隣の町のお祭りに参加するの？—まだわからないよ。　　　　　(3)

佐藤君**は**、{隣の町のお祭りに参加するかどうか} わからないそうです。

(4)

(1)(3) 第二の文（＝返答）が静態動詞文です。言い切っていますから静態主は話者自身です。表示する必要がありません。「決定すべき未来の行動」は、質問文の全体ですから、返答文で繰り返す必要はありません。

(1) 質問文の冒頭の「井上君」は、対話者への呼びかけです。「君は」とありますから、「特定の日に出発することの決まっている別の人物がすでに話題になっている」ことがわかります。

(2) 主題標識「は」の陰に決定の対象を示す格標識「が」が隠れています。格標識「に」が静態主を示します。文が伝聞の「そうです」で終わっていますから、静態主は、話者ではなく、「本人＝井上君」です。

(3) 男言葉ですが、昨今では、話し方だけでは話者が男だと断定することはできません。

(4) 主題標識「は」の陰に静態主を示す格標識「に」が隠れています。波括弧 { } で括った部分が「決定すべき未来の行動」ですが、疑問を表わす文末接辞「か」の後では格標識「が」の省略が頻繁に起こります。

16. 移態動詞(*)

(*)「移態動詞」は、本書の筆者による新造語です。

16.1. 移態動詞の定義

　本書では「状態の推移を表わす動詞」を「**移態動詞**」と呼んでいます。多数の動詞がこのグループに入りますが、便宜上「**なる**(成る)(*)」とそれ以外の動詞を分けて記述します。移態動詞には「完了形が(状態推移の結果の)**現在**の安定した状態を表わす」という特徴があります。

(*)「実が生る」というときの「なる」は、「なる(成る)以外の移態動詞」です。また、動態動詞「鳴る」は、かな書きにすると同綴になりますが、音調(**)が違います。
(**)「音調」は、日本語の謂わゆる「高低アクセント」のことです。本書の筆者の観察と分析によると「アクセントの一種」であるとは見做し得ないものなので、こういう呼び方をしています。機会があれば別の著作で詳述します。

16.1.1 **移態動詞**［**なる**(成る)］

　単一動詞(*)として用いる「なる(成る)」は、**ガニ・ガト動詞**です。現代の話し言葉ではガニ構文が圧倒的に優勢で、ガト構文は、諺、格言、定型句、硬めの書き言葉などで観察できます。基本形が「る」で終わる五段型活用の動態動詞と同じ活用をします。

(*)「単一動詞」：複合動詞でも派生動詞でもない動詞。単一語の一種です。「単純動詞」とも言います。

　なお、移態動詞には命令形、禁止形、勧誘形の具わっていないものがありますが、「なる(成る)」および「なる(成る)」を構成要素とする複合移態動

詞には、命令形、禁止形、勧誘形があります。

[ガニ構文]　　{子供が一人前の大人になる}のを見届けたい。　　(1)
　　　　　　　{おたまじゃくしが蛙になる}のは、知ってるよね。　(2)
　　　　　　　蟻地獄(ありじごく)は、薄羽蜻蛉(うすばかげろう)になるんだよ。　　　　(3)

(1)(2)(3)　格標識「に」が推移の結果生じるはずの状態を示します。「推移の結果の状態」は、ヨーロッパ諸語の文法では「叙述語」と言います([英] predicate、[仏] attribut、[独] Prädikat)。日本のフランス語文法学者は「属詞」と訳すようです。

(1)(2)　無主題文は、連体節の中でよく観察します。格標識「が」が「推移主(=状態の推移する主体)」を示します。なお、「推移主」は、本書の筆者による新造語です。

(1)　波括弧 {｜ ｜} で括った部分は、形式名詞「の」にかかる連体節で、「の」とともに名詞節を構成しています。「見届けたい」は、動態動詞「見届ける」の願望相(25.)です。

(3)　主題標識「は」の陰に格標識「が」が隠れています。

[ガト構文]　　塵も積もれば山となる　　　　　　(1)
　　　　　　　古都は、廃墟となった。　　　　　(2)
　　　　　　　古都は、廃墟となっていた。　　　(3)
　　　　　　　あとは、どうとでもなれ。　　　　(4)

(1)(2)(3)(4)　ガト構文の場合は、格標識「と」が推移の結果の状態を示します。

(1)　諺です。主題標識「も」の陰に格標識「が」が隠れています。

(2)(3)　文語的な言い方です。話し言葉では「廃墟になった」「廃墟になっていた」と言います。主題標識「は」の陰に格標識「が」が隠れています。

(2)　完了形です。災害や戦争などで古都が廃墟になる現場に居合わせた人の言葉です。

(3)　結果相です。災害や戦争などが終わった後で古都の跡を訪れて廃墟になったのを確認した人の言葉です。「移態動詞の結果相」の章(19.)を見てください。

(4)　「どうとでもなれ」は、定型句です。結果に責任を負いたくないときの投げやりな気分を表わします。「なれ」は、命令形です。

16.1.2. 「なる」を最終構成要素とする複合移態動詞

　移態動詞「なる(成る)」には、複合動詞の構成員としての用法が豊富にあります。

16.1.2.1. ｛形容詞の連用形＋なる｝

各種の形容詞の連用形に「なる（成る）」を後接させると複合移態動詞(*)が成立します。

(*)本書では｛形容詞の連用形＋なる｝を「複合移態動詞」と分類しています。ヨーロッパ諸語の文法では、この用法での日本語の「形容詞の連用形」に相当するものを「叙述語」と分類します。

[ナ形容詞]　　大掃除をしたら、室が見違えるように**綺麗**になった。　　（1）
[ノ形容詞]　　｛冗談のつもりで言った｝ことが**本当**になってしまった。
　　　　　　　　　　　　　　　　　　　　　　　　　　　　　　　　　　（2）
[ø形容詞]　　こうすると、縦の長さと横の長さが**同じ**になります。　　（3）
[イ形容詞]　　疲れてくると、同じ荷物も**重く**なる。　　　　　　　　（4）

(1) 完了形です。その場に居合わせて、または自分が大掃除をして、室が「綺麗ではない」状態から「綺麗である」状態に推移したのを見た人の言葉です。
(2)「なる（成る）」の複合中止形「なって」に「しまう」を後接させた複合動詞（29.）の完了形です。想定外の結果になったという含みがあります。波括弧｛｝で括った部分は「こと」にかかる連体節です。
(3) 基本形の丁寧形です。「一般的な真実」または「未来」を表わします。
(4) イ形容詞「重い」は、文脈によって「客観的に〇〇キロ、〇〇トンなどと測定できる重さ」をそれよりも軽いものと比べる場合と、「主観的に肩などに荷の重さが応える」ことを表わす場合とがあります。この文例では、後者です。

16.1.2.2.｛動詞の肯定・基本形＋よう＋に＋なる｝

　｛故障していた｝機械がまた**動くようになった**。　　　　　（1）

　最近は、日本人もワインを**嗜むようになった**そうですね。　（2）

(1)「正常に作動しない状態」から「正常に作動する状態」へ推移したことを表わしています。
(2) 伝聞の後接辞「そうです」で終わっていますから、日本に住んでいない人の言葉です。

　ワインは、昔は日本に無かったものです。「嗜む人がいない」または「嗜む人がごく珍しい状態」から「嗜む人が普通にいる状態」への推移を表わしています。本来「ワイン」は「葡萄酒」と同義語なのですが、開国から百年以上もの間「葡萄酒」として市場に出廻っていたものが甘味の強い食前酒ばかりだったためか、食事と合わせて飲む甘味の無いものを「ワイン」と呼んで区別する用法が出現したようです。また現代では葡萄から造ったすべての種類の醸造酒を、甘味があっても「ワイン」と呼ぶ用法が優勢になっています。

16.1.2.3. {動詞の否定・中止形 から「て」を除いたもの(*) ＋なる}

(*)「動かなく―」「見えなく―」などの形

  自転車のペダルが**動かなくなった**。どうしたんだろう。 (1)
  昼の間は、お日様をまっすぐ見ちゃ駄目。目が**見えなくなる**よ。 (2)
  昔ほど速くは**歩けなくなった**。 (3)

(1)「動かなくなった」は、{動態動詞「動く」の否定・中止形から「て」を除いたもの＋「なる」}という構成の複合移態動詞の完了形です。「正常に動く」状態から「正常には動かない」または「全然動かない」状態へ推移したことを表わしています。

(2) 大人または年長の子供が幼児に話して聞かせるときの言葉遣いです。話し言葉の「見ちゃ」は、書き言葉の「見ては」に対応します。「見ちゃ駄目」は、「見てはいけない」や「見てはならない」と同義です。「見えなくなる」は、{認識動詞「見える」の否定・中止形から「て」を除いたもの＋「なる」}という構成の複合移態動詞の基本形です。「目が見える」状態から「目が見えない」状態へ推移する危険があることを表わしています。

(3)「歩けなくなった」は、{可能動詞「歩ける」の否定・中止形から「て」を除いたもの＋「なる」}という構成の複合移態動詞の完了形です。可能動詞については次の章 (17.) を見てください。「速く歩ける」状態から「速くは歩けない」状態に推移したことを表わしています。

16.1.3. その他の移態動詞

16.1.3.1. ガ動詞

「乾く」「濡れる」「増える」「減る」「(色が)褪せる」「成長する」「老いる」「死ぬ(*)」「太る(**)」「痩せる(**)」「(蓄え、力などが)尽きる」「(実が)生(な)る」「(答えが)合う」「(計算が)合う」などが「ガ補語移態動詞 (= 必須補語としてガ補語のみを要請する移態動詞)」です。ガ補語が「推移主 (= 状態の推移する主体)」を表わしますが、単一動詞の「なる」の場合と違って、**どんな状態がどう推移するかを動詞が表わす**ため、推移の結果を表わす叙述語はありません。移態動詞の完了形は、観察中に状態が推移したことを前提として、「状態推移の結果生じた**現在**の状態」を表わします。

(*)「死ぬ」は、「老衰死する」「病死する」「事故死する」「変死する」などの意味では移態動詞ですが、「自害する」「刺し違える」「討ち死にする」「自爆テロをする」などの意

味では動態動詞です。「戦死する」は、状況によって動態動詞の場合と移態動詞の場合があります。動態動詞と移態動詞の境界は、画然としてはいません。
(**)「太る」「瘠せる」は、食事療法などをして意識的に体重管理をしようとする場合には動態動詞です。

移態動詞のうち「(蓄え、力などが)尽きる」「(答えが)合う」「(計算が)合う」のように「状態推移の主体が意思を持たないものに限る」ものには、命令形、禁止形、勧誘形が欠けています。

なお「観察者がいないうちに起こった状態推移の結果生じた現在の状態」と「観察者が状態推移を確認してから現在まで続いている安定した状態」については「移態動詞の結果相」の章(19.)を見てください。

 雨で髪が濡れた。   (1)
 干し物が乾いた。   (2)
 虫が死んだ。   (3)
 何度も計算して、やっと勘定が合った。 (4)

(1)(2)(3) 格標識「が」が推移主を示します。
(1) 格標識「で」は、任意補語である「状態の推移の原因」を示します。「濡れていない状態」から「濡れた状態」への推移が観察者の目の前で起こったのです。「髪が濡れている」という形態は、第19章で記述しています。
(2)「乾いていない状態」から「乾いた状態」への推移が 観察者の見ている間に起こったのです。「干し物が乾いている」という形態は、第19章で記述しています。
(3) 観察者が見ている間に「生きている虫が死んだ」のです。「虫が死んでいる」という形態は、第19章で記述しています。
(4) 観察者が見ている間に「勘定が合わない状態」から「勘定が合う状態」へ移行したのです。「勘定が合っている」という形態は、第19章で記述しています。

移態動詞には、「腹が減る」「お腹が空く」「喉が渇く」「目が覚める」のように熟語の構成員となるものがあります。こうした熟語には、命令形、禁止形、勧誘形がありません。なお「腹が減っている」「お腹が空いている」「喉が渇いている」「目が覚めている」などの形態については、「移態動詞の結果相」の章(19.)で記述しています。

 腹が減った。 (1)

  お腹**が**空いた。 （2）
  喉**が**渇いた。 （3）
  目**が**覚めた。 （4）

(1)「今、空腹である」という意味です。現代では男言葉です。移態動詞は完了形が**現在**の状態を表わします。言い切っていますから、「空腹を覚えている人物」は、話者自身です。他者の空腹を推測して発言するときには、言い切り回避表現を使って「腹が減った**ようだ**」「腹が減った**らしい**」などと言います。また「いかにも腹が減った顔をしている」などの言い廻しもあります。
(2)「腹が減った」と同義です。老若男女とも用います。他者の空腹を推測して発言する時には、言い切り回避表現を使って「お腹が空いた**みたいだね**」と言ったり、推測を表わす副詞を使って「**きっと**お腹が空いたんだよ」などと言います。
(3)「今、喉の渇きを覚えている」という意味です。**現在**の状態を表わします。
(4)「睡眠から覚醒への移行が完了して、今は覚醒状態にある」という意味です。**現在**の状態を表わします。比喩的に「心の迷いが消えて、今は物事が正しく目に映る」「これまでの愚行を自覚・反省して改めることに決め、それを日々実行している」という意味にも用います。この場合も**現在**の状態を表わします。

16.1.3.2 ガ・ø 動詞

  「疲れる」「が弱る（＝体力・気力が衰える）(*)」「衰える」「若返る」などの移態動詞は、心身の一部の感覚を表現する時には**ガ構文**を要請しますが、心身全体の感覚を表現する時には**無補語構文**です。

(*)「困惑する」という意味の「に弱る」は、後述するガニ動詞です。

  テレビの見過ぎ**で**目**が**疲れた。 （1）
  お兄ちゃん**は**、足**が**疲れたんだ**って**。 （2）
  ああ、疲れた。 （3）
  毎日ジョギングをしたら、足腰**が**若返った。 （4）

(1)(2) 格標識「が」が疲労感の集中している身体部位を示します。
(1) 格標識「で」は、原因を示します。任意補語です。言い切っていますから、疲労を覚えているのは話者自身です。
(2) 疲労を覚えている人物は、主題語の「お兄ちゃん」です。主題標識「は」の陰に隠れている格標識はありません。文末の「って」は、引用詞です。
(3) 疲労を覚えている人物が話者自身であれば、特に文中に表示する必要はありません。無主題文にして、言い切ります。疲労感が心身全体に広がっているときは、ガ補語を

表示する必要はありません。
(4) 格標識「が」が「若返った感じのする身体部位」を示します。ガ補語無しに「若返った」と言えば、「心身全体が若返った気がする」という意味になります。

16.1.3.3 ニガ動詞

「知れる」と「知れ渡る」は、**ニガ構文**を要請する移態動詞です。

「知れる」は、「世に知れる」「世間に知れる」「名の知れた人」「お里が知れる」「高が知れている」「気が知れない」「○○かも知れない」などの言い廻しに現れます。「知れ渡る」は、その類義語で「広く隈(くま)なく知れる」という意味です。

{このこと**が**商売 敵(がたき) に知れたら} 大変なことになる。　　(1)
不祥事**は**、{瞬くうちに} 業界中に知れ渡った。　　(2)

(1) 波括弧 { } で括った部分は、副詞節の一種の条件節です。格標識「が」が推移主を、格標識「に」が「情報の漏洩または拡散の恩恵を受ける人物」を示します。
(2) 波括弧 { } で括った部分は、期間を表わす副詞節です。主題標識「は」の陰に推移主を示す格標識「が」が隠れています。格標識「に」が「情報の広範に拡散する領域」を示します。

16.1.3.4 ガニ動詞

「呆れる」「驚く」「びっくりする」「飽きる」などは、**ガニ構文**を要請する移態動詞です。格標識「が」が推移主を、格標識「に」が「心情の推移の原因となるもの」を示します。心情の推移を表わしますから、推移主は「心情主」でもあります。

あいつの頑固さ**には**呆れた。　　(1)
温厚な伊藤さん**も**、あいつの卑劣さ**には**呆れ果てたそうだ。　　(2)
この面々の {身勝手で無責任な} 言動**には**、{呆れる} ほかは無い。　　(3)
叔父**は**、甥の突然の来訪**に**驚いたようだった。　　(4)

(1)(2)(3) 心情の推移の原因となるものを示す格標識「に」は、主題標識「は」の陰に隠れません。
(1) 言い切っていますから、心情主は話者です。文中に表示する必要はありません。

(2) 主題標識「も」の陰に格標識「が」が隠れています。心情主は「伊藤さん」です。
(3) 後接辞複合体「ほかは無い」の前では、完了形は使えません。この文例では、動詞は基本形です。
(4) 主題標識「は」の陰に格標識「が」が隠れています。「―ようだった」は、「不十分な観察に基づいた暫定的な判断」を示す後接辞「―ようだ」の活用形で、過去の出来事の回想を示します。

「困る」「(に)弱る」も、ガニ構文を要請する移態動詞ですが、格標識「に」を伴う必須補語の代りに、広範囲に困惑の原因となる任意補語が格標識「で」を伴って現れることがあります。

　　新入りの社員の質問**には**困った。　　　(1)
　　吉田君、このままの報告書**では**困るよ。　(2)
　　この停電**には**弱った。　　　　　　　　(3)
　　{三日も続く}停電**で**ほとほと弱った。　(4)

(1) 言い切っていますから、推移主は話者自身です。答えようの無い質問、または迂闊に答えると差し障りのある質問をされて、**今**困惑しているのです。**現在**の状態です。
(2) 動詞は基本形です。困惑の原因となり得る物事を拒否する時の言い方です。「対話者のしていることを容認すると先々困ったことになる」という意味です。基本形は「普遍の真理」「習慣」「未来」を表わしますが、この文例では、避けるべき**未来**の状況を予見しているのです。なお、文頭の「吉田君」は、対話者の注意を引くための呼びかけです。
(3) **今**停電していて、それで困惑しているのです。完了形が**現在**の状態を表現しています。過去の状態を表現するには「**あの時の**停電には弱った」と言います。
(4) 三日前に始まった停電が今も続いていて、その停電のせいで生活のさまざまな面に支障が出て、困惑しているのです。「弱った」という完了形が**現在**の状態を表現しています。過去の状態を表現するには「三日も**続いた**停電で、**あの時は**ほとほと弱った」と言います。完了形の「続いた」が「停電は解決した」ことを示し、「あの時」が過去であることを示します。

　　水野先生**が**裕彦君に気付いた。　　　　　　(1)
　　水野先生**は**、バスの中で裕彦君に気付いた。(2)

(1)(2) 格標識「に」は、心情推移の原因となるものを示します。
(1) 格標識「が」が推移主を、格標識「に」が心情推移の原因となるものを示します。無主題文ですから、話者は「水野先生」と「裕彦君」の見える所にいます。
(2) 主題標識「は」の陰に推移主を示す格標識「が」が隠れています。格標識「で」は、

場所を表わす任意補語を示します。

16.1.3.5 ガト動詞

　硬い書き言葉で用いる「化す」という語は、ガト構文を要請する移態動詞です。格標識「と」が「推移の結果の状態」を示します。

　　一瞬にして、高層ビル**が**瓦礫の山**と**化した。　　　(1)
　　故郷の村**は**、廃墟**と**化した。　　　　　　　　　(2)

(1)(2)「化している」「化していた」という形態については、第19章で記述しています。
(1) 高層ビルが崩壊する現場に居合わせた人の言葉です。**現在**の状態を表わします。崩壊した後で現場に到着した人は「化している」と言います。
(2) 故郷の村が住めなくなり、無人になったのを見届けた人の言葉です。現在の状態を表わします。月日を経てから廃墟を訪れた人は「化している」と言います。

17. 可能動詞

17.1 可能動詞の定義

　本書では「できる」「読める」「あり得る」などを「可能動詞」と呼んでいます。「できる」以外の可能動詞は、すべて他の動詞から派生(*)、複合(**)、熟語化(***)のいずれかの手続きを経て規則的に成立します。このため、特に辞書の見出しとして掲げる必要はありません。ただし、対応する可能動詞の無い動詞(****)については、説明が必要です。

(*)「派生」：後接辞を付加することのみによる造語法。例：歩く＞歩ける。
(**)「複合」：|動詞＋動詞|、|動詞＋形容詞| などのように二つ以上の独立語を組み合わせることによる造語法。例：ある＋得る＞　あり得る。構成要素になっている独立語が元の意味を保つとは限りません。
(***)「熟語化」：動詞と名詞、格標識を組み合わせることによる造語法。例：行く＋こと＋が＋できる＞行くことができる。
(****)「対応する可能動詞の無い動詞」：派生可能動詞、複合可能動詞、熟語可能動詞の項で記述しています。

　可能動詞は、構成によって「単一可能動詞」「派生可能動詞」「複合可能動詞」「熟語可能動詞」の四種類に分類できますが、このうち、単一可能動詞は「できる」の一語のみです。

　「**できる**」という形態の同音異義語が多数あります。この章の主題になっているのは、「ある人（または動物、ロボットなど）にとってある動作を行なうことが可能である」という意味の語ですが、紛らわしくなるのを避けるた

め、先に同音異義語の説明をします。

[1]［可能動詞］「○○に□□ができる＝○○に□□をする能力があり、かつその行動を実現するためのすべての条件がそろっている」

　　則夫君**に**は、いい研究**が**できるだろう。　　(1)

(1) 格標識「に」が能力主（＝動作をする能力のある人物）を、格標識「が」が仮想的な動作の対象を示します。なお「能力主」は、本書の筆者による新造語です。

[2]［静態動詞］「○○に□□ができる＝○○が□□に秀でている＝○○は、□□の成績がよい」

　　則夫君**は**、人文地理と生物学**が**よくできる。　　(1)

(1) 主題標識「は」の陰に格標識「に」が隠れています。格標識「に」が「安定した状態にある主体」を、格標識「が」が「分野」を示します。「則夫君は、いつも人文地理と生物学の成績がよい」と同義です。

[3]［移態動詞］「○○に□□ができる＝○○に□□が生まれる」

　　則夫夫婦**に**子供**が**できた。　　(1)

(1) 格標識「に」が親を、格標識「が」が子を示します。

[4]［移態動詞］「□□ができる＝□□が生成する、完成する」

　　編み物を始めたね。何**が**できるのかな。―お父さんのセーターよ。
　　　　　　　　　　　　　　　　　　　　　　　　　　　　　　　(1)
　　晩御飯の支度**が**できてるけど、お風呂、先にする？　　　　(2)

(1)(2) 格標識「が」が生成するはずのもの、完成するはずのものを示します。
(2) 「できてる」は「できている」の話し言葉での形態です。「生成、完成した後、しばらく時間が経っている。そしていつでも使用可能である」ことを意味します。「移態動詞の結果相」の章(19.)を見てください。なお、話し言葉で頻繁に観察する現象ですが、「お風呂」の後に格標識「を」の省略があります。

これらに加えて、「できる」の活用形の一部と同じ形態の語があります。

[5]［結果相のみの移態動詞］
「○○と□□が**できている**＝○○と□□の間に肉体関係がある」

  あの二人**は**、できているね。   (1)
  {あの二人**が**できているかどうか}　**なんて**、知らないよ。　(2)

(1) 主題標識「は」の陰に格標識「が」が隠れています。
(2)「一かどうか」で終わる名詞節の中では、主題標識は使えません。格標識「が」が現れています。「なんて」は、話し言葉で用いる主題標識で、掛かり合いになることを拒否する含みがあります。

[6]［複合不変化前置形容詞］「**よくできた**○○＝肯(がえ)んじ得ない状況になっても事を荒立てることの無い○○」

「よくできた」は、{イ形容詞「よい」の連用形「よく」＋完了形のみの移態動詞「できた」}だろうと考えることができますが、連体修飾語としてしか用法がありません。そのため、現代語では、定型句というよりも、「よくできた」という形態の複合不変化前置形容詞になっていると見做すべきものです。

  {よくできた} 奥さんですね。   (1)
  あの奥さんは、{よくできた} 人だ。 (2)

(1)(2) どちらの例でも「よくできた」は連体修飾語です。これ以外の用法はありません。別の文脈で文末に現れる「よくできたねえ」「よくできました」などは、全く意味が違います。

17.1.1. 単一可能動詞
「○○に□□が**できる**」
 この動詞の肯定形は、「特定の人物や動物に特定の行動をする能力があり、かつその行動を実現するためのすべての条件が揃っている」ことを意味します。

  ここ**で**なら、則夫君**には**、いい研究**が**できるだろう。 (1)

(1) 文頭の「ここでなら」は、条件節です。

　　格標識「に」が能力主(＝研究をする能力のある人物)を、格標識「が」が仮想的な動作の対象を示します。文の正確な意味は「則夫君には、いい研究をする能力がある。研究テーマも独自のものである。この場所であれば、設備、環境、指導者、資金など、研究に必要なものはすべて揃っている」です。条件が一つでも欠けていれば「ここでは、いい研究はできない」「この予算では、十分な研究はできない」「この政治情勢では、おおっぴらにこのテーマの研究はできない」「則夫君には、まともな研究はできない」など、否定文で表現することになります。なお、能力主を示す格標識「に」は、主題標識の陰に隠すことができますが、隠さないほうが文意がはっきりします。

17.1.2. 派生可能動詞

「歩ける」「泳げる」「泣ける」「見られる(*)」「来られる(*)」などが「派生可能動詞」です。

(*)ここに挙げた「見られる」や「来られる」の代りに「見れる」「来れる」などの　謂わゆる「ら抜き言葉」を使う日本人が数千万人いる模様です。これについての考察は、次の「派生可能動詞の形態」の項の「一段型活用動詞の場合」を見てください。

17.1.2.1. 派生可能動詞の形態
五段型活用動詞の場合

五段型活用動詞から可能動詞を派生させるやり方(*)は、次の通りです。

(*)すべての五段型活用動詞から自動的に派生可能動詞が成立するわけではありません。「対応する派生動詞の無い動詞」(17.1.2.3)の項を見てください。

{語幹(*) + -e- + る}

(*)本書では、例えば「読む」の語幹は [/yom-/] であると分析しています。|語幹 + -e-| は、伝統文法の謂わゆる「已然形」または「仮定形」の語基「歩け—」「泳げ—」などに相当します。

　　歩く＞歩ける、泳ぐ＞泳げる、読む＞読める、飛ぶ＞飛べる
　　殺す＞殺せる、殴る＞殴れる、脅す＞脅せる

規範とは見做し得ない派生可能動詞の形態

　動詞型の派生接辞「―れる・―られる」で終わる多義形態(*)を、学校文法(**)では「受身、可能、自発、尊敬」と呼び、自由に可能動詞を形成させることができるものとしています。

(*)「情動相」の章(24.)で記述しています。
(**)「学校文法」：義務教育などで「国語の規範」または「日本語の規範」として教えている文法。日本共通語の現状とはかなりの乖離があります。

　この形態の造語法は、五段型活用動詞の場合、次の通りです。

{語幹＋ -a-(*)＋れる}

(*)「語幹＋ -a-」は、伝統文法の謂わゆる「未然形」の語基「書か―」「読ま―」などに相当します。

　　歩く＞歩かれる、泳ぐ＞泳がれる、読む＞読まれる、飛ぶ＞飛ばれる
　　殺す＞殺される、殴る＞殴られる、脅す＞脅される

　古語の名残の定型句「言うに言われぬ」や童謡の歌詞の「泣くに泣かれぬ花嫁人形は　赤い鹿の子の千代紙衣装」などでは確かにこの種の形態が「可能動詞」として機能しています。しかし、現代の日本で生まれ育って「殺される」「殴られる」などを「殺すことができる」「殴ることができる」という意味で用いる人は、どのくらいいるのでしょうか。筆者が観察した限りでは、一人もいません。一方、共通語を話す場面で、否定形で「行けない」「行くことができない」「通れない」「通ることができない」という意味で「行かれない」「通られない」を用いる人には、一部の地方(*)で何度か遭遇しました。日本全国で通用するわけではなく、使用頻度も低い形態を「規範」として教えるのは、奇妙なことです。しかも後述する「情動相」と同音になるため誤読・誤解を招きやすい形態ですから、明確な表現を尊ぶのであれば、使用・推奨を控えるべきものです。

(*)一部の地方：主に東北地方と東京都の一部です。言うまでもないことですが、「東京弁」は、日本語諸方言の一部であり、「共通語」とは、別のものです。

なお、動態動詞「浮かぶ」から派生したと考えられる「浮かばれる」という語は、「液体の表面や空中に浮かぶことができる」という意味になることはなく、「(死者の霊が)この世への未練を断ち切って成仏する」から転じて「(生きている人間が現世での)立場を保つことができる」という意味になり、現今では主に「浮かばれない」という否定形を「立つ瀬が無い」と同義で用いるようになっています。「浮かぶ」とは別語になったと見做すべきものです。

一段型活用動詞の場合

一段型活用動詞から派生可能動詞を造語するやり方は、伝統的には一つだけでしたが、現代では二種類観察できるようになっています。まず伝統的な造語法を示します。

{語幹 + **られる**}

単一語幹動詞：見る＞見られる、着る＞着られる、食べる＞食べられる
多語幹動詞　：来る＞来られる

謂わゆる「ら抜き言葉」

次に、学校文法では認めていませんが、近年使用者が次第に増えていて広範に観察できる造語法「ら抜き言葉」(*)を示します。

(*)本書では、鉤括弧で括って「ら抜き言葉」と書いています。これは、命名法が間違っていると判断しているからです。五段型活用の動詞「読む」や「書く」から可能動詞「読め + る」や「書け + る」が派生するのに倣って一段型活用の動詞「見る」や「食べる」からも「見れ + る」や「食べれ + る」と可能動詞を派生させたものであって、無差別に「すべての『られる』から『ら』が脱落した」のではありません。意味の異なる「人に見られる」「猫に魚を食べられる」などの用法では、「ら」は決して「脱落」しないのです。
　ただし、多語幹動詞の「来る」に限っては、「見られる」「食べられる」と並行する「見れる」「食べれる」などの形態がすでに成立した後で二次的な類推によって「来られる」と並行する「来れる」という形態が出現したものと考えられます。本当の意味

で「ら抜き」だと言えるのは「来れる」という形態だけです。

{語幹＋**れる**}

　　単一語幹動詞：見る＞見れる、着る＞着れる、食べる＞食べれる
　　多語幹動詞　：来る＞来れる

　伝統的な造語法では、五段型活用の動詞には「情動相」の「読まれる」と「派生可能動詞」の「読める」の二系列の形態があるため区別が歴然としています。それに対して、一段型活用の場合は「情動相」も「食べられる」、派生可能動詞も「食べられる」となるため短い文では誤解が起こり得る(*)という難点があります。「ら抜き言葉」を体系的に用いると、一段型活用の動詞にも二系列の形態が揃い、誤解や混同を避けることができます。この面だけを見ると「好ましい変化だ」と言えます。

(*)「情動相」と「可能動詞」は、構文が違うため、補語の省略の無い文では誤解も混同も起こりません。詳しくは第24章を見てください。

　　「情動相・迷惑」　　裕君**が**野良猫**に**大きな魚**を**食べられた。　　　　　　(1)
　　「可能」　　　　　　その野良猫**には**、大きな魚**が**一度に全部**は**食べられなかった。(2)

(1) 格標識「が」が「被害者だと考えて話者が同情を寄せている人物」を示します。格標識「に」は、「迷惑な行動の動作主」を示します。五段型活用の動詞「食う」を用いる場合は「裕君が野良猫に大きな魚を**食われた**」と言います。
(2) 格標識「に」が能力主を示します。格標識「が」は、「可能な動作の対象」を示します。五段型活用の動詞「食う」を用いるのであれば「野良猫には、大きな魚が全部は**食えなかった**」と言います。

　ところが、「ら抜き言葉」を日常あらゆる場面で使っている人の話し方を仔細に観察してみると、一段型活用動詞でも「忘れる」「入(い)れる」「淹れる」「隠れる」「触れる」「別れる」のように基本形が「─れる」で終わる語の場合は、派生可能動詞として「ら抜き」の「*別れれる」や「*隠れれる」という形態は使っていないことが分かります。この人たちにとっても「ら入り」の「忘れられない」「淹れられる」「隠れられなかった」「別れられれば」などの形態のほうが自然なのです。理論上の仮定形が「*別**れれれば**」「*隠**れれれば**」などとなり、日本語として不自然な形態(*)になってしまう

のが原因だろうと本書の筆者は考えています。また、「避ける」や「捨てる」のように基本形が「―ける」「―てる」などで終わる語でも「避けれない」「捨てれない」と並んで「避けられない」「捨てられない」などの形態も健在です。同一人物が同一の対話者との会話の中で(恐らく意識せずに)両方の形態を用いることもあります。くだけた会話では「ら抜き」、改まった場では「ら入り」と使い分ける人もいます(**)。「ら抜き言葉」は、進化の途上であるため「揺れ」が大きいのです。

(*)自然な日本語では、擬音語、擬態語、擬情語と感歎詞を除けば、子音と母音からなる**同一の拍が三度連続する**ことはありません。ただし、下の例のように、子音が無く母音のみからなる同一の拍の連続は、三度も四度も可能です。

[漢字かな交じり表記]	[ひらがな表記]	[実際の発音]
営々と	えいえいと	ええええと
大男	おおとこ	おおとこ
往々	おうおう	おおおお
(尾を)覆おう	(おを)おおう	(おお)おおおお
(鳳凰を)追おう	(ほうおうを)おおう	(ほおおおお)おおお

(**)「ら抜き言葉」を使うと相手によっては「下品だ」「教養程度が低い」と見做されることがあると承知しているのでしょう。

「ら抜き言葉」には「情動相との混同が起こらない」という重要な利点があります。しかし、現段階では、不規則で少なからぬ例外を含むものを新たな「標準造語法」として推奨することには、大きな問題があります(*)。

(*)言語の未来の変化は予測できません。「*別**れれれ**ば」「*隠**れれれ**ば」「*別れれたら」「*隠れれました」などの形態が「普通」になり、不規則性が消えて、大手を振って「標準形」として推奨できることになる日が来る可能性が無いわけではありません。

17.1.2.2. 派生可能動詞の意味

派生可能動詞の意味は、三種類に分類できます。

[1] 大多数の派生可能動詞の肯定形は、単一可能動詞と同様に、「特定の人物や動物に特定の行動をする**能力**があり、かつその行動を実現するための**すべての条件**が揃っている」ことを意味します。

鈴木さん**に**こんな本**が**書けるだろうか。　　（1）
　　　―書けると思いますよ。　　　　　　　　　（2）

(1) 無主題文です。格標識「に」が「能力主（＝書く能力のある人物）」を、「が」が「書くという仮想的な動作の対象」を示します。
(2) 前の行の質問に対する答えですから、同一の能力主「鈴木さん**に**」と同一の仮想的な動作の対象「こんな本**が**」を繰り返す必要はありません。「書ける」だけでも十分な答えですが、この例では、「と思います」と言い切り回避表現を後接させた上で、改めて強調の文末接辞「よ」を用いています。

　　　小島さん**は**、アラビア語**が**話せますか。　　（1）
　　　―アラブ諸語(*)のうちのいくつか**が**話せます。　（2）

(*)「アラビア半島」「アラビア海」「サウディ・アラビア王国」という地名はありますが、「アラビア」だけでは地球上のどこを指すのか分かりません。そのため本書の筆者は「アラビア語」ではなく「モロッコ・アラブ語」「エジプト・アラブ語」「アラブ諸語」などの呼称を用いています。なお、アラブ諸語のうちの一つを母言語として話す人は、国籍の如何に関わらず「アラブ人」です。「*アラビア人」では、何のことか分かりません。また、アラブ諸語の正書法で用いる数字はインド数字とよく似たものであって、謂わゆる「アラビア数字」ではありません。

(1) 有主題文です。主題標識「は」の陰に格標識「に」が隠れています。「に」を隠さずに「小島さん**には**」と言うこともできます。
(2) 前の行の質問に対する答えですから、同一の主題「小島さん**は**」を繰り返す必要はありません。返答者は「小島さん」自身でもあり得ますし、第三者でもあり得ます。質問者があたかも単一の「アラビア語」が存在するかのごとく「アラビア語**が**」と発言したのを「アラブ諸語のうちのいくつか**が**」と情報を補足して言い換える必要があるため、質問文中の仮想的な動作の対象と同一ではない補語を文中に顕示しています。

　　　この室**では**、ゆっくり本**が**読めません。　　（1）
　　　この室**では**、暗くて本**が**読めません。　　（2）

(1)(2) 言い切っていますから、能力主は話者自身です。表示する必要がありません。なお、「この室で」は、場所を表わす任意補語です。別の室でなら落ち着いて本が読めるかもしれません。
(1) 騒がしいとか、頻繁に出入りする人がいるとか、何らかの事情で落ち着いて読書ができないのです。照明などは問題無さそうです。
(2) 読書ができないのは、照明が不十分だからです。静けさ、清潔さ、机と椅子の状態などは問題無さそうです。

今日は気分がいい。いい写真**が**撮れそうだ。　　　(1)
　　　今日は、{いい写真**が**撮れそうな} 予感がする。　　(2)

(1) 第一の文は、イ形容詞文です。「気分がいい」と感じている心情主は、話者自身なので、無表示です。第二の文が可能動詞文です。第二の文の能力主は、やはり話者自身なので、文中に表示してありません。可能動詞の中止形に後接する「そうだ」(*) は、「もうすぐその可能性が実現するだろうという予感・確信」を表します。

(*)「動詞の中止形＋「そうだ(です、である)」」という構成の複合体は、それ自体「複合ナ形容詞」です。第 26 章を見てください。

(2) 複合ナ形容詞「撮れそうだ」は、連体節の中では「撮れそうな」という形態になります。

[2] 一部の派生可能動詞は、**動作の対象を主題**として表示しながら**能力主を表示しない構文**で、特定の動作主の意思や能力とは無関係に、「動作の対象となるものが**使用に耐える**かどうか」を表現します。

　　　この服**は**、生地が傷んで、もう着られない。　　　　(1)
　　　この服**は**、小さくなった。お姉さん**には**もう着られない。　(2)

(1)(2) 主題標識「は」の陰に動作の対象を示す格標識「が」が隠れています。
(1) 着られないと判断する根拠は「生地が傷んだ」ことです。誰が着ようとするのかは問題になりません。
(2) 妹または誰か「お姉さん」よりも小柄な人であれば着られます。なお「服が小さくなった」は、普通は「服が縮んだ」という意味ではなく、「子供が成長して大きくなったため、これまで着ていた服が子供の身体に合わなくなった」という意味です。

　　　この靴**は**、丈夫にできていますから、長い間履けますよ。　(1)
　　　このサンダル**は**、僕**は**もう履けないけど、弟なら履ける。　(2)

(1)(2) 主題標識「は」の陰に動作の対象を示す格標識「が」が隠れています。
(1) この文の重点は「丈夫な靴だから長持ちする」ことです。「誰が履くのか」や「履き始めたかどうか」などは問題になりません。
(2) 話者が成長したため、サンダルが足に合わなくなったのです。壊れたわけではありませんから、足のサイズの合う人には履けます。

　　　このきのこ**は**、食べられますか。　　　(1)

渡辺さん**は**、馬刺し**は**食べられますか。　　(2)

(1) 主題標識「は」の陰に動作の対象を示す格標識「が」が隠れています。「食用に適しているか」「毒きのこではないか」という意味です。誰が食べるかは問題になりません。
(2) 最初の主題標識「は」の陰に能力主を示す格標識「に」が隠れています。二つ目の主題標識「は」の陰に仮想動作の対象を示す格標識「が」が隠れています。馬刺しは、誰もが好むものではありません。そのため、勧める前に「渡辺さん」に馬刺しを食べる「嗜好」または「初めてであれば食べてみる好奇心と勇気」などがあるかどうかを訊いています。

[3] 例外的に(*)、動態動詞「泣く」から派生した「泣ける」という形態には、動作主の**意思とは裏腹に**「泣く」という行為が実現してしまうことを表現する機能があります(**)。

(*) 日本語では例外ですが、これが原則になっている言語もあります。ラズ語では、すべての可能動詞に「○○することができる」と「思わず(または誤って)○○してしまう」との二つの意味があります。
(**) 定型句「○○と思えてならない」は、「いくら別の考え方をしようとしても○○という思いに戻って来てしまう」という意味です。「思える」が「てならない」を伴わずに単独でこの意味になることは無いようです。しかし「思える」の用法のうちの一つには「泣ける」と並行した意味があると言えます。

　　　二郎さんは、この本を読んで、泣けたそうです。　　(1)
　　　私も、この本を読んだら、泣けて、泣けて。　　(2)
　　　子供に手術が必要だと医者に言われて、泣けてしまった。　　(3)

(1) 伝聞標識の「そうです」を後接させています。読書中に思わず落涙したことを後から聞いたのです。
(2) 複合中止形「泣けて」を二度繰り返しています。繰り返しをせず「泣けてねえ」という言い方もできます。「文末まで到達しませんが、心情を斟酌してください」という含みの表現技術です。
(3) 複合中止形「泣けて」に「しまう」を後接させた複合動詞(29.)です。「動作主の意思とは裏腹に」という含みを強調しています。

17.1.2.3. 対応する派生可能動詞の無い動詞

　認識動詞、判断動詞、病覚動詞、静態動詞には、対応する派生可能動詞は

ありません。

　存在動詞にも、対応する派生可能動詞はありません(*)。

(*)「あり得る」や「存在し得る」は、後述する「複合可能動詞」です。また「存在できる」は、「存在する」の構成要素「する」を単一可能動詞の「できる」で置き換えたものです。

　移態動詞の多くには、対応する派生可能動詞はありません。しかし「なる(成る)」(および「なる」を最終構成要素とする複合動詞)には対応する派生可能動詞があります。

　動態動詞のうち「する(*)」(および「する」を最終構成要素とする複合動詞)にも、対応する派生可能動詞はありません。

(*)「する」に対応する可能動詞「できる」は、前述の単一可能動詞です。複合動詞「証明する」に対応する可能動詞は「証明できる」です。なお、{漢字一字＋する}という構成の複合動詞「熱する」「決する」「称する」などと動詞型派生接辞「―られる」を組み合わせた「熱せられる」「決せられる」「称せられる」などを用いた文章を散見しますが、これらは、可能動詞ではありません。

　この他、「落ちる」「散る」「(雨や雪が)降る」「隔たる」「漏る(*)」「知る(**)」など、対応する派生可能動詞の無い動態動詞が多数あります。対応する派生可能動詞の欠如は、語彙論の面白い研究テーマです。

(*)「漏る」の動作主は「水」や「雨」に限りますから、その意思や能力が問題になることはありません。「漏れる」は、動態動詞であって、可能動詞ではありません。
(**)「知る」に対応する可能動詞としては、後述する熟語可能動詞の「知ることができる」を用いるのが普通です。「お里が知れる」などの表現に現れる「知れる」は、移態動詞であって、可能動詞ではありません。近年、可能動詞のつもりで「知れる」という語形を使おうとする人を散見しますが、誤解されて当然ですから、推奨すべきことではありません。

17.1.3. **複合可能動詞**(*)
(*)一般の複合動詞については第28章で記述しています。

　複合可能動詞は、{動詞の中止形＋**―得る**(*)}という構成です。

(*)独立した動詞の「得る」は、「取得する」「獲得する」という意味です。派生接辞化した「―得る」と、形態は同じですが、意味は大きく隔たっています。

第二項の動詞「―得る」は、「いる(*)」以外の存在動詞と一部の動態動詞および移態動詞に後接します。「成し得る」「肯んじ得ない」のように文語的な動詞に後接することが多く、「あり得る」以外は、主に硬い書き言葉で用います。派生可能動詞に比べて使用頻度は非常に低く、「*食べ得る」「*泳ぎ得る」などは、理論的に構築することはできますが、非常に不自然です。

(*)「いる」は、「存在する」および「ある場所に居合わせる」という意味では存在動詞ですが、「ある場所に自分の意思でとどまる」という意味では動態動詞です。どちらの場合も「*い得る」という形態は、全く観察できません。

　存在動詞の中止形に「―得る」が後接してできた「あり得る」「実在し得る」などは、存在の「可能性」を表わします。なお「あり得る」には、古語の名残の「ありうる」と現代語の「ありえる」と、二通りの読み方がありますが、読み方によって意味が変わることはありません。

　　白い燕って、あり得るのかなあ。　　　　　　　　　　　　　(1)
　　{海抜五千メートルの山道をゴム草履で歩く}人なんて、あり得ない。
　　　　　　　　　　　　　　　　　　　　　　　　　　　　　　(2)
　　あり得ない！　あの人、海抜五千メートルの山道をゴム草履で歩いてる。
　　　　　　　　　　　　　　　　　　　　　　　　　　　　　　(3)

(1)(2) 非可能・存在動詞には「いる」と「ある」の区別がありますが、複合可能動詞は、「あり得る」の一語が「いる」と「ある」の両方に対応します。なお、「あり得る」は、ガ構文を要請します。
(1) 話し言葉によく現れる主題標識「って」の陰に、存在主を示す格標識「が」が隠れています。「のか」は「のだ(のです、のである)」の疑問形です。「なあ」は、自問自答に用いる文末接辞です。他者からの答えを期待しない言い方ですが、周りにいる人が答えてくれる場合もあります。
(2) 主題標識「なんて」には、「可能性を頭から否定してかかる」含みがあります。この文での「あり得ない」は、「理論的に不可能ではないかも知れないが、まさかそんな人が現実にいるはずは無い」というくらいの意味です。普通は「理論的に不可能だ」という頑なな主張ではありません。
(3) この文脈での「あり得ない」は、「自分の目が信じられない」「完全に想定外だ」「人に話しても信じてもらえないかもしれない」という意味で、感歎詞的な用法です。「あの人」の後に主題標識「は」または格標識「が」の省略があります。「歩いてる」は継続相「歩いている」の話し言葉での形態です。動態動詞の継続相については、第20章で記述しています。

　　　　{鈴木さん**が**こんな本**を**書くこと}**が**あり得るだろうか。　　（1）
　　　　―あり得るんじゃありませんか。　　　　　　　　　　　　　（2）

(1) 波括弧｛｝で括った部分は、名詞節です。名詞節全体が存在主です。「鈴木さん」以外の人に向けた質問です。
(2) 前の行の質問に対する答えですから、同一の「仮想的な動作」（＝鈴木さんがこんな本を書くこと）を繰り返す必要はありません。「あり得る」か「あり得ますよ」だけでも十分な答えですが、この例では、「んじゃありませんか」と、言い切り回避表現を後接させています。

　　　　{小島さん**が**ギリシャ語を話すこと}**は**、あり得ますか。　　（1）
　　　　―{ギリシャ語を話す}場面がご著書にありますよ。　　　　　（2）

(1) 有主題文です。主題標識「は」の陰に存在主を示す格標識「が」が隠れています。無主題文と違って、「小島さんが他の言語を話すことは知っているが」という含みがあります。「小島さん」以外の人に向けた質問です。
(2) 前の行の質問に対する答えです。「あり得ます」または「あり得ません」とだけ答えることも出来ますが、この例文での返答者は、「小島さん」に関して得ている詳しい情報を披露するほうを選んだのです。「ご著書」と著者の「小島さん」に対して敬語を使っていますから、「小島さん」と面識のある人です。

　動態動詞または移態動詞の中止形に「―得る」が後接してできた「起こり得る」「変わり得る」などは、動作または状態推移の「能力」または「可能性」を現わします。

　　　　スイスでは、大地震が起こっても、津波**は**起こり得ません。　　（1）
　　　　その言葉は、根拠の無い誹謗中傷です。到底、肯んじ得ません。　（2）

(1) 「起こり得る」は、ガ動詞です。　主題標識「は」の陰に動作主を示す格標識「が」が隠れています。
(2) 「肯んじ得る」は、ニガ動詞です。この文では、能力主は、話者自身ですから無表示です。また、動作の対象は、直前の文の主題になっている「その言葉」ですから、やはり文中に表示する必要はありません。なお、「その言葉」を「あなたの言葉」で置き換えると、非難の気持ちがさらに強く現れます。

17.1.4. 熟語可能動詞(*)

(*)熟語可能動詞は、熟語動詞の一種です。一般の熟語動詞については第30章で記述して

います。

　熟語可能動詞は、{動態動詞または移態動詞の基本形+**こと**+**が**(*)+**できる**}という構成です。

(*)必要に応じて、格標識「が」を隠す形で主題標識「は」「も」などを用いることができます。

　肯定形は「動作主または状態推移の主体に動作または状態推移を実現する能力があり、そのためのすべての条件が揃っている」という意味です。この構成の熟語可能動詞は、「落ちる」「(花が)散る(*)」「(雨や雪が)降る」などからは、成立しません。

(*)比喩的に「(兵士が戦場で)散る」という意味では、熟語可能動詞が成立します。

　　鈴木さん**に**｛こんな本**を**書くこと｝**が**できるだろうか。　　(1)
　　—できると思いますよ。　　　　　　　　　　　　　　　　(2)

(1) この熟語可能動詞は、ニガ構文を要請します。格標識「に」が「能力主(=書く能力のある人物)」を、「が」が「仮想的な動作の対象」(=波括弧｛ ｝で括った部分)を示します。
(2) 前の行の質問に対する答えですから、同一の能力主「鈴木さん**に**」と同一の仮想的な動作の対象「｛こんな本を書くこと｝**が**」を繰り返す必要はありません。「できる」だけでも十分な答えですが、この例では、「と思います」と言い切り回避表現を後接させた上で、改めて強調の文末接辞「よ」を用いています。

　　小島さん**は**、｛トルコ語**を**話すこと｝**が**できますか。　　(1)
　　—ぺらぺらだそうですよ。　　　　　　　　　　　　　　　(2)

(1) 有主題文です。主題標識「は」の陰に格標識「に」が隠れています。「に」を隠さずに「小島さん**には**」と言うこともできます。対話者は「小島さん」自身でもあり得ますし、第三者でもあり得ます。
(2) 「ぺらぺら」は、「異言語を流暢に話す」という意味の名詞型形容詞です。「だそうです」と伝聞形を使っていますから、返答者は「小島さん」自身ではありません。

17.2. 可能動詞の活用

　可能動詞はすべて一段型活用をします。

単一可能動詞「できる」

		普通	丁寧
基本	肯定	できる	できます
	否定	できない	できません
中止(*)	肯定	でき(1)	
	否定	できず(に)	
複合中止	肯定	できて	できまして
	否定	できなくて、できないで	できませんで
完了	肯定	できた	できました
	否定	できなかった	できませんでした
推量	肯定	できるだろう	できるでしょう
	否定	できないだろう	できないでしょう
完了の推量	肯定	できただろう	できたでしょう
	否定	できなかっただろう	できなかったでしょう
仮定　一	肯定	できれば	
	否定	できなければ	
仮定　二	肯定	できたら	できましたら
	否定	できなかったら	できませんでしたら
仮定　三	肯定	できるなら	
	否定	できないなら	
仮定　四	肯定	できると	できますと
	否定	できないと	できませんと

(*)「中止形」は、学校文法で言う「連用形」に相当します。各種の動詞の「中止形」は、複合動詞や用言複合体を形成する要素にはなりますが、各種形容詞の「連用形」とは異なり、「他の動詞を修飾する」ことがありません。このため、本書では、動詞に関しては「連用形」という用語を採用していません。

(1) 中止形「でき」は、散文や川柳などでは用いますが、話し言葉では観察できません。

　可能動詞に命令形、禁止形、勧誘形はありませんが、派生接辞複合体を使って複合移態動詞にすれば、それを活用させることによって「できるようになれ」「できるようになろう」などの形態が可能になります。

派生可能動詞「泳げる」

		普通	丁寧
基本	肯定	泳げる	泳げます
	否定	泳げない	泳げません

17.可能動詞　291

中止	肯定	(泳げ)(1)	
	否定	泳げず(に)	
複合中止	肯定	泳げて	泳げまして
	否定	泳げなくて、泳げないで	泳げませんで
完了	肯定	泳げた	泳げました
	否定	泳げなかった	泳げませんでした
推量	肯定	泳げるだろう	泳げるでしょう
	否定	泳げないだろう	泳げないでしょう
完了の推量	肯定	泳げただろう	泳げたでしょう
	否定	泳げなかっただろう	泳げなかったでしょう
仮定　一	肯定	泳げれば	
	否定	泳げなければ	
仮定　二	肯定	泳げたら	泳げましたら
	否定	泳げなかったら	泳げませんでしたら
仮定　三	肯定	泳げるなら	
	否定	泳げないなら	
仮定　四	肯定	泳げると	泳げますと
	否定	泳げないと	泳げませんと

(1) 派生可能動詞の中止形「泳げ」などは、川柳では普通に用いますが、散文や話し言葉では観察できません。

複合可能動詞「あり得る」

		普通	丁寧
基本	肯定	あり得る	あり得ます
	否定	あり得ない	あり得ません
中止	肯定	あり得(1)	
	否定	あり得ず(に)	
複合中止	肯定	あり得て	あり得まして
	否定	あり得なくて、あり得ないで	あり得ませんで
現状認識・回想	肯定	あり得た	あり得ました
	否定	あり得なかった	あり得ませんでした
推量	肯定	あり得るだろう	あり得るでしょう
	否定	あり得ないだろう	あり得ないでしょう
現状認識の推量・回想の推量	肯定	あり得ただろう	あり得たでしょう
	否定	あり得なかっただろう	あり得なかったでしょう

仮定　一	肯定	あり得れば	
	否定	あり得なければ	
仮定　二	肯定	あり得たら	あり得ましたら
	否定	あり得なかったら	あり得ませんでしたら
仮定　三	肯定	あり得るなら	
	否定	あり得ないなら	
仮定　四	肯定	あり得ると	あり得ますと
	否定	あり得ないと	あり得ませんと

(1) 派生可能動詞の中止形「あり得」は、散文や川柳で用いますが、話し言葉では観察できません。

複合派生動詞「成し得る」

		普通	丁寧
基本	肯定	成し得る	成し得ます
	否定	成し得ない	成し得ません
中止	肯定	成し得(1)	
	否定	成し得ず(に)	
複合中止	肯定	成し得て	成し得まして
	否定	成し得なくて、成し得ないで	成し得ませんで
完了	肯定	成し得た	成し得ました
	否定	成し得なかった	成し得ませんでした
推量	肯定	成し得るだろう	成し得るでしょう
	否定	成し得ないだろう	成し得ないでしょう
完了の推量	肯定	成し得ただろう	成し得たでしょう
	否定	成し得なかっただろう	成し得なかったでしょう
仮定　一	肯定	成し得れば	
	否定	成し得なければ	
仮定　二	肯定	成し得たら	成し得ましたら
	否定	成し得なかったら	成し得ませんでしたら
仮定　三	肯定	成し得るなら	
	否定	成し得ないなら	
仮定　四	肯定	成し得ると	成し得ますと
	否定	成し得ないと	成し得ませんと

(1) 派生可能動詞の中止形「成し得」は、散文や川柳では用いますが、話し言葉では観察できません。

18. 認識動詞の継続相「—ている」

　第 18、19、20、21 章では、動詞の複合中止形と動詞型派生接辞「いる」を組み合わせた「○○ている」という形態を記述します。この形態は、動詞の種類によって「継続相」または「結果相」を表わします。認識動詞の場合は、継続相です。

18.1. 認識動詞の継続相の定義

　認識動詞「見える」「聞こえる」「わかる」の複合中止形に「いる」を後接させた「見えている」「聞こえている」「わかっている」という形態は、継続相を表わします。当初の「見えない」（または「聞こえない」「わからない」）状態から「見える」（または「聞こえる」「わかる」）状態への移行が完了し、それ以来、話者が発言している時点まで、その認識が継続中なのです。

　　雅子さん**には**、窓から裕君の姿**が**見えているようです。　　（1）
　　雅子さん**には**、窓から裕君の姿**が**見えていそうです。　　（2）

(1)(2) 格標識「に」が認識主を、「が」が認識の対象を示します。「窓から」は任意補語で、格標識「から」は一般に「出発点」または「分岐点」を示しますが、この文例では「経由点」を示し、「雅子さんの視線が窓を経由して裕君に到達する」ことを明示しています。
(1) 「雅子さんは、しばらく前に裕君の姿を認めたようだ。そして今もずっと姿が見え続けているようだ」という意味です。話者は、「雅子さん」と「裕君」のどちらかを、または両者を、遠くから観察しているので確信が無く、言い切りはできません。
(2) 継続相「見えている」の中止形「見えてい」に「そうです」を後接させた「見えてい

そうです」は、「すでに見えていると思えてならない」「すでに見えているとしても全然驚かない」という意味です。ほとんど確信しています。「動詞の継続相の中止形＋「そうだ（です、である）」」という構成の複合体は、それ自体「複合ナ形容詞」(26.)です。

夏子さんには、雅子さんたちのひそひそ話が聞こえているはずです。
(1)

｛おっしゃりたい｝ことは、分かっておりますよ。 (2)

(1)「はず」は「話者の得ている情報が十分であれば正しい推定」を表わす後接辞として用いる形式名詞です。なお「たち」は、数量詞の章 (2.) で記述してありますが、「複数標識」ではなく、集合標識です。日本語の体系に「文法上の複数」は存在しません。
(2)「おっしゃる」は「言う」に対応する尊敬語で、「おっしゃりたい」は、その願望相 (25.) の形です。尊敬語に属する動詞の動作主は、話者自身ではあり得ません(*)。特に表示が無ければ対話者が動作主です。また「分かっております」は「分かっています」に対応する謙譲語で、認識主は対話者ではあり得ません(**)。特に表示が無ければ話者自身が認識主です。「対話者の言いたいことはすでに十分に認識しており、その認識が現状でも有効なままである。したがって話者に対して改めて説明する必要が無い」ことを敬語を使って表現しています。

(*)(**) 敬語を正しく使えば、動作主や認識主を表示しなくても（＝見かけ上謂わゆる「主語」の無い文が続いても）誤解は起こりません。本書では敬語については特に章を立てて論じておりませんが、機会があれば別の著作で記述します。

｛いつか事故が起こり得る｝ことは、初めから分かっていました。 (1)
あの人たちには、本当にそれが分かっていなかったのでしょうか。 (2)
—｛うすうす分かっていながら｝希望的観測ばかりしていたんでしょうね。
(3)

(1) 波括弧 ｛｝で括った部分は、連体節で、複合可能動詞文です。主題標識「は」の陰に認識の対象を示す格標識「が」が隠れています。言い切っていますから、無表示の認識主は話者自身です。この文例では、「分かっていた」「分かっていました」は、「過去のある時点で事態を把握した」ことを**回想**しながら、「その認識が現在まで途切れなく続いている」ことを**再確認**しています。「初めから」とあるので「事業の途中で事故の可能性に気づいたのではなく、当初から覚悟していた」ことが分かります。
(2) 認識主は「あの人たち」です。「のでしょうか」と自問し、質問しているのは話者です。この文は、回想ではなく、「把握した**現在**の現実の状態が予測、確信、危惧、希望的観測などと異なっていること」を表わす例で、「あの人たちにも初めから分かっているはずだとばかり思い込んでいた。『想定外だった』と主張しているが、とても

その言葉が誠実だとは思えない」という意味です。
(3) 波括弧 ｜｜ で括った部分は副詞節の一種の譲歩節です。前文の質問に対する答えですから、「分かっていながら」の無表示の認識主は、前文に登場した「あの人たち」です。「ばかり」は、不変化後接辞で、この文例では「あらゆる可能性を想定せず、ただ希望的観測に明け暮れて現実逃避していた」ことを強調しています。この不変化後接辞の陰に格標識「を」が隠れています。書き言葉では「を」を隠さずに「ばかりを」とするのが普通です。

18.2. 認識動詞の継続相の活用

「わかる」の継続相「わかっている」

		普通	丁寧
基本	肯定	わかっている	わかっています
	否定	わかっていない	わかっていません
中止	肯定	（わかってい）(*)	
	否定	わかっていず(に)	
複合中止	肯定	わかっていて	わかっていまして
	否定	わかっていなくて、わかっていないで	わかっていませんで
現状認識・回想	肯定	わかっていた	わかっていました
	否定	わかっていなかった	わかっていませんでした
推量	肯定	わかっているだろう	わかっているでしょう
	否定	わかっていないだろう	わかっていないでしょう
現状認識の推量・回想の推量	肯定	わかっていただろう	わかっていたでしょう
	否定	わかっていなかっただろう	わかっていなかったでしょう
仮定　一	肯定	わかっていれば	
	否定	わかっていなければ	
仮定　二	肯定	わかっていたら	わかっていましたら
	否定	わかっていなかったら	わかっていませんでしたら
仮定　三	肯定	わかっているなら	
	否定	わかっていないなら	
仮定　四	肯定	わかっていると	わかっていますと
	否定	わかっていないと	わかっていませんと

(*)肯定・中止形「見えてい」「聞こえてい」「わかってい」は、「見えていながら」「聞こえていながら」「わかっていながら」という副詞節の構成要素として用います。また「見えていそうだ」「聞こえていそうだ」「わかっていそうだ」という複合体の構成要素になります。単独では、川柳では使用可能ですが、散文や話し言葉では用いることが

無いので、表では丸括弧( )に入れてあります。

19. 移態動詞の結果相「―ている」

19.1. 移態動詞の結果相の定義

{複合中止形＋動詞型派生接辞「いる」}という形態は、移態動詞の場合、結果相を表わします。

移態動詞の結果相は、文脈によって「観察者の不在中に起こった状態推移の結果生じた状態を観察者が後から確認したこと」を表わす場合と「観察者が状態推移を確認してから現在までその安定した状態が続いていること」を表わす場合とがあります。「時」は、どちらも「現在」です。

ガ動詞の例

  雨で髪が濡れている。　　　(1)
  干し物が乾いている。　　　(2)
  虫が死んでいる。　　　　　(3)
  勘定は、合っていますか。　(4)
  お腹が空いている。　　　　(5)

(1)(2)(3) 格標識「が」が推移主を示します。
(1) 格標識「で」は、任意補語である「状態の推移の原因」を示します。文脈によって「濡れていない状態から濡れた状態への推移が完了した後で観察者の目にとまった」ことを表わす場合と「濡れた状態への推移が完了したことを観察者が確認してからかなりの時間が経っている」ことを表わす場合とがあります。「髪が濡れた」という形

態は、第16章で記述しています。
(2) 文脈によって「乾いていない状態から乾いた状態への推移が完了した後で　観察者がそれを確認した」ことを表わす場合と「乾いた状態への推移が完了したことを観察者が確認してからかなりの時間が経っている」ことを表わす場合とが在ります。「干し物が乾いた」という形態は、第16章で記述しています。
(3) 文脈によって「虫の死が完了した後で観察者がそれに気付いた」ことを表わす場合と「虫の死を観察者が確認してからかなりの時間が経っている」ことを表わす場合とがあります。「虫が死んだ」という形態は、第16章で記述しています。
(4) 「勘定に問題があるかどうかを対話者が確認してからかなりの時間が経っているはずだ」と考えている話者からの質問です。
(5) 「空腹を覚えてから長時間経っている」という意味です。「軽い食事をしたけれども食べ足りない」場合にも用います。

雨で髪が濡れていた。　　　　　　　　(1)
干し物が乾いていた。　　　　　　　　(2)
虫が死んでいた。　　　　　　　　　　(3)
勘定は、合っていました。　　　　　　(4)
あの時は、お腹が空いていたんです。　(5)

(1) 現在のことであるか過去のことであるかによって意味が変わります。現在なら「現状認識」、過去なら「回想」です。
現在：「髪が濡れていることに今、気がついた」
過去：「過去のある時点で髪が濡れていたのを回想している」
(2) 現在なら「現状認識」、過去なら「回想」です。
現在：「濡れていた干し物がすでに乾いていることに今、気がついた」
過去：「過去のある時点で干し物が乾いていたのを回想している」
(3) 現在なら「現状認識」、過去なら「回想」です。
現在：「生きているとばかり思っていた虫が実は死んでいるのに今、気がついた」
過去：「想い起こしてみると、あの時、虫は死んでいた」
(4) 現在なら「現状認識」、過去なら「回想」です。
現在：「勘定が間違っているかもしれないと思ったけれど、確かめてみたら実は合っていることが今、分かりました」
過去：「想い起こしてみると、あの時、確かに勘定は合っていました」
(5) 過去の状態の回想です。空腹感は、外界の出来事ではなく、自分自身の身体感覚です。完了形で「お腹が空いた」または「腹が減った」と言えば「今、自分の空腹に気がついた＝さっきまで無かった空腹感を今覚えている」という意味ですから、現在の状態を表わすのに「お腹が空いていた」「腹が減っていた」とは言いません。

悲惨な事故の現場に来ました。多くの人が亡くなっています。　（1）
　　世界中で毎年、多くの人が交通事故で亡くなっています。　　　（2）

(1) 話者は、事故が起こってから現場に駆けつけたので、結果相で表現しています。事故の瞬間に現場に居合わせたのなら「亡くなりました」と言います。
(2) 「世界中で」とありますから、「話者自身がすべての現場に居合わせたわけではない」ことと「集めた情報をまとめたものを伝えようとしている」ことが分かります。加えて「毎年」という反復を示す語があるので、「交通事故で亡くなる人が毎年おびただしい数に上っている」そして「今このことを伝えている間にも何分かに一人の割合で世界のどこかで死者が出ている」という意味だと分かります。「刻一刻新しい状態推移の結果が出続けている」という意味での結果相です。

ガト動詞の例

　　高層ビルが瓦礫の山と化している。　　（1）
　　故郷の村は、廃墟と化している。　　　（2）

(1) 「今、かつて高層ビルのあった場所に着いた。予想通り、瓦礫の山になっている」
(2) 「今、故郷の村に到着した。予想通り、完全に廃墟と化している」または「しばらく前に故郷の村に行って見た。予想通りの有様だった。完全に廃墟になっている。これから行ってみても、状況は何も変わっていないだろう」

　　高層ビルが瓦礫の山と化していた。　　（1）
　　故郷の村は、廃墟と化していた。　　　（2）

(1) 現在のことであるか過去のことであるかによって意味が変わります。現在なら「現状認識」、過去なら「回想」です。
　　現在：「今、かつて高層ビルのあった場所に着いた。ビルが瓦礫の山になっているのを確認して驚いている」
　　過去：「しばらく前、以前高層ビルのあった場所に行った。ビルが瓦礫の山になっていることを発見して驚いたのを今でもよく覚えている」
(2) 現在なら「現状認識」、過去なら「回想」です。
　　現在：「今、故郷の村に到着した。案に相違して完全に廃墟になっているのを、たった今、目の当たりにした」
　　過去：「しばらく前に故郷の村に行って見たが、その時すでに村が廃墟になっていたのを、今、想い起こしている」

19.2. 移態動詞の結果相の活用

「太る」の結果相「太っている」

		普通	丁寧
基本	肯定	太っている	太っています
	否定	太っていない	太っていません
中止	肯定	(太ってい)(1)	
	否定	太っていず(に)	
複合中止	肯定	太っていて	太っていまして
	否定	太っていなくて、太っていないで	太っていませんで
現状認識・回想	肯定	太っていた	太っていました
	否定	太っていなかった	太っていませんでした
推量	肯定	太っているだろう	太っているでしょう
	否定	太っていないだろう	太っていないでしょう
現状認識の推量・回想の推量	肯定	太っていただろう	太っていたでしょう
	否定	太っていなかっただろう	太っていなかったでしょう
仮定　一	肯定	太っていれば	
	否定	太っていなければ	
仮定　二	肯定	太っていたら	太っていましたら
	否定	太っていなかったら	太っていませんでしたら
仮定　三	肯定	太っているなら	
	否定	太っていないなら	
仮定　四	肯定	太っていると	太っていますと
	否定	太っていないと	太っていませんと
命令	肯定	太っていろ	太っていてください
	否定	太っていないでくれ	太っていないでください
禁止		(2)	
勧誘		太っていよう(3)	太っていましょう(3)

(1) 中止形は、硬い書き言葉で「太っていながら」という副詞節の構成要素として用いることがあります。また「太っていそうだ」という形態の構成要素になっています。単独では、川柳では用いることができますが、話し言葉で聞くことはありません。
(2) 一部の移態動詞の結果相は「太っていろ」「濡れていろ」のように命令形でも用いますが、禁止形「*太っているな」の用例は観察できません。「そんなに太っていてはいけないよ」のような別種の表現を用いるのが普通です。
(3) 移態動詞で結果相の勧誘形の具わっているのは、ごく一部です。

19.3. 結果相でしか用いない移態動詞

「秀でる」

文末では「秀でている」、連体節の中では「秀でた」という形態で用いるのが普通です。文語的な言い方です。非結果相の「*秀でます」「*秀でません」などの形態を自然な会話で聞くことはありません。**ガニ構文**を要請します。

  則夫君は、数学に秀でている。   (1)
  今年度の音楽学部には、{作曲技術に秀でた} 学生が多い。 (2)

(1) 主題標識「は」の陰に格標識「が」が隠れています。格標識「に」は、「専門分野」を示します。
(2) 波括弧 ｛｝で括った部分は「学生」にかかる連体節です。「秀でた」という形態が「学生」の**現在の**状態を表わしています。

「抜きん出る」「傑出する」など

「秀でる」と類義の「抜きん出る」「傑出する」「**突出する**(*)」「**すぐれる**(**)」なども結果相でしか用いない移態動詞です。文末では「抜きん出ている」「傑出している」「突出している」「すぐれている」という形態で、連体節の中では「抜きん出た」「傑出した」「突出した」「すぐれた」という形態で用いるのが普通です。

(*)ここで「類義」と言っているのは、推移主が人間であって「特定の分野で突出している」場合のことです。推移主が釘や棒などの無生物であれば「突出することがある」のように非結果相でも用います。
(**)「すぐれない」は、「すぐれる」とは全く意味の違う別語です。静態動詞の章(15.)で記述しています。

格標識「に」または「で」を伴った語がこの種の動詞の「専門分野を示す任意補語」になることがあります。

  この学年の生化学科では、太田君が抜きん出ています。 (1)
  この主題では、吉田さんの論文が最もすぐれています。 (2)

(1)(2) 格標識「で」が「専門分野」と「比較の範囲」を特定しています。格標識「が」が推移主を示しています。

　特別な才能や技術の持ち主であることを前提とした語が（＝専門分野を内包する語が）推移主である場合は、「秀でている」と違って、一般に**ガ構文**を要請します。

　　　この本の著者は、{傑出した}名文家ですね。　　　(1)

(1) 名詞文です。主題標識「は」の陰に格標識「が」が隠れています。波括弧 ‖ で括った連体節が移態動詞文です。「傑出した」が「名文家」という語を修飾しているため、どのような能力や実績について他と比べて傑出しているのかを示す補語は不要です。「この本の著者は、名文家として傑出していますね」と同義です。「傑出した」という形態が「この本の著者」の**現在**の状態を表わしています。

「連れる」(*)

(*) この動詞を構成要素とする複合動詞「連れて行く」「連れて来る」は、「複合動詞」(29.)の章で記述しています。

　文末では「連れている」、連体節の中では「連れた」という形態で用いるのが普通です。非結果相の「*連れます」「*連れません」などの形態を自然な会話で聞くことはありません。**ガヲ構文**を要請します。

　　　佐々木さん**が**今日**は**子供**を**連れています。　　　(1)
　　　今日**は**、佐々木さん**が**子供**を**連れています。　　　(2)
　　　{大きな犬を連れた}人**が**やって来ます。　　　(3)
　　　さっき{大きな犬を連れた}人**が**ここ**を**通りました。　　　(4)

(1) 文の第二項の「今日」に副次的な主題標識「は」が後接しているので、「佐々木さんは、普段は、話者の目に入るところでは、子供を連れていない」という含みになります。話者が「おや、佐々木さんにしては珍しい」と驚いています。「佐々木さん」の行状のみを描写しています。他の人のことは話題に上っていません。
(2) 文頭の「今日」に主要主題標識の「は」が後接しているので、「別の日には、別の人が子供を連れていた。今日は、佐々木さんの番である」という含みになります。「佐々木さん」の行状を、他の人の行状と対比して、描写しています。なお、「主要主題」は文頭に現れ、「副次的な主題」は第二項以下に現れます。

(3) 波括弧 ‖ で括った連体節の中が移態動詞文です。「連れた」という形態が「ここへやって来る人」の**現在の**状態を表わします。連体節の中の格標識「を」には「状態推移に関する補足的な情報をもたらす」機能があります。
(4) 波括弧 ‖ で括った連体節の中が移態動詞文です。**現在でも過去でも「連れた」という形態は変わりません**。主文の中の「ここ」に後接する「を」は、「経由する場所」を示します。

20. 動態動詞の継続相「─ている」

動態動詞のうちでも**持続動詞**には「継続相(＝ 動作や動的な心情が継続中であること)」を示す形態が具わっていて、次のような構成になっています。

{複合中止形＋動詞型派生接辞「いる」}(*)

(*)瞬間動詞の場合には、これと全く同じ構成の形態が「結果相(＝動作や行為が完了し、その結果生じた状態が眼前にあること)」を示します。また、持続動詞でも、用法によっては結果相になります。これらについては、次の「動態動詞の『─ている』で終わる結果相」の章(21.)で記述しています。

　　　｛**犬を連れた**｝ 人が砂浜を歩いている。　　　　　(1)

　　　フランス人の学生**が**日本語の漫画**を**読んでいます。　(2)

　　　この海辺**では**、誰も泳いでいません。　　　　　　(3)

(1) 格標識「が」が動作主を、格標識「を」が「経由する場所」を示します。いつ歩き始めたか、いつ歩き終わるのかは問題になっていません。
(2) 格標識「を」は、この文では「行為の対象」を示します。
(3) 格標識「で」が「場所を表わす任意補語」を示します。「海辺で」がこの文の主題語になっています。他の場所での状況と対比しています。この文は「別の海辺には海水浴をする人がいるのに、なぜかこの辺りには遊泳中の人が誰もいない」という意味です。「潮流が激しい、汚染がひどい、くらげが多いなど、何らかの事情で誰も泳がないことを話者が予め知っている」場合には、非継続相で「この海辺では誰も泳がない」と言います。

動態動詞の継続相の活用表

「歩く」の継続相「歩いている」

		普通	丁寧
基本	肯定	歩いている	歩いています
	否定	歩いていない	歩いていません
中止	肯定	(歩いてい)(1)	
	否定	歩いていず(に)	
複合中止	肯定	歩いていて	歩いていまして
	否定	歩いていなくて、歩いていないで	歩いていませんで
現状認識・回想	肯定	歩いていた	歩いていました
	否定	歩いていなかった	歩いていませんでした
推量	肯定	歩いているだろう	歩いているでしょう
	否定	歩いていないだろう	歩いていないでしょう
現状認識の推量・回想の推量	肯定	歩いていただろう	歩いていたでしょう
	否定	歩いていなかっただろう	歩いていなかったでしょう
仮定 一	肯定	歩いていれば	
	否定	歩いていなければ	
仮定 二	肯定	歩いていたら	歩いていましたら
	否定	歩いていなかったら	歩いていませんでしたら
仮定 三	肯定	歩いているなら	
	否定	歩いていないなら	
仮定 四	肯定	歩いていると	歩いていますと
	否定	歩いていないと	歩いていませんと
命令	肯定	歩いていろ、歩いていなさい	歩いていてください
	否定	歩いていないでくれ(2)	歩いていないでください(2)
禁止		(3)	
勧誘		歩いていよう	歩いていましょう

(1) 中止形は「歩いていそうだ」という複合体の構成要素になります。単独で用いることは、川柳以外では、普通はありません。{動詞の継続相の中止形+「そうだ(です、である)」} という構成の複合体は、それ自体「複合ナ形容詞」です。第26章を見てください。

(2) 命令・否定形は、{複合中止・否定形+「くれる」「くださる」の命令形} という構成の複合体です。

(3) 理論的に構築できる禁止形「*歩いているな」は、実際には観察できません。命令・否定形が禁止形の役割を果たします。

21. 動態動詞の「─ている」で終わる結果相

21.1. 瞬間動詞の結果相

瞬間動詞(＝瞬間的に実現する行為や動作を表わす動態動詞)には、結果相(*)を表わす形態が具わっていて、次のような構成になっています。

(*)動態動詞の結果相を表わすもう一つの形態「─てある」については、次の章(22.)で記述しています。

{複合中止形＋動詞型派生接辞「**いる**」}(*)

(*)持続動詞にはこれと全く同じ構成の形態が具わっていて、文脈によって継続相または結果相を表わします。継続相については一つ前の章(20.)で、結果相についてはこの章の末尾で、記述しています。

　　道路に財布が落ちている。　　　　　　　　　　(1)
　　この公孫樹の下には、銀杏が一つも落ちていない。　(2)
　　この公孫樹の下に、銀杏が一つも落ちていなかった。　(3)

(1) 財布が落ちる現場に居合わせた人は、完了形で「あ、落ちた」「落ちましたよ」などと言います。「いつ誰が落としたのかは分からないが、財布が路上にあるのに気付いた」人は、結果だけが見えているため、結果相で「落ちている」と言います。
(2) 公孫樹は雌雄異株です。雄の木の下に銀杏が落ちていることは、普通はありません。雄の木だと判った人は、こう発言します。また、雌の木だと知っている人がやって来て「季節だからそろそろ銀杏が落ちているかもしれない」と思ったのに見当たらなかったとしても、先客が一つも残さず拾ってしまったのかもしれないし誰かが掃き清

めたかもしれないと考えて別に驚いてはいない場合には、同じ表現になります。なお、「いちょう」には漢字で「公孫樹」「銀杏」「鴨脚(樹)」と三通りの書き方がありますが、「ぎんなん」に相当する漢字表記は「銀杏」だけです。

(3) 「雌の木だから、例年通り落ちているはずだ。自分以外に拾いに来る人はいない。たくさん拾って帰ろう」と思って来て当ての外れた人が驚きと落胆を表わす言い方です。

　　老人が二人、公園のベンチに坐っている。　　(1)
　　ベンチのそばに子供が立っている。　　　　　(2)

(1) 坐る現場に居合わせた人は、完了形で「坐った」と言います。老人が坐った後にやって来て、まだ立ち上がってはいないときにその二人の老人を見た人は、結果相で「坐っている」と言います。
(2) この表現では、「坐っていた子供が立ち上がった」のか「歩いてきた子供が立ち止まった」のか「おんぶされていた子供が降り立った」のかは分かりません。動作の結果だけが見えている人の発言です。

　　社長、お留守の間にメールがたくさん届いていますよ。　　(1)
　　留守の間に{思いがけない}人からのメールが届いていた。　(2)
　　その雑誌は、確か三日前に届いていました。　　　　　　　(3)

(1) 文頭の「社長」は、対話者への呼びかけです。この場合、格標識は用いません。「社長」のメール・トレイを開ける権限のある人、または「社長」とメール・トレイを共有している人の発言です。結果相で表現していますから、どのメールがいつ届いたのかは重要ではありません。
(2) 「時」は、現在です。期待していなかったメールを見つけて驚いています。
(3) 「確か三日前に」とありますから、「時」は、過去です。過去に確認した出来事を回想しています。「確か三日前には届いていました」と言えば、「話者が確認したのは三日前だけれども、届いたのはそれよりも前だった可能性がある」という含みになります。

　　叔父さんが来てるよ。　　(1)
　　先に行ってるわよ。　　　(2)

(1) 男言葉です。瞬間動詞「来る」(*)の結果相です。「来てる」は「来ている」の話し言葉での形態です。「叔父さんが訪ねて来て、まだ自宅に戻ってはいない」という意味です。完了形で「叔父さんが来たよ」と言えば「結果の状態は必ずしも持続していない」わけですから、「叔父さんは、今来たばかり」かもしれませんが「もう帰った」ということもあり得ます。
(2) 女言葉です。瞬間動詞「行く」(**)の結果相で、「時」は、未来です。「行ってる」は

「行っている」の話し言葉での形態です。「話者は、対話者よりも先に出発する。しばらくの間『結果としてここにはいない』状態になる。落ち合うと決まっている場所で、またはそこへ行く途中で追いついて、また会うことになる」という意味です。

(*)(**) 英語やフランス語の［英］to come、to go、［仏］venir、aller は、日本語の「来る」「行く」とは、部分的にしか対応しません。英語やフランス語の母言語話者に日本語を教えるときには「日本語の『来る』という単一動詞には**『話者のいる場所に到着する』という意味しか無い**」ことを最初に説明しないと、誤用だらけの日本語になってしまいます。「来る」は、［英］to come や［仏］venir と違って、「対話者のいる場所に近づく」という意味になることはありません (a)。また、話者自身が動作主である場合には、特に「また」とか「もう一度」とか言わなくても［英］to come again や［仏］revenir に対応する意味になります。なお、［英］to come、to go、［仏］venir、aller は、「目的地に向かって移動する」という意味の持続動詞です。

(a) 本書の「日本語」分析は、共通語に関するものなので、各地の方言に立ち入った記述は、割愛しています。

　　会議の参加者**が**全員着席している。　　　(1)
　　会議の参加者**が**次々に着席している。　　　(2)

(1) 話者にとって、どの参加者がいつ着席したのかは重要ではありません。話者が現場に到着した時に、または話者が現場の状況を描写し始めた時に「着席していない人はもう残っていない」状態なのです。
(2) 「次々に」という語が「刻一刻新しい動作主が同じ動作を行なってその結果が出続けている」ことを示します。この場合、まだ着席していない参加者が何人か残っています。

瞬間動詞の結果相の活用表

「立つ」(*)の結果相「立っている」の活用を示します。

(*) 同音の動詞がいくつもあります。「発つ」「絶つ」「断つ」は、瞬間動詞で、非結果相でも結果相でも「立つ」と同じ活用をしますが、結果相・禁止形の用例は見当たりません。「建つ」と「経つ」は、移態動詞です。推移主が「家」「ビル」「月日」「年月」などのような無生物や抽象概念に限りますから、命令形、禁止形、勧誘形はありません。また、「裁つ」は、持続動詞です。

「立っている」

		普通	丁寧
基本	肯定	立っている	立っています
	否定	立っていない	立っていません
中止	肯定	(立ってい)(*)	
	否定	立っていず(に)	
複合中止	肯定	立っていて	立っていまして
	否定	立っていなくて、立っていないで	立っていませんで
現状認識・回想	肯定	立っていた	立っていました
	否定	立っていなかった	立っていませんでした
推量	肯定	立っているだろう	立っているでしょう
	否定	立っていないだろう	立っていないでしょう
現状認識の推量・回想の推量	肯定	立っていただろう	立っていたでしょう
	否定	立っていなかっただろう	立っていなかったでしょう
仮定　一	肯定	立っていれば	
	否定	立っていなければ	
仮定　二	肯定	立っていたら	立っていましたら
	否定	立っていなかったら	立っていませんでしたら
仮定　三	肯定	立っているなら	
	否定	立っていないなら	
仮定　四	肯定	立っていると	立っていますと
	否定	立っていないと	立っていませんと
命令	肯定	立っていろ、立っていなさい	立っていてください
	否定	立っていないでくれ	立っていないでください
禁止		立っているな	
勧誘		立っていよう	立っていましょう

(*)中止形「立ってい」は、「立っていそうだ」という複合体の構成要素になります。単独では、普通は用いません。{動詞の結果相の中止形＋「そうだ(です、である)」}という構成の複合体は、それ自体「複合ナ形容詞」です。第26章を見てください。

欠如動詞「知る」の結果相「知っている」

　動態動詞「知る」は、定型句を除いて、結果相の「知っている」という形で用いるのが普通です（一見してこの動詞の否定形であるかのように見える

「知らない」「知りません」は、静態動詞です）。

英語の to know、フランス語の savoir に対応するのは「知っている」という形態です。基本形の「知る」は、文脈にもよりますが、［英］to make oneself acquainted with、［仏］prendre connaissance de にほぼ対応します。この種の訳語のずれは、英和、和英、仏和、和仏、独和、和独、露和、和露…など、すべての種類の辞典におびただしい数で存在します。このことに関する配慮の欠如が、日本人が異言語を学ぶときにも、日本語を異言語として学ぶ人にも、大きな障害になっています。

「知っている」には否定形が欠けています(*)。意味の上で「知っている」の否定に相当するのは、静態動詞(15.)「知らない」です。

(*)「*知っていない」とは、日本語を母言語としている人であれば、誰も言いません。ただし「知っていなくてはならない」「知っていなければならない」という言い方は、あります（くだけた話し言葉では「知ってなくちゃならないの？」「知ってなきゃならないよ」など）。「ーなくてはならない」および「ーなければならない」で終わる形態は、語源上は否定形を二つ含む複合動詞ですが、意味するものは「義務」です。現代日本語では**否定とは違う**ものになっているのです。なお、「*ーなくてはなる」「*ーなければなる」という形態は存在しません。

「知っている」

		普通	丁寧
基本	肯定	知っている	知っています
	否定		
中止	肯定	(知ってい)(*)	
	否定		
複合中止	肯定	知っていて	知っていまして
	否定		
現状認識・回想	肯定	知っていた	知っていました
	否定		
推量	肯定	知っているだろう	知っているでしょう
	否定		
現状認識の推量・回想の推量	肯定	知っていただろう	知っていたでしょう
	否定		
仮定 一	肯定	知っていれば	
	否定		

仮定　二	肯定	知っていたら	知っていましたら
	否定		
仮定　三	肯定	知っているなら	
	否定		
仮定　四	肯定	知っていると	知っていますと
	否定		
命令	肯定	(**)	(**)
	否定		
禁止			
勧誘		(**)	(**)

(*)中止形は、「知っていながら」という副詞節および「知っていそうだ」という複合体の構成要素になります。単独では、普通は用いません。

(**)「知っている」の命令形・勧誘形は、普通は用いません。「知っておく」という複合動詞には、命令形「知っておけ」「知っておきなさい」「知っておいてください」、勧誘形「知っておこう」「知っておきましょう」があります。なお、「知っている」の禁止形は、ありません。

21.2. 持続動詞の結果相

　持続動詞(＝ある程度持続して初めて認識できる動作や動的な心情を表わす動態動詞)の「―ている」で終わる形態は、継続相ばかりではなく、結果相にもなります。

　否定形で用いるのが普通ですが、動詞によっては肯定形でも用いることがあります。結果相の否定形は「行為が実現していないため、**結果としてあるべき状態**になっていない」ことを示します。

　　　この単語は、まだ習っていません。　　　　　　　　　　　(1)
　　　その本は、まだ読んでいません。　　　　　　　　　　　　(2)
　　　そんなことがあったんですか。その話は、私は、聞いていません。(3)
　　　そうでしたね。その事件のことは、私も聞いています。　　(4)

(1)「いずれ習うことになるのかもしれないが、習った**結果の状態**(＝その単語を知っていること)はまだ存在しない」という意味で、「この単語を話者はまだ知らないが、それは話者の責任ではない」という含みがあります。「習うつもりの無い人」や「近い将

来に生徒、学生、研修生、講習会参加者などという身分で習う機会は無いと考えている人」は、「この単語は、習ったことがありません」または「この単語は、知りません」「この単語は、存じません」「この単語は、初めて見ました」などと言います。

なお、非結果相の「習わなかった」「習いませんでした」は、「習うべきことだったのかもしれないが、その機会は無かった。そして今後習う機会があるかどうかは分からない」という意味です。

(2) 「読むかもしれないが、その機会がまだ無い」という意味です。「読む意思が無いことを明言したい人」は、「そんな本は読みません」「その著者は、嫌いなんです」「興味ありません」などと言います。明言したくない人は自分の本心を隠すためにさまざまな方策を講じますが、それは文法とは無関係なことです。

(3) 「話者の耳に入っているべきことだったのかもしれないが、その話をこれまでに話者に聞かせた人はいない」という意味です。そして「その話の内容を話者が今まで知らなかったのは当然であり、そのことで話者が責められる謂れは無い」という含みがあります。

(4) 「部外者である話者の耳に入っているとは限らないことだったのかもしれないが、話者もそのことをよく知っている」という意味です。この文例では「聞くという行為を実行している最中だ」という意味にはなりません。

22. 動態動詞の「—てある」で終わる結果相

　{動態動詞の複合中止形＋動詞型派生接辞「ある」}という形態の結果相は、日本語の動詞体系の中でも「**動作主を表示するすべの無い構文を要請する**」という点で特異なものです。

　日本語の動態動詞の「—てある」で終わる結果相は、必須補語として「行為の対象」を要請する動詞にだけ具わっています。そしてヨーロッパ諸語の**「動作主を表示しない受動態」**(*)に対応します。

(*) ヨーロッパ諸語の受動態と日本語の謂わゆる「受身」を同一視して受動態をすべて「—れる・—られる」で終わる形態で翻訳する慣習が広範に根付いていますが、これは誤訳です。このことについては「情動相『—れる・—られる』」の章(24.)で記述しています。なお、「—てある」で終わる結果相の用法のすべてがヨーロッパ諸語の受動態に対応するわけではありません。おのおのの言語にその言語特有の動詞体系があるのです。また、ヨーロッパ諸語の受動態の場合は、日本語の「—てある」で終わる結果相と違って、必要に応じて動作主を表示することができます。以下の記述を参考にして既習の諸言語と比較してみてください。

　この章で記述している結果相では動作主を表示しないのですが、「動作主が不明」の場合と「動作主が誰であっても重要ではないので言及しない」場合と「動作主が話者自身なので言及しない」場合とがあります。

22.1. 動作主不明の場合

　ガ構文、**ガニ構文**または**ガト構文**を要請します。どの構文でも格標識「が」が「行為の対象」を示します。ただし、日本語では、「歴然とした形跡

を残す行為」を表わす動詞にしかこの結果相のこの用法は具わっていません(*)。

(*) 多くの言語の受動態には、この制約はありません。ヨーロッパ諸語やトルコ語の受動態は、形跡の残らない行為を表わす動詞にも具わっています。受動態は、言語によって意味にも用法にも違いがあります。例えば、英語、フランス語などの受動態はすべて完了相ですが、トルコ語の受動態には未完了相も完了相もあります。

  水が溜めてある。   (1)
  展示物が並べてある。   (2)
  鋏が引き出しに入れてある。   (3)
  壁に「バカ」という文字が書いてある。 (4)
  セメントが砂と混ぜてある。   (5)

(1) 誰が水を溜めたのかは話者には分かりません。しかし独りでに水が溜まるはずのないところに水が溜まっているのを見て「誰かが意図的に溜めたのだ」と確信したのです。誰が溜めたのかをただちに詮索する意思は、話者にはありません。
(2) 誰が並べたのかは話者には分かりません。「誰かが並べた」と言えば「並べたのは誰だろう」と考えていることになります。「並べてある」と言えば「誰が並べたのかを知ることは、重要ではない」と話者が判断していることが分かります。
(3) 格標識「に」が場所を示す任意補語を示します。誰が鋏を引き出しに入れたのかは、話者には分かりません。
(4) 文頭の「壁に」は、場所を示す任意補語です。誰が落書きをしたのかは、話者には分かりません。「話者自身が落書きをしたのだが、それを白状する気は無い」場合もあり得ますが、嘘やごまかしは表現技術の問題であって、文法とは無関係です。
(5) セメントと砂の混合物を発見したことだけを表現しています。いつ誰がそれをしたのかは話者には分かりません。しかし独りでに混じり合ったはずはありませんから誰かが混ぜたのに決まっています。

　他の言語の能動態および受動態の表現とそれに対応する日本語の表現を比較してみましょう。「話者の目の前で**完了**した行為」を表わす能動態の文の例と、「話者がいないときに完了した行為の**結果**を話者が確認していること」を表わす受動態の文の例を挙げます。

[能動態] [英] Akio has written something on the blackboard.
     [仏] Akio a écrit quelque chose au tableau.
[完了形] [日] 昭夫君が黒板に何かを書いた。

［受動態］　　［英］Something is written on the blackboard
　　　　　　　［仏］Quelque chose est écrit au tableau.
［結果相］　　［日］黒板に何かが書いてある。

22.2. 動作主が誰であっても重要ではないので言及しない場合

　この用法の場合は「歴然とした形跡を残す行為」を表わす動詞とは限りません。

ガ構文

格標識「が」が行為の対象を示します。

　　　四人分の席**が**予約してあります。　　（1）
　　　席**は**、予約してありません。　　　　（2）

(1) 話し言葉では、格標識「が」を省略して「四人分の席、予約してあるんですけど」などと言うのが普通です。格標識「が」を「を」で置き換えて「四人分の席**を**予約してあります」という言い方をする人も最近はいるようです。動作主は、決して「不明」ではありませんが、誰であったとしても構わないのです。話者自身が動作主ということもあり得ます。「四人分の席を私が予約しました」という言い方は、予約の責任を話者が取るという場面でしか使わないのが普通です。

　非結果相で「予約しました」と言えば「予約した後でキャンセルした」ということもあり得ますし、「予約した上で四人が席についた。その会合は今は終わっている」ということもあり得ます。結果相で「予約してあります」は、「その予約は今も有効であり、四人はまだ着席していない」という意味です。

(2) 主題標識「は」の陰に格標識「が」が隠れています。話し言葉では「席、予約してないんですが」という言い方のほうが普通です。

　　　ケーキ**が**注文してあります。　　（1）
　　　ケーキ、買ってあるのよ。　　　　（2）

(1) くだけた話し言葉では、格標識を省略した「ケーキ、注文してあるよ」のほうが普通です。格標識「が」を「を」で置き換えて「ケーキ**を**注文してあります」という言い方をする人もあります。

　非結果相で「ケーキを注文しました」と言えば「追加注文が必要だ」とか「注文は取り消そう」とかいう事態になることもあり得ますし、「注文したケーキはすでに届

いている」こともあり得ます。結果相の「注文してあります」は、「その注文は今も有効であり、ケーキはまだ届いていない」という意味です。
(2) 格標識「が」の省略があります。話し言葉では普通のことです。結果相ですから、ケーキは買ったままの状態で、まだ切り分けても食べてもいないし、盗まれてもいません。

22.3. 動作主が話者自身なので言及しない場合(*)

(*) これに相当する用法は、ヨーロッパ諸語にはありません。ヨーロッパ諸語では、話者自身が動作主である場合、それを表示しなければ文が成立しません。表示の規則は、言語によって違います。

英語では「一人称単数主格代名詞を必ず表示する」。

イタリア語、スペイン語、ギリシャ語などでは「動詞を必ず一人称単数形にするが、一人称単数主格代名詞は表示してもしなくてもよい」。

フランス語やドイツ語では「一人称単数主格代名詞を必ず表示し、かつ動詞を必ず一人称単数形にする」と決まっています。

これらは、文法上の制約であって、個人主義や自己主張の強さとは何の関係もありません(a)。

(a) 日本語で「私が、私が」「俺が、俺が」と口癖のように言う人は「自己中心だ」「自己主張が過剰だ」などと評価されます。異言語として日本語を学ぶ人に教えるときには、例えば「差し上げます」と言えばそれだけで「話者が対話者に進呈する」という意味だから「私があなたに差し上げます」と強調するのは非常に不自然であることをはっきりと説明しなくてはなりません。多くの外国人が不自然な日本語を話すのは、ほとんどの場合、教える側の認識不足が原因になっています。

この用法の場合も「歴然とした形跡を残す行為」を表わす動詞とは限りません。

ニヲ構文

使役相(*)と非使役相とで格標識「に」の機能が違います。使役相の場合、格標識「に」が動作実行者を、格標識「を」が行為の対象を示します。無表示の話者が「命令、依頼、脅迫、泣き落としなどの手段を使って他者が特定の行動をするように仕向ける主体」です。

(*) 使役相については次の第23章で記述しています。

子供に家の鍵を持たせてあります。　　（1）
　　子供には、長靴を履かせてあります。　　（2）

(1) 「子供が家の鍵を持つ」ように話者自身が仕向けていて、その結果として子供が鍵を持ち歩いているのです。「持たせました」と言えば、一度だけ短い期間持たせたのかもしれませんし、子供がその鍵を無くしたということもあり得ます。「持たせあります」という言い方は、「子供はその鍵を無くしていない」ことを前提としています。「帰宅した時に親が留守であっても子供が家に入ることができるようにしてある」そして「鍵をよその人に渡したりはしないようにきちんとしつけてある」という含みの表現です。
(2) 使役相で動作実行者を示す格標識「に」は、主題標識の陰に隠れることはありません。「予報どおり雨が降ってきたけれど出掛けに長靴を履かせたから子供は困ってはいないはず」です。しかし主題標識「は」があって「子供以外の人」と対比する文ですから、「話者自身が、あるいは誰か他の人が『自分も長靴にすればよかった』と後悔している」のかもしれませんし、「自分は長靴が無くても平気だ」と考えているのかもしれません。

　非使役相の場合は、格標識「に」が「行為の受益者または被害者」を、「を」が「行為の対象」を示します。

　　山下君に航空券の手配を頼んであります。　　（1）
　　航空券の手配は、山下君に頼んであります。　　（2）

(1) 非結果相で「頼みました」と言えば、その後「山下君」が急病などで手配をすることができないという事態もあり得ます。「頼んであります」は、話者が「山下君」に全幅の信頼を寄せており、手配が確実にできることを疑っていない時に用いる言い方です。
(2) 主題標識「は」の陰に格標識「を」が隠れています。この場合、主題の「航空券の手配は」が文頭に来ます。「航空券の手配」を他のことと対比していますから、何か他のことを別の人に頼んでいるのかもしれませんし、これから対話者に頼もうとしているのかもしれません。

22.4. 動態動詞の「─てある」で終わる結果相の活用

　動詞型派生接辞「ある」は、存在動詞「ある」と同起源のものです。存在動詞「ある」には否定形が欠けていて、イ形容詞「ない」の活用形がそれを補うようになっています。ただし丁寧・否定形は「あります」から派生した

「ありません」という形態です。

　動態動詞の「―てある」で終わる結果相の活用もこれと並行していて、否定形は「―てない」で終わり、その丁寧形は「―てありません」で終わります。

「書く」の結果相「書いてある」

		普通	丁寧
基本	肯定	書いてある	書いてあります
	否定	書いてない	書いてありません
中止	肯定	書いてあり	
	否定		
複合中止	肯定	書いてあって	書いてありまして
	否定	書いてなくて	書いてありませんで
現状認識・回想	肯定	書いてあった	書いてありました
	否定	書いてなかった	書いてありませんでした
推量	肯定	書いてあるだろう	書いてあるでしょう
	否定	書いてないだろう	書いてないでしょう
現状認識の推量・回想の推量	肯定	書いてあっただろう	書いてあったでしょう
	否定	書いてなかっただろう	書いてなかったでしょう
仮定　一	肯定	書いてあれば	
	否定	書いてなければ	
仮定　二	肯定	書いてあったら	書いてありましたら
	否定	書いてなかったら	書いてありませんでしたら
仮定　三	肯定	書いてあるなら	
	否定	書いてないなら	
仮定　四	肯定	書いてあると	書いてありますと
	否定	書いてないと	書いてありませんと

(*)「動詞の結果相の中止形＋「そうだ(です、である)」」という構成の複合体「書いてありそうだ」は、それ自体「複合ナ形容詞」です。第26章を見てください。

23. 使役相「―せる・―させる」「―す」

23.1. 使役相の定義

　本書では、{単一動詞または複合動詞＋動詞型派生接辞「―せる・―させる」または「―す」(*)(**)} という構成の複合体を「使役相」(***)と呼んでいます。すべての動詞の使役相は、動態動詞として機能します。「使役的な」意味を担っていても、これ以外の形態のものは使役相とは呼びません。

(*)「―す」と「―せる」は、同機能の変異形です。「書かせる」と「書かす」、「読ませる」と「読ます」の間に意味の違いはありません。「乾かす」は、いかにも {単一動詞「乾く」＋―す} のように見えますが、「乾かせる」という形態は、「乾かすことができる」という意味の可能動詞であって、使役相ではありません。このように「『―す』で終わる使役的な意味の動詞」であっても「―せる」で終わる同義の形態が存在しない場合は、使役相とは認めません。

(**) この他に「書かしめる」「読ましめる」「言わしめる」などの形態の使役相も非常に硬い書き言葉で散見しますが、本書では、これを古語の名残と見做して、記述を割愛しています。

(***)「使役動詞」と呼ぶ研究者もあります。本書では、「使役相の複合体は、すべて派生語であり、したがって辞書に見出しとして掲載する必要の無い語(a)である」ことに注目して、「継続相」「結果相」「情動相」などと同じ扱いにし、「使役動詞」とは呼ばないことにしています。なお、「可能動詞」は、大多数が派生語ですが、「できる」の一語だけにせよ単一語の可能動詞があるため「可能相」とは呼ばないことにしています。

(a) 日本語は、名詞、形容詞、動詞の別を問わず、複合語、熟語などが非常に豊かな言語であるため、すべての語を辞書の見出しとして採用することは、技術的に至難であり、実用的な意味もありません。カタカナ交ぜ書き、または漢字三文字以上で「珍」「新」「名」「迷」「元」「前」「旧」「誤」「大」などで始まる名詞には、辞書に載ってい

ないものが多数あります。「珍商売」「珍道中」「新機軸」「名演説」「迷演説」「元ホステス」「前首相」「旧街道」「誤情報」「大地震」「大規模」などが載っているかどうか、お手許の辞典で確かめてください。本書の筆者は、辞書に「派生前接辞見出し」として「珍―」「新―」「名―」「迷―」「元―」「前―」「旧―」「誤―」「大―」「逆―」「準―」「亜―」「反―」「非―」「不―」「無―」などを、また「派生後接辞見出し」として「―的」「―性」「―語」「―人」「―風」「―権」「―派」「―主義」「―主義者」「―まがい」などを掲載し、それぞれにいくつかの用例を示すべきだと考えています。

使役相は、多くの存在動詞、動態動詞、移態動詞(*)と一部の静態動詞(**)に具わっています。認識動詞のうち「わかる」には、「わからせる」という形態があります。判断動詞、病覚動詞、可能動詞には、使役相はありません。

(*)逆に言うと、使役相は、すべての存在動詞、動態動詞、移態動詞に具わってはいません。

存在動詞「存在する」の使役相「存在させる」や「顕在する」の使役相「顕在させる」はありますが、「ある」の使役相は存在しません。「*あら+せる」という形態を無理に作ってみても、意味を成しません。

「落ちる」は、動態動詞ですが、「何かあるいは誰かが『落ちる』ように仕向ける」は、「*落ち―+―させる」ではなく、単一動詞の「落す」です。使役相ではありません。「誰かが何かを『落す』ように仕向ける」は、「落(おと)させる」で、これは使役相です。

「やらかす」も動態動詞ですが、「*やらかさ―+―せる」「*やらかさ―+―す」という形態は、観察できません。

「○○と化(か)す」の「化(か)す」は、移態動詞ですが、「*化(か)+させる」という形態はありません。

(**)ほとんどの静態動詞には使役相がありません。しかし、僅かですが、「林立する」の使役相「林立させる」などの例があります。

存在動詞の使役相は、「存在するように仕向ける(*)行為」または「存在してしまうのを容認すること」を表わします。

(*)「創る」「創作する」「創造する」のように使役相「存在させる」と同義の単一動態動詞や複合動態動詞がいくつもあります。

移態動詞の使役相は、「状態推移が起こるように仕向ける行為」または「状態推移が起こるのを容認すること」を表わします。

動態動詞の使役相は、「他者が特定の動作や行為をするように仕向ける(*)こと」または「他者が特定の動作や行為をするのを容認すること」を表わし

ます。

(*) 仕向ける手段は、どんなことでもいいのです。命令、指図、勧誘、依頼、脅迫、策略、おべんちゃら、泣き落とし、催眠、演技力、文学的才能など、千差万別です。神話、民話、小説などでは、これに加えて、呪い、神通力、魔力、テレパシーなどもあります。

23.2. 使役相の形態

使役相の形態は、五段型活用動詞と一段型活用動詞とで異なっています。

23.2.1. 五段型活用動詞の使役相

五段型活用動詞には、「泣く」から派生する「泣かせる」と「泣かす」、「書く」から派生する「書かせる」と「書かす」、「読む」から派生する「読ませる」と「読ます」のように、二つの形態の使役相があります。二種類の使役相の間に意味や用法の違いは、原則として、ありません (*) (**)。「泣かせる」「書かせる」「読ませる」は一段型活用、「泣かす」「書かす」「読ます」は五段型活用です。話し言葉では一段型活用のほうが頻度が高いのですが、同一人物が、恐らく無意識のうちに、両様の活用形を混用していることも頻繁にあります。

(*)「飛ぶ」の使役相は、「飛ばせる」と「飛ばす」と二種類あります。「カナリアを室内でだけ自由に飛ばせる」と「カナリアを室内でだけ自由に飛ばす」は、同じ意味です。ところが、「シャボン玉を飛ばす」「檄を飛ばす」「唾を飛ばす」「ページを飛ばす」などの「飛ばす」を「飛ばせる」で置き換えることはできません。この場合、本書では、「カナリアを飛ばす」の「飛ばす」は「飛ぶ」の使役相であるが、「シャボン玉を飛ばす」の「飛ばす」は、「乾かす」のように、「使役的な意味の単一動詞」である、と見做します。同形の「使役動詞」と「使役的な意味の単一動詞」との境界は、明瞭ではありません。不明瞭な部分が残るのは、すべての分類の宿命です。不明瞭な部分のもっと少ない優れた分類がありましたら、筆者までお知らせください。

(**)「塗る」の使役相は、理論的に「塗らせる」と「塗らす」とが考えられますが、実際には「ある人がある人に命令してある物にある色を*塗らす」という用例は、見つかりません。「濡れる」に対応する単一動詞の「濡らす」(=「ある人が自らある物を濡らす」) と同音になってしまうからではないかと本書の筆者は考えています。

23.2.2. 一段型活用動詞の使役相

「食べる」の使役相は、「食べさせる」の一形態だけです(*)。単一語幹の一段型活用動詞の使役相は、すべてこれに準じます。

(*)「食べさせて」と同義で「食べさして」、「食べさせた」と同義で「食べさした」と言う人はいますが、理論的に構築できる五段型活用の否定形「*食べささない」や仮定形「*食べさせば」などの形態は観察できません。したがって「*食べさす」を「五段型活用の使役相」と認めるよりも、「食べさして」「食べさした」を「複合中止形と完了形だけに現れる変異形」と見做すほうが妥当です。

[非使役相]	[使役相]
変える	変えさせる
助ける	助けさせる
痩せる	痩せさせる
建てる	建てさせる
跳ねる	跳ねさせる
並べる	並べさせる
やめる	やめさせる
忘れる	忘れさせる

「来(く)る」の使役相は、「来(こ)させる」です。「来る」を最終構成要素とする複合動詞の使役相もこれと並行しています。

[非使役相]	[使役相]
やって来る	やって来(こ)させる
連れて来る	連れて来(こ)させる
持って来る	持って来(こ)させる

「する」の使役相は、「させる」です。

「する」を最終構成要素とする複合動詞の使役相は、複合語の構成によって形態が異なります。

[非使役相]	[使役相]
勉強する	勉強させる
解除する	解除させる
徹する	徹しさせる(*)
熱する	熱しさせる(*)

(*)用例はごく稀で、非常に硬い書き言葉で散見する程度です。

対する	?(*)
(○○と)称する	?(*)
(人を)介する	?(*)
(一堂に)会する	?(*)
(様相を)呈する	?(*)
期する(ところあって)	?(*)

(*)用例が見つかりません。書き言葉で定型句の中でのみ用いるのが普通で、使役相で用いることは無いようです。

「―ずる」「―じる」で終わる複合動詞は、使役相では一形態しかありません。

[非使役相]	[使役相]
感ずる/感じる	感じさせる
転ずる/転じる	転じさせる
軽んずる/軽んじる	軽んじさせる
生ずる/生じる	生じさせる
乗ずる/乗じる	乗じさせる

23.3. 使役相の構文

23.3.1. ガヲ構文

行為の対象を示す「を」も経由する場所を示す「を」も文中に無い場合

に、この構文になります。格標識「が」が使役主(*)を、格標識「を」が動作主を、それぞれ示します。

(*)「使役主」：本書の筆者による新造語です。使役構文で「何らかの手段を使って他者が特定の行動や状態推移などを現実化するように仕向ける主体」または「他者が特定の行動や状態推移を現実化することを容認する主体」です。

  一郎さん**が**プールで子供**を**泳がせています。　　(1)
  投手**が**わざと打者**を**一塁に歩かせた。　　　　(2)
  この団体**は**、添乗員**を**疲れさせる。　　　　　　(3)
  いたずらっ子**が**親**を**困らせている。　　　　　　(4)

(1) 格標識「で」は、場所を表わす任意補語を示します。「泳がせています」は、使役相「泳がせる」の継続相・丁寧形です。
(2) この例文での「歩かせる」は、野球用語で「フォアボール（＝四球）を出して本塁から一塁へ進ませる」という意味です。打者が実際には走って一塁に進んでも「歩かせる」と言います。「歩かせた」は、使役相「歩かせる」の完了形です。
(3) 主題標識「は」の陰に格標識「が」が隠れています。
(4)「困らせている」は、使役相「困らせる」の継続相です。

23.3.2. ガニヲ構文

行為の対象を示す「を」または経由する場所を示す「を」が文中にある場合に、この構文になります。格標識「が」が使役主を、格標識「に」が動作主を、それぞれ示します。

  一郎さん**が**子供**に**平均台の上**を**歩かせています。　　(1)
  孝子さん**が**光男君**に**鰹の叩き**を**食べさせるそうです。　(2)
  康子さん**が**子供**に**足**を**洗わせています。　　　　　(3)
  康子さん**は**、息子**に**足**を**洗わせたそうです。　　　(4)

(1) 格標識「を」は、この文では「経由する場所を表わす任意補語」を示します。
(2) 格標識「を」は、この文では「行為の対象を表わす必須補語」を示します。
(3) 格標識「を」は、行為の対象を表わす必須補語を示します。「子供」が幼児であれば、この文には字義どおりの意味しかありません。
(4) 主題標識「は」の陰に格標識「が」が隠れています。「足を洗う」には、熟語として「犯罪社会と手を切って真人間になる」という意味があります。「息子」の年齢と前歴

によっては、「風呂場などで、汚れた足をよく洗えと命じた」のではないかもしれません。

23.4. 使役相の活用

「泣く」の一段型活用使役相「泣かせる」

		普通	丁寧
基本	肯定	泣かせる	泣かせます
	否定	泣かせない	泣かせません
中止	肯定	泣かせ	
	否定	泣かせず（に）	
複合中止	肯定	泣かせて	泣かせまして
	否定	泣かせなくて、泣かせないで	泣かせませんで
完了	肯定	泣かせた	泣かせました
	否定	泣かせなかった	泣かせませんでした
推量	肯定	泣かせるだろう	泣かせるでしょう
	否定	泣かせないだろう	泣かせないでしょう
完了の推量	肯定	泣かせただろう	泣かせたでしょう
	否定	泣かせなかっただろう	泣かせなかったでしょう
仮定　一	肯定	泣かせれば	
	否定	泣かせなければ	
仮定　二	肯定	泣かせたら	泣かせましたら
	否定	泣かせなかったら	泣かせませんでしたら
仮定　三	肯定	泣かせるなら	
	否定	泣かせないなら	
仮定　四	肯定	泣かせると	泣かせますと
	否定	泣かせないと	泣かせませんと
命令	肯定	泣かせろ、泣かせてくれ	泣かせてください
	否定	泣かせないでくれ	泣かせないでください
禁止		泣かせるな	
勧誘		泣かせよう	泣かせましょう

「泣く」の五段型活用使役相「泣かす」

		普通	丁寧
基本	肯定	泣かす	泣かします
	否定	泣かさない	泣かしません
中止	肯定	泣かし	
	否定	泣かさず(に)	
複合中止	肯定	泣かして	泣かしまして
	否定	泣かさなくて、泣かさないで	泣かしませんで
完了	肯定	泣かした	泣かしました
	否定	泣かさなかった	泣かしませんでした
推量	肯定	泣かすだろう	泣かすでしょう
	否定	泣かさないだろう	泣かさないでしょう
完了の推量	肯定	泣かしただろう	泣かしたでしょう
	否定	泣かさなかっただろう	泣かさなかったでしょう
仮定　一	肯定	泣かせば	
	否定	泣かさなければ	
仮定　二	肯定	泣かしたら	泣かしましたら
	否定	泣かさなかったら	泣かしませんでしたら
仮定　三	肯定	泣かすなら	
	否定	泣かさないなら	
仮定　四	肯定	泣かすと	泣かしますと
	否定	泣かさないと	泣かしませんと
命令	肯定	泣かせ、泣かしてくれ	泣かしてください
	否定	泣かさないでくれ	泣かさないでください
禁止		泣かすな	
勧誘		泣かそう	泣かしましょう

「食べる」の(一段型活用)使役相「食べさせる」

		普通	丁寧
基本	肯定	食べさせる	食べさせます
	否定	食べさせない	食べさせません
中止	肯定	食べさせ	
	否定	食べさせず(に)	

複合中止	肯定	食べさせて(*)	食べさせまして
	否定	食べさせなくて、食べさせないで	食べさせませんで
完了	肯定	食べさせた(*)	食べさせました
	否定	食べさせなかった	食べさせませんでした
推量	肯定	食べさせるだろう	食べさせるでしょう
	否定	食べさせないだろう	食べさせないでしょう
完了の推量	肯定	食べさせただろう	食べさせたでしょう
	否定	食べさせなかっただろう	食べさせなかったでしょう
仮定　一	肯定	食べさせれば	
	否定	食べさせなければ	
仮定　二	肯定	食べさせたら	食べさせましたら
	否定	食べさせなかったら	食べさせませんでしたら
仮定　三	肯定	食べさせるなら	
	否定	食べさせないなら	
仮定　四	肯定	食べさせると	食べさせますと
	否定	食べさせないと	食べさせませんと
命令	肯定	食べさせろ、食べさせてくれ	食べさせてください
	否定	食べさせないでくれ	食べさせないでください
禁止		食べさせるな	
勧誘		食べさせよう	食べさせましょう

(*)複合中止形に「食べさして」、完了形に「食べさした」という変異形があります。五段型の活用をさせたものと考えられます。

24. 情動相(*)と「擬似受動態」「―れる・―られる」

(*)「情動相」は、本書の筆者による新造語です。

24.1. 後接辞「―れる・―られる」に関する前置き

　本章では、多くの動態動詞(*)と移態動詞に後接する動詞型接辞「―れる・―られる」の用法のうち「情動相」と「擬似受動態」を記述します。他の用法に重きを置かない理由をこの「前置き」で簡略に示します。

(*)この章で言う「動態動詞」は、使役相の動詞を含みます。元の単一動詞が非動態動詞であっても、例えば存在動詞「顕在する」から派生した使役相「顕在させる」には「顕在させられる」という情動相があります。

　学校文法では、動詞型派生接辞「―れる・―られる」の用法として「可能」「尊敬」「自発」「受身」の四種類(*)を示していますが、これは現代日本語の実情に即していません。

(*)「『れる・られる』に多種類の意味・用法があるため日本語は曖昧だ」と主張する人がいますが、「曖昧」なのは、日本語ではなく、言語訓練の十分にできていない人の不正確な言葉遣いのほうです。例えば、格標識を省略して「先生、来られた」と言ったのでは、何のことか分かりません。しかし「先生が来られた」または「先生に来られた」と正しく格標識を用いれば、意味の違いは歴然とします。「先生が来られた」は、「先生がいらっしゃった」や「先生がお見えになった」ほどではありませんが、一応敬意を示しています。しかし「先生に来られた」という表現には、敬意など微塵もありません。「都合の悪い時に先生が勝手にやって来たので迷惑だ」という意味ですから。

24.1.1.「可能」

動詞型派生接辞「―れる・―られる」の「可能」の機能については、可能動詞の章で(17.)記述しています。

五段型活用動詞の場合と一段型活用動詞の場合とで事情が異なります。

五段型活用動詞の場合は、明確な表現を望むのであれば、「―れる」で終わる「読まれる」や「書かれる」ではなく、「読める」や「書ける」などの派生可能動詞を用いるのが妥当です。そうすれば他の用法と紛れることはありません。

一段型活用動詞(＝単一語幹の一段型活用動詞と多語幹の「来る」)の「―られる」で終わる派生可能動詞と謂わゆる「ら抜き言葉」については、第17章で詳述しています。

24.1.2.「尊敬」

日本語には、尊敬の気持ちを示す語や形態が多数具わっています。「―れる・―られる」以外の表現を使ったほうが、敬意がはっきりします。

[―れる・―られる]	[他の表現]
行かれる	いらっしゃる、おいでになる
来られる	いらっしゃる、おいでになる、お見えになる
言われる	おっしゃる
される	なさる
食べられる	召し上がる
飲まれる	お飲みになる
持たれる	お持ちになる
帰られる	お帰りになる

左側の「―れる・―られる」を使った形態は、補語を省略したり格標識を省略したりすると意味が不明になってしまいますが、右側の形態には誤解の余地がありません。

尊敬語と謙譲語を組み合わせて正しく使うと、敬意や礼儀正しさがさらに明確になります。

［普通語］	［尊敬語］	［謙譲語］
行く	おいでになる、いらっしゃる(*)	参る(*)
来る	おいでになる、いらっしゃる(*) お見えになる	参る(*)
いる	おいでになる、いらっしゃる(*)	おる
出る	おいでになる(*)	
言う	おっしゃる	申す、　申し上げる
する	なさる	致す
死ぬ	亡くなる、お隠れになる	
食べる	召し上がる	頂く(**)
飲む	お飲みになる(**)	頂く(**)
持つ	お持ちになる(**)	お持ちする(***)
見る	ご覧になる	拝見する

(*) 一つの形態が二つまたは三つの普通語の動詞に対応しています。「行く」と「来る」は、動作の方向が違うだけで「移動する」ことに変わりはないため「あちらへいらっしゃる」は「あちらへ行く」と、「こちらへいらっしゃる」は「こちらへ来る」と、それぞれ同義になり、誤解は起こりません。また「いる」は、「移動しない」ことですから「何時までここにいらっしゃいますか」が「何時までここにいるか」と同義であることは歴然としています。「何時までにここへいらっしゃいますか」は、「何時までにここへ来るか」と同義です。格標識を正しく使っていれば誤解は起こりません。

(**) 「いただく」は、「もらう」の謙譲語で、「許可を得て他者のものを自分のものにする」という意味です。転用して「食う」「食べる」「飲む」の謙譲語としても用います。ただし「泡を食う」のような熟語に現れる「食う」は、尊敬語や謙譲語で置き換えることはできません。

(***) 「お飲みになる」「お持ちになる」「お持ちする」などについては、「複合動詞」の章 (29.)で記述しています。

近年の日本語を広範囲に観察すると、話し言葉でも書き言葉でも謙譲語と尊敬語を取り違える人やどちらも全く使わない人が非常に多くなっています。複合動詞の章(29.)で記述している「〇〇していただく」という形態の誤用のおびただしさなどと併せて考えると、「日本語の敬語体系はすでに崩壊している」と本書の筆者は判断しています。しかし、少数とは言え、尊敬

語、謙譲語、丁寧語、受給表現などを正しく使っている人は各分野にいます。このまま混乱がひどくなって完全に崩壊するのか、敬語を正しく使おうと明確に意識する人が増えて元に戻る可能性があるのか、あるいは混乱期を経て新しい敬語体系が成立するのか、現状では予測できません。

24.1.3. 謂わゆる「自発」

　古語には動詞型派生接辞「─る・─らる」が「自発」を示す用例があったようですが(*)、現代語で「─れる・─られる」が「自発」だと確実に言える例は、探しても見当たりません。「自発」のように見える用法は、決して「自発」ではなく、「責任逃れ表現」です。

(*) 梁塵秘抄に出て来る「我が身さへこそ揺るがるれ」の例は「**ひとりでに我が身が揺らぐ**」という意味だというのが定説です。

　「明日は大雪になると予測されます」の代りに「気象予報士〇〇は、明日は大雪になると予測しています」と言えば責任の所在がはっきりします。

　「〇〇だと思われる」という文は、「誰でもそう思うのが自然だ」と主張しているようですが、実は当人がそう思っているだけなのです。「〇〇だと私は思う」と書けば、責任の所在がはっきりします。

　「〇〇だと言われています」は、もっとひどい例で、大多数の場合、当人が根拠無しに主張していることを「さも多くの人がそう言っているかのごとく見せかけよう」という魂胆見え見えの擬似匿名表現です。根拠があるのなら「〇〇氏が（あるいは「〇〇研究所が」「〇〇庁が」…）こう発表している」と出典を明らかにするのが当然です。

　「〇〇であることが望まれる」「〇〇であることが期待される」なども、誰が望んでいるのか、誰が期待しているのか、主体を明示しない責任逃れ表現です。「〇〇であることを望む」「〇〇であることを期待する」と言えば、敢えて「私は」と言わなくても、発言者自身が望み、または期待していることが分かります。

　「引用の場合には出典を明らかにする。また自分が間違っていたと判断した場合にはできるだけ早い機会に訂正する、などの形で発言の責任を取る」という覚悟のできている人の文章には、「擬似自発」表現はありません。

24.1.4. 謂わゆる「受身」

「受身」という用語は、ヨーロッパ諸語などの「受動態」と紛れやすいので、日本語文法の記載のためには不適当です。本書では「情動相」と「擬似受動態」とに分けて以下に論じます。

24.2. 情動相

動詞型派生接辞「―れる・―られる」に具わっている諸機能のうちでこの接辞に独自のものは、「制御できない他者の行為や状態推移に起因する迷惑または喜悦など」の情動の表現です。「話者自身が被害者または受益者であること」を現わす構文と、「自分以外の被害者に対する同情、恨みを晴らした気分など」または「他者の喜悦に対する話者の祝福、羨望、嫉妬など」を表わす構文とがあります。情動主(*)は、どちらの場合も話者自身で、常に無表示です。

(*)「情動主」は、本書の筆者による新造語です。「情動相の動詞を用いた文で、自分の迷惑や他者への同情、祝福、羨望、嫉妬などを表明する主体」という意味です。

24.2.1. 話者自身が被害者または受益者であることを表わす構文

ニ構文またはニヲ構文の情動相文は、他者の制御できない行為や状態推移を話者自身が迷惑または喜ばしいことと感じていることを表わします。

24.2.1.1. ニ構文
単一動詞から派生する情動相

元の単一動詞は、動態動詞または移態動詞です。格標識「に」が「動作主または推移主」を示します。

[迷惑]

情動相の大多数の用例は、「迷惑、被害、苦労」などを表わします。

  {結婚して一年足らずで} 夫に死なれました。   (1)(*)

昨日は、{傘を持たずに出かけて、}雨に降られました。　　　(2)(*)
　　　ズボンのお尻に穴が開いちゃった。みんなに笑われるかな。　(3)(**)

(1) 波括弧‖ で括った部分は副詞節です。「結婚して一年足らずで夫が死にました」と同じ事実を報告していますが、「夫に死なれました」は、それに加えて、悲しみや苦労したことをも同時に表現します。
(2) 波括弧‖ で括った部分は、複合中止形で終わる副詞節です。「雨が降ったけれども別に困りはしなかった」のであれば、非情動相で「雨が降りました」と言います。「雨に降られた」は、「雨が降ったために被害を受けた」という意味です。
(3) 「話者自身は、大して気にしていない」のであれば、非情動相で「みんなが笑うかな」と言います。「みんなに笑われる」には、「そうなったら恥ずかしい」という気持ちがこもっています。

(*) 「死ぬ」([英] to die、[仏] mourir、[独] sterben) や「降る」([英] to rain、[仏] pleuvoir、[独] regnen) に相当するヨーロッパ諸語の動詞は、謂わゆる「自動詞」ですから、受動態は具わっていません。こうした動詞に関しては、日本語の動詞の情動相とヨーロッパ諸語の動詞の受動態との混同は起こりません。情動相の具わっていない言語では、動詞の形態だけで「親が死んだ」と「親に死なれた」を区別することはできませんが、「情動を表明する文を付け加える」「身振りや表情で情動を表わす」「声が震える」など、他の表現手段に訴えることができます。
(**) 「笑う」に相当するヨーロッパ諸語の動詞 ([英] to laugh、[仏] rire、[独] lachen) も「自動詞」ですから受動態はありません。しかし「人を嘲って笑う、馬鹿にして笑う」という意味では、言語によっては「他動詞」や「他動詞的熟語」の対応するものがあり、その場合には受動態または受動態的熟語があります。例えば、英語には to get laughed at (嘲笑の的になる) という熟語があります。この場合も、情動相ではないため、嘲笑の的になった人物が辛い思いをしているか、どこ吹く風と思っているか、あるいは、逆に、自分を嘲笑するような人々を軽蔑しているかは、文脈次第です。

[喜悦]

　いくつかの動詞の情動相は、頻繁に「喜悦、満足、誇らしい気持ち」を表わします。

　　　{テストで初めて満点を取って、}先生に褒められたよ。　　(1)
　　　鈴木君にデートに誘われたの。　　　　　　　　　　　　　(2)
　　　今晩は、ある人に食事に招待されているんです。　　　　　(3)

(1) 波括弧‖ で括った部分は、副詞節です。「先生に褒められた」は、情動相です。非情動相で「先生が僕を褒めた」と言ったのでは、まるで「先生が褒めたって褒めなく

たって、僕にはどうでもいいことだ」と言っているように聞こえます。
(2) 最初の格標識「に」が動作主を示します。二つ目の格標識「に」は、誘いの目標の行為や場所を示します。非情動相で「鈴木君**が**私をデート**に**誘ったの」と言ったのでは、嬉しくもなく、かといって取り立てて迷惑でもない、他人事のように聞こえます。対話者は「すげなく断ったのかな」と思います。
(3) 動態動詞「招待する」の情動相「招待される」から結果相「招待されている」が派生します。最初の格標識「に」が動作主を示します。二つ目の格標識「に」は、招待の目標の行為や行事を示します。非情動相で「ある人**が**私**を**食事**に**招待しているんです」という言い方だと、その招待を喜んでいるようには聞こえません。

使役相から派生する情動相(*)

(*)英語やフランス語の動詞の使役相には、受動態は具わっていません。従って、翻訳などに際して情動相との混同も起こり得ません。

使役相の動詞の情動相も、文中に格標識「を」を伴う補語が無い場合は、同じ構文になります。

　　鈴木君**に**一時間**も**待たされた。　　(1)
　　あいつ**に**一杯食わされた。　　　　　(2)

(1) 「一時間も」は、期間を表わす任意補語です。「待たせられた」とも言いますが、使役相＋情動相の場合は、五段型活用の「待たされた」のほうが頻度が高いようです。
(2) 「一杯食わされる」(または「一杯食わせられる」)は、「騙される」という意味の熟語です。この熟語の「食わされる」を「食べさせられる」で置き換えることはできません。

24.2.1.2. ニヲ構文

単一動詞から派生する情動相

この構文では、元の単一動詞は動態動詞に限ります。格標識「に」が「動作主」を、格標識「を」が「動作や行為の対象」を示します。

　　空き巣**に**家財道具**を**盗まれました。　　　　(1)
　　何者か**に**子供**を**誘拐されました。　　　　　(2)
　　｛身を隠した｝愛人**に**子供**を**勝手に産まれた。　(3)

(1) 喜劇映画などの一シーンで盗まれたものがガラクタや腐った食べ物などばかりであった場合は、非情動相で「空き巣**が**家財道具**を**盗みました」と言うこともあり得ます。「あんなもの盗んでどうするんだろう」という含みになります。
(2) 非情動相で「何者か**が**子供**を**誘拐しました」では、赤の他人の子供のことで自分にとってはどうでもいいとでも思っているように聞こえます。
(3) 「誕生する、出生する」という意味の「生まれる」は、別語で、ガ構文の移態動詞です。平板に「うまれる」「うまれた」「うまれて」または「んまれる」「んまれた」「んまれて」と発音します。ここで記述している「勝手に出産されて困る」という意味の「産まれる、生まれる」は、動態動詞「産む、生む」の情動相で、中高型に「う**ま**れる」「う**ま**れた」「う**ま**れて」または「ん**ま**れる」「ん**ま**れた」「ん**ま**れて」と発音します。同表記または類似の表記になるため混同されることがありますが、音調が違いますから会話で誤解が起こることはありません。なお波括弧 { } で括った部分は「愛人」にかかる連体節です。

使役相から派生する情動相

　使役相の動詞の情動相も、格標識「を」を要請する補語がある場合には、同じ構文です。

　　　　鈴木君**に**大掃除**を**手伝わされた。　　　　　　　　(1)
　　　　{鈴木君と飲みに行って、} 勘定**を**払わせられた。　(2)

(1) 一段型活用で「手伝わせられた」とも言います。非情動相では「鈴木君**が**私に大掃除**を**手伝わせた」となり、まるで下手な欧文和訳のように聞こえます。
(2) 波括弧 { } で括った部分は、副詞節 (a) です。副詞節が先行しているので「鈴木君に」という動作主が省略してあることが分かります。五段型活用で「払わされた」とも言います。
(a) この副詞節の中の「飲みに行く」は、{動詞の中止形＋に＋行く} という構成の複合動詞 (29.) です。構成要素になっている「飲む」は、ガヲ構文の動態動詞ですが、格標識「を」を伴う必須補語が省略してあるときは、「酒を」だと理解するのが日本の慣習です。「飲み屋」は、「果物ジュースを専門に飲ませる店」ではありませんし、「飲み会」は、「お茶か白湯だけを大量に飲む会合」ではありません。

継続相、結果相から派生する情動相

　　　　{夜遅くまで**飲んでいられる**と、} 明日の仕事に差し支えます。　(1)
　　　　{そこに**寝転んでいられる**と、} お掃除ができないわ。　(2)

(1) 波括弧 ‖ ‖ で括った条件節が情動相です。持続動詞「(酒を)飲む」の継続相「飲んでいる」から情動相「飲んでいられる」が派生します。「酒を飲むこと」自体は構わないのですが、宴会が長々と続いて「夜遅くまで」になると、睡眠時間が足りなくなってしまい、翌日の仕事に差し支えるから迷惑になるのです。
(2) 女言葉です。波括弧 ‖ ‖ で括った条件節が情動相です。瞬間動詞「寝転ぶ」の結果相「寝転んでいる」から情動相「寝転んでいられる」が派生します。掃除をするべき時に限って邪魔になるから迷惑なのです。掃除が済んでしまえばまた寝転んでも構いません。

「継続相の情動相」「情動相の継続相」「結果相の情動相」「情動相の結果相」「使役相の情動相」…と日本語の動詞は、多重派生をします。「飲む」「飲んでいる」「飲んでいられる」「飲んでいさせる(*)」「飲まれる」「飲まれている」「飲ませる・飲ます」「飲ませている・飲ましている」「飲ませられる・飲まされる」「飲ませられている・飲まされている」などの形態の一つ一つが、五段型または一段型に活用し、否定形、仮定形、丁寧形などの具わった完全な動詞です。

(*) 継続相「飲んでいる」から派生した使役相です。「しばらく前から酒を飲んでいる人にそれをやめさせようとせず、好きなように飲み続けるように仕向ける」という意味です。「飲んでいさせなさい」「飲んでいさせたら」のように活用します。

しかも、これらの完全な動詞の一つ一つから次の章 (25.) で記述するイ形容詞型活用の願望相(*) が派生しますし、複合動詞 (29.)(**) も派生します。日本語の動詞・形容詞は、接辞連鎖を駆使して複雑で多岐に亘(わた)る意味や含みを的確に表わすことのできる絢爛豪華な体系を成しているのです。

(*)「飲み**たい**」「飲んでい**たい**」「飲んでいられ**たくない**」「飲んでいさせ**たかった**」などの形態が願望相です。
(**) 複合動詞の一種に「飲みたくなる」「飲んでいたくなる」などの複合移態動詞があります。

24.2.2. 他者への同情などを表わす構文

ガ補語を表示する情動相文では、ほとんどの場合(*)、人物や事物の制御できない行為や状態推移を別の人物が迷惑または喜ばしいことと感じていると話者が確信しており、そのことで話者の心に起こる同情、祝福、羨望、嫉

妬などの情動を表わします。

(*) 稀に、特に副詞節で、「私が」「僕が」などのガ補語を表示して「話者自身が被害者または受益者であること」を強調する場合があります。

24.2.2.1. ガニ構文
単一動詞から派生する情動相

  聡子さん**が**子供**に**泣かれています。   (1)
  鈴木君**は**、子供の頃、両親**に**死なれたそうです。 (2)

(1)「泣かれています」は、情動相「泣かれる」の継続相「泣かれている」の丁寧形です。話者は、「子供が泣くので聡子さんは困っている」と考えています。ただし、この一文だけでは、文脈が無いので、話者が「聡子さん、お気の毒に」と思っているのか「聡め、いい気味だ」と思っているのかは分かりません。
(2) 主題標識「は」の陰に格標識「が」が隠れています。話者は、「鈴木君」の境遇に同情しています。非情動相で「鈴木君**は**、子供の頃、両親**が**死んだそうです」と言えば、例えば「その時は生後数ヶ月で、すぐに子供の無い裕福な親族に引き取られた、といった事情で、両親を亡くしたとしてもひどい苦労はしないで済んだようだ」と話者が考えていることになります。

  ここでは {両親**に**死なれた} 子供の面倒を見ています。 (1)

(1) 波括弧 {} で括った連体節が情動相です。連体節に続く「子供」が話者の同情の対象であるため、連体節の中では「同情の対象」は表示しません。

  叔父さんに礼服は、似合わないわね。服**に**着られてるみたいよ。 (1)
  酒を飲め。酒**に**呑まれるな。   (2)

(1) 後続の文が情動相です。先行の文に出ている「叔父さん」がこの文の無表示のガ補語です。「服**に**着られる」は、情動相の諧謔的な用法です。「服が人を*着る」わけは、もちろんありません。「人が服を着る」ものです。飽くまでも人が主体であり、服が「着るという行為の対象」なのですが、着慣れない服を着せられて全く似合わず、場違いで滑稽な感じさえする場合に、力関係の主客転倒を揶揄して「服に着られている」という言い方が慣用として成立しています。文法上は破格ですが、「古典的」と言っていい例です。情動相は、主観に基づいた情動の表現であるため、こうした破格も可能なのです。

(2) これは、格言です。後続の文が情動相ですが、禁止形ですから「お前が」というガ補語は無表示が普通です。「酒をほどほどに嗜むのはよいが、度を越して酔いつぶれたり酒の上で乱暴を働いたりしてはいけない」という意味です。「服に着られる」の「着られる」と同様に「力関係の主客転倒を戒めるための、情動相の諧謔的な用法だ」という解釈が成り立ちます。しかし「相手の勢いに呑まれる」などの比喩的な表現での「呑まれる」は「圧倒される」という意味です。それと近似した用法だという解釈も成り立つので、本書の筆者は「酒に呑まれるな」と表記します。なお、水、湯、茶、酒、スープの汁の部分などの液体をよく味わいながら「のむ」ときには「飲む」と書き、固体を噛まないで「のむ」ときや「相手を圧倒する」という意味の「のむ」は「呑む」と書きますが、液体でもろくに味わいもしないでぐいぐい「のむ」様子は「呑む」と形容することがあります。「のみすけ」や「のんべえ」を「飲助」「飲兵衛」と書く人もあり「呑助」「呑兵衛」と書く人もあるのは、そのためです。人間は液体ではありませんから「酒が人を＊飲む」ことは、もちろんあり得ません。

使役相から派生する情動相

野中さん**は**、毎日息子の晴彦君**に**プール**に**付き合わされている。　　（1）
晴彦君**が**お父さん**に**毎日プール**で**泳がせられている。　　（2）

(1) 主題標識「は」の陰に格標識「が」が隠れています。最初の格標識「に」は、「息子の晴彦君」が動作主であることを示します。二つ目の「に」は、同行する場所を表わす任意補語を示します。話者は、「野中さんは、いやいやながらプールに同行しているのだろう」と考えています。「野中さん」が息子のためを思い、ご自分も水泳が好きで、大喜びでプールに通っていると考えている人は、非情動相で「野中さんは、毎日息子の晴彦君を連れてプールに行く」といった言い方をします。「付き合わされている」は、「付き合う」の使役相「付き合わす」から派生した情動相「付き合わされる」の継続相です。使役相のもう一つの形態「付き合わせる」から派生した情動相「付き合わせられる」の継続相「付き合わせられている」も用います。継続相は、「毎日」のように反復を表わす語が文中にある場合は、動作や行為の反復を表わします。
(2) 話者は、「晴彦君は、他のことがしたいのだけれども、お父さんに反抗できず、いやいやながらプールに連れて行かれているのだろう」と考えています。「晴彦君は、お父さんに毎日プールに連れて行ってもらえて、幸せそうだ」と考えている人は、この文のような情動相は用いません。

24.2.2.2. ガニヲ構文
単一動詞から派生する情動相

　　ダニエルちゃん**が**お母さん**に**お尻**を**叩かれてるよ。　　（1）

(1)「叩かれてる」は、「叩かれている」の話し言葉での形態で、「叩く」から派生した情動相「叩かれる」の継続相です。話者は「ダニエルちゃん、可哀そうに。あんな悪戯しなければよかったのに」と思っています。なお、尻叩きは、悪戯などをした子供にフランス人やドイツ人の親がする「普通の」お仕置きです。よほどのことが無い限り「ひどいお母さんだ」とは、誰も思いません。時に「よほどのことをする」ひどい親がいて裁判沙汰になることも無いわけではありませんが。

使役相から派生する情動相

　　晴彦君**は**、お父さん**に**庭の草むしり**を**やらされています。　　（2）

(1)話者は「晴彦君は、きっと他のことをして遊びたいだろうに」と思っています。派生連鎖は、「やる」「やらす」「やらされる」「やらされている」「やらされています」の順序です。同義の変異形「やる」「やらせる」「やらせられる」「やらせられている」「やらせられています」も用います。

24.2.3. 情動相の無い動詞

　謂わゆる「尊敬語」の「いらっしゃる」「おっしゃる」「なさる」「ござる」「くださる」には、情動相はありません。

　「喉が渇く」と言いますが、「喉に*渇かれる」とは、言いません。

　「雷が落ちる」と言いますが、「雷に*落ちられる」とは、言いません。

　「地震が起こった」と言い、被害があった場合には情動相で「地震でやられた」とも言いますが、「地震に*起こられた」とは言いません。

　一部の動詞の情動相の欠如は、動詞分類の興味深いテーマです。

24.3. 西ヨーロッパ印欧諸語のなぞりの「擬似受動態」

24.3.1. 西ヨーロッパ印欧諸語の能動態と受動態

　歴史的・政治的な事情で日本人学習者の多い西欧の印欧諸語の「他動詞」

には、「能動態」と「受動態」が具わっています。英語、フランス語、スペイン語などの受動態はすべて「完了相」(*)なので、比較がしやすいように、能動態は英語の「現在完了形」とフランス語の「複合過去形」(**)の例を、受動態は両言語の「現在形」の例を示します。

(*)語域がヨーロッパにあっても、系統の違う言語の場合は、この限りではありません。例えばトルコ語の受動態には、未完了相も完了相も具わっています。トルコ共和国の版図のうちマルマラ海よりも北西に位置する部分は、地理的に「ヨーロッパ」に入ります。加えてギリシャ、ブルガリア、マケドニア、コソヴォなどにトルコ語を母言語とする人たちが少数民族として住み着いていますから、この章では、範囲の広過ぎる「ヨーロッパ諸語」という地理上の呼称を避けています。

(**)現代フランス語では「単純過去形」が一部の物語文などでしか用いない古めかしい形態になって久しいため、話し言葉でも書き言葉でも「複合過去形」が英語の「現在完了形」と「過去形」の両方に対応します。

24.3.1.1. 動作主を表示する受動態文

	[能動態]	[受動態]
[英]	Yoshio has beaten Susumu.	Susumu is beaten by Yoshio.
[仏]	Yoshio a battu Susumu.	Susumu est battu par Yoshio.

能動態文と受動態文の違いは、「動作主に焦点を置く」か「動作の対象(*)に焦点を置く」かです。**どちらも非情動相ですから**、受動態文を、情動相で「ススムがヨシオに殴られた」と訳すのは**間違い**(**)です。「Susumu is beaten by Yoshio.」も「Susumu est battu par Yoshio.」も「ススムを殴ったのはヨシオだ」(***)と訳すべきものです。

(*)日本の英文法家は「直接目的語」、仏文法家は「直接目的補語」と言うようです。

(**)日本語文「ススムがヨシオに殴られた」は、話者が「ススムは被害者だ」と確信してススムに同情しており、「ヨシオは、横暴だ」と考えていることを示します。**英語やフランス語などの受動態は、それ自体、話者のいかなる倫理判断も情動も示しません**(a)。動詞の形態とは無関係に、能動態でも受動態でも、声の調子、表情、身振り、情報を付加する別の文などで情動を表現することができます。

(a) 本書の筆者がこのことを真に会得したのは、フランス滞在がまる一年を過ぎてフランス語で夢を見ることが普通になり、フランス語で自由に(=文法を意識すること無く、そして他の言語を介在させることも無く)物を考えることができるようになって

からさらに数ヵ月後のことです。日本に住んでいる間は、日本の「外国語教育」の枠の中で英語やフランス語を習っていましたから「ススムがヨシオに殴られた」がまさか誤訳であるとは、思いもよりませんでした。何百人ものフランス語や英語の母言語話者（＝［英］native speakers、［仏］locuteurs natifs）と議論し、質問を繰り返して、西ヨーロッパ印欧諸語の受動態と日本語の情地相とが議論の余地無く無関係であることを知ったのは、大変な「言語ショック」でした。「カルチャー・ショック」などという生易しいものではなかったのです。筆者の言語観は、このショック以来「コペルニクス的に」転換しました。「ある言語がすらすらと読み書きでき、かつ流暢に話せる」か否かと「その言語を細部に亘って正しく認識している」か否かとは、全く別のことなのです。掛詞、反語、当てこすり、濡れ衣を着せる魂胆などを瞬時に把握し、状況によっては時を移さず反撃するなどの討論技術が身につくまでには、さらに年月を要しました。

(***)動作主を特に強調する構文「［英］It is Yoshio that has beaten Susumu.」「［仏］C'est Yoshio qui a battu Susumu.」に対応するのは、この文ではなく「ヨシオだよ。ヨシオがススムを殴ったんだ」です。

24.3.1.2. 動作主を表示しない受動態文

英語やフランス語の「動作主を表示しない受動態」の一部は、日本語の結果相に相当します。

［能動態］　　［英］　Yoshio has written some kanjis.
　　　　　　［仏］　Yoshio a écrit des kanjis.

［動作主を表示する受動態］
　　　　　　［英］　These kanjis are written by Yoshio.
　　　　　　［仏］　Ces kanjis sont écrits par Yoshio.

［動作主を表示しない受動態］
　　　　　　［英］　Some kanjis (*) are written on the blackboard.
　　　　　　［仏］　Des kanjis (*) sont écrits au tableau.

(*)［英］Chinese characters、［仏］caractères chinois は「中国（［英］China, ［仏］Chine）の文字」という意味です。従って、中華人民共和国で用いている「簡体字」をすべて含みますが、「畑」「辻」「込」「凪」「凩（こがらし）」「凧（たこ）」「噺（はなし）」「峠」「躾（しつけ）」「鱈」「鰯」「鯰」などの謂わゆる「国字」（＝実は「漢字風の日本文字」）を含

みません。「日本語表記に用いる表意文字」という意味では、英語でもフランス語でもkanji(s)を用いるのが妥当です。

動作主を表示しない受動態文「［英］Some kanjis are written on the blackboard.」と「［仏］Des kanjis sont écrits au tableau.」に対応する日本語の適訳は、「**黒板に漢字が書いてある**」です(*)。「誰が書いたのかは分からないが、『黒板に漢字をいくつか書く』という行為の結果だけは目の前にある」ということです。「黒板に漢字が*書かれている」は、誤訳です。

(*)「『黒板に漢字が書いてある』が適訳である」というのがこの章の骨子です。このことをよく理解してから先へ進んでください。

[動作主を表示しない受動態]　　［英］　The door is closed.
　　　　　　　　　　　　　　　　［仏］　La porte est fermée.

動作主を表示しない受動態文「［英］The door is closed.」と「［仏］La porte est fermée.」に対応する日本語の適訳は、状況によって「**ドアが閉まっている**」か「**ドアが閉めてある**」かのどちらか(*)です。「ドアが*閉められている」は、誤訳です。

(*)普通は、鍵がかかっていて誰かが意図的に閉めたことが歴然としていても「ドアが閉まっている」と言います。話者が「閉めなくてもいいはずなのに誰かが**わざと**閉めたのだ」と判断したときには、「ドアが閉めてある」と言います。また、ドアを閉めたのが話者自身である場合は「ドア**は**、閉めてあります」と言います。
　一方、「ドアが開いている」は、「誰かが開けたのか、風などで開いたのかは分からないが、『ドアが開く』という動きの結果が眼前にある」ということであり、「ドアが開けてある」は、「つっかい棒がしてあるなどの形跡から判断して、誰かがわざとドアが開いたままになるようにしたのに違いない」という意味ですから、「―ている」結果相と「―てある」結果相の違いは、この場合は、並行していません。

24.3.2. 現代日本語の「擬似受動態」

いつごろ誰が始めたのかは筆者は知りませんが、「諸外国語の受動態」を機械的に「―れる・―られる」で置き換えて「翻訳したつもり」になるのが、日本の歴代の翻訳者に深く根付いた慣習です。おびただしい学術書や文学書、案内書などがこの方式で翻訳されて(*)、日本全国津々浦々に行き渡っ

ています。

(*) この「翻訳されて」は、もちろん、情動相です。筆者は「学術書も文学書も案内書もすべて組織的な誤訳の被害に遭っている」と憂えています。「受動態」のなぞりではありません。

また、英語やフランス語やドイツ語の受動態が謂わゆる「過去分詞」を構成要素としていることから、形容詞的な用法の「過去分詞」を条件反射的に「―れる・―られる」で置き換えることも慣習になっています。『Lost Horizon』(*)に対する『失われた地平線』(**)は、そうして成立した逐語訳が無批判に定着してしまっている例です。本書の筆者は、子供の頃、この書名が理解できず、周りの大人に訊いて廻ったことがありますが、誰からも満足の行く答えは得られませんでした。実のところ、この表現は日本語として意味を成さないのですが、「なぜ意味を成さないのか」(***)がようやく分かったのは、長じて日本を離れてからのことです。それまでは、「子供に理解できないことがたくさんある」のは当然ですから、「自分の理解能力が未熟なせいだろう」とばかり思い込んでいたのです。

(*)『Lost Horizon』(1933)、イギリス人作家 James Hilton (1900-1954) の著作。
(**)『失われた地平線』Lost Horizon の増野正衛訳の書名 (1959、新潮文庫)。
(***) 地平線は、所有することのできないものです。傘や万年筆のように置き忘れたり紛失したり盗まれたりすることはありません。建物や森林が邪魔になって「地平線が見えなくなる」ことはありますが、「地平線を*失う」ことは誰にも出来ません。英語の lost は、どんな語を修飾するかによって「失くした(本、靴、ハンカチなど)」「迷子になった(子供)」「有史以前の(世界)」などさまざまな訳語に対応しますが、この書名の場合は「どこにあるのか分からなくなってしまった」という意味です。また horizon は、この場合は「地平線」そのものではなく、「行き着くことができないほど遠くに位置するある場所」のことです。
　訳語候補としては、逐語訳にこだわらなければ、「幻の仙境」「失った記憶の彼方の里」などの表現を挙げることができます。

昨今の日本では、「ドアが*閉められている」式の擬似受動態文が印刷物や音声メディアに溢れているため、他言語から日本語への翻訳の場以外でも**ヨーロッパ諸語の受動態の誤ったなぞり**が幅を利かせていて、「誰が何をしたのか誰にも分からない」表現を無数に観察します。

例えば、8000m級の峰に挑んだ登山隊が遭難したことを伝える記事で「多

くの人命が奪われた」という書き方をしているのを頻繁に見かけます。まるで「意思のある何者かが人命を奪った」ように聞こえます。そんな「何者か」は、存在しないのです。自らの自由意志で高度の危険を承知の上で冒険をしたのですから、「多くの人が落命した」と書くのが妥当です。

25. 願望相と他力本願相(*)

(*)「他力本願」は、本来は仏教用語で「阿彌陀如来の本願によって成仏すること」、転じて「自分のことをするのに他人の力や働きに頼ること」です。文法用語としての「他力本願相」は、言わずと知れた本書の筆者による新造語です。

願望相は「**自分自身が行なう**動作や状態推移の実現を望む」ことを、他力本願相は「自分の利益になる**他者の**動作や状態推移の実現を望む」ことを表わします。

25.1. 願望相

25.1.1. 願望相の形態

願望相は、{動詞の中止形＋イ形容詞型の派生接辞「―たい」} という構成です。言い切った場合は、話者自身の願望を表わします。他者の願望を表わすには伝聞などを示す後接辞を付加します。

願望相は、動態動詞と移態動詞から派生します。また、繋辞「である」からも派生します。静態動詞は、擬人法でのみ (*) 願望相が可能です。存在動詞 (**)、認識動詞 (***)、判断動詞、病覚動詞、可能動詞 (****) から願望法が派生することはありません。

(*) 童話などで「火山の子供」が、「僕、大きくなったら、お父さんよりも高く聳えたい」と発言することは、十分考えられます。

(**) 非常に硬い書き言葉で散見する「そう**あり**たい」「かく**あり**たい」などの表現に現れる「ありたい」は、存在動詞の願望相ではありません。「さあらぬ態(てい)で」「美しくは**ある**けれども」などにも現れる古語「あり」の名残の**繋辞**の願望相です。

(***) 認識動詞「わかる」から派生させた「わかりたい」という形態をときどき聞きますが、「知りたい」か「理解したい」の誤用だろうと考えられます。
(****) 「できる」「できるようになる」「できるようになりたい」、「書ける」「書けるようになる」「書けるようになりたい」のように、可能動詞から移態動詞を形成した上で、その移態動詞の願望相を派生させることができます。

25.1.2. 願望相の構文

  お茶**が**飲みたい。 （1）
  お茶**を**飲みたい。 （2）

(1) 願望相の動作や行為の仮想的な対象は格標識「が」で示すのが原則ですが、揺れがあり、例外も多数あります。言い切っていますから、願望主(*)は、話者自身です。
(2) 格標識「が」の代りに「を」を用いる人も多数います。同一人物が「が」と「を」の両方を用いる例も多数あります。話し言葉では格標識を省略して「お茶、飲みたい」と言うことも多いようです。幼児語では省略のほうが普通です。「どちらの格標識を使っても意味の違いは無い」と言う人と「『が』は、願望成就が仮想的な場合。『を』は、短時間内に願望成就が確実である場合」という意見の人があります。
(*)「願望主」は、本書の筆者による新造語です。動詞が願望相であるときに自らその行為を行なったり状態推移をしたりすることを望む主体です。

  {孫が一人前の大人になるの}**を**見届けたい。 （1）

(1) 波括弧 ‖ で括った部分は、形式名詞「の」で終わる名詞節です。名詞節が願望行為の対象です。この構文は、格標識「を」を要請します。「を」を「が」で置き換えることはできません。

  この工場の全工程**を**コンピュータ**で**管理したい。 （1）

(1) 動詞によっては、「管理する」「制御する」のように行為の対象を示すのに願望相でも常に格標識「を」を要請するものがあります。面白い研究テーマです。格標識「で」は、動作や行為を実現するための道具を示します。

  小林さん**は**、お茶**が**飲みたいそうです。 （1）
  守君**は**、西瓜(すいか)**が**食べたいみたいだね。 （2）

(1)(2) 願望主が話者以外の人物である場合は、その人物を主題にし、言い切り回避表現を用います。主題標識の陰に隠れた格標識は、ありません。

(1) 後接辞「そうです」がついていますから、「確かな伝聞」です。
(2) 後接辞「みたいだ」は、「ようだ」と同義で、話し言葉でよく用います。「不十分な観察に基づいた暫定的な判断」です。

  テレビ**が**見たい。   (1)
  もう寝る時間なの？ もっとテレビ**を**見ていたいなあ。 (2)

(1) 今テレビを見ていない人が近未来の行為の願望を表明しています。願望する行為の対象は、原則として格標識「が」が示します。しかし、「テレビ、見たい」「テレビを見たい」と言う人もあります。
(2) 「見ていたい」は、持続動詞「見る」の継続相「見ている」の願望相です。「見る」行為は、現在すでに実現していますから、その対象を示す格標識は「を」です。これを「が」で置き換えることはできません。願望は「仮想的な行為をすること」ではなく、「実現している行為をさらに持続させること」なのです。

  {いい歳をした}息子**に**いつまでも脛(すね)**を**かじっていられたくない。(1)

(1) 「親の脛をかじる」は、熟語で、「生活費や学費を親から貰っている」という意味です。熟語の構成要素になっている「を」は、動詞が願望相になっても「を」のままです。「が」で置き換わることはありません。基本の単一動詞「かじる」の継続相「かじっている」、それから派生した情動相「かじっていられる」、それからさらに派生した願望相「かじっていられたい」、その否定形「かじっていられたくない」という派生連鎖(a)です。
(a) 「派生連鎖」は、本書の筆者による新造語です。「派生の連続の仕方」という意味です。

  子牛**に**もっと母牛のお乳**を**飲んでいさせたかったけどねえ。 (1)

(1) 派生連鎖は、単一動詞「飲む」の継続相「飲んでいる」、それから派生した使役相「飲んでいさせる」、それからさらに派生した願望相「飲んでいさせたい」、その回想形「飲んでいさせたかった」という順序です。まだ乳離れしていない子牛を手放した酪農家の言葉です。

 願望相は、後述する複合イ形容詞(27.)の一種です。イ形容詞ですから派生接辞「―さ」を伴って名詞になります。「一目逢いたい」から「一目逢いた**さ**」、「怖いものが見たい」から「怖いもの見た**さ**」のように名詞などを含む複雑なイ形容詞文全体が名詞化して長大な複合名詞になる例もあります。

25.1.3. 願望相の活用
「食べる」の願望相「食べたい」

		普通	丁寧
基本	肯定	食べたい	(食べとうございます)(1)
	否定	食べたくない	食べたくありません
中止	肯定	(食べたく)	
	否定	(食べたくなく)	
複合中止	肯定	食べたくて	
	否定	食べたくなくて	
現状認識・回想	肯定	食べたかった	
	否定	食べたくなかった	
推量	肯定	食べたいだろう	食べたいでしょう
	否定	食べたくないだろう	食べたくないでしょう
現状認識の推量・回想の推量	肯定	食べたかっただろう	食べたかったでしょう
	否定	食べたくなかっただろう	食べたくなかったでしょう
仮定　一	肯定	食べたければ	
	否定	食べたくなければ	
仮定　二	肯定	食べたかったら	
	否定	食べたくなかったら	
仮定　三	肯定	食べたいなら	
	否定	食べたくないなら	
仮定　四	肯定	食べたいと	
	否定	食べたくないと	

(1)「食べとうございます」を常用する人は稀になりました。「食べたいですか」「食べたいですね」などの形態は、誰でも違和感無く使うようになっていますが、「食べたい*です」という言い切りの形態は、今のところ本書では活用表に書き入れないでおきます。理由については「イ形容詞」の章(5.)で記述しています。

25.2. 願望相から派生する動態動詞

　心情を表わす形容詞に後接する動詞型接辞「―がる」が、動詞の願望相にも後接します。

　「暑い」から「暑がる」、「寒い」から「寒がる」、「欲しい」から「欲しがる」が派生するのと並行して、「食べたい」から「食べたがる」、「読みた

い」から「読みたがる」が派生します。さまざまな相から願望相が派生し、願望相にさらに派生接辞がついて動態動詞が成立する派生連鎖の例を挙げます。

例　一　　「抱く」　　　　　　　　単一動詞
　　　　　「抱きしめる」　　　　　複合動詞
　　　　　「抱きしめられる」　　　複合動詞の情動相
　　　　　「抱きしめられたい」　　複合動詞の情動相から派生した願望相
　　　　　「抱きしめられたがる」　願望相から派生した動態動詞

「抱く」と「抱きしめられたがる」は五段型の、「抱きしめる」と「抱きしめられる」は一段型の、「抱きしめられたい」はイ形容詞型の、活用をします。一つ一つが完全な動詞または形容詞です。すべてを辞書の見出し語として掲載することは、物理的に不可能ではありませんが、ページ数が天文学的に増えるだけで、実用的な意味がありません。

例　二　　「かじる」　　　　　　　　　　単一動詞
　　　　　「親の脛(すね)をかじる」　　　　熟語動詞
　　　　　「親の脛をかじっている」　　　熟語動詞の継続相
　　　　　「親の脛をかじっていたい」(*)　熟語動詞の継続相から派生した願望相
　　　　　「親の脛をかじっていたがる」　願望相から派生した動態動詞

「かじる」と「かじっていたがる」は五段型の、「かじっている」は一段型の、「かじっていたい」はイ形容詞型の、活用をします。一つ一つが完全な動詞または形容詞です。

　　子供って、親のすることを何でも真似したがるものよ。　（1）

(1) 主題標識「って」の陰に格標識「が」が隠れています。派生連鎖は次の通りです。

　　　　「真似」　　　　名詞
　　　　「真似する」　　複合動詞
　　　　「真似したい」　複合動詞から派生した願望相
　　　　「真似したがる」願望相から派生した動態動詞

　　うちの猫ちゃんは、お魚は食べたがりませんの。　（1）

(1) 幼児語と「です・ます体」をわざと交ぜた、気取った女言葉です。主要主題標識「は」の陰に格標識「が」が隠れています。副次的な主題標識「は」の陰に格標識「を」が隠れています。なお、文末接辞「の」には、「ご存じなければ教えて差し上げますわ」という含みがあります。派生連鎖は、次の通りです。

「食べる」	単一動詞
「食べたい」	単一動詞から派生した願望相
「食べたがる」	願望相から派生した動態動詞
「食べたがります」	動態動詞の「です・ます体」
「食べたがりません」	動態動詞の「です・ます体」の否定形

願望相から派生する動態動詞の活用
「食べる」の動詞型用言複合体「食べたがる」

		普通	丁寧
基本	肯定	食べたがる	食べたがります
	否定	食べたがらない	食べたがりません
中止	肯定	食べたがり	
	否定	食べたがらず(に)	
複合中止	肯定	食べたがって	食べたがりまして
	否定	食べたがらなくて、食べたがらないで	食べたがりませんで
完了	肯定	食べたがった	食べたがりました
	否定	食べたがらなかった	食べたがりませんでした
推量	肯定	食べたがるだろう	食べたがるでしょう
	否定	食べたがらないだろう	食べたがらないでしょう
完了の推量	肯定	食べたがっただろう	食べたがったでしょう
	否定	食べたがらなかっただろう	食べたがらなかったでしょう
仮定 一	肯定	食べたがれば	
	否定	食べたがらなければ	
仮定 二	肯定	食べたがったら	食べたがりましたら
	否定	食べたがらなかったら	食べたがりませんでしたら
仮定 三	肯定	食べたがるなら	
	否定	食べたがらないなら	
仮定 四	肯定	食べたがると	食べたがりますと
	否定	食べたがらないと	食べたがりませんと
命令		(a)	(a)
		食べたがらないでくれ	食べたがらないでください

| 禁止 | 食べたがるな | |
| 勧誘 | (b) | (b) |

(a) 肯定・命令形は、普通は用いません。用言複合体「食べたがってみせる」の命令形「食べたがってみせろ」「食べたがってみせなさい」「食べたがってみせてください」で代用します。

(b) 勧誘形は、普通は用いません。用言複合体「食べたがってみせる」の勧誘形「食べたがってみせよう」「食べたがってみせましょう」で代用します。

25.3. 他力本願相

25.3.1. 他力本願相の形態

他力本願相は、{動詞の複合中止形＋「欲しい」} という構成です。病覚動詞と可能動詞以外の(*)すべての種類の動詞から派生します。

(*)可能動詞から派生した移態動詞には、他力本願相があります。

例：「書ける」「書けるようになる」「漢字がたくさん書けるようになって欲しい」
「歩ける」「歩けるようになる」「早く歩けるようになって欲しい」

[存在動詞]　　　　あって欲しい
[動態・持続動詞]　　読んで欲しい　　［否定］　　読まないで欲しい
[動態・瞬間動詞]　　立って欲しい　　［否定］　　立たないで欲しい
[認識]　　　　　　わかって欲しい
[判断]　　　　　　似合って欲しい
[静態]　　　　　　聳えて欲しい
[移態動詞]　　　　乾いて欲しい
[継続相]　　　　　待っていて欲しい
[結果相]　　　　　乾いていて欲しい
[使役相]　　　　　やめさせて欲しい
[情動相]　　　　　祟られて欲しい
[使役・情動相]　　やめさせられて欲しい

なお、動詞型の活用をする繋辞「である」にも他力本願相があります。名詞型形容詞の「である型活用」にも、イ形容詞の古語の名残の「くある型活

用」(*)にも他力本願相があります。

(*)古語の名残の「くある型活用」:「イ形容詞」の章(5.)の「イ形容詞の活用」の項で記述しています。

［繫辞・である］　　　　　　　　（廉潔の士）であって欲しい
［である型活用の名詞型形容詞］　　丈夫であって欲しい
［くある型活用のイ形容詞］　　　　美しくあって欲しい

25.3.2. 他力本願相の構文

他力本願相の構文は、「『―て欲しい』を伴わない形態の構文を踏襲する場合」と「特定の人物の力を頼み、その人物を表示する場合」とで異なります。

［非他力本願相の構文を踏襲］

　　干し物が速く乾きますように。　（1）
　　干し物が速く乾いて欲しい。　　（2）

(1)(2) 格標識「が」が移態主を示します。
(1)「ように」は、文末接辞で、「祈り」「呪い」などを表わします。先行する動詞は、ほとんどの場合、丁寧形になります。
(2) 他力本願相です。何に祈るわけでも、誰を呪うわけでもありません。干し物に向かって「速く乾いてくれ」と頼んでいるのでもありません。

　　思う人に願いが届きますように。　（1）
　　思う人に願いが届いて欲しい。　　（2）

(1)(2) 格標識「に」が願いの届く相手を示します。格標識「が」が動作主を示します。
(1) 祈りの文です。少なくとも「祈る」ことだけはしています。
(2) 他力本願相です。神仏に祈っているわけではありません。願いが届けばいいと思っていることだけを表現しています。

［力を頼む対象を表示する場合］

遅くなってしまったけれど、田中さん**が**待っています**ように**。　　（1）

遅くなってしまったけれど、田中さん**に**待っていて欲しい。　　（2）

(1) 祈りの文です。格標識「が」が動作主を示します。
(2) 他力本願相です。格標識「に」が「力を頼む対象」を示します。

26. 名詞型複合形容詞

　日本語には語と接辞からなる複合体が多種多数ありますが、「さまざまな構成で全体として一つの名詞型形容詞のように機能する複合体」を本書では「名詞型複合形容詞」と呼んでいます。連体形の形態によって「複合ナ形容詞」「複合ノ形容詞」「複合ナノ形容詞」「複合ø形容詞」の四種類に分類できます。
　この章では、次のような略号を使って各種の名詞型複合形容詞の活用語尾を示します。

　　（な）　　　　　複合ナ形容詞の活用語尾
　　（の）　　　　　複合ノ形容詞の活用語尾
　　（な、の）　　　複合ナノ形容詞の活用語尾
　　（ø）　　　　　複合ø形容詞の活用語尾

26.1. 複合ナ形容詞

26.1.1. ｛名詞＋名詞＋活用語尾（な）｝という構成のもの
　　｛授業中にガムを噛むの｝は、無礼で**目障り**だ。　　　　　　(1)
　　｛授業中にガムを噛む｝なんて、無礼だし、**目障り**なやつだ。　(2)
　　電気ドリルがガラスに触れて、**耳障り**な音を立てた。　　　　(3)

(1) 波括弧 ｛｝ で括った部分は、形式名詞「の」で終わる名詞節です。
(2) 波括弧 ｛｝ で括った部分は、引用文です。話し言葉で頻繁に用いる主題標識「なんて」には、「引用詞(35.)を兼ねる」という際立った特色があります。肯んじ得ない言

動を引用するときに用います。「なんて」に先行する引用文は、鉤括弧「　」で括らないのが普通です。「無礼だ」に後接する「し」は、接続詞(34.)です。
(1)(2)(3)「めざわり(な)」と「みみざわり(な)」は、それぞれ「目に不愉快(な)」「耳に不愉快(な)」という意味の複合ナ形容詞です。漢字では「目障り」「耳障り」と書きます。一方、「肌触り」「手触り」は、「肌に触れたときの感じ」「手で触れたときの感じ」という意味の名詞です。近年、「肌触りのいい〇〇」という表現に引かれて「耳ざわりのいい〇〇」という言い方をする人が出て来ています。これは、「耳障り」という言葉の意味と用法と漢字表記を知っている者にとっては、非常に耳障りなことです。

26.1.2. ｛さまざまな語＋複合ナ形容詞型派生接辞｝という構成のもの

連体形が「—な」で終わる「複合ナ形容詞」を形成する派生接辞がいくつかあります。

「—よう(な)」(*)

(*)言い切り回避表現の一つである「—ようだ」「—ようである」「—ようです」と同音になります。

　　アマゾン河は、まるで**海のようだ**。船から両岸が見えないほどだ。　(1)
　　アマゾン河は、{**海のように**} 広い。　　　　　　　　　　　　　(2)

(1) 太字の部分が複合ナ形容詞です。「海を思わせるほど広い」という意味です。「海だと思うが、観察不十分なので断言できない」という意味の言い切り回避表現ではありません。
(2) 波括弧 ｛｝ で括った部分は、複合ナ形容詞の中止形で、副詞節をなしています。

　　夢のようです。　　　　　　　　　　　　　　　　　　　　　　(1)
　　｛**夢のような**｝大名旅行をして来たよ。　　　　　　　　　　　　(2)
　　まるで｛**夢のような**｝話ですね。ちょっと信じられない。　　　　(3)

(1) 「夢のようだ」「夢のようである」「夢のようです」は、「期待を遥かに上回る好結果が現実になって、非常に嬉しい」という意味です。「今見ているものは夢だと思うが、観察不十分なので断言はできない」という意味ではありません。
(2) 波括弧 ｛｝ で括った部分が複合ナ形容詞の連体形です。「至れり尽くせりで普段の生活水準とはかけ離れた贅沢を満喫して幸せな」というほどの意味です。「大名旅行をしたと思ったけれども、目が覚めてみるとどうも夢だったようだ」という意味ではあ

(3) 「話」を修飾する用法では、「夢のような」は、「額面どおりに受け取ってはならない、罠がありそうな」という意味です。

　　一郎君は、{人の弱みに**付け入るような**} 男じゃない。　　　　　(1)
　　{一郎君がもしも人の弱みに**付け入るようなら、**} 友人とは見做さない。　　　　　　　　　　　　　　　　　　　　　　　　　　　　(2)

(1) 波括弧 ｛｝ で括った部分は、「男」を修飾する連体節です。「人の弱みに付け入って自分が得することを当然と考えるタイプの」という意味です。
(2) 波括弧 ｛｝ で括った部分は、条件節です。「人の弱みに付け入る素振りを見せるなら」という意味です。

　　この作家の人物描写は、素晴らしい。登場人物が目の前に**見えるようです**。　　　　　　　　　　　　　　　　　　　　　　　　　　　　(1)

(1) 「人物の外見だけでなく、声や表情や性格までも彷彿とさせる筆力がある」という意味です。なお、別の文脈で、例えば「あの人のいる場所からは、池の鯉がよく見える**ようです**」は、「言い切り回避表現」の一つで「不十分な観察に基づいた暫定的な判断」を表わします。「見えるようです」だけでは、同音になるため、どちらなのか分かりませんが、文脈があれば判断に迷うことはありません。

この他、同様の構成の「盆と正月が一緒に来た**よう**（**な**）」「苦虫を噛み潰した**よう**（**な**）」「ビードロを逆さにした**よう**（**な**）」「バケツをひっくり返した**よう**（**な**）」などの長大な複合体も「名詞型複合形容詞」です。

「―みたい（な）」
　「―みたい（な）」は、話し言葉でよく用いる派生接辞です。

　　アマゾン河って、まるで**海みたい**だね。船から岸が見えないよ。　(1)
　　アマゾン河って、{**海みたいに**} 広いのね。　　　　　　　　　(2)

(1)(2) 名詞に後接する場合、「―よう」は「―のよう」という形態になりますが、「―みたい」は「の」を伴いません。
(2) 女言葉です。時折「海みたく」という言い方を聞くことがありますが、誤用です。「―みたい」が「い」で終わっているために「イ形容詞型の接辞だ」と誤認している

ものと考えられます。

「─そう(な)」

いくつかの章の「言い切り回避表現」の項で記述している名詞型派生接辞「─そうだ(─そうである、─そうです)」のうちつぎのような構成を要請するものは、複合ナ形容詞を形成します。

{名詞型形容詞の語幹＋そう(な)}

「元気そうだ」「丈夫そうだ」「健康そうだ」など。

{イ形容詞の語幹＋そう(な)}(*)

(*)単音節語幹のイ形容詞「よい」と「無い」およびこの二語を最終構成要素とする複合イ形容詞は、{イ形容詞の語幹＋さ＋そうだ} という構成になります。

「面白そうだ」「悲しそうだ」「嬉しそうだ」など。
「よさそうだ」「心地良さそうだ」など。
「無さそうだ」「何気無さそうだ」など。

{動詞の中止形＋そう(な)}

「ありそうだ」「見えそうだ」「動きそうだ」「出来そうだ」「歩けそうだ」など。

{いかにも**ありそうな**} 話だね。単なる噂かもしれないけど。　(1)
{この事件の犯人で**ありそうな**} 人物は、怪盗リュパン(*)しかいない。
(2)

(1) 「ありそうな」は、{存在動詞「ある」の中止形「あり」＋「そうだ」} という構成の複合ナ形容詞の連体形です。
(2) 「でありそうな」は、{繋辞「である」の中止形「であり」＋「そうだ」} という構成の複合ナ形容詞の連体形です。

(*) フランスの新聞記者・作家 Maurice Leblanc の作中人物 Arsène Lupin。筆者が日本に住んでいた頃は「怪盗ルパン」という表記が普通でした。

　　　　水が澄んでいるから底まで**見えそうだ**。　　　　　　　　(1)
　　　　水が澄んでいるから {底まで**見えそうな**} 気がする。　　(2)
　　　　簡単なことだよ。{子供にだって**分かりそうな**} ものだ。　(3)

(1) 太字の部分が複合ナ形容詞です。認識動詞「見える」の中止形「見え」＋「そうだ」という構成です。
(2) 波括弧 ‖ で括った部分は、「気」を修飾する連体節です。太字の部分が複合ナ形容詞の連体形です。
(3) 太字の部分は、複合ナ形容詞「分かりそうだ」の連体形です。

「こんなふう(な)」「そんなふう(な)」「あんなふう(な)」「どんなふう(な)」

{不変化指示形容詞＋名詞型派生接辞「―ふう」} という構成の複合体「こんなふう(な)」「そんなふう(な)」「あんなふう(な)」「どんなふう(な)」の四語は、「複合ナ形容詞」です。

　　　　{主将が**あんなふう**じゃ、} このチームは、駄目ですよ。　(1)
　　　　{**どんなふう**だと} いいんですか。　　　　　　　　　　(2)

(1)(2) 波括弧 ‖ で括った部分は、条件節です。
(1) 「じゃ」は、「では」の話し言葉での形態です。
(2) 前の文を受けての発言ですから、名詞文の第一項「主将が」を表示する必要はありません。

　　　　こんなふうな包み紙は、ありませんか。　　　　　　　(1)
　　　　この表、**こんなふうに**作ってみたんだけど、どうかな。　(2)

(1) 太字の部分が複合ナ形容詞の連体形です。
(2) 太字の部分は、複合ナ形容詞の中止形で、後続の動詞を修飾する副詞として機能しています。なお、「この表」の後に格標識「を」の省略があります。話し言葉では普通のことです。

「こういうふう(な)」「そういうふう(な)」「ああいうふう(な)」「どういうふう(な)」「こういうよう(な)」「そういうよう(な)」「ああいうよう(な)」「どういうよう(な)」

{不変化指示形容詞＋「いう」＋名詞型派生接辞「―ふう」} という構成の複合体「こういうふう(な)」「そういうふう(な)」「ああいうふう(な)」「どういうふう(な)」の四語も、名詞型派生接辞「―ふう」を「―よう」で置き換えた「こういうよう(な)」「そういうよう(な)」「ああいうよう(な)」「どういうよう(な)」も、複合ナ形容詞です。「こんなふう(な)」などと同義です。

　構成要素の第二項「いう」は、動態動詞「言う」と同源かもしれませんが、「発言する」「断言する」という意味ではありません。「いわない」や「いわせる」などで置き換えることもできません。完全に接辞化しています。

26.2. 複合ノ形容詞

　名詞に後接する「―風(の)」「―式(の)」「―まがい(の)」「―もどき(の)」などは、複合ノ形容詞を形成します。複合ノ形容詞の語幹は、名詞としても用います。

　　スイス風のチーズ・フォンデュは、**フランス風の**とどう違うんですか。　　　　　　　　　　　　　　　　　　　　　　　　　　　　(1)
　　フランス式の栓抜きの使い方は、**日本式**と方向が逆です。　　(2)

(1) 太字の部分が複合ノ形容詞です。「スイス風の」も「フランス風の」も連体形です。なお、スイス風のチーズ・フォンデュとフランス風のチーズ・フォンデュは、チーズの組み合わせが違います。とは言っても、地続きですから、政治国境と料理法の地域的な境界は一致しません。
(2) 「フランス式の」は、複合ノ形容詞の連体形で、「栓抜き」ではなく、「(栓抜きの)使い方」を修飾しています。「日本式」は、この文例では名詞として機能しています。

「このくらい(の)」「そのくらい(の)」「あのくらい(の)」「どのくらい(の)」
「これぐらい(の)」「それぐらい(の)」「あれぐらい(の)」「どれぐらい(の)」
「これほど(の)」「それほど(の)」「あれほど(の)」「どれほど(の)」

　{不変化指示形容詞＋「―くらい」} および {人や物を示す指示名詞＋「―ぐらい」または「―ほど」} という構成の複合体は、複合ノ形容詞です。

程度を表わします。語幹を名詞としても用います。

  どのくらいの時間がかかりますか。   (1)
  このくらいの山は、半日で登って来られます。 (2)

(1) 類義で「時間は、**どのくらい**かかりますか」とも言います。この場合は、叙述形容詞になっています。
(2) 文末の動詞は、複合動詞「登って来る」から派生した可能動詞「登って来られる」の丁寧形です。

「これしき(の)」「それしき(の)」

 指示名詞で始まる複合ノ形容詞ですが、なぜか「あれ*しき」「どれ*しき」という形態は用例が見当たりません。語幹を感歎詞的に使うことはありますが、名詞としては用いないようです。「これほど僅かな」「それほど軽微な」といった意味です。

  これしきの傷は、平気だよ。 (1)
  何の**これしき**！   (2)

(1) 自分が負った傷のことを言っています。対話者の負った傷であれば「それしきの」と言います。
(2) 感歎詞的に使っています。定型句です。

26.3. 複合ナノ形容詞

「―がち(な、の)」

 ｛名詞または動詞の中止形＋名詞型派生接辞「―がち」｝という構成の複合体は、連体形が「な」または「の」で終わる「複合ナノ形容詞」です。

｛名詞＋―がち｝

 この構成の語は、「〇〇が他に比べて多い」という意味の複合ナノ形容詞ですが、例はごく少数です。「雨がちだ」とは言いますが、「雪*がちだ」とは言いません。辞書の見出し語として掲載する必要のある語彙です。

このごろの天候は、**雨がち**だ。
この子は、**黒目がち**だ。

{動詞の中止形＋―**がち**}

　この構成の語は、「○○する好ましくない傾向がある」という意味の複合ナノ形容詞です(*)。動態動詞、病覚動詞、移態動詞から派生します。数が非常に多いので個々の語を辞書に見出し語として掲載する必要はありませんが、動態動詞「泳ぐ」「知る」「成功する」「清算する」「掃除する」、移態動詞「若返る」のようにこの構成の語が派生しない動詞も多数ありますから、派生接辞「―がち」を見出しにして十分な説明をし、多数の例を挙げなくてはなりません。

(*)存在動詞「ある」の中止形に「―がち」をつけた「ありがち」は、複合ナ形容詞です。「ありがち**な**話」と言いますが、「ありがち*の話」とは言いません。他にも「―がち」を伴って複合ナ形容詞を形成する動詞があるかもしれません。これも研究に値するテーマです。

　　今月に入ってから仕事が**遅れがち**だ。　　　　　　　　　　(1)
　　遅れがちの仕事を何とか片付けました。　　　　　　　　　(2)
　　{子供の養育費の支払いが**遅れがちな**} 元夫のことで相談します。　(3)

(1)(2)(3) 太字の部分が複合ナノ形容詞です。「遅れる傾向がある」という意味です。
(2)「遅れがちな」とも言います。
(3)「遅れがちの」とも言います。

26.4. 複合 ø 形容詞

「―べき(ø)」

　派生接辞「―べき(ø)」で終わる複合体は、「○○であるのが適当である」「○○があって当然である」または「○○するのが適当である」という意味の複合 ø 形容詞です。「―べき(ø)」は、繋辞「である」、「くある型活用」(*)のイ形容詞、存在動詞、動態動詞、移態動詞とその各相の肯定基本形に後接

します。

(*)「くある型活用」は、「イ形容詞」の章(5.)で記述しています。

「べき」という形態は、古語の後接辞「―べし」(*)の連体形の名残です。現代語では、文末で「―だ、―である、―です」を伴って「―べきだ、―べきである、―べきです」という形態になります。古語の「ク活用」の語は現代語ではイ形容詞型の活用をするのが普通ですが、例外的に複合 ø 形容詞型の派生接辞になっています。

(*)この後接辞の名残が「―べき(ø)」の他に二つあります。

古語の中止形「―べく」は、硬い書き言葉で「当然〇〇するつもりで」という意味の副詞節を作る後接辞になっています。

　　　　|国賓の警護に当たる**べく**| 武装警官を派遣した。
　　　　|一ヵ月後に研究発表をする**べく**| 草稿の執筆を進めています。

古語の「カリ活用」の否定形「―**べからず**」は、「〇〇してはならない」という意味を付加する文末接辞になっています。

　　　　この先、立ち入る**べからず**。
　　　　敵を侮る**べからず**。

後接辞「―べき(ø)」に先行する動詞は、名詞型形容詞の要請する構文ではなく、その動詞の要請する本来の構文を保持します。

　　　委員長が {みんな**を代表して**} 発言する**べきだ**。　　　(1)
　　　{みんな**を代表して**発言する**べき**} 委員長が不在です。　(2)

(1)(2)「発言す**べきだ**」という形態も用います。こちらのほうが擬古的です。
(1) 格標識「が」が「発言する」という行為の動作主を示します。波括弧 || で括った部分は、副詞節です。副詞節の中で格標識「を」が「代表する」という行為の動作主を示しています。文末の「―だ」には、「文末であることを示す」以外の機能はありませんが、「―ではない」「―だろう」「―だった」などと活用することができます。
(2) 波括弧 || で括った部分は、「委員長」を修飾する連体節です。

　　　蜂蜜は、{甘くある**べき**} ものだ。甘いから旨い。　　　(1)
　　　酒の 肴(さかな) は、甘くある**べき**ではない。甘ければ食えない。　(2)

(1)(2)「甘くある」は、イ形容詞「甘い」の古語の名残の「くある型活用」です。
(1) 波括弧 ｛｝で括った部分は、「もの」を修飾する連体節です。
(2) 副次的主題標識「は」を含む否定形です。

27. 複合イ形容詞

　本書では「さまざまな構成で、全体として一つのイ形容詞のように機能する複合体」を「複合イ形容詞」と呼んでいます。最終構成要素によって「イ形容詞で終わるもの」「活用語尾『―しい』で終わるもの」「イ形容詞型派生接辞で終わるもの」「接辞化したイ形容詞で終わるもの」の四種類に分類できます。

27.1. イ形容詞で終わるもの

［前接辞＋イ形容詞］(*)

(*)前接辞「お―」で始まるものを含みません。「おいたわしい」「お美しい」などの尊敬語は、言及対象が話者や話者に近い人物ではないことを表わしますが、イ形容詞の意味を変えることはありません。

　真新しい
　か細い
　小賢しい
　生暖かい、生ぬるい
　うら寂しい
　空恐ろしい

［名詞＋イ形容詞］

目新しい、耳新しい、片腹痛い
青臭い、にんにく臭い、玉葱(たまねぎ)臭い、胡散(うさん)臭い
末恐ろしい

［形容詞語幹＋イ形容詞］

重苦しい、堅苦しい、暑苦しい、狭苦しい、細長い、面白おかしい

27.2. 活用語尾「―しい」を付加したもの

［同一の音節の繰り返し＋活用語尾「―しい」］

若々しい、苦々しい、重々しい、軽々しい(*)
よそよそしい、はなばなしい(*)、馬鹿馬鹿しい
仰々しい、騒々しい(*)
おどろおどろしい

(*)「かるがる―」「はなばな―」「そうぞう―」などは、謂わゆる「連濁」です。「かる」と「がる」、「はな」と「ばな」、「そう」と「ぞう」は、同音ではありませんが、形態音韻論上同一の形態素と見做すべきものです。

［動詞＋活用語尾「―しい」］

輝かしい、呪わしい、厭(いと)わしい、喜ばしい

［名詞＋動詞＋活用語尾「―しい」］

腹立たしい、涙ぐましい、目覚しい

27.3. イ形容詞型派生接辞で終わるもの

複合イ形容詞を形成するイ形容詞型派生接辞は多数ありますが(*)、その

うちでも特に文法上興味深い問題を提供する「─らしい」と「─っぽい」を、例文を挙げて、示します。

(*)「─たい」「─ったい」「─ったらしい」「─がましい」などがあります。語構成の上で面白い研究テーマですが、文法上の機能としては、「単一語のイ形容詞」と変わるところはありません。

「─たい」(a)	「重い」と対立する「重たい」、「眠い」と対立する「眠たい」
	対立する語の無い「後ろめたい」
「─ったい」	「うざい」と対立する「うざったい」
	対立する語の無い「じれったい」「口幅ったい」
「─ったらしい」	「長い」と対立する「長ったらしい」、「貧乏(な)」と対立する「貧乏ったらしい」
「─がましい」	[名詞+] 言い訳がましい、催促がましい、おこがましい
	[動詞+] 押し付けがましい、差し出がましい
	[名詞+動詞+] 恩着せがましい

(a) 動詞の中止形に後接する「─たい」は、これとは違います。動詞の中止形と「─たい」の組み合わせからなる複合イ形容詞は、多数の動詞から規則的に派生するものなので、特に「願望相」と名付けました。「願望相と他力本願相」の章(26.)で記述しています。

27.3.1.「─らしい」

イ形容詞型派生接辞「─らしい」は、名詞に後接して「○○の良い特質を具えている」「○○の特質を具えていて好ましい」という話者の価値判断を表わす複合イ形容詞を作ります。「不確かな伝聞」を表わす後接辞「─らしい」とは、音調が異なります(*)。

(*)高い音調を太字で示します。これは、共通語の場合です。

「お**とこ**らしい」=「言動が男の良い特質を具えている」「言動が男の特質を具えていて好ましい」
「お**とこら**しい」=「男であるらしい」

正人君は、{実に**男らしい**} 男だ。　　　　　　(1)
隆君は、{いかにも**子供らしくて**} 可愛い。　　(2)
節子さん、このごろ**母親らしく**なったわね。　 (3)

(1)(2)(3) 太字の部分が複合イ形容詞です。
(1) 波括弧 {} で括った部分は、「男」を修飾する連体節です。「男らしい」を女に関して用いることは無く、男を形容するのに「女らしい」を用いることはありません。「男性的」「女性的」とは意味が違います。
(2) 波括弧 {} で括った部分は、「可愛い」を修飾する副詞節です。原因・理由を説明しています。太字の部分は、「子供らしい」の複合中止形です
(3) 女言葉です。太字の部分は、複合イ形容詞「母親らしい」の中止形です。「母親らしくなった」は、{形容詞の中止形＋—なる} という構成の複合移態動詞「母親らしくなる」の完了形で、「節子さん」の現在の状態を表わします。「節子さん」の後に主題標識「は」の省略があります。

27.3.2.「—っぽい」

イ形容詞型派生接辞「—っぽい」で終わる複合イ形容詞は、先行する語が名詞であるか動詞であるかによって、異なった意味を担います。

27.3.2.1. 名詞＋—っぽい

名詞に後接して「○○の特質を一部具えている」という意味の複合イ形容詞を作ります。必ずしも良い特質とは限らないため、かなりの頻度で否定的な価値判断を含んだ言葉として用います。

　　　　{今すれ違った} 男、**女っぽい**やつだなあ。　　　（1）
　　　　そんな**餓鬼っぽい**遊び、付き合ってらんねえよ。　（2）
　　　　今の人、夏なのに**黒っぽい**服着てたわね。　　　　（3）

(1) 男言葉です。否定的な価値判断を含んだ言い方です。「女っぽい」を女に関して用いることは無く、「男っぽい」を男に関して用いることもありません。
(2) 非常にぞんざいな男言葉です。「餓鬼っぽい」は、大人または年長の子供を形容する語で、否定的な判断を含んでいます。「子供っぽい」の露悪的な言い換えです。「遊び」の後に格標識「に」と主題標識「は」の省略があります。「付き合ってらんねえ」は、「付き合っていられない」の非常にぞんざいな話し言葉での形態です。決して推奨できる言い方ではありませんが、現代社会、漫画、アニメ、映画などを理解するには、知っておかなくてはならないことのうちです。なお、複合イ形容詞「大人っぽい」には、否定的な含みはありません。類義の表現「大人びた」は、褒め言葉ですが、「子供らしくなくなったのを惜しむ」という気持ちを表わすことがあります。
(3) 女言葉です。「黒っぽい」は、「全体として黒を主調としている」という意味で、否定的な価値判断は含んでいません。同じことが「赤っぽい」「白っぽい」などにも言え

27.3.2.2. 移態動詞の中止形＋―っぽい

　派生接辞「―っぽい」は、伝統的には、人物を推移主とする移態動詞の中止形に後接して「○○する好ましくない傾向がある」という意味の複合イ形容詞を作ります。「怒りっぽい」「飽きっぽい」などごく少数の例があります。辞書では見出し語として掲げなくてはならない語です。

　　｛正夫さんが**怒りっぽいか**｝って？　全然そんなこと無いわよ。　　(1)
　　―本人が言ってたの。「**怒りっぽいの**を表に出さないように気を付けてる」って。

(1) 波括弧 ‖ で括った部分は、引用文です。「って」は、話し言葉で頻繁に用いる引用詞 (35.)です。

27.3.2.3. 新しい用法　各種の動詞のさまざまな形態＋―っぽい

　近年、くだけた話し言葉で、派生接辞「―っぽい」を存在動詞、動態動詞、移態動詞の基本形や完了形、継続相、情動相などと組み合わせる新しい用法が出現しています。構文から判断すると「イ形容詞型の活用をする**文末接辞**」として用いているようです。意味は、「未確認情報」であるのは確かですが、「不確かな伝聞」なのか「確信のもてない推量」なのか「不十分な観察に基づいた暫定的な判断」なのか、どれに相当する場合もあって、全然はっきりしません。今のところこの用法は、曖昧過ぎるので、推奨できません。

　　その辺にいる**っぽい**
　　　　［その辺にいるような気がする］
　　　　［その辺にいるような気配がある］
　　　　［その辺にいると誰かが言った］

　　さっきまでそこにあった**っぽい**

［さっきまでそこにあったような気がする］
　　　［さっきまでそこにあったと人に聞いた］

　ブームが来てる**っぽい**
　　　［ブームが来ているような徴候がある］
　　　［ブームが来ているとメディアが言っている］

　その箱の梨、ちょっと傷んでる**っぽい**
　　　［見たところ傷んでいるようだ］
　　　［傷んでいるようだと誰かに聞いた］

　TV局が逃げた**っぽい**
　　　［逃げたという噂だ］
　　　［逃げた、と俺が無根拠に推測している］
　　　［逃げた、と競合している局が言っている］

　財布の中の金を弟に盗まれた**っぽい**
　　　［弟に盗まれたと推測するが証拠はない］
　　　［誰かが弟に盗まれたと主張している］

27.4. 接辞化したイ形容詞で終わるもの

　接辞化したイ形容詞で終わる複合イ形容詞には、**動詞の中止形**で始まるものが多数と**動詞の複合中止形**で始まるもの(*)が一つあります。

(*) {動詞の複合中止形＋「─欲しい」} という構成の複合イ形容詞は、特に「他力本願相」と名付けて「願望相と他力本願相」の章(25.)で記述しています。

{動詞の中止形＋接辞化したイ形容詞}

　ここに挙げる「接辞化したイ形容詞で終わる複合イ形容詞」は、文法上、単一のイ形容詞と全く同じ扱いになります。同じ活用をし、「食べやすさ」

「書きやすさ」のような名詞が規則的に派生します。また「食べやすくなる」「壊れにくくなる」のような複合移態動詞も規則的に派生します。いずれも、辞書で見出し語として掲載する必要の無い語ですが、「接辞化したイ形容詞」のほうを見出し語にして十分な説明をし、多数の例を挙げることが必須です。

「―やすい」

「容易に○○できる」という意味の複合イ形容詞を作ります。イ形容詞「易い」の接辞化したものです。多数の動詞に後接します。

[動態動詞＋]　　食べやすい、服(の)みやすい、書きやすい、読みやすい
[移態動詞＋]　　腐りやすい、悪くなりやすい、壊れやすい
[情動相＋]　　　騙(だま)されやすい、盗まれやすい

「―にくい」

「容易に○○できない」という意味の複合イ形容詞を作ります。イ形容詞「憎い」の接辞化したものです。意味が大きくずれています。

[動態動詞＋]　　食べにくい、服みにくい、書きにくい、読みにくい
[移態動詞＋]　　腐りにくい、悪くなりにくい
[情動相＋]　　　騙されにくい、盗まれにくい

「―よい」

「容易に○○できる」という意味の複合イ形容詞を作りますから「―やすい」と同義ですが、移態動詞や情動相には後接しません。また「服みやすい薬」と同義で「服みよい薬」とは言いますが、「読みやすい文字」と同義で「読み*よい文字」とは言わないようです。

　　[動態動詞＋]　　服みよい、書きよい、騙しよい(*)

(*)有名な川柳に「お袋は勿体無いが騙しよい」というのがあります。

「―づらい」

「○○するのが不快で難しい」という意味の複合イ形容詞を作ります。イ形容詞「辛い」の接辞化したものです。連濁を起こしています。移態動詞や情動相には後接しません。

[動態動詞＋]　　食べづらい、服みづらい、書きづらい、読みづらい、歩きづらい

「―がたい」

「どうやって○○したらいいか分からない」「○○するわけにいかない」という意味の複合イ形容詞を作ります。硬い書き言葉で用います。現代語では「○○に難くない」という定型句のみでしか用いなくなったイ形容詞「難い」の接辞化したものです。連濁を起こしています。

[動態動詞＋]　　言い難い、動かし難い、犯し難い、得難い、度し難い

「―ぐるしい」

「○○していて不愉快だ」という意味の複合イ形容詞を作ります。ごく少数の動詞に後接します。イ形容詞「苦しい」が接辞化したものです。連濁を起こして「―ぐるしい」(*)となっています。

(*) 他のイ形容詞語幹との組み合わせで成立した複合イ形容詞「重苦しい」「堅苦しい」「暑苦しい」「狭苦しい」の場合は、連濁を起こさず「―くるしい」という発音です。

[動態動詞＋]　　見苦しい、聞き苦しい、寝苦しい

28. 複合不変化前置形容詞

　「さまざまな構成で全体として連体修飾語としてのみ機能する複合体」を本書では「複合不変化前置形容詞」と呼んでいます。

名詞＋「―たる」
　{名詞＋「―たる」}という形態の複合形容詞は、文語的な表現で用いますが、述語になることが無く、活用もしません。現代語では後続の名詞を修飾する用法しかありませんから、不変化前置形容詞です。形式名詞を修飾することもありません。

　　　男たる者
　　　編集長たる者
　　　一国一城の主(あるじ)たる者

「こういう」「そういう」「ああいう」「どういう」
　{指示副詞＋「―いう」}という構成の四語は、「この種の」「このジャンルの」「その種の」「そのジャンルの」などという意味の不変化前置形容詞です。指示詞の章(31.)も見てください。

　　　先生、昨年は**ああいう**本をお書きになりましたね。　　　(1)
　　　次のご著書は**どういう**ものを予定していらっしゃいますか。　(2)

(1)(2) 太字の部分が複合不変化前置形容詞です。具体的なものを指しています。
(1)「お書きになる」は、「書く」の尊敬語です。
(2)「予定していらっしゃる」は、「予定している」の尊敬語です。

「こういった」「そういった」「ああいった」「どういった」

　{指示副詞＋「─いった」} という構成の四語も、不変化前置形容詞です。「この種の」「このジャンルの」「これに似た」「その種の」「そのジャンルの」「それに似た」などといった意味です。「こういう」「そういう」などよりも広い範囲のものを指します。

　　先生は、今年は**ああいった**本をお読みになったと聞いております。（1）
　　来年は**どういった**ものを読むおつもりでいらっしゃいますか。　（2）

(1)(2) 太字の部分が複合不変化前置形容詞です。広い範囲のものを指しています。
(1) 「お読みになる」は、「読む」の尊敬語です。「聞いております」は、「聞いています」の謙譲語です。
(2) 「おつもり」は、「つもり」の丁寧語です。話者以外の人物の「つもり」を指しますから、第三者に言及しない場では、対話者の「つもり」のことです。「いらっしゃる」は、「いる」の尊敬語です。

29. 複合動詞

「さまざまな構成で全体として一つの動詞のように機能する複合体」(*) を本書では「複合動詞」と呼んでいます。

(*)複合動詞の中でも構成要素として名詞と格標識を含むものは、特に「熟語動詞」(30.) と呼んでいます。

29.1. 名詞＋動詞

29.1.1. 名詞＋「―する」

複合動詞のうちでも図抜けて数の多いものです。例のごく一部を挙げます。{複合名詞＋「―する」}、{複合派生名詞＋「―する」}という構成のものも多数あります。

> 値する、一休みする、一寝入りする、狸寝入りする、早寝早起きする
> 読み書きする、煮炊きする、昇り降りする、出入りする
> 日向ぼっこする、鬼ごっこする、ままごとする、縄跳びする
> 散歩する、勉強する、運動する、料理する、洗濯する
> 調査する、研究する、分析する、証明する、反論する
> 合同協議する、業務連絡する、賃上げ闘争する、炉心熔融する
> 察する、徹する、逸する、屈する、決する、失する、達する、熱する
> 案ずる、感ずる、禁ずる、吟ずる、信ずる、歎ずる、任ずる、念ずる
> コピーする、クリックする、アップロードする、ドライ・クリーニングする
> Uターンする、n乗する、B級化する、DNA鑑定する

写メする(*)

(*)写真の「写」とメールの「メ」の組み合わせに「―する」を付けたものです。「写真をメールに添付して送る」という意味です。漢字・カタカナ・ひらがな交じりの表記体系でこそ成立し得た略語です。

29.1.2. 名詞＋「する」以外の動詞

気付く、片付く、傷付く(*)、根付く、活気付く

片付ける、傷付ける(*)、名付ける

目立つ、波立つ、泡立つ、鳥肌立つ(**)、浮き足立つ(**)

波打つ、芽生える、手折る、気遣う、膝付き合わせる(***)

間違う、間違える(****)

(*)連濁が起こらず「きずつく」「きずつける」と発音します。
(**) ｛複合名詞＋動詞｝という構成です。
(***) ｛名詞＋［動詞＋動詞］｝という構成です。
(****)「間違う」と「間違える」は、同義です。同一の動詞が五段型と一段型と両様に活用するのです。

29.2. 名詞＋動詞型派生接辞

「―めく」(*)

(*)この派生接辞は、名詞ばかりでなく、擬音語・擬態語や副詞にも後接して「ときめく」「ざわめく」「きらめく」「わざとめく」などの動詞を作ります。

動詞型派生接辞「―めく」は、「〇〇の気配を感じさせるようになる」「〇〇らしくなる」という意味の移態動詞を作ります。

春めく、秋めく、秘密めく(*)、冗談めく(*)

(*)基本形よりも完了形「秘密めいた」「冗談めいた」や結果相「秘密めいている」「冗談めいている」をよく用います。

「―めかす」

この派生接辞は、「〇〇らしくする」という意味の動態動詞を作ります。

秘密めかす、冗談めかす、親切めかす

「―じみる」

動詞型派生接辞「―じみる」は、「〇〇が少し染み付いて好ましくない」または「〇〇らしく見えて好ましくない」という否定的な判断を表わす移態動詞を作ります。一段型活用をします。

[少し染み付く]　　垢じみる、汗じみる(*)
[らしく見える]　　所帯じみる、年寄りじみる、スパイ小説じみる(**)

(*)(**)基本形よりも完了形「垢じみた」や結果相「スパイ小説じみている」を遥かに高頻度で用います。基本形を全く用いない人も多数います。

「―る」

カタカナ表記の名詞を短く略したものに「―る」をつけた動詞を俗語でよく観察します。五段活用をします。

サボる(*)、ハモる(**)、ググる(***)

(*)「サボタージュ」の略から成立した語ですが、元の意味とずれて「怠けて休む」という意味で用いるのが普通です。
(**)音楽用語で二つ以上の楽音の協和を意味する「ハーモニー」の略から成立した語です。「二つ以上の楽音が協和する」という意味です。音楽関係者の間では「ごく普通の」言葉になっていて、「俗語」という意識は無くなっています。
(***)有力なインターネット検索エンジンの登録商標の略から成立した語です。本来は、「当該の登録商標の検索エンジンを利用する」という意味のはずですが、検索エンジンの種類を問わず「インターネットで検索する」という意味にずれる傾向があるようです。

29.3. 畳語、副詞、感歎詞＋「―する」

[動態動詞]　　おろおろする、のんびりする、ゆっくりする、しっかりする

　　　　　　　　　　よいしょする、アーンする、チンする、おつむてんてんする
［病覚動詞］　　　はらはらする、どきどきする、惚れ惚れする
［移態動詞］　　　飽き飽きする、さばさばする、ぼんやりする、はっきりする
　　　　　　　　　　子供子供(している)(*)、きびきび(している)(*)
　　　　　　　　　　ふっくら(している)(*)、ちゃっかり(している)(*)

(*) 欠如動詞です。理論的に構築できる基本形の「子供子供(*する)」などは、現実には用いません。実際に観察できるのは、「─た」で終わる連体修飾形の「子供子供した」「きびきびした」「ふっくらした」「ちゃっかりした」や「─ている」などで終わる形態です。誰も使わない理論上の基本形を辞書の見出しにするのは不自然ですから、「子供子供」「きびきび」「ふっくら」「ちゃっかり」などを見出しにして、「─した」「─している」「─していて」などの接辞の付いた形態を、用例を挙げながら説明するのが妥当な解決法です。辞書制作には、「活用する語のどの形態を見出し語にするか」という重要な問題がつきものです。すべての言語・方言のそれぞれに独自の構造がありますから、解決法も千差万別です。

29.4. 形容詞の中止形＋「─する」

　活用する形容詞のすべてから｛形容詞の中止形＋「─する」｝という構成の複合動詞が派生します。
　名詞型形容詞とイ形容詞から派生するものは、動態動詞で、ほとんどの場合全活用形が揃っています。派生動詞の要請する構文によって行為の対象が動作主自身である場合と他者である場合とがあります。
　一方、タル形容詞から派生するものは移態動詞で、欠如動詞です。

29.4.1. 名詞型形容詞

　ガ動詞とガニ動詞は、動作主自身が行為の対象です。
［ガ動詞］　　　静かにする　　　　（＝**自分が**静かであるように努める）
［ガニ動詞］　　（人に）親切にする　（＝**自分が**親切であるように努める）

　ガヲ動詞は、他者が行為の対象です。
［ガヲ動詞］　　（室を、庭を）綺麗にする　　（＝**他者が**綺麗になるように仕
　　　　　　　　　　　　　　　　　　　　　　　　向ける）

29.4.2. イ形容詞

ガ動詞とガニ動詞は、動作主自身が行為の対象です。

［ガ動詞］　　　おとなしくする　　（＝**自分が**おとなしい様子を見せる）
［ガニ動詞］　　（人に）冷たくする　（＝**自分が**冷酷な態度で応対する）

ガヲ動詞は、他者が行為の対象です。

［ガヲ動詞］　　（物を）冷たくする　（＝**他者が**冷たくなるように努める＝
　　　　　　　　　　　　　　　　　　冷やす）

29.4.3. タル形容詞

　　　堂々とした・堂々としている　　　　（*）
　　　泰然とした・泰然としている　　　　（*）
　　　学者然とした・学者然としている　　（*）

(*)「堂々とした」「泰然とした」「学者然とした」などは、現在の状態を表わします。結果相を活用させて、命令形「堂々としていなさい」、回想形「学者然としていた」、否定形「堂々としていない」などの表現ができます。理論的に構築できる基本形「堂々と*する」「泰然と*する」「学者然と*する」などの用例は、極めて稀で、不自然です。

　　　れっきとした　　　　（*）

(*)現代語では「れっきと*している」とは言いません。「れっきと*していない」とも言いません。「*れっきと」のあとに他の動詞が続くこともありません。「れっきとした」という言い廻しでしか用いないのですから、これは、「不変化前置形容詞として機能する複合体」と見做すのが妥当です。

　　　中川さんは、**れっきとした**学者ですよ。（*）

(*)「れっきとした学者」は、「能力、業績などが優れて立派な学者」という意味ですが、学者として評判の確立している有名な人物についてはこういう言い方はしません。「世に広く知られてはいないが」という含みがあります。

29.5. 形容詞の中止形＋「─なる」

｛形容詞の中止形＋「─なる」｝ という形態の複合動詞(*)は、既述の「複合移態動詞」です。「移態動詞」の章(16.)で記述しています。

(*)「暑くなる」「寒くなる」など。

29.6. 形容詞および動詞 ＋「─過ぎる」

各種の形容詞および動詞と「─過ぎる」との組み合わせからなる複合動詞は、ほとんどが複合判断動詞です(*)。

(*)「短気過ぎる」「深過ぎる」「淡々とし過ぎている」「怠け過ぎる」などは、「複合判断動詞」です。「行き過ぎる」「通り過ぎる」などは、判断動詞である場合と動態動詞である場合とがあります。

29.6.1. 形容詞＋「─過ぎる」

第一項が名詞型形容詞かイ形容詞である場合は、｛語幹＋「─過ぎる」｝ という構成です(*)。ガ構文またはガニ構文を要請します。

(*)名詞型形容詞で語幹が漢語のものの一部は、硬い書き言葉で ｛中止形＋「─過ぎる」｝ という形態になります。「軽率に過ぎる」と「軽率過ぎる」、「安易に過ぎる」と「安易過ぎる」は、文体が違うだけで、同義です。

　　「元気だ」から「元気過ぎる」
　　「腕白だ」から「腕白過ぎる」
　　「静かだ」から「静か過ぎる」

　　「よい」から「よ過ぎる」
　　「悪い」から「悪過ぎる」
　　「高い」から「高過ぎる」
　　「酷い」から「酷過ぎる」

ガ構文

この構成の複合判断動詞の大多数が**ガ動詞**です。

  三郎君**は**、腕**が**白過ぎる。   (1)

  このリキュール**は**、甘過ぎる。 (2)

  ドミニック君**は**、握力**が**弱過ぎる。 (3)

(1)(2) 主題標識「は」の陰に格標識「が」が隠れています。
(3) 絶対主題文です。主題標識「は」の陰に隠れている格標識はありません。

ガニ構文

  高田さん**は**、子供**に**甘過ぎる。   (1)

  ドミニック君**は**、女の誘惑**に**弱過ぎる。 (2)

(1)(2) 主題標識「は」の陰に格標識「が」が隠れています。格標識「に」は、分野を特定します。

 第一項がタル形容詞である場合は、まず複合移態動詞が派生し、それからさらに複合判断動詞が派生する上に結果相になるので、次のような複雑な構成になります。ガ構文を要請します。

  「堂々(と、たる)」から「堂々とし過ぎている」または「堂々としてい過ぎる」
  「平然(と、たる)」から「平然とし過ぎている」または「平然としてい過ぎる」

  山本さん**は**、{[非難を浴びても] 平然とし過ぎていて、} 気味**が**悪い。
                    (1)

(*)角括弧 [ ] で括った部分は、譲歩節です。譲歩節の中で格標識「が」を伴う必須補語「(山本さん)自身が」の省略があります。波括弧 { } で括った部分は、副詞節です。副詞節の中でも格標識「が」を伴う必須補語「(山本さん)自身が」の省略があります。「平然とし過ぎていて」は、「平然とし過ぎている」の複合中止形です。なお、文頭の「山本さんは」は、述語「気味が悪い」の絶対主題です。

29.6.2. 動詞＋「─過ぎる」

 第一項が動詞である場合は、{中止形＋「─過ぎる」} という構成(*)です。

元の動詞の構文を踏襲します。

(*) 同じ構成でも、「通過する」という意味の「行き過ぎる」や「通り過ぎる」は、動態動詞です。第二項の「過ぎる」は、接辞化していません。「目的の所よりも先へ行く」という意味の「行き過ぎる」や「人通りが多過ぎる」という意味の「通り過ぎる」は、判断動詞です。

「ある」から「あり過ぎる」
「歩く」から「歩き過ぎる」
「乾く」から「乾き過ぎる」
「できる」から「でき過ぎる」

洋子さんは、お菓子を食べ過ぎる。　　　　(1)
弘子さんは、いつも人を待たせ過ぎる。　　(2)
高田さんは、子供に厳しく当たり過ぎる。　(3)

(1)(2)(3) 主題標識「は」の陰に格標識「が」が隠れています。
(2) 動態動詞「待つ」の使役相「待たせる」から判断動詞「待たせ過ぎる」が派生しています。
(3) 格標識「に」を伴っている「子供」は、動態動詞「当たる」の補語です。「ー過ぎる」が後接して判断動詞になっても、構文は変わりません。

29.7. 動詞の中止形＋動詞

{動詞の中止形＋動詞} という構成の複合動詞が多数あります。

「立ち上がる」「見上げる」「持て余す」「示し合わせる」「散り急ぐ」
「招き入れる」「揺り動かす」「揺れ動く」「滑り落ちる」「払い落とす」
「行き交う」「見交わす」「聞き返す」「置き換える」「呆れ返る」
「着替える」「取り掛かる」「話しかける」「生まれ変わる」「断ち切る」
「噛み砕く」「見下す」「書き加える」「打ち消す」「取り零(こぼ)す」
「転がり込む」「寝転がる」「寝転ぶ」「取り壊す」「成り下がる」
「吊り下げる」「押し倒す」「立ち去る」「耐え忍ぶ」「振り絞る」
「噛み締める」「泣きじゃくる」「吹き荒(すさ)ぶ」「切り捨てる」「降り注ぐ」

「濡れそぼつ」「湧き出す」「褒め称える」「奮い立つ」「申し立てる」「満ち足りる」「行き違う」「刺し違える」「撒き散らす」「まとわり付く」「立ち尽くす」「言い付ける」「書き連ねる」「願い出る」「歩き通す」「添い遂げる」「書き直す」「むせび泣く」「取り逃がす」「泣き濡れる」「言い逃れる」「食いはぐれる」「絶え果てる」「踏み外す」「立ちはだかる」「追い払う」「鳴り響く」「煮含める」「言いふらす」「遊び呆ける」「思い惑う」「追い廻す」「走り廻る」「取り乱す」「咲き乱れる」「仰ぎ見る」「斬り結ぶ」「駆け巡る」「呼び戻す」「鳴き止む」「言い淀む」「忍び寄る」「掻き分ける」「明け渡す」「響き渡る」「泣き喚く」「叩き割る」

動詞の組み合わせは自由ではなく、「叩き上げる」や「泣き落す」「蒸し返す」「開き直る」のように構成要素になっている動詞の個々の意味と複合語の意味がずれているものも多いため、原則としてすべて辞書に見出し語として掲載する必要があります。

ただし、第二項に立つ動詞の中には、多数の動詞に自由に後接して規則的な意味を担う複合動詞を形成するものがあります。例外的に辞書に見出し語として掲載する必要の無い複合動詞の例をいくつか挙げます。

動態動詞の中止形＋「―合う」

動態動詞に(*)「―合う」(**)がつくと「互いに○○する」という意味になります。こうして成立した複合動詞は、五段型活用で、基本形が「う」で終わる動態動詞の活用と並行しています。

(*)判断動詞「似る」に「―合う」のついた「似合う」は、これとは全く違います。判断動詞の章(13.)で記述しています。
(**)相撲の「立ち合い」は「互いに呼吸を合わせて同時に相手に向かって立つ」という意味ですが、漢字で「会う」と書く動詞「立ち会う」は「証人としてその場にいる」ということであって、「互いに立つ」という意味ではありません。「出会う」も「互いに出る」という意味ではありません。「合う」と「会う」は、同源かもしれませんが、別語です。

「奪い合う」「重なり合う」「殺し合う」「抱き合う」「誓い合う」「殴り合う」
「励まし合う」「話し合う」「融通し合う」「譲り合う」「分け合う」

構成要素になっている動詞の意味と複合語の意味がずれているため辞書に見出し語として掲載しなくてはならない例外は、次のようなものです。

「掛り合う(＝巻き添えを食う)」「渡り合う(＝斬り合う、激しく論じ合う)」

動詞の中止形＋「─始める」

　動態動詞、認識動詞、病覚動詞と一部の移態動詞に「─始める」を後接させると、「動作や行為を始める」「認識、病覚、状態推移が始まる」という意味の複合動詞ができます。

　　［動態動詞］　　歩き始める、弾き始める、燃え始める
　　［認識動詞］　　見え始める、聞こえ始める、わかり始める
　　［病覚動詞］　　傷み始める、どきどきし始める、頭痛がし始める
　　［移態動詞］　　乾き始める、(色が)褪せ始める

動詞の中止形＋「─続ける」

　動態動詞、認識動詞、病覚動詞と一部の移態動詞に「─続ける」を後接させると、「動作や行為を続ける」「認識、病覚、状態推移が続く」という意味の複合動詞ができます。

　　［動態動詞］　　歩き続ける、弾き続ける、燃え続ける
　　［認識動詞］　　見え続ける、聞こえ続ける
　　［病覚動詞］　　傷み続ける、どきどきし続ける、頭痛がし続ける
　　［移態動詞］　　乾き続ける、(色が)褪せ続ける

存在動詞にも「―続ける」を後接させることが出来ます。

　　［存在動詞］　　あり続ける、存在し続ける、顕在し続ける

動詞の中止形+「―終える」「―終わる」

　一部の動態動詞に「―終える」「―終わる」を後接させると「動作や行為を終える」「動作や行為が終わる」という意味の複合動詞ができます。

「―終える」「―終わる」の両形態の観察できる動詞が多数あります。

　　「走る」から　　　「走り終える」「走り終わる」
　　「食べる」から　　「食べ終える」「食べ終わる」
　　「飲む」から　　　「飲み終える」「飲み終わる」

「―終わる」のみが後接する動詞があります。意思の無い物の動きを表わす動詞です。

　　「咲く」から　　「咲き終わる」
　　「散る」から　　「散り終わる」

動詞の中止形+「―損なう」「―損ねる」「―損ずる・損じる」

　類義の動詞「損なう」「損ねる」「損ずる・損じる」は、いずれも複合動詞の第二項として多数の動詞に後接します。ところが、すべての組み合わせが同等に観察できるわけではありません。

　　「書き損なう」　「書き損ねる」　「書き損じる」
　　「言い損なう」　「言い損ねる」　「言い損じる」
　　「買い損なう」　「買い損ねる」　　(*)
　　「釣り損なう」　「釣り損ねる」　　(*)

丸括弧（　）入りの星印をつけたところは、用例が見当たりません。「○○—損なう」「○○—損ねる」には「○○する機会を逸する」という意味もあるのに対して「○○—損ずる・損じる」には「○○していて失敗を犯す」という意味しか無いことがこれで分かります。

「筆の誤りによる失敗作」を「書き損じ」と言って「書き*損ない」とは言わないのは、このためです。

老人を罵って「死に損ない」と言っても「死に*損じ」とは言わないのも同じ理由からです。

　　「見損なう」　　（1）　　　　　「見損ねる」
　　「見損なう」　　（2）

(1) =「見る機会を逸する」
(2) =「（人物に）誤って高い評価を与える」

「見損なう」は、「（展覧会や映画などを）見る機会を逸する」という意味では「見損ねる」とも言います。しかし「誤って高い評価を与える」という意味では「見*損ねる」とも「見*損じる」とも言いません。「見損なった」という形で「これまで高い評価を与えていたが、間違っていたことを認識した」という意味で用います。構成要素になっている動詞の意味と複合語の意味がずれているため、辞書に見出し語として、同音語と並べて、掲載しなければならない語です。

動詞の中止形＋「—足りない」

動詞の中止形に「足りる」の否定形「足りない」を後接させた複合動詞は、「実行中の行為が気に入っているが、量が少なくて、または期間が短過ぎて、満足していない。もっと続けたい」という判断を表わします。

　　「食べる」から　　「食べ足りない」
　　「飲む」から　　　「飲み足りない」
　　「言う」から　　　「言い足りない」

「歩く」から	「歩き足りない」
「歌う」から	「歌い足りない」
「踊る」から	「踊り足りない」
「遊ぶ」から	「遊び足りない」

　ほとんどの場合は、意味が規則的なので辞書の見出しとして採用する必要はありませんが、「食い足りない」のように比喩的な意味のあるものや「飽き足りない」のように構成要素になっている動詞の意味と複合語の意味がずれているものは、辞書に見出し語として掲載しなければなりません。

29.8. 動詞の中止形＋動詞型後接辞

　動詞の中止形で始まる複合動詞の中には、「言いそびれる」のように第二項が単独の動詞としては機能しないものがあります。「*そびれる」だけでは意味を成しません。こうした「動詞型後接辞」のうちでも多数の動詞と結びつくものは「後接辞見出し」として辞書に掲載することに大きな意味があります。

動詞型後接辞「─そびれる」

　動詞型後接辞「─そびれる」は、先行する動詞に「予定していた動作を行なう機会を失い、後悔している」という意味を付加します。

|「言う」から|「言いそびれる」|
|「訊く」から|「訊きそびれる」|

動詞型後接辞「─おおせる」

　動詞型後接辞「─おおせる」は、先行する動詞に「幾多の困難にもかかわらず成し遂げる」という意味を付加します。

|「逃げる」から|「逃げおおせる」|(1)|

「やる」から　　　　「やりおおせる」
　　　「攻める」から　　　「攻めおおせる」　　　　　　　（2）
　　　「護る」から　　　　「護りおおせる」　　　　　　　（3）

(1) 簡単に逃げることができたときには「逃げおおせた」とは言いません。「長時間に亙って追っ手よりも速く走る」「執拗な追跡をすべて撒く」などの手段を駆使して安全圏に入れた場合に用いる語です。
(2) 難攻不落の城砦を攻め落としたときに使える語です。攻めはしたけれども落城させることはできなかった場合には使えません。
(3) 圧倒的に見えた敵軍が攻撃続行を諦めたと確信したときに初めて使える語です。兵糧攻めにも耐えたのでしょう。

29.9. 動詞の複合中止形＋動詞

　動詞の複合中止形に別の動詞が後続するときは、多くの場合、先行する動詞は副詞節として機能します。複合動詞にはなりません。

　　　｛先輩の衣装を**借りて**｝舞台に立ちました。　　　　　（1）
　　　日曜日は、｛子供を**連れて**｝遊園地へ行きます。　　　（2）
　　　遊園地へ行きます。―お一人で？―いや、｛子供を**連れて**｝行きます。
　　　　　　　　　　　　　　　　　　　　　　　　　　　　　（3）

(1)(2)(3) 波括弧｛｝で括った部分は、副詞節です。

複合動詞になる場合
29.9.1. 移動の方向

　ところが、「持って行く」「持って来る」「持って帰る」「連れて行く」「連れて来る」「連れて帰る」「出て行く」「出て来る」などの語では、高頻度で重点が第一項の動詞にあり、第二項の動詞は「移動の方向」を示すだけの役割を担います。この場合は、副詞節を成すのではなく、二つの動詞が複合動詞を形成しています。

　　　子供を遊園地へ**連れて行き**ます。　　　　　　　　　　（1）
　　　子供を遊園地へ**連れて来**ます。　　　　　　　　　　　（2）

子供を**連れて行きます**。―どちらへ？―遊園地へ**連れて行きます**。（3）
　　子供を**連れて来ます**。―どちらから？―保育所から**連れて来ます**。（4）

(1)(2)(3)(4) 太字の部分は、**複合動詞**です。
(1)(3) 話者は、今、遊園地ではない所にいます。「今いる地点から遠のく」ことを第二項の動詞「―行く」が示しています。
(2) 話者は、今、遊園地にいます。子供は、どこか別の場所にいるのです。「一旦ここを離れてから今いる地点に向かって再び移動する」ことを第二項の動詞「―来る」が示しています。
(4) この文には、話者の今いる所を示す語がありません。第三の文で、話者が今、保育所ではない所にいることが分かります。第二項の動詞「―来る」が「一旦ここを離れてから今いる地点に向かって再び移動する」ことを示しています。

　「置いて行く」「置いて来る」「置いて帰る」「見て行く」「見て来る」「見て帰る」「行って来る」などの場合、第二項の動詞は、「動作や行為を行なった後の移動の方向」を示します。

　　散髪に**行って来ます**。　　　（1）
　　行って来ます。　　　　　　（2）
　　行ってまいります。　　　　（3）

(1)(2)(3) 太字の部分は、複合動詞です。
(1) 「今、散髪のために出かける」ことと「散髪が終わったら必ず戻って来る」こととを一つの複合動詞が表現しています。「散髪に行きます」だけでは、もしかすると帰って来ないかもしれません。
(2)(3) 出かけるときに一つ屋根の下に住んでいる者に向かって言う挨拶の言葉です。「出かける」ことと「学校や勤務や買い物、旅行などが終わったら必ず家に戻って来る」ことの二つを一つの複合動詞が表現しています。勤務中に仕事の一環として出かける用事があるときにも同僚や上司に対して同じ挨拶をします。親類の家、友人宅、旅館、ホテルなどに一時的に滞在しているときにも同じ挨拶をします。カプセル・ホテルの宿泊客が従業員に対して同じ挨拶をするかどうかは、筆者には経験が無いので分かりません。
(3) 「まいる」は「来る」の謙譲語です。「行って来ます」と同じ意味の挨拶です。家庭や企業の方針によって「行ってまいります」を用いる場合があります。

29.9.2. 来し方か行く末か

　「暮らして来た」「暮らして行く」なども複合動詞ですが、第二項の動詞

「―来た」は「来し方を振り返っている」ことを「―行く」は「行く末を眺めている」ことを示します。

  先祖代々、この土地で**暮らして来ました**。   （1）
  この土地を離れて、どうやって**暮らして行こう**か。 （2）

(1) 過去のある時から現在まで「暮らす」という行為が続いていることを表現しています。
(2) この先「暮らす」という行為をどうやって続けるかを自問自答しています。

29.9.3. 空間軸も時間軸も

 複合動詞によっては、第二項の「―来る」「―行く」が文脈次第で「空間軸の中の移動の方向」と「時間軸の中の展望の方向」とどちらの意味にもなるものがあります。

  これを図書館で**調べて来て**ください。   （1）
  これを図書館で**調べて行きます**ので、少し遅くなります。 （2）

(1)「調べてください。そして調べが終わってから私のいる所へ来てください」
(2)「調べます。そして調べが終わってからそちらへ行きます」

  五年間ずっとこの方法で**調べて来ました**。 （1）
  これからも同じやり方で**調べて行きます**。 （2）

(1)「過去を振り返ると、五年前から今まで、ずっとこの方法で調べ続けています」
(2)「これからの展望としては、同じやり方で調べ続けると決めています」

  武田君と一杯**やって来た**。   （1）
  久しぶりだから、一杯**やって行け**よ。 （2）

(1)(2)「一杯やる」は、「酒肴を嗜む」という意味です。酒の量は、さかずきやコップに一杯だけではないのが普通です。
(1)「武田君とよそで酒肴を嗜んだ。その席が終わってからここへ来た」
(2)「奢るから俺と一緒に酒肴を嗜め。その席が終わったら、帰宅するなり、はしごするなり、好きなようにしろ」

今までずっとこの商売を**やって来**ました。　　　　　　　(1)
　　　これからも｛性(しょう)に合った｝この商売を**やって行**きます。　(2)

(1)「働き始めてから今まで、この商売を続けています」
(2)「性に合ったこの商売をこれからも続けます」

　　　今までずっとアルバイトで**やって来**ました。　　　　　(1)
　　　これっぽっちの稼ぎじゃとても**やって行**けません。　　(2)

(1)「働き始めてから今まで、アルバイトで生計を立てることを続けています」
(2)「これから先ずっとこれだけの収入しか見込めないとすると、一人前の人間らしい生活はできません」＝「この条件で働くのは、お断りします」

29.9.4. 第一項の動詞が虚辞になっている特殊ケース

　　　おや、武田君が**やって来**た。　　(1)

(1)「おや、武田君が来た」と同義です。「やる」という形態の動詞は、構文によって「する」「与える」「(人を)遣わす」などさまざまな意味になり、超多義語と言うよりは「同音異義で構文の違う動詞が多数ある」と見做すべきものですが、この文例の「やって来る」の第一項は、虚辞であり、何の意味も担っていません。構文も「来る」と全く同じです。「来る」という動詞の形を長くするのが虚辞「やって」の唯一の機能のようです。

29.9.5. 複合移態動詞の複合中止形＋「―来る」「―行く」

　「―なる」で終わる複合移態動詞の中止形に「―来る」を後接させた複合体は、状態推移がゆっくりと起こることを表わします。

　　　この音楽を聴くと**眠くなって来**る。　　　　　　　　　　　(1)
　　　この音楽をしばらく聴いたら**眠くなって来**た。　　　　　　(2)
　　　この子は、このCDを聴かせると少しずつ**眠くなって行**くのよ。　(3)

(1)「少しずつ眠くなる」
(2)「次第次第に眠くなった。今ちょっと眠気がある。長く聴き続けたら眠り込んでしまうかもしれない」
(3)「今は眠くないが、これから先、少しずつ眠くなる」

29.10. 動詞の複合中止形＋接辞化した動詞

　動詞の継続相と結果相は「動詞の複合中止形＋接辞化した動詞」という構成の複合動詞です。同じ構成の複合動詞には、この他に、次のようなものがあります。

29.10.1. 動詞の複合中止形＋「―みる」

　「○○―てみる」という形態の複合動詞は「試しに○○する」という意味です。

　　「見る」から「見てみる」
　　「訊く」から「訊いてみる」
　　「書く」から「書いてみる」
　　「読む」から「読んでみる」

29.10.2. 動詞の複合中止形＋「―みれば」

　動詞の複合中止形に「―みれば」を後接させた複合体は、一つ前の項の「○○てみる」の仮定形ではないことがあります。古語の謂わゆる「已然形」の名残です。既成事実を原因として示します。

　　［動態動詞］　　やっとの思いで**辿り着いてみれば**故郷の村は廃墟になっていた。
　　［認識動詞］　　**分かってみれば**簡単なことだった。
　　［情動相］　　　**言われてみれば**納得したけど、言われるまでは気が付かなかった。

29.10.3. 動詞の複合中止形＋「―しまう」

　さまざまな動詞の複合中止形に「―しまう」を後接させた複合体は、「動作、認識、状態推移などがものの弾みで実現してしまうこと」または「熟慮

する暇が無いうちに動作を行なうこと」を表わします。書き言葉では「○○—てしまう」という形態が健在ですが、話し言葉では、一時期の「○○—ちまう」を経て、今では「○○—ちゃう」と縮約した形態が全盛です。

[動態動詞]	「見る」から	「見てしまう」	「見ちゃう」
	「行く」から	「行ってしまう」	「行っちゃう」
	「帰る」から	「帰ってしまう」	「帰っちゃう」
[認識動詞]	「見える」から	「見えてしまう」	「見えちゃう」
	「聞こえる」から	「聞こえてしまう」	「聞こえちゃう」
[移態動詞]	「濡れる」から	「濡れてしまう」	「濡れちゃう」
	「遠くなる」から	「遠くなってしまう」	「遠くなっちゃう」
[可能動詞]	「できる」から	「できてしまう」	「できちゃう」
	「泣ける」から	「泣けてしまう」	「泣けちゃう」

29.10.4. 動詞の複合中止形+「—おく」(=予備相)(*)

(*)「予備相」：[英] anticipative、[仏] anticipatif。「予備相」だけでなく「anticipative」も「anticipatif」も本書の筆者による造語です。日本語教育現場で四十年ほど前から使っています。

　動態動詞の複合中止形に「—おく」を後接させた複合体は、「事前にある動作や行為を済ませること」を表わします。

　　雨が上がったらすぐ遊びに行けるように、宿題を**済ませておきなさい**。
　　旅行に出る前に大掃除を**しておこう**。
　　台風が来る前に物置小屋を**修理しておきました**。

29.10.5. 動詞の複合中止形+「—やる」「—あげる」「—くれる」「—くださる」「—よこす」

29.10.5.1.「提供する」という意味の単一動詞

　日本語の動態動詞「渡す」「やる」「あげる」「くれる」「くださる」「よこ

す」「与える」「授ける」など(*)は、英語の to give、フランス語の donner、ドイツ語の geben に相当します。動詞によって次に列挙した使用条件が異なるため、決して同義語だとは言えません。

　「受け渡しの対象」
　「提供者が話者自身であるか否か」
　「受益者が話者自身であるか否か」
　「提供者と受益者の上下関係」(**)
　「提供者が受益者のためを思っているか否か」

(*)類義語に「差し上げる」「恵む」「施す」「授与する」「賜(たまわ)る」「下賜する」などがあります。「賜る」は、文脈によって「与える」「授ける」という意味にもなり「もらう」「いただく」という意味にもなる特殊な語です。古語の名残でもあり、古い身分制度の名残でもある使用頻度の低い語なので、本書では記述を割愛します。
(**)ここで言う「上下関係」は、身分や年齢のことばかりではありません。礼儀正しく謙譲語を使う人物(＝話者)は、相手よりも地位が高くても、遥かに年長でも、文法上「下」になります。

「受け渡しの対象」は、「渡す」の場合は「品物や貨幣、家畜、人質など」(*)に限ります。土地、城などの不動産については「明け渡す」「引き渡す」などの複合動詞を使うか、「○○の権利を渡す」のように表現します。「渡す」以外の動詞は、すべてのものについて使えます。

(*)「船で人を渡す」の「渡す」は、意味が違います。

「提供者」は、「やる」と「あげる」の場合は、話者または話者に近い人物(*)に限ります。「くれる」(**)と「よこす」の場合は、話者以外の人物に限ります。「くださる」の場合は、話者以外の人物です(***)。「渡す」「与える」「授ける」の場合は、制限がありません。

(*)擬人法の場合は、動物や器具などにも使えますが、それは「人間扱い」しているからです。
(**)複合語「くれてやる」は、別語です。提供者は話者自身で、提供するものと受益者とを軽んじる表現です。
(***)提供者が神仏の場合は「○○に□□を授かる」と言います。最近は「○○が□□をくださる」と言う人もいるようです。

「受益者」は、「くれる」「くださる」「よこす」の場合は、話者か話者に近

い人物または家畜などに限ります。「やる」の場合は、話者以外の人物または家畜などです。「あげる」の場合は、原則として話者以外の人物に限ります(*)。「渡す」の場合は、自力で品物や人質などを受け取ることの出来る人物でなければならないので、赤ん坊や幼児は失格です。「与える」「授ける」の場合は、制限がありません。

(*)「お犬様にあげる」という例外があります。近年、飼い犬や飼い猫、動物園の象などにものを「やる」ときに「あげる」と言う人が増えています。なお、受益者が神仏の場合は「供える」と言います。

「提供者と受益者の上下関係」を見ると、「あげる」は、謙譲語ですから(*)、提供者よりも受益者のほうが「上」です。「くださる」も謙譲語ですが、受け渡しの方向が逆ですから、受益者よりも提供者のほうが「上」です。

(*)近年「あげる」を謙譲語とは感じない人が増えていて、謙譲をはっきりと表わすには「差し上げる」と言わなくてはならないようになっています。

「やる」は、非謙譲語ですから、提供者が「上」です。「くれる」も非謙譲語ですが、受け渡しの方向が逆ですから、受益者が「上」です。

「与える」は、提供者が「上」です。［英］to give、［仏］donner、［独］geben などを和訳するときに機械的に「与える」で置き換える翻訳者がいますが、見苦しい誤用です。

「授ける」は、提供者が「遥かに上」です。歴史上の出来事を描写する際には国王や皇帝が提供者である場合にも使えますが、現代の事象の報道では神仏以外の提供者について用いることは稀です。

「渡す」と「よこす」の場合は、「上下関係」に制限はありません。

「提供者が受益者に利益(または被害)をもたらそうと思っている」と考える場合にのみ「やる」「あげる」「くれる」「くださる」「与える」「授ける」を用います。ところが「渡す」と「よこす」の場合は、常にそうとは限りません。

「約束の品物を渡す」「品物の対価として金を渡す」の場合は、誤魔化しをしていない限り「自分のためだけではなく相手のためをも思っている」と考えられます。ところが「脅されて不承不承有り金を渡す」などの場合は、そ

うは言えません。

「○○を送ってくれた」と言えば感謝の気持ちを表現していますが、「○○を送ってよこした」だと「頼んだわけではないのに」あるいは「頼みもしないのに」という含みがあるため、場合によっては「迷惑だ」ということになります。必ずしも受け取る者のためを思ってはいないと考えられるときに用います。

29.10.5.2. 授受益動詞

「提供する」という意味の動詞のうち「やる」「あげる」「さしあげる」「くれる」「くださる」「よこす」は、動態動詞と移態動詞の複合中止形に後接して「相手のためを思って○○をする」という意味の複合動詞を作ります。時には「相手にマイナスの利益（＝被害）をもたらすために○○をする」という意味になることもあります。

> 「見る」から「見てやる」「見てあげる」「見てくれる」「見てくださる」など
> 「遊ぶ」から「遊んでやる」「遊んであげる」「遊んでくれる」「遊んでくださる」など
> 「教える」から「教えてやる」「教えてあげる」など
> 「言う」から「言ってやる」「言ってあげる」「言ってよこす」など
> 「送る」から「送ってやる」「送ってあげる」「送ってよこす」など
> 「殺す」から「殺してやる」「殺してあげる」「殺してさしあげる」など (*)

(*)「厭なゴキブリを殺してあげる」は、相手のためを思っての言葉ですが、「お前の可愛がっているカナリアを殺してやる」は、相手に害を与えようとする用法の例です。

29.10.6. 動詞の複合中止形＋「—もらう」「—いただく」
29.10.6.1.「頼んで提供を受ける」という意味の単一動詞

「もらう」は「人に頼んで品物、金銭、家畜、養子にするべき子供、嫁にするべき娘などの提供を受ける」という意味です。「いただく」は、その謙

譲語です。

29.10.6.2. 授受益動詞

「もらう」も「いただく」も、動態動詞と移態動詞の複合中止形に後接して「人に頼んで○○をさせ、その恩恵を受ける」という意味の複合動詞を作ります。

「見る」から	「見てもらう」	「見ていただく」
「遊ぶ」から	「遊んでもらう」	「遊んでいただく」
「教える」から	「教えてもらう」	「教えていただく」
「言う」から	「言ってもらう」	「言っていただく」
「送る」から	「送ってもらう」	「送っていただく」
「読ませる」から	「読ませてもらう」	「読ませていただく」

「○○―てくださる」と「○○―ていただく」の混同

「くださる(＝くれる)」と「いただく(＝もらう)」、「○○してくださる(＝「○○してくれる」の謙譲語)」と「○○―ていただく(＝○○―てもらう)」は、本来は混同の余地の無いものなのですが、現実の日本語では両者の区別が崩壊しています。

一例を挙げると、知人から、2011年3月下旬に東京都西部公園緑地事務所の管理する井の頭恩賜公園に出現した貼り紙に次のような記載があったとの報告がありました。

「園内における宴会の自粛のお願い
　いつも井の頭恩賜公園をご利用<u>いただき</u>ありがとうございます。
　今年も桜の開花時期となりましたが、東北地方太平洋沖地震の発生に伴い、当公園内における宴会の実施をご遠慮<u>いただきます</u>ようお願いいたします。飲食については、できるだけ園内または近隣の飲食店をご利用<u>いただきます</u>ようお願いいたします。
　また、節電の実施等により一部の施設のご利用を中止させて**いただく**場合があります。
　交通事情が不安定となっているため、お帰りはお早めにご準備<u>いただきます</u>ようあわせてお願いいたします。
　ご不便をおかけしますが、ご理解、ご協力をお願いいたします」

五回出現している「いただく」のうち、実に四回までが、**誤用**です。下線を施した部分は、それぞれ「ご利用くださいまして」「ご遠慮くださいますよう」「ご利用くださいますよう」「ご準備くださいますよう」とするべきものです。

これに類した例は、日本全国で、貼り紙や電車の車内アナウンスなどで、数え切れないほど観察できます。「いただく」という動詞は、大多数の日本語話者に「もらう」という

意味の謙譲語であったことを忘れ去られたものと解釈せざるを得ません。これは、敬語体系の崩壊を示す重大な徴候です。

29.11. 活用形のように見える接続詞「―たり・―だり」を含む複合動詞

接続詞(34.)の中には、古語の動詞複合体の活用形から成立したために現代語では**恰も活用形の一種であるかのように見える**ものがあります。

{動詞の複合中止形から「―て・―で」を取り去ったもの ＋ 「―たり・―だり」} という構成の形態に動詞型後接辞「―する」を付けたものは、長大な複合動詞を作ります(*)。

(*)例外的に名詞型の複合形容詞を作ることがあります。例：「踏んだり蹴ったりだ」

 [存在動詞] 「あったり無かったりする」

 [動態動詞] 「行ったり来たりする」「泣いたり笑ったりする」
      「飛んだり跳ねたりする」「落ちたり倒れたり転げたりする」

 [認識動詞] 「聞こえたり聞こえなかったりする」

 [判断動詞] 「(いい人に)見えたり見えなかったりする」

 [病覚動詞] 「痛んだり痛まなかったりする」

 [移態動詞] 「気絶したり目を覚ましたりする」(*)

(*)「目を覚ます」は、熟語動詞(30.)です。複合動詞の構成要素の中に熟語動詞の入った複雑な複合体です。

 [可能動詞] 「読めたり読めなかったりする」

「○○―たり」という形態を二つ重ねるのが普通ですが、三つ以上重ねることもあり、一つだけにして他の行為や状態の存在を示唆する用法(*)もあります。

(*)この形態の他の用法については「接続詞」の章(34.)を見てください。

 ここでは**大きな声を出したり**しちゃいけないのよ。
 花子さんもたまには**失敗したり**するのね。

29.12. 主題標識を含む複合動詞

 {動詞の中止形+「は」+する}という構成の複合体は、「言及した行為や認識や状態は確かに実現するが、事はそれほど単純ではない」という意味になります。主題標識「は」は、他の主題標識「も」か「さえ」で置き換えることができますが、「なんて」と「って」で置き換えることはできません。なお、この複合体の主題標識は本源的なもので、隠れている格標識はありません。

 男は、**笑いはした**けれども、気を許したわけではなかった。
 この本を読んで感動しましたが、**泣きはしません**でした。
 {**読めもしない**} デンマーク語の本を何で買って来るんだ。　　　(1)
 ―絵本だから絵を見て**楽しめさえすれば**いいのよ。　　　(2)

(1) 動詞は可能動詞、主題標識は「も」です。否定形です。
(2) 動詞は可能動詞、主題標識は「さえ」です。仮定形です。

主題標識を含む複合形容詞と複合繋辞

 「主題標識を含み、全体として一つの形容詞のように機能する複合体」は、もちろん複合形容詞です。ところが、ナ形容詞「静か(な)」の否定形「静かで**は**ない」とその縮約形「静か**じゃ**ない」やイ形容詞「楽しい」の否定形の一つ「楽しく**は**ない」では、主題標識は形容詞の活用体系の不可分の要素となっています。「静かで**は**ある」「楽しく**は**ある」などのように「主題標識を含む形態」を複合形容詞と呼ぶのはいいのですが、動詞の場合と

違って、主題標識の有無を尺度とした場合、単一形容詞と複合形容詞の境界は、あって無きがごとしです。

同じことが繋辞の活用体系についても言えます。繋辞の否定形は、ほとんど常に主題標識を含んでいます。

このため本書では、「主題標識を含む複合形容詞」「主題標識を含む複合繋辞」という項を設けておりません。

29.13. 条件節を含む複合動詞

{動詞の否定仮定形＋「―ならない」} という構成の複合体は、否定標識を二つ含んでおり、強く肯定的な義務を表わします。変異形がいくつもありますが、すべて同義です。

「行く」から「行かなければならない」「行かなければなりません」
その話し言葉での縮約形「行かなきゃならない」「行かなきゃなりません」
それを短縮した「行かなきゃ」

古めかしくなった「行かねばならぬ」

構成が違いますが「行かなくてはならない」「行かなくてはなりません」も同義です。
その話し言葉での縮約形「行かなくちゃならない」
それを短縮した「行かなくちゃ」
「行かなくてはいけない」とも言います。
その縮約形は「行かなくちゃいけない」
「行かないといけない」とも言います。
その短縮形は「行かないと！」

歴史小説や時代劇などでは「行かずばなるまい」(*)とも。

(*) = 行かなくてはならないだろう。

くだけた話し言葉では「電話しなくちゃ」「帰らなくちゃ」「もう寝なく

ちゃ」という言い方が優勢です。「電話しなくっちゃ」「帰らなくっちゃ」「もう寝なくっちゃ」とも言います。

　子供相手には「駄目」を後接させることがあります。

　　お野菜全部**食べなくちゃ駄目**よ。　　（1）
　　もう**寝ないと駄目**よ。　　　　　　（2）

(1) 同義で「食べなきゃいけないよ」「食べないとね」など。
(2) 同義で「寝なきゃあね」「寝なくちゃね」など。

29.14. 動詞の勧誘形＋「─と」＋「する」

　動態動詞(*)の勧誘形に「─と・する」を後接させた複合体は、未完了相(**)では「動作主が自分の意思で動作、行為などを行なう寸前の状態である」、完了相では「動作や行為を行なうに至らなかった」、否定形では「動作や行為を行なうことを断固拒否する」という意味になる複合動詞です。「する」の部分が動詞型の活用をしますが、文末で「○○と*します」という言い方はしません。「○○としています」なら可能です。

(*) 生硬な欧文和訳や古文の現代語訳などに「*乾こうとしている」や「*咲こうとしていた」のように移態動詞を無理矢理この枠に嵌めようとした表現を散見しますが、現代日本語として非常に不自然です。「乾くところだ」「もうすぐ乾く」「そろそろ咲く頃だった」「蕾がふくらんでいた」などが妥当な翻訳です。
(**) 未完了相：継続相「行こうとしている」や現状認識・回想「行こうとしていた」、仮定形のうち「行こうとすれば」など完了相でないすべての相の総称。

　　高木は、春子に秘密を**打ち明けようとしていた**。　　（1）
　　高木は、春子に秘密を**打ち明けようとした**。　　　　（2）
　　川田は、誰にも秘密を**打ち明けようとしない**。　　　（3）

(1) 小説の一節であれば、過去の状況の回想です。「打ち明けるべく準備をしていた」のです。
(2) 完了相です。「打ち明けるべく準備をしていたが、打ち明けるに至らなかった」のです。ちょうどその時、何か邪魔が入ったのでしょう。
(3) 否定形です。「打ち明けることを断固として拒否」しています。あるいは「絶対に秘

密を漏らさないと決めて」います。

29.15. 前接辞＋動詞

　促音で終わる前接辞は、一般に「勢いよく動作を行なう」という意味になります。濫用すると粗野な印象を与えます。「おったまげる」は、移態動詞で、「ひどくたまげる」という意味です。

　　おっかぶせる、おったまげる、おっ始（はじ）める
　　かっ飛ばす
　　すっ飛ぶ
　　ぶっ掛ける、ぶっ飛ばす、ぶっ放（はな）す

　特定の動詞にしか現れない前接辞もあります。

　　ひっくり返る、ひっくり返す(*)
　　せせら笑（わら）う
　　ほくそ笑（え）む

(*)「引っ繰り返る」「引っ繰り返す」と漢字を当てることもありますが、「*引っ繰り」も「*繰り返る」も意味を成しません。「ひっくり―」は、起源の如何に関わらず、前接辞だと見做すのが妥当です。

29.16. 前接辞「お―・ご―」を含む謙譲語と尊敬語

29.16.1.「お―」＋動態動詞の中止形＋「―する」「―致す」

　「お―○○―する」という構成の複合体は、謙譲語(*)です。「対話者のためを思って○○する」または「へりくだって対話者に対して○○する」という意味です。対話者と直接関係の無い行為については使えません。

(*)近年、この構成の複合体を、誤って、尊敬語のつもりで使う人が　非常に多くなっています。本書の筆者は、日本のある国際空港の銀行の窓口で「お持ちした外貨の種別と金額を…」と印刷したものを渡されて驚き、そこでの両替をやめて別の銀行へ行っ

て用を済ませたことがあります。この銀行が経営破綻していないとすれば、謙譲語と尊敬語の対立が末期的に崩壊している徴候です。

なお、同義の単一語の謙譲語がある動詞「行く」「来る」「いる」「する」「言う」「食べる」「飲む」からは、この形式の複合動詞は派生しません(*)。

(*)例えば、「する」の謙譲語は「致す」です。「お*し*する」という形態は、存在しません。

なお、「見る」の謙譲語は「拝見する」です。「お*み*する」という形態は、存在しません。

  「お持ちする」 ＝「対話者のためを思って(対話者には重そうな荷物などを)持つ」
  「お勧めする」 ＝「対話者のためを思って(対話者の役に立ちそうな物事を)勧める」
  「お手伝いする」＝「対話者のためを思って(対話者の仕事を)手伝う」

  「お聞きする」 ＝「へりくだって対話者に質問する」
  「お伺いする」 ＝「へりくだって対話者を訪問する」または
       「へりくだって対話者に質問する」

「お―○○―する」という構成の複合動詞の「―する」を「―致す」で置き換えると、謙譲の表明がさらに顕著になります。現代語ではさらに丁寧の後接辞「―ます」を付けるのが普通です。次の例の左側の形態は、時代劇の登場人物の話し方のような感じがします。

  「お持ち致す」 「お持ち致します」
  「お勧め致す」 「お勧め致します」
  「お手伝い致す」 「お手伝い致します」
  「お聞き致す」 「お聞き致します」
  「お伺い致す」 「お伺い致します」

29.16.2.「ご─」+動態動詞の語幹+「─なさる」

　{二文字の漢語+「─する」}という構成の動態動詞の一部から(*)は、前接辞「─ご」を付け「─する」を「─なさる」で置き換えることによって「ご─○○─する」という構成の複合体を作ることができます。この複合体は尊敬語ですから、動作主は、話者以外の人物に限ります。また、身内の者の行為を第三者に知らせるときには使えません。

(*)同じ構成の動詞でも「喧嘩する」「脱退する」「清掃する」「閉店する」などからは、この形態の尊敬語は派生しません。

　近年はこの形態を用いる人が少なくなっています。

　　「研究する」から「ご研究なさる」「ご研究なさいます」
　　「質問する」から「ご質問なさる」「ご質問なさいます」
　　「旅行する」から「ご旅行なさる」「ご旅行なさいます」

　命令形は「ご─○○─なさってください」が規則的な形ですが、動詞によっては「なさって」を省略した形態のほうが優勢です。

　　「ご期待なさってください」よりも「ご期待ください」
　　「ご想像なさってください」よりも「ご想像ください」
　　「ご勘弁なさってください」よりも「ご勘弁ください」

29.16.3.「お─」+動態動詞の中止形+「─に」+「─なる」

　「お─○○─になる」という構成の複合体は、尊敬語です。同義の単一語の尊敬語がある動詞「行く」「来る」「いる」「する」「言う」「死ぬ」「食べる」(*)からは、この形式の複合動詞は派生しません。例えば、「言う」の尊敬語は「仰る」です。「お*言い*になる」という形態は存在しません。

(*)近年「お食べになりますか」と言い方を時々聞きます。「召し上がる」という言葉を知らない人なのでしょう。

　なお、「出る」の尊敬語は「おいでになる」です。

また、「見る」には、単一語ではありませんが、尊敬語の「ご覧になる」(*)があるため「お*見*になる」という形態は存在しません。

(*)これと見掛けが似ていますが、「ご馳走になる」は、尊敬語ではありません。「招待を受けてご馳走に与（あずか）る」という意味で、特に表示がなければ受益者は話者自身です。

「持つ」から「お持ちになる」
「書く」から「お書きになる」
「読む」から「お読みになる」
「帰る」から「お帰りになる」
「戻る」から「お戻りになる」

なお、「笑いさざめく」「喋りまくる」「泣き叫ぶ」「溺れる」「掘る」「盗む」「殺す」などのように「お○○になる」という形態の尊敬語を通常は用いない動詞が多数あります。尊敬語、謙譲語の誤用が目立ち、敬語体系全体が衰退し崩壊しているのは、不規則性が大きすぎるからかもしれません。

30. 熟語動詞

熟語動詞＝名詞と格標識を含む複合動詞

「**名詞**と**格標識**を含み、全体として一つの動詞のように機能する複合体」を本書では特に「熟語動詞」(*)と呼んでいます。

(*)熟語動詞と並行して、「二つ以上の名詞と格標識を含み、全体として一つの名詞のように機能する複合体」は**熟語名詞**です。「烏の濡れ羽色」や「取らぬ狸の皮算用」などがこれに当たります。語構成の上で興味深い研究テーマです。

「(○○が)気になる」
「(○○を)気にする」
「(○○に)気がある」
「(○○に)気が付く」(*)
「(○○に)気を付ける」
「(○○のような)気がする」
「魔が差す」
「吐き気がする」
「頭痛がする」
「親の脛をかじる」(**)
「喉が渇く」
「腹が減る」「お腹が空く」
「お腹を壊す」(***)
「目を覚ます」(***)
「腹を空かせる」(***)

(*) 複合動詞「気付く」と同義です。
(**)「親の脛かじり」は、これから派生した熟語名詞です。{[親の脛]＋かじり}という構成です。
(***)「お腹を壊した」は、「下痢をしている」と同義です。好き好んで「お腹のどこかを壊す」という動作・行為をしたのではありません。「目を覚ました」は、「目が覚めた」と同義です。自分の意思で自分の目に何かをしたのではありません。「腹を空かせている」は、「空腹状態が長く続いている」という意味です。自分の腹に対して何かをしたわけではないのです。なお、熟語動詞の一部を成している格標識「を」は、動詞が願望相になっても「が」で置き換わることはありません。「お腹を壊したくない」「腹を空かせたくない」「明朝、五時には目を覚ましたい」と言います。

「構成要素の一つ一つの意味が分かっていても全体の意味を推測することはできない」のが熟語の定義です。すべての自然言語に多数見つかります。

31. 指示詞

　指示詞という語は、日本語の場合、謂わゆるコソアド言葉のことを指します。品詞名ではありません。「近称」「中称」「遠称」「疑問」の四形態があります。

　　近称＝自分の手の届く範囲
　　中称＝自分の手は届かないが対話者の手の届く範囲
　　遠称＝自分の手も対話者の手も届かないところ

目の前に無い物事については

　　近称＝話者が今しも説明しようとしている物事
　　中称＝対話者が今話題にした物事、および(物語文で)今しも話題になる
　　　　べき物事
　　遠称＝すでに話題に上ったことのある物事

指示詞の表(「名詞」は「指示名詞」、「形容詞」は「指示形容詞」、「副詞」は「指示副詞」です)

	近称	中称	遠称	疑問
名詞　人や物	これ	それ	あれ	どれ
名詞　場所	ここ	そこ	あそこ(1)	どこ
名詞　選択肢	こちら	そちら	あちら	どちら
不変化前置形容詞	この	その	あの	どの
複合ナ形容詞	このよう(な)	そのよう(な)	あのよう(な)	どのよう(な)
ø形容詞	こんな	そんな	あんな	どんな

複合ナ形容詞	こんなふう(な) (2)	そんなふう(な) (2)	あんなふう(な) (2)	どんなふう(な) (2)
複合ノ形容詞	このくらい(の) これぐらい(の) これほど(の)	そのくらい(の) それぐらい(の) それほど(の)	あのくらい(の) あれぐらい(の) あれほど(の)	どのくらい(の) どれぐらい(の) どれほど(の)
複合不変化前置形容詞	こういう こういった	そういう そういった	ああいう ああいった	どういう どういった
副詞・叙述形容詞	こう	そう	ああ	どう

(1) 一つだけ不規則な形態です。関西地方や東北地方では規則的な形態「あこ」を用います。東京が首都になったため東京方言の不規則な形態が共通語に入り込んでしまったものです。「あこ」を採用すれば整然とした体系になるのですが、一度成立し定着してしまった形態を別の形態で置き換えるのは、容易なことではありません。

(2) 「こういうふうな」「そういうふうな」「ああいうふうな」「どういうふうな」「こういうような」「そういうような」「ああいうような」「どういうような」「こういったふうな」など、他にも複合ナ形容詞があります。

　　先日、**こんな**ことがありました。　　　　　　(1)

　　おやまあ、**そんな**ことがあったんですか。　　(2)

　　あんなこと、滅多に起こりませんよね。　　　(3)

(1) 「こんなこと」は、話者がこれから話そうとしていることです。
(2) 「そんなこと」は、今、対話者から聞いたばかりのことです。
(3) 「あんなこと」は、話者と対話者がすでに共通の話題にしたことです。

32. 不定表現

不定表現の語は、疑問詞から派生します。

指示詞のうちの「どれ」「どこ」「どの」などに加えて、非指示詞の「誰」「どなた」「何」「いつ」「何年」「何月」「何日」「何時」「何分」「何人」「何匹」「何頭」「何羽」「何回」「何階」「何センチ」「何キロ」「何リットル」「何トン」「何ベクレル」「何シーベルト」「何千」「何万」「何億」「何キロワット」「何メガバイト」など、すべての疑問詞から不定表現の語が派生します。

不定表現の語を構成する接辞は、基本的に「か」と「も」です。格標識と「も」の組み合わせからなる「でも」「にも」「からも」「までも」なども不定表現の語を作ります。

主だった不定表現を表にしてみます。

	か(*)	も	でも	にも	とでも
誰	誰か	誰も	誰でも	誰にも	誰とでも
どなた	どなたか	どなたも	どなたでも	どなたにも	どなたとでも
何	何か	何も	何でも	何にも	何とでも
どれ	どれか	どれも	どれでも	どれにも	どれとでも
いつ(**)	いつか	ø(1)	いつでも		
どこ(***)	どこか	どこも	どこでも	どこにも	
いくら	いくらか	いくらも(2)	いくらでも	いくらにも(3)	
何人	何人か	何人も(2)	何人でも	何人にも	何人とでも
何万人	何万人か	何万人も(2)	何万人でも	何万人にも	何万人とでも

(*)「いつか」は副詞、「いくらか」はノ形容詞、それ以外は名詞です。名詞には「誰かが」「誰かの」「何かが」「何かを」のように格標識を付けることができます。

(**)この他に「いつまでも」「いつまででも」「いつからでも」などがあります。「いつからだとしても」「いつなんどきでも」のような複合体もあります。

(***)この他に「どこからも」「どこまでも」「どこへでも」「どこからでも」などがあります。「どこの国へでも」のような複合体もあります。

(1)「いつも」は、「常に」という意味です。不定表現ではありません。同じ列の他の語は、「誰もいない」「何も無い」のように否定形で用います。

(2)「いくらも無い」「何人もいない」「何万人もいない」は、「数えるほどは無い」「数えるほどはいない」という意味です。「全然無い」または「全然いない」ときは「一つも無い」「一人もいない」と言います。なお「一万人もいない」は「一万人には満たないが数千人単位の人がいる」という意味です。

(3)「いくらにもならない」という言い廻しで用います。

33. 副詞

　本書では「副詞」を「各種の形容詞、動詞または文全体を修飾する不変化詞」と定義しています。この定義は、一部の副詞が他の副詞を修飾することを妨げません。また、ここで言う「形容詞」「動詞」は、当然、各種の複合形容詞と複合動詞および熟語動詞を含みます。

　副詞の分類や由来、意味用法の変遷は面白い研究テーマなのですが、本書での副詞の定義と分類は既存の文法書のものと大差ないため、記述は簡略にとどめます。

33.1. **文修飾の副詞（＝予告副詞）**(*)

(*)「予告副詞」は、本書の筆者による新造語です。

33.1.1. **文修飾の単一副詞**

　少数の副詞は、文頭か文頭に近いところに位置して、個々の形容詞や動詞ではなく、文全体を修飾します。

　「もし」とその変異形「もしも」は、直後に条件節が来ることを予告します。

　　　もしもこの小包が**届かなかったら**どうしよう。　　　(1)

(1) 「もしも**の**」は、「もしものことがあったら」「もしもの場合に」などの言い廻しで連体修飾語になります。不変化前置形容詞です。

「よもや」は、文が否定推量であることを予告します。硬い書き言葉で用います。

 あんな男でも、**よもや**娘を捨てることは**あるまい**。

「まさか」も文が否定推量であることを予告しますが、形態としては「単なる否定」のこともあります。

 和夫君は、**まさか**今日は**戻って来ないだろう**。
 和夫君は、**まさか**今日は**戻って来ない**よ。

硬い書き言葉で譲歩節を予告する「よしんば」も予告副詞ですが、最近は用いる人が非常に少なくなったようです。

 これは、引責辞職ものだ。**よしんば**善意から出たことだ**としても**。（1）

(*)日本語では副詞節は主節（＝主文）に前置するのが原則ですが、時にこの例のように後置することがあります。

33.1.2. 文修飾の複合副詞（＝複合予告副詞）

条件節や譲歩節、文の結論などを予告するという意味で「文修飾の副詞（＝予告副詞）」と同じ機能を果たすものに、構成はさまざまですが、「道理で」や「万一」「万が一」「もしかして」「もしかしたら」などの複合体があります。

 万が一連絡が付かなかったら、自主的に行動してください。 （1）

(1)「万が一**の**」と「万一**の**」は、不変化前置形容詞です。「万一の時」「万が一の場合」などの言い廻しで連体修飾語になります。

33.1.3. 予告節(*)

(*)「予告節」も、 もちろん、本書の筆者による新造語です。副詞節の一種で後続の主文の内容を予告するものです。

相手が絶対に間違っていると考えて自信たっぷりに自分の見解を表明しようとする時に発する紋切り型の前口上「お言葉ですが」も、同様の予告機能を担っています。副詞節の形をしていますから、「予告節」と名付けます。

  小島先生の**お言葉ですが**、アルザス語は、ドイツ語の方言です。 (1)
  ―アルザス語のアの字も知らないくせに何を仰いますか。 (2)
  ―言語学者の○○がそう言っています。 (3)
  ―**お言葉ですが**、○○は、汎ゲルマン主義者です。 (4)

(1) アルザス諸語、ルクセンブルク語、オランダ語、フラマン語、フリースラント語、イングランド語（＝英語）、ドイツ語などを総称して「西ゲルマン諸語」と言います。同じ起源の近縁の言語です。「A言語はB言語の方言だ」という主張は、「辺境のA言語には価値が無い。政治・文化の中心のB言語にのみ価値がある」という政治的・文化的偏見の表明です。「A言語はB言語の崩れたものだ」という事実無根の主張さえ耳にすることがあります。
(2) 「知らない**くせに**」は、顰蹙を露わに表現する言葉です。「仰いますか」という尊敬語丁寧形での締め括りは、慇懃無礼です。
(3) この対話者は、「小島先生」を言語学者だとは認めていないようです。
(4) 「汎ゲルマン主義」は、一時期のドイツにあった政治運動で、「ゲルマン系のすべての民族は同一の国家にまとまるべきだ」とする考え方です。「ゲルマン系の民族」の中には、北ゲルマン諸語を話すデンマーク、スウェーデン、ノルウェー、アイスランドなどの住民も入ります。

予告節の他の例としては、事が対話者の望むようには運ばないことを予告する「あいにくですが」や、対話者に対する批判を予告する「率直に申し上げて」、打ち明け話を予告する「ここだけの話ですが」などがあります。

33.2. 語修飾の副詞

大多数の副詞は各種の形容詞と動詞を修飾し、一部のものは他の副詞をも修飾します。「ほとんど」「とても」「全く」「全然」「ごく」「ちょっと」「すっ

かり」「たっぷり」「のんびり」「やんわり」「ぼんやり」「ゆっくり」「ゆったり」「ぴったり」「しっかり」「がっぽり」「薄々」「常々」「時々」「決して」「必ず」「なぜ」など、構成も由来もさまざまです。「ほとんど」のように名詞でもあるものや「ぴったり」のようにノ形容詞でもあるものがあり、また「ごく」のように動詞以外のもののみを修飾するものもあります。

「ぱらぱら」「ぽたぽた」「ころころ」「しとしと」などの擬音語、擬態語、擬情語(36.)は、すべて、裸の形で、または「と」を後接させて、副詞として機能します。

なお、副詞のように形容詞や動詞を修飾するさまざまな構成の「副詞句」と他の文(=主文、主節)を修飾する「副詞節」については、名詞の章の「副詞句」の項と各種の形容詞および動詞の章の「副詞節」の項で記述しています。

34. 接続詞

　ヨーロッパ諸語では、代表的な接続詞［英］and、［仏］et、［独］und が名詞同士を結び、「形容詞」同士を結び、動詞同士を結び、また文と文を結びます。さらには前置詞同士を結んだり、複合語の構成要素同士を結ぶことさえあります。

　日本語には、これほど多機能の接続詞はありません。このことは、日本語を異言語として学ぶ人にごく初歩のうちにきちんと教えてやらなくてはならないことです。それを怠ると、「私ハ学生＊ト労働者デス」（＊）式の意味を成さないものを作り上げてしまいます。一度間違えて「覚えたつもり」になったことを直すのは大変なことです。

(*)「勤労学生です」「アルバイトしながら大学に通っています」「働きながら夜間部に通っています」などと言うべきところです。

34.1. 名詞と名詞を結ぶ接続詞

「と」

　接続詞「と」は、二つ以上のものを余すところ無く数え上げる時に用います。話し言葉でも書き言葉でも用います。

　　筆と硯(すずり)と紙とを用意した。　　　(1)
　　筆と硯と紙を用意した。　　　　　　　(2)

(1)(2)「筆、硯、紙以外のもの」は、用意していません。または、予めそこにあったので、用意する必要がありません。格標識「を」は、最後に一度だけ現れます。
(1) 列挙したすべての語の後に「と」を付けています。現今では、この用法を「古めかし

い」と感じる人も多いようです。
(2) 列挙した最後の語の後で「と」を省略しています。現代では、これを「省略」とは考えない人が多くなったようです。

「および」

接続詞「および」も、二つ以上のものを余すところ無く数え上げる時に用います。硬い書き言葉で用います。

 筆、硯**および**紙を用意した。 (1)
 筆と硯と紙**および**墨を用意した。 (2)

(1) 列挙した最後の語の前で一度だけ「および」を用います。他の場所では読点を用いて語を分かちます。
(2) 接続詞「と」でいくつかのものを列挙した後で最後のものの前で「および」を使うこともあります。

「や」

接続詞「や」は、多数のものを考えている時に、そのうちの二つかせいぜい三つのものだけに言及し、他にも同類のものがあることを示唆するために用います。列挙した最後の名詞の後には用いません。

 鷗（かもめ）**や**白鳥は、水鳥です。 (1)
 鷗**や**白鳥などは、水鳥です。 (2)
 犬**や**猫**や**鼠は、哺乳類です。 (3)

(1) 鷗と白鳥の他にも水鳥が多種類あることを話者は知っています。特定の地域で他の水鳥が全くいない場合には、「この地域で観察できる水鳥は、鷗**と**白鳥だけです」と言います。
(2) 後接辞「―など」は、「代表標識」です。一つか二つのものを挙げて同類のものを代表させるときに用います。一つ前の文と同義です。
(3) 犬と猫と鼠の他にも哺乳類が多種類あることを話者は知っています。

「か」

接続詞「か」は、いくつかの選択肢のうち一つは成立すると確信している

ときに、選択肢のすべてを列挙するのに用います。

  武田さん**か**林さん**か**石井さんに頼みます。   (1)
  遠藤さんは、いつも自転車**か**徒歩でうちへ来ます。 (2)

(1)「武田さん、林さん、石井さん」の三人以外の人に頼むつもりは無いのです。書き言葉では、最後の項の後にも「か」を付けて「石井さん**か**に」とする場合も、稀に、あります。
(2)「自転車」と「徒歩」と、二つの移動手段のどちらか一つに限るのです。「遠藤さん」が自動車や電車やローラー・スケートで来るはずは無いと確信しています。

疑問標識の「か」

「男か女か判らない」という文を「男なの**か**女なの**か**判らない」「男である**か**女である**か**判らない」「男である**か**どう**か**判らない」「右へ行く**か**左へ行く**か**判らない」「真面目にやる気があるの**か**冷やかしに来ただけなの**か**をはっきりさせなさい」「美味しい**か**不味い**か**まあまあの味なの**か**は、食べてみてのお楽しみ」などの例と比較すると、構文も意味も完全に並行していることが分かります。最後の「か」を省略することはできません。「男か女か判らない」の「男か女か」は、「間接疑問文の名詞節が二つ並んだもの」であり「最後の疑問標識『か』の陰に格標識『が』が隠れている」のです。

単に「犬**か**」と問えば「その通りだ」と「違う」の二つの答えのうちの一つを期待しています。質問を二つ以上並べて「犬**か**。猫**か**。鼠**か**」と問えば、列挙したうちのどれか一つぐらいは正解だろうという含みになり、「犬だ」「猫だ」または「鼠だ」という答えを期待しています。これを間接疑問文にして「犬**か**猫**か**鼠**か**を教えてくれ」と言った場合には、「三つの選択肢のうち一つは正解のはずだ」という含みになります。疑問標識の「か」と接続詞の「か」は同源だろうと推測する所以(ゆえん)です。

「も…も」「とか…とか」などは、接続詞ではない

主題標識「も」を二度、三度続けて使った「筆も硯も用意した」や「筆も硯も紙も用意した」という文だけを見ると「も」が「名詞と名詞を結んでいる」ように見えますが、「筆**をも**硯**をも**用意した(=筆を用意し、それに加えて硯をも用意した)」「筆**をも**硯**をも**紙**をも**用意した」という文の格標識「を」が主題標識「も」の陰に隠れたものです。

なお、この種の文では、「と」を用いた場合と違って、列挙すべきものを余すところ無く述べるとは限りません。

「菜の花**とか**とうもろこし**とか**(を)植えたらどうでしょう」「菜の花**なり**とうもろこし**なり**(を)植えたらどうでしょう」などの文に現れる「―とか」と「―なり」は、「代表標識」です。「―など」と違って、二度以上続けて用いることができます。

なお、「**とか**」を、近年、話し言葉で「時間稼ぎのための無意味な音声」として用いる人が増えています。親の留守中に電話を受けた子供が「あのう、お父さん**とか**今いないんですけど」とか、「ご職業は」と訊かれて「学生**とか**やってます」(*)などと答える用法では、どうも「例として挙げる」のではないようです。「ええ、それが**ですね**、先日お伺いしたときに**ですね**」と言うときの無意味な「**ですね**」や「この度の事象では、**アー**、当方といたしましても、**オー**、まことに、**イー**」と言うときの無意味な「**アー**」「**オー**」「**イー**」などと同じ機能ですが、本来なら格標識や主題標識を置くべき箇所に現れるのが特徴です。

「時間稼ぎの無意味な音声」は、聞かされる人にとっては「時間の無駄」です。真摯なコミュニケーションを図るのであれば、濫用は禁物です。

(*)本来の「代表標識」としての意味で捉えると「学生ですけど、真面目にはやってません。他の仕事もいろいろやってますんで」ということになります。

「または」「あるいは」「もしくは」

選択肢を列挙する接続詞に「または」「あるいは」「もしくは」もあります。書き言葉で用います。

> 北海道へ電車**か**飛行機で行きます。
> 北海道へ電車**または**飛行機で行きます。
> 北海道へ電車**あるいは**飛行機で行きます。
> 北海道へ電車**もしくは**飛行機で行きます。

34.2. 文と文を結ぶ接続詞

「そして」

接続詞「そして」は、連続した二つの文が密接な関係にあることを示します。

> 道子は、北海道に飛んだ。**そして**翌朝、病床の父親を見舞った。　(1)
> 道子は、北海道に飛んだ。**そして**弟の茂は、東京に残った。　(2)

(1) 第一の文の主題標識「は」の陰に動作主を示す格標識「が」が隠れています。第二の文には動作主が表示してありません。第一の文の動作主と同一人物だからです。この

場合、第二の文の内容は、第一の文よりも後で実現しています。
(2) 第二の文に新たな主題が表示してあり、主題標識の陰に動作主を示す格標識「が」が隠れています。動作主の違う文を「そして」で結んだ場合、第二の文の内容は、必ずしも第一の文よりも後で実現したとは限りません。

「でも」「しかし」「だが」「けれども」

前の文の内容と部分的に、または完全に、相反することを言うときに後続の文の文頭で用います。「でも」は話し言葉で、「だが」と「けれども」は書き言葉で用います。「しかし」は、書き言葉で用いることが多いのですが、人によっては話し言葉でも用います。

次の例では、接続詞があることによって「道子が北海道へ飛ぶ」目的の一つが「父親に会うこと」だったことが分かります。

 道子さん、北海道へ飛んだの。**でも**お父さんには会えなかったんだって。
 道子さん、北海道へ飛んだんだって。**しかし**お父さんには会えなかったらしいよ。
 道子は、北海道へ飛んだ。**しかし**父親には会えなかった。
 道子は、北海道へ飛んだ。**だが**父親には会えなかった。
 道子は、北海道へ飛んだ。**けれども**父親には会えなかった。 (1)

(1) 節と節を結んで「道子は、北海道へ飛んだ**けれども**、父親には会えなかった」とも言います。この場合「父親に会えなかった」ことに重点があります。文と文を結ぶ用法では、両方の文に同等の重要性があります。

34.3. 節と節を結ぶ接続詞

34.3.1. 独立語の接続詞

「かつ」

接続詞「かつ」は、書き言葉で用います。二つの物事が同時に成立することを示します。

弘子は、インドネシア語の読み書きができ、**かつ**話せる。
　かつての同級生は、共に飲み食いをし、**かつ**歌った。

「しかも」

　接続詞「しかも」は、「その上」「おまけに」という意味です。否定的な評価を並べた場合には「呆れたことに」という含みが入ります。文と文を結ぶ接続詞としても用います。

　　マルコ君は、いい男で、親切で、**しかも**頭も切れる。　　　　　(1)
　　あいつは、人を欺き、**しかも**被害者を嘘つき呼ばわりする。　　(2)

(1)「いい男で親切だ。**しかも**頭も切れる」とも言います。
(2)「人を欺く。**しかも**被害者を嘘つき呼ばわりする」とも言います。

34.3.2. 後接辞型の接続詞

「―が」

　接続詞「―が」に前置する部分は、完全な文の形をしています。その節の内容と部分的に、または完全に、相反することを後続の節で述べることを予告します。書き言葉で用います。

　なお、独立語の接続詞「だが」は、繋辞の「だ」とこの接続詞「―が」が複合したもの(*)です。

(*)「複合接続詞」と名付けることが出来ます。文頭で用いる「だが」と同じ構成の「だから」「だけど」「だのに」に別構成の「とは言え」「とは言うものの」「と言いながらも」「にも拘らず」、近年頻繁に観察するようになった「なので」「なら」「だったら」「て言うか」「じゃ(あ)」「てなわけで」「かと言って」などを加えた「文頭複合接続詞」は、興味深い現象です。機会があれば別の著作で詳述します。

　　{ペンギンは鳥類だ}**が**、空は飛べない。　　　　　(1)
　　{蝙蝠は鳥のように空を飛ぶ}**が**、哺乳類である。　(2)
　　{薔薇は美しい}**が**、棘がある。　　　　　　　　　(3)

(1) 接続詞に前置する部分は、名詞文です。
(2) 接続詞に前置する部分は、動詞文です。

(3) 接続詞に前置する部分は、イ形容詞文です。

「─けれども」「─けれど」「─けど」

　接続詞「─けれども」「─けれど」「─けど」に前置する部分も、完全な文の形をしています。その節の内容と部分的に、または完全に、相反することを後続の節で述べることを予告します。「─けれども」と「─けれど」は書き言葉で、「─けど」は話し言葉で、用います。

　なお、独立語の接続詞「けれども」は、「─けれども」を後続の文の文頭で用いるようになったものです。

　　　　{ペンギンは鳥類だ} **けれども**、空は飛べない。　　　　(1)
　　　　{蝙蝠は鳥のように空を飛ぶ} **けれど**、哺乳類だそうです。　(2)
　　　　{蜂蜜は美味しい} **けど**、取ろうとすると蜜蜂に刺されるよ。　(3)

「─のに」

　接続詞「─のに」は、予期に反することを主文で述べるときに用います。語源上「の」が形式名詞なので、この接続詞に前置する部分が名詞文か名詞型形容詞文であれば、繋辞「だ」は、「な」で置き換わります。

　　　　由美子さんは、{島育ちな} **のに**、泳げないそうだ。　　　(1)
　　　　{ビールって苦い} **のに**、大人はどうしてあんなもの飲むの？
　　　　あの馬鹿は、{台風が近づいてる} **のに**、サーフィンに出かけたよ。

(1) 地理学用語としての「島」は、「大陸よりも小さな陸地」です。「日本列島」「日本は島国だ」などというときの「島」は、この意味です。また、この意味で、本州、北海道、九州、四国は「島」です。しかし、日本人の自然な話し方に出て来る「島」は、これとは違います。　長野県や奈良県で生まれ育った人のことを「島育ち」とは言いません。沖縄を旅行している高知県人が郷里へ帰るとき「島に帰る」とは言いません。佐渡から本州へ移動することを「島へ渡る」とは言いません。日本に生まれ育った者にとって「大陸」は「本州よりも遥かに広い大きな陸地」であり、「島」は「四国よりも遥かに小さな陸地」です。

「─ので」

接続詞「―ので」で終わる節は、対話者に即座に正当だと認めてもらえるような根拠(＝原因、理由)を示します。語源上「の」が形式名詞なので、この接続詞に前置する部分が名詞文か名詞型形容詞文であれば、繋辞「だ」は、「な」で置き換わります。

　　　{子供が病気な}ので、仕事が終わったら、すぐ帰ります。
　　　{樽が一人では持てないほど重い}ので、助太刀を頼んだ。
　　　{昨夕(ゆうべ)飲みすぎた}ので、今朝は胃の具合がおかしい。

「―から」
　接続詞「―から」で終わる節は、広く原因または理由を示します。周りに即座に正当だと認めてもらえる根拠であるかどうかは問題になりません。対話者が賛同しなくても、それどころかはたから見て辻褄の合わない言い分であっても使えます。廉直な人は理路整然と物事を説明するときにしか用いませんが、「相手に有無を言わせない」響きがあるため、開き直るときに用いる人もいます。「―ので」と違って遅刻や欠席、失策などの言い訳をするときに使うと角が立ってしまいますから、こうした場合には「―から」を用いるのは避けるのが無難です。なお、「―から」に前置する部分は、完全な文の形をしています。

　　　{明日は祝日だ}から朝寝坊しても構わない。
　　　{一郎さんのお誕生日だ}から、ワインを贈ろうかな。
　　　{今日は天気がいい}から、ケーキを買って帰ろう。
　　　{明日お呼ばれしてる}から、今日美容院へ行って来ようっと。(1)

(1) 文末の「っと」は、文末接辞です。動詞の勧誘形などに後接して「人の意見や都合など無視して自分の好きな行動をすると決めた」ことを表明します。

「―ために」「―ため」
　接続詞「―ために」とその短縮形「―ため」は、目的または根拠を示します。

［目的］

　接続詞「―ため(に)」が目的を示す用法では、動詞の完了形、回想形、継続相、結果相は使えません。「未来のある時点までに完了させる」ことが目的である場合は、予備相を用います。繋辞は、「である」の基本形だけが使えます。イ形容詞は、「くある型活用」の基本形を用います。

　　{フランス語学者である}**ために**ラテン語を知っている必要がありますか。　　　　　　　　　　　　　　　　　　　　　　　　　　　　(1)
　　{いつまでも美しくある}**ために**は、何をしたらいいのでしょうか。
　　　　　　　　　　　　　　　　　　　　　　　　　　　　　　　　(2)
　　{ラテン語を習う}**ために**独習書を買いました。　　　　　　　(3)
　　{結婚前に持病を治しておく}**ために**医者通いをしています。　(4)

(1) 名詞文が接続詞に前置しています。「である体」の基本形で終わっています。
(2) イ形容詞文が接続詞に前置しています。「くある活用」です。
(3) 動詞文が接続詞に前置しています。未完了相です。
(4) **予備相**の動詞文が接続詞に前置しています。

［根拠］

　接続詞「―ため(に)」が根拠を示す用法では、動詞の完了形や回想形も使えます。イ形容詞は、「―い」で終わる活用をします。

　　真知子さんは、{お母さんがタイ人である}**ため(に)**、タイ語も話せます。　　　　　　　　　　　　　　　　　　　　　　　　　　　　(1)
　　光彦は、{その頃学生であった}**ため**、親から仕送りを受けていた。(2)
　　ひろちゃんは、{暗がりが怖い}**ため**、夜一人でいるのを嫌がります。
　　　　　　　　　　　　　　　　　　　　　　　　　　　　　　　　(3)
　　三島さんは、{お父さんが亡くなった}**ため**、帰省しています。　(4)

(1) 名詞文が接続詞に前置しています。「である体」の基本形です。
(2) 名詞文が接続詞に前置しています。「である」の回想形です。「だ体」で「その頃学生だったため」とも言います。
(3) イ形容詞文が接続詞に前置しています。

(4) 動詞文が接続詞に前置しています。完了形です。

「─し」

接続詞「─し」は、物事を並列して述べるのに用います。文語の「ク活用、シク活用の形容詞の終止形」から出たもので、古語の名残の「遊びに行きたし傘は無し」のような用法では「食い違うこと」を述べています。

現代語では、繋辞や動詞にも自由に後接して「必ずしも食い違わないこと」を述べるようになっています。

  和彦さん、いい会社に勤めてる**し**、いい男だ**し**、お相手にどう？　(1)
  あれも欲しい**し**、こっちもよさそうだし、選ぶの難しいなあ。　(2)
  株ではすった**し**、男には振られる**し**、さんざんだわ。　(3)
  もう帰る**し**、そろそろ準備してよ。　(4)

(1) 動詞文と名詞文を並列しています。仲人志願者の言葉です。「和彦さん」の後に主題標識の省略があります。
(2) イ形容詞文と複合ナ形容詞文を並列しています。
(3) 女言葉です。品のいい話し方ではありません。第二の動詞文は、情動相です。
(4) 接続詞「─し」を一度しか使わないときは、「他にもいろいろあること」を言外に匂わせています。

34.3.3. 活用語尾のように見える接続詞

「─たり」「─だり」

接続詞「─たり」「─だり」は、二つ以上の物事が、交互にあるいは前後して、起こることを示します。古語の複合体の活用形から成立したために、**現代語では恰も活用語尾であるかのように見えます。**

古語をまだ知らない人に対しては、やや煩瑣になりますが、次のように説明するのが妥当なところです。

「繋辞の活用形『だった』の末尾の『─た』を『─たり』で置き換える」
「名詞型形容詞の活用語尾『だった』の末尾の『─た』を『─たり』で置き換える」
「イ形容詞の活用語尾『かった』の末尾の『─た』を『─たり』で置き換え

る」
「動詞の複合中止形の語尾『―て・―で』を『―たり・―だり』で置き換える」
「継続相も結果相も複合中止形の語尾『―て・―で』を『―たり・―だり』で置き換える」

　副詞節として用いる場合と、動詞型後接辞「―する」を付けて長大な複合動詞(29.)を作る場合とがあります。

[副詞節]
　　雨だっ**たり**、みぞれ交じりになっ**たり**、薄日が差し**たり**、はっきりしない天気だ。
　　一日のうちに暑かっ**たり**寒かっ**たり**、変な天気だ。
　　行っ**たり**来**たり**、忙しそうだね。

[複合動詞]
　　八重子さん、うろうろ {行っ**たり**来**たり**してる}。どうしたんだろう。
　　　　　　　　　　　　　　　　　　　　　　　　　　　　　　　　(1)
　　{法事で実家に帰っ**たり**婚家に戻っ**たり**している} うちに秋になってしまった。
　　　　　　　　　　　　　　　　　　　　　　　　　　　　　　　　(2)

(1) 波括弧で括った部分が複合動詞です。
(2) 波括弧で括った部分は、さまざまな補語を取り込んだ長大な複合動詞を成しています。

35. 引用詞(*)

(*)「引用詞」は、本書の筆者による新造語です。『ラズ語文法』の日本語版で2004年に使い始めました。

引用詞は、不変化語です。語、句、文に後置して先行するものが引用であることを示します。

35.1. **文中引用詞**

「と」

代表的な引用詞は「と」です。書き言葉でも話し言葉でも用います。

  田中君が「母が病気なんです」と言った。　　　　　　　(1)
  田中君が、{お母さんが病気だ}と言った。　　　　　　　(2)
  林田さんに「父の仕事を手伝ってください」と言われた。　(3)
  林田さんに、{お父さんの仕事を手伝ってくれ}と言われた。(4)

(1)(3)　鉤括弧(=「　」)で括った部分は、直接引用です。他者の発言をあるがままに引用する時に用います。
(2)(4)　波括弧 {｝ で括った部分は、間接引用です。他者の発言の要点だけを引用する時に用います。丁寧語や文末接辞などは全面的に省略します。
(1)「田中君」は、自分の母親を指して「母」と言っています。
(2) 元の文の「母」を、話者から見ての尊敬語「お母さん」で置き換えています。「田中君が {母が病気だ} と言いました」または「母が病気だと田中君が言いました」と言えば、病気なのは「話者の母親」です。
(3)「林田さん」は、自分の父親を指して「父」と言っています。
(4) 元の文の「父」を、話者から見ての尊敬語「お父さん」で置き換えています。「林田

さんに {父の仕事を手伝ってくれ} と言われた」または「{父の仕事を手伝ってくれ} と林田さんに言われた」と言えば、手伝うべきは「話者の父親の仕事」です。

「って」

引用詞「って」は、話し言葉で頻繁に用います。

> お父さん、「核廃棄物」と「放射性廃棄物」って、どう違うの？　　(1)
> ―同じことだよ。「放射能ごみ」って言えば分かりやすいのにね。　(2)

(1)(2) 引用がこの例のように名詞一語だけの場合は、直接引用と間接引用の違いはありません。鉤括弧を付けなくても同義の文が成立します。
(1)「核廃棄物」に後置している「と」は、引用詞ではなく、名詞と名詞を結ぶ接続詞の「と」です。
(2)「放射能ごみ」は、本書の筆者による新造語です。

「なんて」

話し言葉でのみ用いる引用詞「なんて」には、非難が籠もっています。そして「主題標識を兼ねることがある」という際立った特色があります。

> {授業中にガムを噛む} なんて、無礼だし、目障りなやつだ。　　(1)
> 大事故のことを「想定外の事象でした」なんて言わないで欲しいね。
> 　　　　　　　　　　　　　　　　　　　　　　　　　　　　(2)

(1) 引用詞「なんて」が主題標識を兼ねています。
(2) 書き言葉では「大事故のことを『想定外の事象でした』などとは言わないで欲しい」と言います。「など」は代表標識、「と」は引用詞、「は」は主題標識です。代表標識「など」が「他にもいろいろ無責任なことを言っている」ことを示唆しています。

「とか」

代表標識「―とか」は、引用詞の機能を兼ねます。

> {授業中にガムを噛む} とか {足を教壇に乗せる} とか、「何でもあり」だね。　　　　　　　　　　　　　　　　　　　　　　　　　　(1)

(1) 引用詞として代表標識「とか」を使っていますから、他にもまだまだ同類の行動があるのです。一部の国では学生が「当たり前のこと」として日常行なっていることで、礼儀作法の違う国の学生や教員はショックを隠しきれないのが普通です。文末で古語風の慣用句「何でもあり」が、引用詞無しで、繋辞を伴っています。「『当たらずと言えども遠からず』だ」「『帯に短し襷(たすき)に長し』だ」などと同じ用法です。共通語では、繋辞の前に引用詞は用いません。

35.2. 文末引用詞

「とさ」

引用詞「と」と文末接辞「さ」との組み合わせで成立した文末引用詞「とさ」は、昔話などでよく用います。

    昔々あった**とさ**。
    こういう話がありました**とさ**。おしまい。

「って」

引用詞「って」は、文末でも用います。先行する文は、高頻度で複合繋辞「のだ」「のです」の変異形「んだ」「んです」で終わります。

    お隣に引っ越して来た人、カナダに住んでた<u>んだ</u>って。
    あの政治家、婦女暴行容疑で逮捕された<u>んです</u>って。

この引用詞の後に文末接辞「さ」「ね」「よ」の付くことがあります。

    お隣に引っ越して来た人、カナダに住んでた<u>んだ</u>ってね。
    あの政治家、婦女暴行容疑で逮捕された<u>んです</u>ってよ。

35.3. 引用詞を含む連体節

名詞+「─という」

    {名詞+「─という」} という形式は、連体節を構成します。語源上は引用

詞「と」と動態動詞「言う・云う」を構成要素としていますが、動詞の本来の意味が消失して接辞化しています。漢字を使わずにひらがなで表記するのが妥当です。形式名詞「の」にも前接します。話し言葉では「**という**」の代りに「**っていう**」という形態も頻繁に観察します。

　　　　｛マンゴスチン**という**｝果物を食べたことがありますか。
　　　　｛マンゴスチン**っていう**｝のを一度食べてみたいね。

名詞＋「や」＋名詞＋「―といった」

「名詞＋や＋名詞＋といった」という形式も、連体節を構成します。「□□や○○などの」という意味になります。歴史的には、前項の形式と同様に、動態動詞「言う・云う」から派生した表現ですが、本来の意味が消失して接辞化しています。漢字を使わずにひらがなで表記するのが妥当です。なお、意味が全く違いますから「前項の『という』という形式の活用した形」ではありません。

　　　　｛マンゴーや龍眼**といった**｝熱帯の果物が、近年は日本でも手に入るようになった。
　　　　｛「未然形」や「助動詞」**といった**｝文法用語は、意味が分かりにくい。

引用文＋「**という**」

｛引用文＋「―**という**」｝という形式の節は、「話」「説」「噂」「記事」などの語を修飾する連体節になります。形式名詞「の」や「こと」にも前接します。

　　　　｛フランスが多民族国家だ**という**｝話を聞きましたか。
　　　　｛イタリアも多民族国家だ**という**｝記事を読みました。
　　　　｛クルド語がトルコ語の方言だ**という**｝噂は、本当ですか。
　　　　｛クルド語がトルコ語の方言だ**という**｝説は、真っ赤な嘘です。
　　　　｛イランが多民族国家だ**という**｝ことを知っていますか。
　　　　｛トルコも多民族国家だ**という**｝ことを知っていますよ。

｛フランス全土が政教分離だ**という**｝のは、本当ですか。

　　｛フランス全土が政教分離だ**という**｝のは、間違いです(＊)。

(＊)フランス東部、謂わゆるアルザス・ロレーヌ地方のオ・ラン県、バ・ラン県、モゼル県は、フランスが政教分離国家になった時にはドイツ領でした。のちにフランス領に復帰した時に、この地方を代表する議員が政教分離を望まなかったため、この三県は現在でも政教分離になっていません。

　　｛トルコが政教分離国家だ**という**｝のは、本当ですか。

　　｛トルコが政教分離国家だ**という**｝のは、建前だけです(＊)。

(＊)トルコでは、建国以来、イスラームの祭司は国家公務員です。全県に公立の宗教高校があり、国費で祭司を養成しています。1982年以来「神を冒瀆する言葉を口にすることは憲法違反」になっています。

36. 擬音語、擬態語、擬情語

　擬音語、擬態語、擬情語に関しては、定義についても文法上の機能についても既存の文法書の考え方と本書のものとは変わりないため、ごく簡略な記述にとどめます。

擬音語、擬態語、擬情語の定義と例

　「かたかた」「ことこと」「からから」「ぱちん」「あはは」「ごほごほ」「ぜーぜー」「にゃーご」「こけこっこー」のように、物音や人間の声、動物の鳴き声を真似た語が「擬音語」です。

　「ずかずか」「そろりそろり」「ひくひく」「ずたずた」「ぴったり」のように、形態は擬音語とよく似ていますが音声を真似るのではなく、人や物の様子を表わす語が「擬態語」です。

　「くよくよ」「むしゃくしゃ」「いらいら」「すっきり」のように、形態は擬音語や擬態語とそっくりですが、主に心情を表現するものが擬情語です。

　「しとしと」のように、「小雨が音もなく降るさま」(＝擬態語)と「心が晴れやかでないこと」(＝擬情語)との両方を同時に表現する語もあります。

　擬音語、擬態語、擬情語には、裸の形で副詞として機能するものが多数あります。副詞形成接辞「—と」または「—に」を後接させて副詞として機能するものも多数あります。一部のものはナ形容詞、また一部のものは、ノ形

容詞になります。「―する」または「―とする」を後接させて動詞になるものもあります。

［裸で副詞］
　雉(きじ)が**けんけん**鳴いている。
　膝が**がくがく**震える。
　隠れん坊の鬼さんが辺りを**きょろきょろ**見渡している。
　雨が**しとしと**降っている。

［「―と」付きの副詞］
　鶯(うぐいす)は、**ほーほけきょと**鳴く。
　風船が**パーンと**破裂した。
　青年は、**すっくと**立ち上がった。

［「―に」付きの副詞］
　がりがりに痩せた子供がぼろを纏(まと)っていた。
　大勢で議論を吹っかけたが、**こてんこてんに**やられた。

［ナ形容詞］
　男は、**とんちんかんな**受け答えをした。　　（1）
　そんな**めちゃくちゃな**話があるか。　　（2）

(1)「頓珍漢」は、当て字です。
(2)「滅茶苦茶」は、当て字です。

［ノ形容詞］
　ぱさぱさのお米じゃ売れないよ。
　責任者のはずの男が**しどろもどろの**答弁をした。

［ナノ形容詞］
　てんでに**ばらばらな**意見を言い合った。

浮浪者が**ばらばらの**髪の毛をかきむしっている。

[「─する」付きの動詞]
　時差のせいで頭が**ぼんやり**しています。
　日差しが強すぎて、肌が**ひりひりする**。
　寒さで背中が**ぞくぞくする**。
　不意を突かれて**どぎまぎしてしまった**。

[「─とする」付きの動詞]
　突然上司に呼ばれて、一瞬**ひやっとした**。
　みんなが慌てていても、あいつだけは、いつものように**のほんとしている**。

37. 感歎詞

　感歎詞(*)は、常に一語文を成す語です。活用はありません。述語になることも補語になることもありません。主題語になることもありません。近称も中称も遠称も無関係です。言ってみれば「文法の枠の外にある」言葉です。ですから文法書では、しんがりの章で申し訳程度にしか扱ってもらえません。意味の上では「情動を表わす言葉」と「応答の言葉」との二種類に分類できます。

(*)感動詞、間投詞とも言います。「感動詞」は、感歎詞とほぼ同じ発想で、「ああ」「おお」のように情動と共に口を突いて出る言葉があることからの命名です。「間投詞」は、ラテン語の interjectio、[英] interjection、[仏] interjection、[独] Interjection の直訳で、「他の名詞や動詞などの**間に投げ入れる**言葉」であることからの命名です。他の語と有機的に結びつくことが無いことを重視して「単独詞」「独立詞」「独居詞」などと命名したほうがいいかもしれません。

37.1. 情動を表わす感歎詞

　情動を表わす感歎詞には、「ああ」「おお」「まあ」「うわっ」「ふーん」「ふふん」などがあります。思いがけないことを言われて驚いたときの「えっ」や投げやりに不平不満を表明する「ちぇっ」のような単一語義のものは例外で、ほとんど常にイントネーションによって意味するものが大きく変わるため、話し言葉ではよく使いますが、文字に写すのは簡単なことではありません。漫画や劇画のような文字だけに頼らない媒体で小説よりも感歎詞の使用頻度が高いのは、当然のことです。

37.2. 応答の感歎詞

応答の感歎詞には、質問への返答に用いるものと挨拶言葉とがあります。

37.2.1. 質問への返答

奥様は、フランス人じゃありませんね。
—はい。違います。日本人です。　　　　　(1)

(1) この「はい」は、[英] No！[仏] Non！[独] Nein！に相当します。何十年も前から分かっていることで、初歩のレッスンで習うはずの重要なことなのですが、いまだにこのことを説明しない「辞典」が市場に出廻っているのは、歎かわしいことです。

奥様は、日本人じゃないでしょう。
—いいえ。日本人ですよ。　　　　　　　(2)

(2) この「いいえ」は、[英] Yes！[仏] Si！[独] Ja！に相当します。

日本語の「いいえ」は、状況によって、「イエス」のこともあり「ノウ」のこともあります。

日本語の「はい」は、状況によって、「ノウ」「イエス」「出席しています」「渡しますよ」「受け取ります」「聞いています」「続けてください」「玄関まで参ります。少々お待ちください」などに相当します。

あの人は、日本人でしょうか。
—さああ…。　　　　　　　　　　　　　(3)

(3) なんとも返事のしようの無いとき、低く平らに「さああーー」と言います。これも「返答」のうちです。

37.2.2. 挨拶の言葉

挨拶の言葉は、ほとんどすべて、個々の要素の本来の意味を失っています。語源がどうあれ、一語文しか作らない感歎詞になっています。どの言語のどの挨拶言葉にも独自の意味と用法があって、言語間で一対一の対応は、非常に稀です。

日本語を異言語として学習する人にとって、人と出会ったときの「おはよ

うございます」「こんにちは」「こんばんは」などの挨拶はまあまあ問題が無いのですが、別れの挨拶には苦労しています。そのわけは、現実の日本語と乖離したものを教えられているからです。

別れの挨拶として欧米人などに「さようなら」しか教えない日本人が多いのですが、日本人は、この言葉を、大人同士ではほとんど使いません。一番使用頻度の高い別れの挨拶は「失礼します」です。

　自宅を出るときには「行って来ます」「行って参ります」「行って来るよ」
　会社を早めに出るなら「お先に」
　会社を同時に出て行くなら「失礼します」
　一杯ひっかけた後なら「そいじゃ」「じゃあまた」「じゃあな」「あしたまた」など
　しばらく会わないかもしれない友人には「また今度ね」「電話してね」
　客を見送るのなら「またどうぞ」「またご来店ください」
　饗応を受けた後なら「ごちそうさまでした」
　お世話になった人には「ありがとうございました」「大変お世話になりました」
　刑期を終えた人には看守が「ここへ戻って来ちゃいけませんよ」
　旅立つ人には「お気を付けて」「待ってるよ」
　そして、稀に、ごく稀に、永(なが)の別れの時に「さようなら」

この他にも「またな」「またね」「また世話になるよ」「また月曜日にね」「達者でな」「お元気で」「ごきげんよう」「それではそういうことで」…これが日本語の、大人の、別れの挨拶です。

感謝の言葉には、段階があります。

　食卓で塩や胡椒を取ってもらった程度なら「あ、どうも」
　ちょっとした贈り物なら「ありがとう」
　でも、本当に喜んでもらえるのは、素直な「うれしいな」「うれしいわ」
　改まった場では「ありがとうございます」「どうもありがとうございます」

非常に改まった場では「まことにありがとう存じます」

「ありがとうございました」は、別れと再会の挨拶です。間違っても誘われての食事中などに感謝の言葉のつもりで言ってはいけません。

招待を受けて楽しい時間を過ごした後で別れ際に
「(招待してくださって)ありがとうございました」

客が暇乞いをして出て行くときに
「(拙宅までご足労くださって)ありがとうございました」

番組からゲストが消えるときに司会が
「(番組に参加してくださって)ありがとうございました」

招待を受けたり、贈り物を戴いた後など、最初に再会した時に
「先日は(ご招待、贈り物など)ありがとうございました」

分厚い本に最後まで付き合ってくださって、ありがとうございました。

トルコ共和国の少数民族言語の一つラズ語の文法書と辞書をウェブ上に公開しておりますが、いつの日にかこれを書籍として発表し、ウェブにアクセスの無いラズ人たちの手元に届けたいと願っております。文法説明付きのラズ語辞典一冊を進呈するお約束で寄付を募ろうかと考え始めました。資金援助に応じるゆとりのある方、ひつじ書房まで御芳名と連絡先をお知らせください。

ひつじ書房のメールアドレス　　toiawase@hituzi.co.jp

索引

「自動詞」と「他動詞」 178
熟語化 275
情動主 335
叙述形容詞 5
叙述語 90
「助動詞」 17
心情主 74, 184
身体感覚の主 184
身体部位を示す状況補語 106

い
異言語 23
一段型活用動詞 148

か
学校文法で言う「連用形」 81
願望主 350
願望相 157, 349
完了相 157

く
空集合 72

け
継続相 157
「形容動詞」 69
結果相 157
欠如名詞 6

こ
五段型活用動詞 148

し
使役主 326
使役相 157

す
推移主 266

せ
静態主 255
絶対主題 76

そ
象は、鼻が長い。 110
存在主 3

た
体言 66
「歎」と「嘆」 15
単複両用形 7

と
動作主 3

に
認識主 230

の
能力主 276

は
場所を示す状況補語 106
派生 275
判断主 245

ひ
非名詞型形容詞 101
病覚主 254

ふ
複合 275

ほ
母言語 45

み
「未然形」 191

や
「山がそこにあるから」 161

よ
用言 66

ら
ラズ語 10

【著者紹介】

小島剛一（こじま ごういち）

1946年、秋田県生まれ。
1968年以来フランス在住。旅の虫。巣はストラスブールにあるが、年に六ヶ月は羽が生えて地球のどこかを飛び歩いている。言語屋。
1973年以来、フランス人向けの日本語教育にも携わっている。
1978年、フランスのストラスブール大学人文学部で博士号取得。専攻は、言語学と民族学。
1986年9月、トルコ共和国で少数民族言語臨地調査のための「研究調査ビザ」を所持していたにも拘らず国外退去勧告を受ける。その後、四度に亙って空き巣被害を受けるが盗まれたものは何も無し。この時以来、身の安全のため、住所や勤務先などは非公表。
2003年7月、『ラズ語文法』刊行の直後、トルコ共和国から武力によって国外退去させられる。
現在はフランスで自由業。

著書

『トルコのもう一つの顔』(中公新書) 1991年、『ラズ民謡集』(Chiviyazıları, イスタンブール) 2003年3月、『ラズ語文法』(Chiviyazıları, イスタンブール) 2003年7月、『漂流するトルコ 続「トルコのもう一つの顔」』(旅行人) 2010年。

論文

「ザザ語」(『言語学大辞典 第5巻』三省堂 1993) など。

ウェブサイト

『ラズ語文法書・草稿 (http://ayla7.free.fr/laz/grammaire.html)』
『ラズ語トルコ語辞典・草稿 (http://ayla7.free.fr/laz/index.html)』
『フランス語を母言語とする人のための和仏辞典・草稿 (http://ayla7.free.fr/japonais)』

再構築した日本語文法

発行	2012年8月1日 初版1刷
定価	3400円＋税
著者	© 小島剛一
発行者	松本 功
装丁者	板東詩おり
印刷製本所	三美印刷株式会社
発行所	株式会社 ひつじ書房

〒112-0011 東京都文京区千石2-1-2 大和ビル2階
Tel.03-5319-4916 Fax.03-5319-4917
郵便振替 00120-8-142852
toiawase@hituzi.co.jp　http://www.hituzi.co.jp
ISBN978-4-89476-601-3

造本には充分注意しておりますが、落丁・乱丁などがございましたら、小社かお買上げ書店にておとりかえいたします。ご意見、ご感想など、小社までお寄せ下されば幸いです。

【刊行書籍のご案内】

ひつじ研究叢書（言語編）　第95巻
形態論と統語論の相互作用　日本語と朝鮮語の対照言語学的研究

塚本秀樹著　定価8,500円＋税

日本語と朝鮮語が形態統語上、非常によく似た言語であることは、広く知られている事実であるが、注意深く観察すれば、両言語間で違いがあるのを様々な箇所で見出すことができる。本書は、両言語の複合格助詞や複合動詞をはじめとする諸言語現象を取り上げて考察し、両言語間の相違を引き起こしている根本的な要因を解明するとともに、様々な箇所に現れるその相違を統一的に捉え、適切に説明できることを論証する意欲作である。

ひつじ研究叢書(言語編) 第100巻
日本語の「主題」

堀川智也著　定価5,200円＋税

　従来の研究で当然の前提とされてきた通説を次から次に打ち破り斬新な考え方を提示する、日本語の主題研究に久々に現れた待望の書。「ハ」という助詞の本性を問う「助詞論」と、日本語文法において「主題」とは何かを問う「主題論」は独立であるべきで、ハ＝主題提示の助詞、という前提に立脚せずに日本語の「主題」について論ずる。主題解説関係を格関係をベースに考えるという、三上章の「代行」「兼務」という考えを真っ向から否定し、格関係に依存せずに真正面から主題解説関係の本質の解明を目指す。

ひつじ研究叢書(言語編) 第101巻
日本語の品詞体系とその周辺

村木新次郎著　予価5,600円+税

伝統的な学校文法や標準化しつつある日本語教育文法を是としない立場から、日本語のあるべき単語認定と品詞体系について提言した書。従来の文法が形式中心で、syntagmaticな側面に傾斜していたことを指摘し、意味・機能を重視し、paradigmaticな側面をとりこむ必要性を説く。形容詞をひろくとらえること、日本語の品詞として、後置詞、従属接続詞をみとめるべきであることなどを主張する。日本語の感動詞や節の類型にも言いおよぶ。